カラー図解

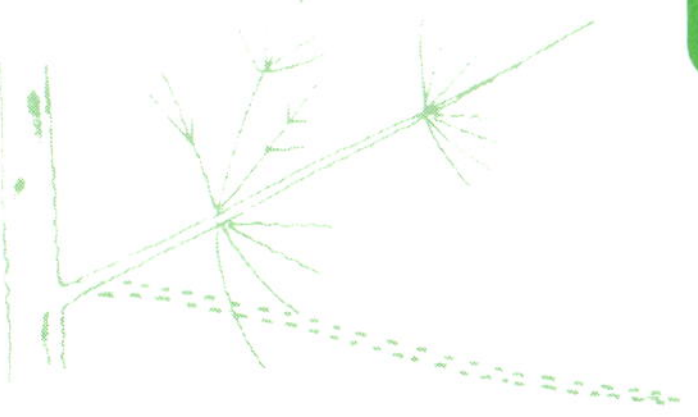

詳解 庭木の仕立て方

石田宵三 著

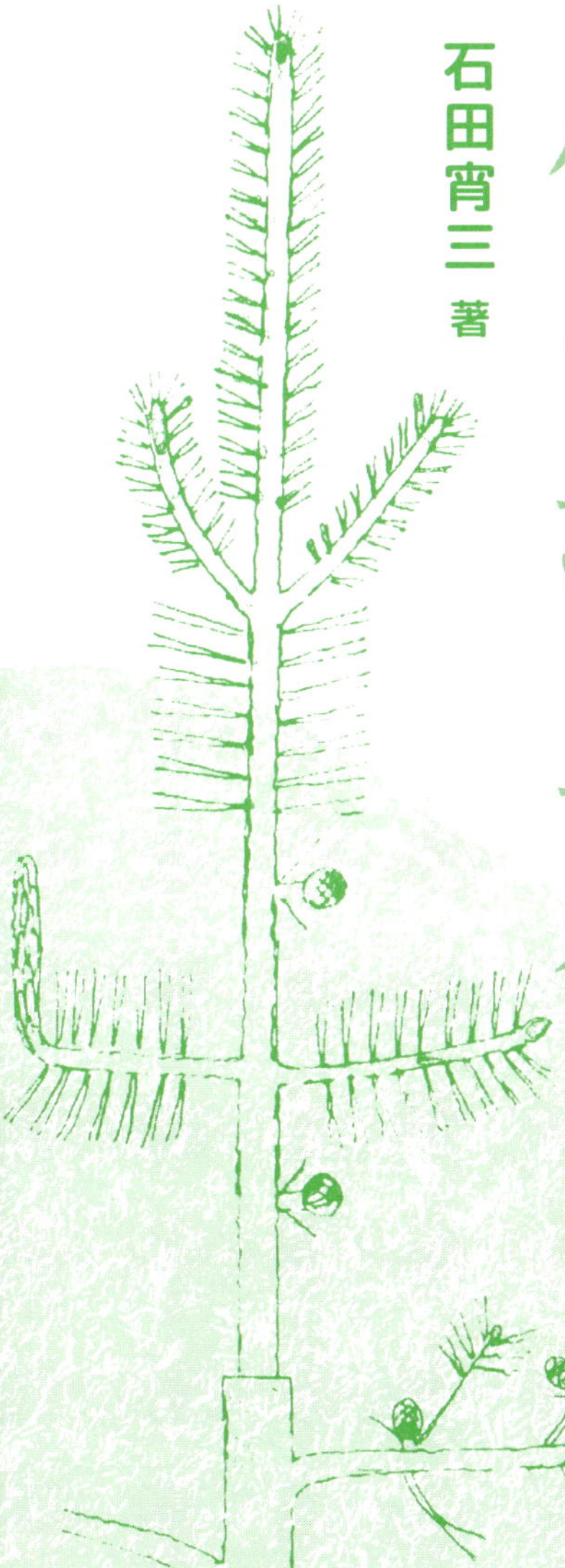

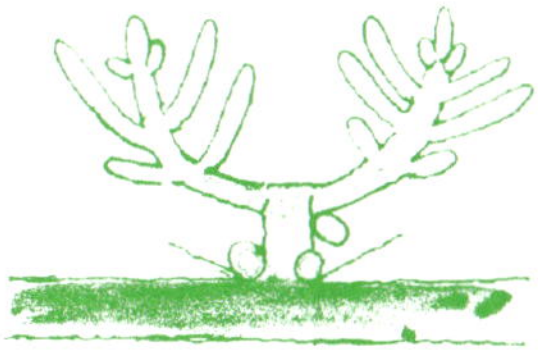

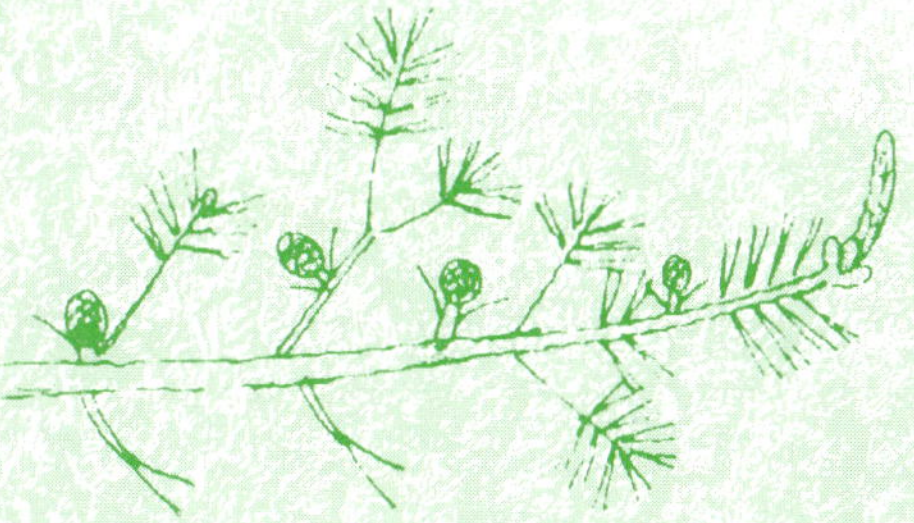

農文協

まえがき

庭木の仕立て・手入れについて調べてみると、いろいろむずかしい問題にぶつかります。

仕立てについては、木は一本一本その素質が異なり、目標とする仕上がり樹形が違います。手入れについても、木の状態を見ながら強い切り込みや軽い枝先の手入れが加減されており、その具体的なやり方は、経験を元に口から口へ、手から手へと伝えられていくものです。

こうして、伝統的に受け継がれてきた庭木の仕立て・手入れの技術は、たいへん貴重なものですが、このままでは新しく庭木の分野にはいろうとする人は、一定期間の見習いをしてからでなければ仕立ても手入れもできないことになります。

そこで、見習いができない人や新しく自分で庭木のことを始めてみようという人のために、仕立てや手入れの基礎になる庭木の性質の見方・考え方をまとめてみようと思い『庭木の仕立て方』を書いたのは1970年のことでした。同書は庭木の仕立て・手入れについて、詳しく、しかもわかりやすい本として重版を続け、多くの読者にご利用頂きました。

本書は『庭木の仕立て方』を再度手直しし、より読みやすくわかりやすい改訂版（『詳解　庭木の仕立て方』）としてまとめなおしたものです。いろいろと不十分な点もあるかと思いますが、ご指摘、ご指導をいただきたいと存じます。

石田　宵三

本書は、『詳解　庭木の仕立て方』を、カラー版として再編し、判型を大きくして発行したものです。病害虫の項は、前著では阿部善三郎先生にご協力をいただきましたが、本書では、米山伸吾先生にその後の農薬の変化を中心に改訂していただきました。両先生に厚く御礼申し上げます。

石田先生はすでに他界されており、ご遺族のご了解のもと本書を発行することができました。石田先生のごめい福をお祈りするとともに、ご遺族のご厚意に心から御礼申し上げます。

農文協　編集局

カラー図解 **詳解 庭木の仕立て方**

目次

写真／中野嘉明

庭木の見方・考え方

1 庭木と放任樹

私たちは自然とのふれあいをたえず求めている。自然から切り離された都会生活者は、海や山へ出かけ、一方、自然に囲まれた農村の人も、自分たちの知らない自然を求めて旅をする。自然のたたずまいは、いつも新鮮な驚きとよろこび、そして心のやすらぎを与えてくれるからである。

ところで、自然の美しさを考えるとき、樹木が大切な要素になっていることに気づくのではないだろうか。雑木林の四季おりおりの変化は、クヌギやナラによっておこる。街道の並木を見ても、スギ並木のうっそうとした静けさ、アカマツやケヤキ並木のスラリと伸びた明るさ。また、浜風と闘いながら力強く生長するクロマツの姿や、絶壁にしがみつくように生きぬく木は自然の厳しさと生命力を感じさせてくれる。

このように、樹木は景色を形づくる大きな要素として私たちの記憶にとどめられるものだ。

自然の樹木は、その木がおかれている環境に順応しながら、自然の摂理によって、その場所にふさわしい形に育っていく。いいかえれば、自然の木のもつ美しさは、長い年月をかけて「環境」という庭師によって木の素質が引き出され、仕立てあげられたものといえるだろう。ただし、自然の木の美しさは自然の中においてこそ生きる美しさで、これを庭にそのままの形で持ち込むことはできない。

庭木は、環境という庭師のかわりに人間が木の素質を見ぬき、マツはマツらしくスギはスギらしく、しかも短期間で仕上げなければならない。さらに、庭という限定された環境の中に順応させながら、自然の中に見られるいろいろな姿の美しさを反映させなければならない。したがって、仕立ての技術はもちろんだが、木の美しさをすなおにとらえる心が求められるのである。

まず、木がもっている美しさの要素をつかみ、それらを総合して組み立て直してこそ、はじめて美しい庭木が得られるのである。それには、第一に木の素質を見ぬくことが大切で、素質にふさわしい仕立てを考えることから始めていかねばならない。

1 木の素質を見ぬく

●放任樹の場合

若木のうちは樹勢（木の勢い）も強く、たくさんの徒長枝が出てくるが、これを放任すると弱い枝は枯れ、強い枝だけが残される。

若木では負ける枝と勝つ枝とが入り混じり、木の形は不安定だが、一定の年数を経て、木がある程度古くなれば形も決まってくる。古くなるにつれて樹勢も衰えてくるから、強い徒長枝が出なくなり、また、負けるべき枝は、枯れてしまって、

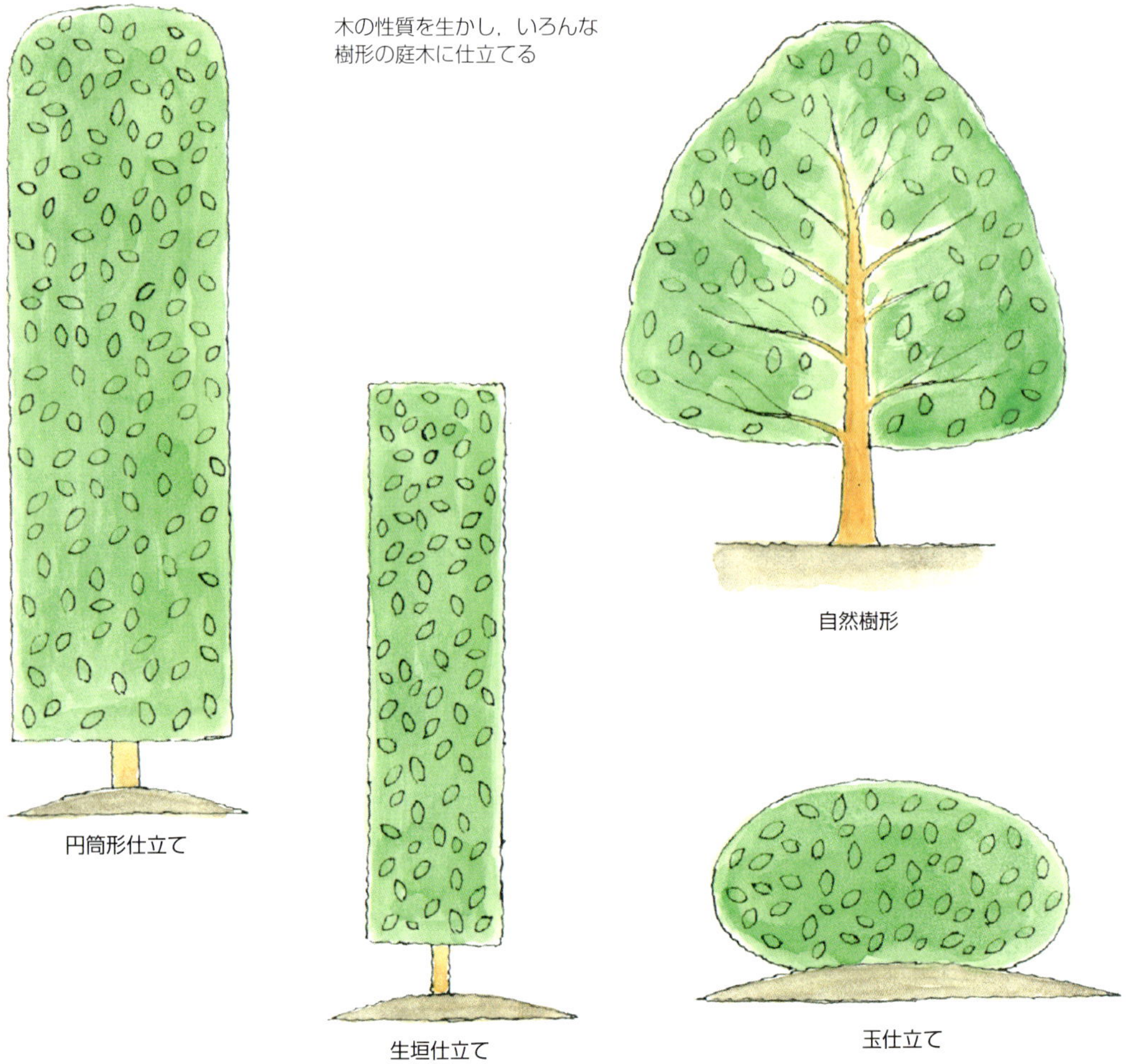
木の性質を生かし，いろんな
樹形の庭木に仕立てる
自然樹形
円筒形仕立て
玉仕立て
生垣仕立て

図１　庭木と放任樹

自然の木の形、つまりは樹形がついてくるわけだ。

たとえば、生育途中に幹の一カ所から車枝が出ると、主幹を弱め、生長を止めるが、ほかの強い枝が弱まった幹にかわって伸びてくる。また、カンヌキ枝が出て幹が負けたときにも、それなりに自然の形がついてくる。こうして長い年月をかけて、自然の形が整ってくる。

このような自然の木の形は、それなりにまとまっているが、すべてが美しいものとして私たちの手本になるものではない。そこで、よい姿・形を見分ける目を養っていくとともに、なぜそんな形になったのだろうか、また、いつごろどのような手入れをしていればもっとよくなるだろうか、と考える習慣をあわせて養いたいものである。

●庭木の場合

庭木は十分観賞できる美しい姿に、なるべく早くつくりあげなければならない。長い年月をかけて、自然の枯れ上がりなどを待つことはできない。弱い枝は早く弱くなるように、強く大きくしたい枝は早く目標に達せられるように、さまざまな手入れを行なうわけである。

それと同時に、必要以上に強くなりがちな徒長枝などは、樹形を乱す原因となるおそれがあるから、それらの対策も大切になってくる。

こうしてみると、木の素質、すなわち、それぞれの木や枝の性質をよく見ぬき、それにあった適切な仕立てが行なえるかどうかが、成否のカギだということがわかるだろう。

庭木を仕立てるときは、木を一定の形にはめ込んで、その形だけがよいと考えてはならない。木の生理や素質を無視して、むりに枝を曲げても、木は弱ったりするばかりで、よい形には仕上がらない。逆に、木が育とうとする力や育っていこうとする方向を人間が生かしてやることによって、はじめて木は美しい形に仕上がってくれる。

一人ひとりの人間の性格が違うように、同じマツでもそれぞれに個性がある。したがって、木の生理や素質を生かしながら仕立てていく配慮が必要になる。

2 庭の面積は限られる

自然の放任状態の木は、狭い場所に生えているものは、ヒョロヒョロと細長く、下枝のほうは枯れ上がって上部にだけ葉がある姿になりがちである。一方、広い場所にある木は、樹冠も広くなっているのが普通だ。

さて、私たちが庭に木を植え付けるときに、庭の面積は決められていることに注意しなければならない。庭つくりでは、一定面積の庭の中に多くの木を植えることによって、ひとつの景観をつくることが重要である。

農家の庭は広い面積をもっているといっても、そこにたくさんの木を植えれば、1本当たりの木に与えられる面積はそれほど広くはならない。まして都会生活であっては、庭としてとれる面積は、いっそう狭くなるだろう。

放任状態の木をそのまま植えても、庭木として不十分である。つまり、庭の面積のほうからの制約があるために、最近の庭木の仕立ては、面積をとらないように幅をつめたものに形がかわってきたのである。この場合でもなるべく自然らしい形に仕立てることがよいだろう。

それでは、いくつかの例で考えてみよう。ヒノキ・サワラ類は、普通、ローソク形に仕立てられる。これらの木の本来の樹形は長大な円錐形だが、それを生かしながら、ローソク形に仕立てることで幅が狭められる。しかも、どこの葉にも十分な光が当たり、樹冠内部に風がよくはいるような注意をして仕立てていく。それは、日照不足で枝が枯れ上がったり、通風不良で内部の枝が蒸れて枯れたりすることを防ぐ意味をもっているのである。

このような仕立ての基本原理は、常緑樹でも同じである。イヌツゲでは、根元から何本もの幹が出た（多幹）もので、枝先に玉どりにした大株が本来は美しい形とされている。しかし、実際に取引されているイヌツゲは、ほとんどが単幹で、せいぜい2～3本の幹にとどまり、それを玉どりにしたものがよろこばれている。また、モチノキの場合も、放任すると広い空間を占めるが、これを円筒形に切りつめ、日照・通風を考えて枝すかしをしてやるのが普通である。

落葉樹でも、幅をつめるのが原則である。

2 庭木仕立ての基本原理

私たちが庭木を仕立てていく場合、生育を調整するうえで強めたい枝や弱めたい枝が出てくる。そんなとき、木の勢いを考えてやると、どんな枝の分け方が有効か、芯の幹の勢いを弱めないようにするにはどうしたらよいか、などが問題になってくる。

　従来、「強い枝は先を下げ、弱い枝は先を上げればよい」とか、「車枝やカンヌキ枝はよくない」といわれてきた。これらは、経験的に確かめられてきた、庭木仕立てのコツである。

　では、それはなぜかを考えてみよう。

1 わかりやすいパイプ論

　木の生理を考えてみると、養分は上へ向かう蒸散水といっしょに流れるので、木の勢いは上へ上へという法則性がある。そこで、次のような模型を想定して木の生理を考えれば、非常にわかりやすくなるのではないだろうか。

　まず、木の幹や枝をパイプとみなす。幹はまっすぐ立った太いパイプ、枝は横のほうを向いた細いパイプと考えればよい。

　次に、木の中を通る養分は、お湯とみなす。お湯は下から上へ、根元から枝先へ向かって流れると考える。

　さて、パイプの中をお湯が流れるわけだが、熱湯が流れるところは木の勢いも強くなり、ぬるい湯が流れるところは勢いも弱くなると考えられる。つまり、たくさんの養分が流れているところは勢いが強いという理屈である。お湯は、風呂のお湯の状態からわかるように、熱いものほど軽くなり、上のほうにたまりやすい性質がある。これは上のほうほど濃厚な養分が集中しやすく、樹勢が強くなりやすいことに相当するだろう。

　以上を前提において、いくつかの例を考えることにしよう。まず、図2を見ていただきたい。

●高木と低木

　木は年をとるにつれて、パイプの中に水アカがつまってくる。高木と低木の違いは、水アカがつきにくい木とつきやすい木というように考えればよいだろう。

　マツ、ケヤキなどの高木は、水アカがつきにくいので、お湯（養分）は順調に流れる。

　一方、ツツジのような低木は、水アカがつきやすいので、お湯がつまってしまい、丈の高い木になれないのである。すると、下からどんどん昇ってくるお湯は、どこかで出口を見つけなければならない。だから木は、下部のほうに新しい枝を出して、これをお湯の出口にしてやるわけだ。その結果、低木はたくさんの枝を吹いた形で丈の低いこんもりした姿になる。

　ところで、庭木の仕立てでは、丈が高い木を、庭木として必要な高さを残して切りつめることがある。切りつめられたところでは、パイプが切られてつまった状態になるわけで、養分は出口を見つけなければならない。この場合、養分の出口は、二つの方向に大別される。

　第一は、低木と同じように、木の根元や幹から徒長枝を出す場合である。新しい枝を出すことによって、蓄積した養分のハケ口にするわけである。

　第二は、切りつめられた位置から、再び新しい枝を出す場合である。これは、熱湯（濃厚な養分）ほど上にたまりやすいという原理によるわけで、最上部にはたくさんの養分が集積する。

　その結果、最上部では勢いが強くなり、そこから新しい枝を吹かせるわけである。

　このようなことをくり返しながら、高木は切られても切られても上へ上へと伸びていき、低木は横へ広がって幅をとってくるのである。そして、この性質のうえに、剪定・整枝の技術が組み立てられるといえるだろう。

●ヒコバエ・上向き枝

　木の根元から新しく出た枝をヒコバエという。古くなった幹は、パイプに水アカがつまりはじめた状態になっているが、ヒコバエは新しい枝だから、まだ水アカがついていない。したがって、根から吸い上げられた養分は、途中から、細くてもヒコバエのほうに流れやすく、その分だけ幹が弱められる。ヒコバエは早めに切り取る必要がある。

次に、横向きの枝から上向き枝が出た場合を考えてみよう。熱湯（濃厚な養分）は、上のほうにたまる性質があるから、横向きの枝よりも上向き枝のほうへ流れてしまう。このために、上向き枝はますます強くなり、一方、横向きの枝は先端のほうが弱められてしまうのである。

幹から出た上向き枝（幹吹き）も、考え方は同じである。ヒコバエ・幹吹き・上向き枝などは、放任すると徒長して、樹形を乱す原因になる。新しい枝が吹いてきた場合は、注意を要する。

幹が斜めに傾いている場合、熱湯（濃厚な養分）は背（上）側を通り、腹側は

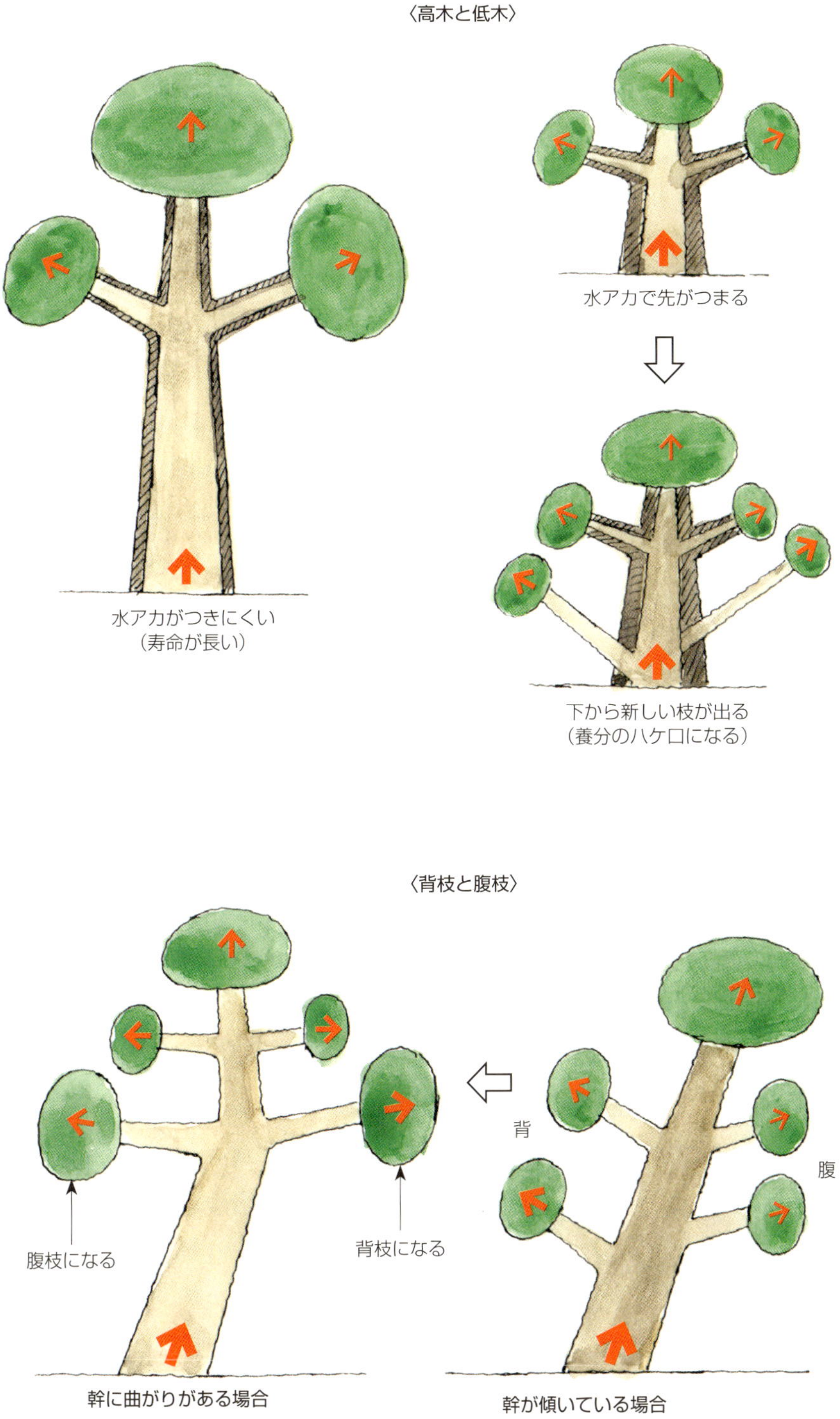
〈高木と低木〉
水アカで先がつまる
水アカがつきにくい
（寿命が長い）
下から新しい枝が出る
（養分のハケ口になる）
〈背枝と腹枝〉
背
腹
腹枝になる
背枝になる
幹に曲がりがある場合
幹が傾いている場合

図2　木の生理はパイプ論で判断

薄い養分しか通らなくなる。その結果、背側の枝（背枝）が強く、腹枝は弱くなってくる。

　ところで、幹が曲がっている場合はどうだろうか。

　図2を見ていただきたい。

　幹に曲がりがあると、下から上がってきた養分は、曲がりの部分でぶつかり停滞する。そのために、曲がりの部分は、たくさんの養分が集中する場所になるわけだ。

　曲がりの位置に何本かの枝がある場合は、外側の枝のほうが強くなる。曲がりの外側は養分が集中場所になるから、その枝は当然強くなってくるためである。

　したがって、幹に曲がりがある場合の背枝・腹枝の関係は、曲がりの外側、つまり、幹を横から見て角度の大きいほうが背枝になる。逆に、内側で角度が小さいほうが腹枝となる。

　このような背枝・腹枝の関係は、実際の仕立ての際に、たえず問題になってくる。

●垂れ枝

　枝先が下がった状態の枝ではどうだろうか。

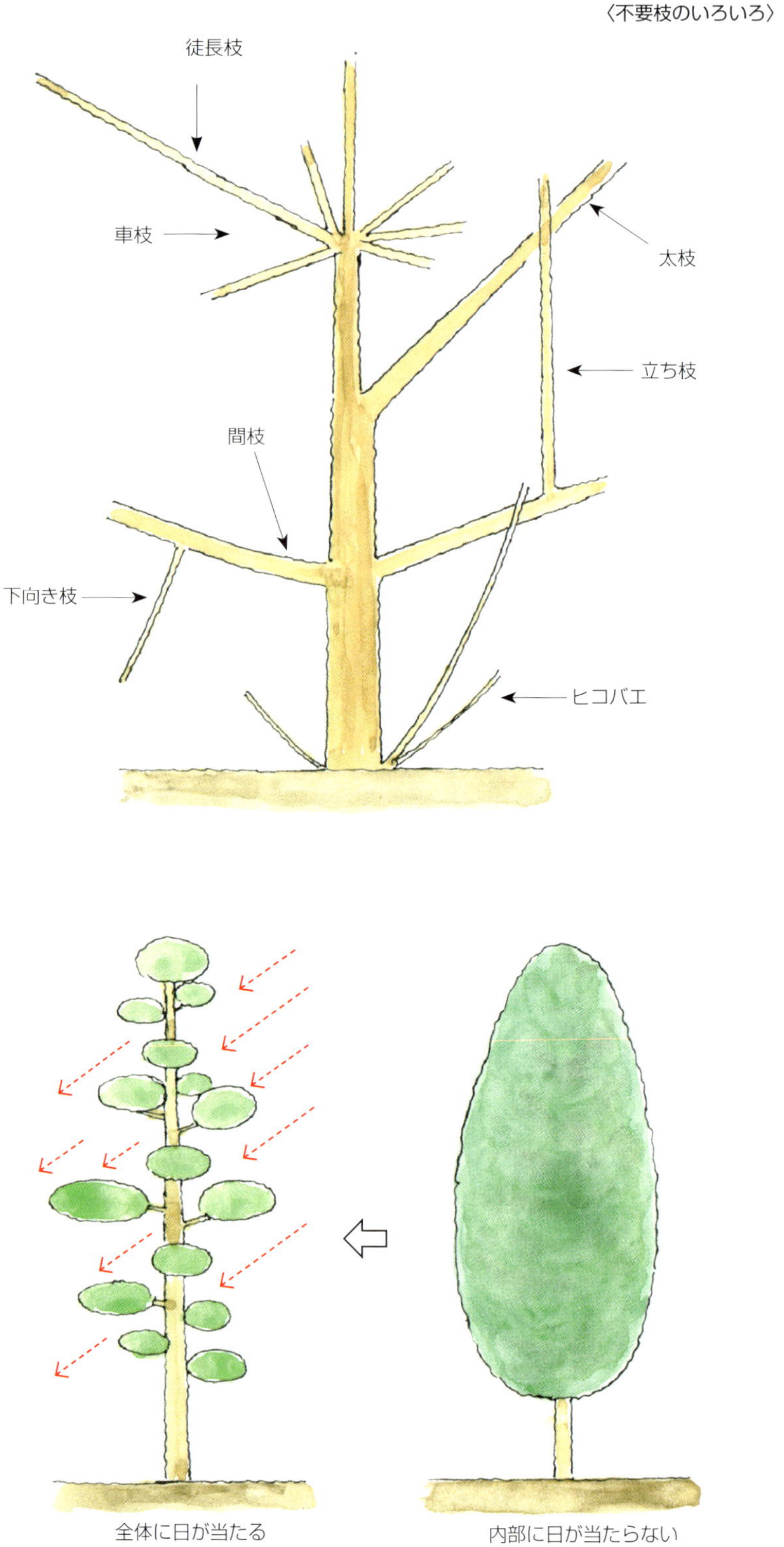
〈不要枝のいろいろ〉
徒長枝
車枝
太枝
立ち枝
間枝
下向き枝
ヒコバエ
全体に日が当たる
内部に日が当たらない
図3　いろいろな不要枝と剪定の意味

熱湯（濃厚な養分）は上のほうにたまるから、枝の元の部分で止まってしまう。そして、枝先には薄い養分しかいかなくなり、勢いも弱められることになる。つまり、先が下がった枝は当然弱くなる宿命にあるわけだ。

この原理を応用すれば、枝を強めたり弱めたりすることが可能になる。強くしたい枝は先を上げてやり、一方、弱くしたい枝は先を下げてやればよい。この枝の上げ下げは、そえ竹をしたりナワで引いたりして行なう。

●カンヌキ枝・車枝

一カ所から両側に大きな2本の脇枝が出た状態をカンヌキ枝という。カンヌキ枝が出ると、1本ずつの脇枝を出したときとくらべて、中心の幹や枝のほうへ流れる養分の量が少なくなる。

また、カンヌキ枝が出た状態は美しいものではない。これは十字架とみなし、ハリツケ枝と呼んで嫌われたことでもわかる。どちらかといえば、養分の流れよりも形の悪さから嫌われてきたといえるだろう。

車枝とは、幹の一カ所から四方へたくさんの枝が出た状態である。下から上がってきた養分はほとんど車枝のほうへ流れてしまうから、幹は著しく弱められる。

2 剪定で枝の強さを調節

強い枝がほしいときは強く切りもどせといわれている。これはどのように考えたらよいだろうか。

枝には多くの芽がある。強く切りもどされた枝は、残されたいくつかの芽にその養分が集中して流されるから、それぞれの芽は勢いの強い太い枝になってくる。それとともに、幹や親枝も太くなってくるから勢いはますます強くなってくる。

一方、放任すると、長く育った枝の先端の芽はさらに伸びるが、中間から元にかけての芽は養分がもらえず、そのままになってしまう。すると、間延びして小枝ぶりの悪い枝になるから、切りもどさなければならない。何回も切りもどして枝ぶりを整えながら伸ばしていくことになる。このようにして年数を経た枝は、より強くよい枝ぶりになって枝数も多くなるが、切りもどしてから数年間はよい枝ぶりではない。

そこで、強い枝が必要なとき、まずパイプ論によって枝先を上げ、勢いを強くすることを考えればよい。このほうが枝数の絶対量や年数のうえで有利だからだ。

枝先を上げただけでは不十分な場合や、枝先が上げられないようなとき、また、すでに上を向いているのに勢いが弱いときには、ためらわず強く切りもどしていく。

このときには、1本の枝だけを切りもどすのではなく、ほかの枝も手入れして、強くしたい枝に養分が集中するようにすることが大切である。

本来、弱くなるような腹枝や日照の悪い枝は、そのままで強く切りもどすと枯れ込みにつながることを忘れてはならない。

3 光は最大の栄養源

同じ条件の枝ならば、葉数が多いほうが強くなる。これは、葉の中の葉緑素によって光合成が行なわれ、生育に必要なエネルギーが生産されるからだ。

したがって、葉数の調整も、生育をそろえ樹形を整えるための大きな技術になる。マツなどで行なう葉刈りや、シイ、モチなどの常緑広葉樹を二葉がけ・三葉がけにする意味はここにあるといえるだろう。

これらの性質は、直射の強い日光を好む木（陽樹）でも、間接光線の弱い光を好む木（陰樹）でも、程度の差こそあっても、同様と考えられる。

クロマツ

コツのコツ

古枝になるとほとんど胴吹きが期待できないなど、枝づくりがむずかしい樹種。それだけに庭木づくりのおもしろさにあふれるが、みどり摘みや葉刈りをたんねんに行なって形を整えていくことになる。主枝、上向き枝、脇枝の処理も基本に忠実に作業していくことが大切。

I 仕立ての基礎知識

庭木をうまく仕立てていくには、まず基本を知ったうえでそれぞれの状況で応用していかなければならない。

このクロマツの項は、ほかの樹種にも応用したい基礎知識を知ってもらうために、ほかの項目よりも幾分細かく解説していこう。

1 マツの性質

1 どんな環境がよいか

自生のクロマツは、本州以南では一般に海岸沿いで多く見られるが、北海道では見られない。北海道にあるクロマツは、本州から移植されたものである。したがって、温帯性の陽樹で比較的に暖かな地方でよく生育し、姿・形のよい木が多く見られる。

一般には乾燥ぎみの壌土を好むといわれるが、実際には水田脇などの水湿地に生えていることも多く、庭で土に対する適応性は広い木である。

クロマツは光を好む樹種で、「クロマツの最大の肥料は太陽だ」といわれるくらいである。日照の悪いところでは生育が悪いばかりか、枝ぶり（枝の様子）があらくなり、葉ぶりも落ちる。アカマツに対しクロマツは男マツと呼ばれるが、そのようなところでは男マツらしい雄々しさが表われれない。

2 古い枝は胴吹きが出にくい

幹や枝が生育していくと、その先端に芽をつける。ところが、この芽以外に中間からも芽を吹くことがある。この芽を幹から出たものは幹吹き、枝から出たものは胴吹きといって区別する。

ここではまず、胴吹き芽の性質を述べることにしよう。

マツの枝は、先を切ると胴吹き芽を出して再生する力をもっている。ところで、どんな古い枝からでも胴吹き芽が期待できるかといえば、当然、木の老化の程度で違いがある。年数を経た枝からは胴吹き芽が出にくく、若木は出やすいといえるだろう。

胴吹き芽が特に出やすいのは、3〜4年目までの枝である。5年以上たった枝では、枝分かれした節の部分からまれに出ることもあるが、通常は出にくくなっている。したがって、葉のついた部分が先のほうへはなれていった（途中がハゲた）状態の枝は、ハゲた部分に胴吹き芽を出させて再生させることができるのは、3～4年目のところまでが限度である（図4）。5年以上たった古い部分からは、ほとんど期待できない。5年以上たったものなら、ハゲた部分をかくすために、ほかの枝を誘引することになる。

3 葉の寿命は2年

マツの葉は、クロマツ、アカマツで2枚、ゴヨウマツで5枚であるが、じつは、これは枝となって伸びるはずのものが凝縮された形である。つまり、クロマツでは、たんに2枚の葉があるというだけでなく、2枚の葉のまんなかに成長点（芽）をもっていることになる。葉のあるところには芽があると考えてよいわけだ。

ところで、いったいこの芽はいつごろまで伸び出せる可能性をもっているのだろうか。春になると、マツの新芽が棒状に伸びてくる。このような棒状に伸びたマツの新芽のことを「みどり」という。

春に新芽が広がってみどりが伸びてくると、そこから新しい葉が展開してくる。その葉は翌年の冬に落ちるのが通常だから、マツの葉の寿命は2年程度あることになる。

葉が残っているかぎり、葉の間にある成長点は伸び出せる可能性をもっている。したがって、夏までに上を切って養分が集中するようにすると、葉が残っていれば、2年目になっても、必ず冬までにそこから芽を吹かせることができる。

一方、葉が落ちてしまえば、葉の間の成長点は、当然、葉といっしょに落ちてしまっているから、そこから芽を吹かせ

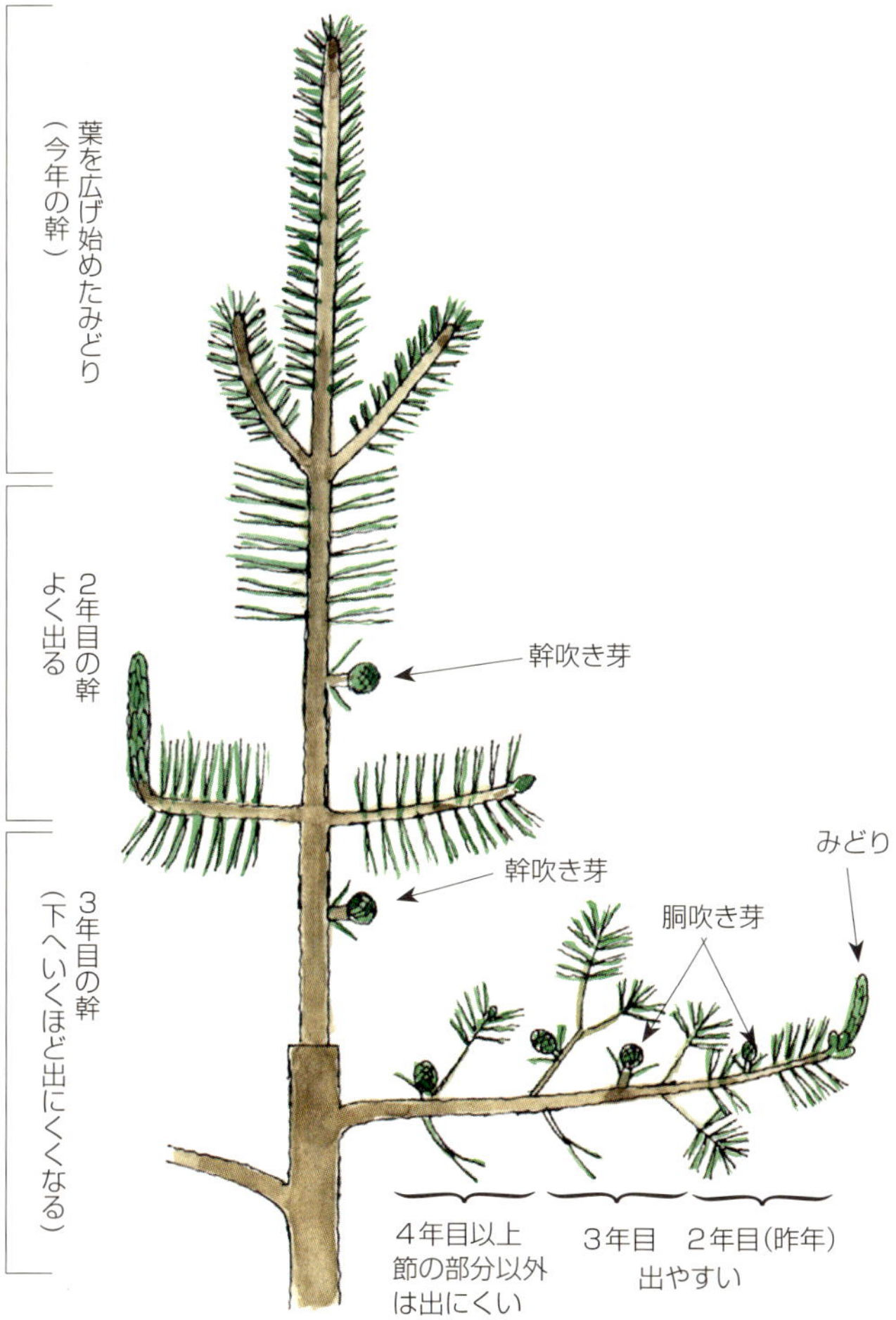
葉を広げ始めたみどり（今年の幹）
2年目の幹
よく出る
3年目の幹
（下へいくほど出にくくなる）
幹吹き芽
幹吹き芽
胴吹き芽
みどり
4年目以上
節の部分以外
は出にくい
3年目
2年目（昨年）
出やすい

図4　枝の年数と芽吹きの程度

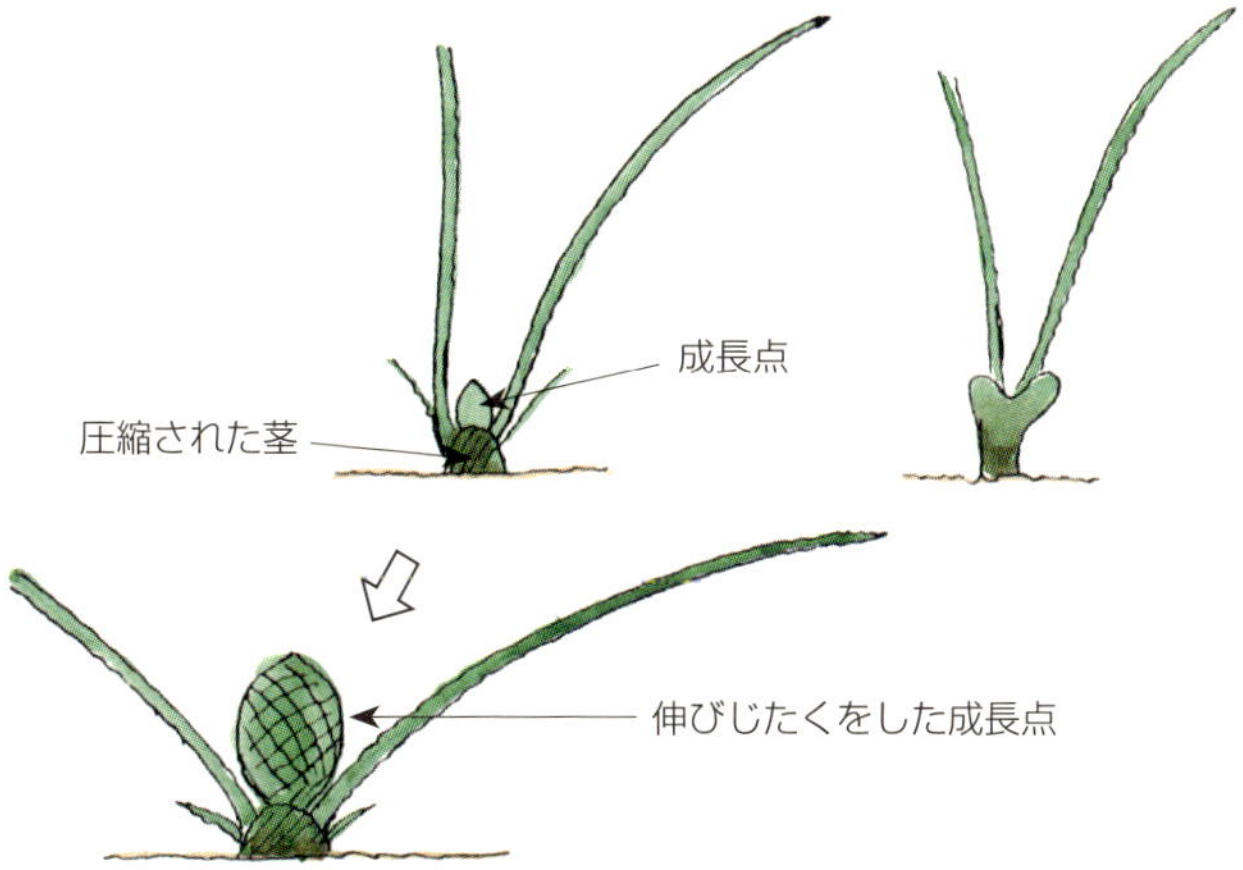
成長点
圧縮された茎
伸びじたくをした成長点

図5　マツ葉の成長点

ることは簡単にはいかなくなる。

以上のように、葉が残っているかぎり葉の間の成長点は伸び出す可能性があること、葉が落ちてしまった枝から胴吹き芽が出る可能性は3～4年目までであること、という二つのマツの性質のうえに、毎年の手入れの方法が組み立てられているのである。

2 木の生理を樹形に生かす

庭木としてのクロマツにはいろいろな形があるが、仕立ての基本原理を考えれば、それらは直幹、斜幹、曲幹の三つの樹形に大別できる。いいかえれば、どんな形のクロマツも、この三つの樹形の応用になるといえるだろう。

ここでは、それぞれの樹形ごとに要点を述べてみることにしよう。

1 直幹

直幹とは主幹が直立した形である。上へ向かって伸びていこうとする力を表現しており、最も雄大な印象を受ける樹形といえるだろう。

ところで、マツの枝は、一カ所から車枝状に出る性質があって、それが段状になっていることが多い。このような枝段と段との間隔は、下が広く、上ほど狭いのが樹形上の基本だが、特に直幹の場合、この基本をふまえたうえでなるべく横向きに枝を出してやるようにしたい。

また、枝は年数がたつと自然に先端がやや下がりぎみになってくる。仕立ての枝配りのときにすでに下を向いている枝はさらに下がり、乱れ枝になって樹形が悪くなる。だから下向きの枝を出すと、直幹の雄々しさが消滅してしまうので注意したい。仕上がった形は、必ずしも左右対称がよいとは限らない。つまり、枝の長さの総和が、左右で等しくなればよいのも大切なポイントである。

直幹は、幹に曲がりがない。まっすぐ伸びた幹の雄大さ、一本一本の枝の間隔と長さのバランスがとれた美しさが観賞のポイントになる。したがって、基本どおりの仕立てを行なっていくことが、特に要求される。

なお、直幹仕立ての原則を応用した樹形として次のような樹形が考えられる。

● 双幹

根元から幹が2本に分かれた木を利用して仕立てる。これは、2本の幹の間にふところ枝・からみ枝を出さないように注意しながら、枝を形よく残していったものである。枝数は1段2本や1本のときもあるが、2本の幹を1本とみなして考えれば、直幹の1本幹（単幹）と同じ考えで手入れしていくことができる。2本の幹の段の高さは、そろえずに互い違

図6　木の生理はパイプ論で判断

いにしたほうが形がよいだろう。

●かむろ形

　直幹の段数が、極端に少なくなった形と考えればよい。かむろ形のマツは、芝庭の点景などに植えられる。小さくまとめたものだから、建物に近いところなどで、幹ぶりではなく葉ぶりを中心に眺めるために使えばよい。

2 斜幹

　門の上に長いさし枝を出した形（門かぶり）が、斜幹の代表的な例である。その例を見ればわかるように、一般に斜幹の形は、幹の中段から1本の長いさし枝が出ている。さし枝より下では幹が30度ほど傾いているが、さし枝より上は直立しているのが普通である。つまりさし枝の位置で、幹にひとつの曲がりがつくわけである。そのやり方は、支柱にしばりつけて曲げるのが一般的である。

　幹に曲がりをつける理由は、あとで述べるように（27ページ）、さし枝を強く大きくしたいためである。それは、さし枝を中心にした木のバランスの美しさに、斜幹の観賞のポイントがあるからだ。

　斜幹は、幹に傾きがあるために、木の左右で勢いが違ってくる。

　さし枝より下の幹は枝数を少なめに制限するのが原則で、さし枝と同じ側には枝を残さないのが普通である。もし残したいなら、先が下がった形（乱れ枝）にしておけばよい。一方、さし枝の反対側には、2～3本程度の小さい枝を残して、さし枝とのバランスをとる。

　なお、門かぶりでは、さし枝の高さにも注意しなければならない。人の頭がぶつからないように、2.2～2.5ｍほどの空間をあけることを忘れぬようにしたい。

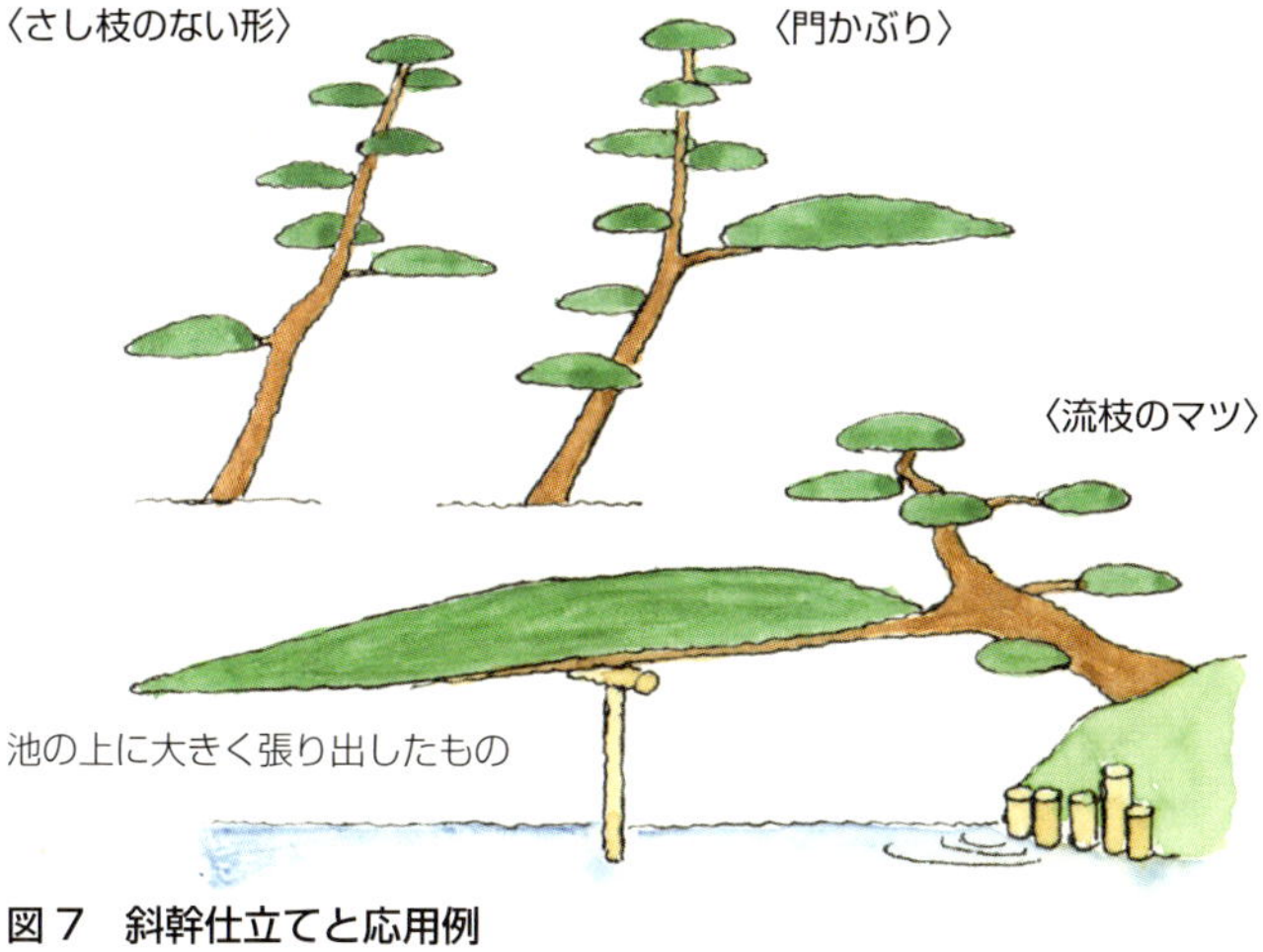
〈さし枝のない形〉
〈門かぶり〉
〈流枝のマツ〉
池の上に大きく張り出したもの

図７　斜幹仕立てと応用例

　以上、門かぶりを例に、斜幹の原則を述べてきた。ところが斜幹の形には、門かぶりのほかに、いくつかの応用形がある。そのうちの二つの例をあげて説明しておこう。

●流枝《ながし》のマツ

　日本庭園にしばしば見られる形で、池の上に長く張り出したさし枝をもっている。

　この樹形で最も注意する点は、幹の高さは低めにして、さし枝を強調すること

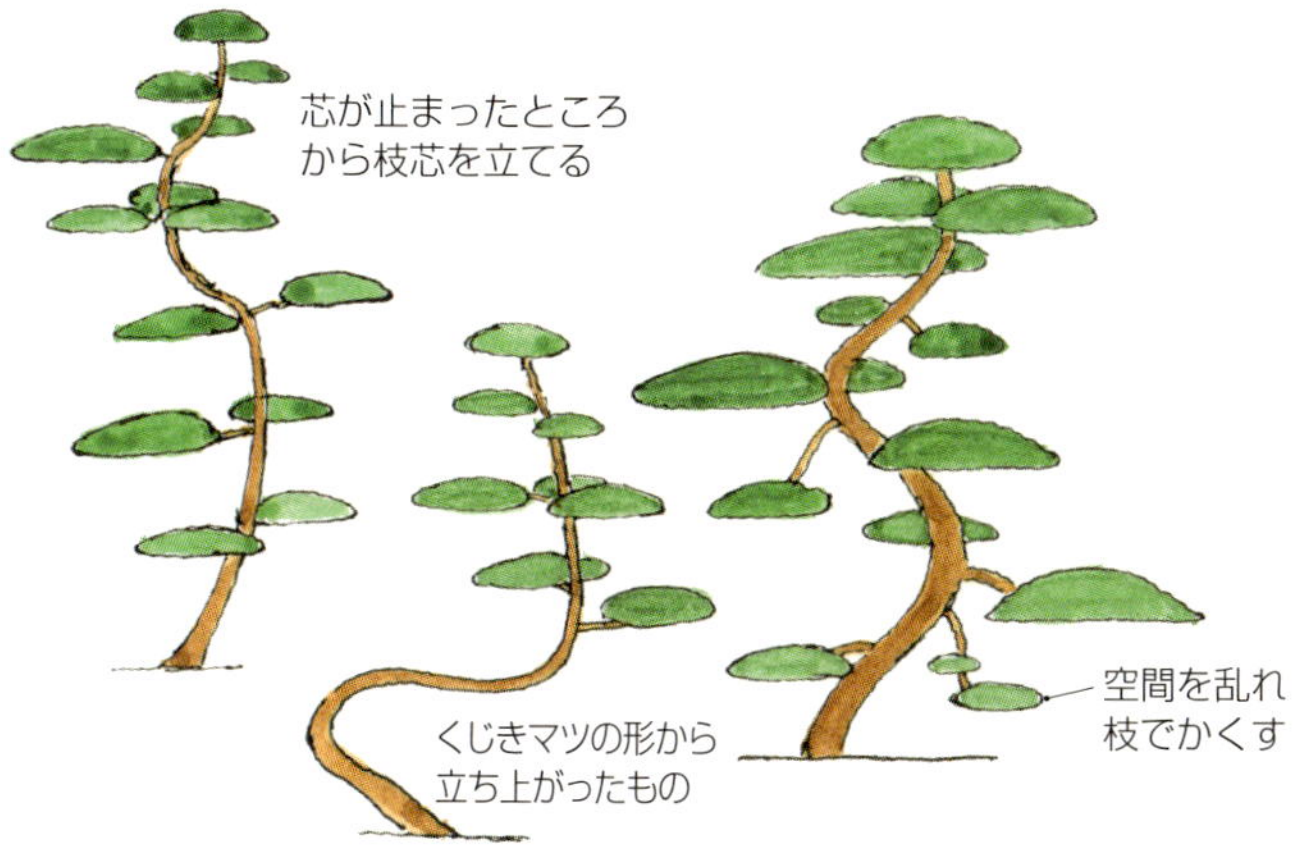
芯が止まったところ
から枝芯を立てる
くじきマツの形から
立ち上がったもの
空間を乱れ
枝でかくす

図８　曲幹仕立てと応用例

である。つまり、門かぶりの丈をつめたような形と考えればよいだろう。

　仕立て方は、枝芯を立てる方法が効果的である。さし枝を低い位置から長く張り出させる必要があるから、勢いの強い幹をさし枝にかえる。幹は横に寝かして枝のようにさし出し、その位置の車枝のうちの1本を芯に立ててやればよい。芯に立てた枝の扱いは、ほかと同じになる。

●さし枝のない斜幹樹形

　一般に斜幹のマツは、さし枝があると形を整えやすいが、さし枝が出せないときはどう考えたらよいか。

　さし枝がないとき、見る人の焦点は、おもに幹ぶりのおもしろさに注がれるはずだ。図8に見る例の場合では、スラリと立ち上がった幹が、途中でクタリと曲がったところにポイントがおかれるはずである。この曲がりがなければ、なんの変哲もない葉ぶりだけを眺める木になってしまうだろう。

3　曲幹

　幹が曲がりくねった形である。能舞台の背景に描かれる高砂のマツも曲幹のひとつで、幹の形が観賞のポイントになる。庭の中では景養木として用いられる。

　幹の曲がった様子に人工らしさが残らないことが重要である。それには、根元から幹が斜め上に出る形にしてやり、枝の段があるところで幹を曲げなければならない。また、幹に曲がりがあると、曲がりの外側の枝（これを背枝という）は強くなる性質がある。曲幹仕立てでは、幹が曲がるたびに、そこでどれが背枝にあたるかを見極めていくことがポイントになる。

　仕上がりの形は、幹のうねりは下ほど大きく、枝配りはなるべく下から、背枝は長く、腹枝は短くするのが原則となるだろう。

　幹は支柱をからめて曲げていけばよい。太く大きくなりすぎたものでは曲げにくくなるから、なるべく幹がやわらかいうちに行なうようにしたい。

　なお、曲幹のひとつの形に、くじきマツと呼ばれる形がある。これは、高接ぎのゴヨウマツによく見られる形だが、クロマツでも下枝がなくなったものに見られる。

　くじきマツの仕立ては、4～5年生の若木のうちに根元に3～4本のクイを打って、これに幹をからめていく。幹の曲がりのところには枝を残さないのが一般的である。幹は、枝のついているところはまっすぐに立てていき、くじいて曲げた部分のおもしろさを強調するように仕上げるのが仕立てのコツになる。

3　仕立てのあらまし

　一般にマツの木は、幹や枝の先端からみどりを出す。これを放任しておけば、そのみどりが伸びきった先端から、翌春新しいみどりが発生してくることになる。こうしてマツは、丈や幅をましていくわけである。

　みどりは普通なら、中心にある1本の芽は長く強く、その周囲を多数の小さな芽がとりまいた形になっている。そして、この強い芽は芯になり、弱い芽は脇枝になる。すなわち、芽の長さは、伸びていく枝の長さの程度を表わしているともいえるだろう。

　そこで、みどりを摘み取ってしまえば、そのぶんだけ枝の伸びる長さが制限されることになる。この原理を応用していけば、摘み取る量を加減することによって、自分の希望する枝間隔が自由に調節できることになる。このみどり摘みの原理は、マツの仕立ての基本である。この基本をふまえたうえで、マツの二つの仕立て方である本仕立てと早仕立てについて考えてみよう。

1 本仕立て

小苗のうちから、毎年みどり摘みをたんねんに行ないながら養成していくやり方である。みどり摘みの程度を加減することによって、枝の間隔と方向とが基本どおりになるように調整する。

小苗のうちから有効に枝を仕立てていけるために早仕立てとくらべて枝の段数は多くなり、間隔・方向とも理想どおりに配置できるのが本仕立ての利点でもある。また、それぞれの枝は、緻密な美しい姿につくられる。ただし、仕上がりまでに、長い年数を要するのが難点ともいえるだろう。

それでは、次に本仕立ての標準的な作業暦をみていくことにしよう。

●養成期

苗は1～2回移植し、軸根を切って横根を多くしておく必要がある。これを直幹に仕立てるときは、そのまま伸ばしていけばよい。

斜幹で門かぶりに仕立てるときは、そこで曲げてさし枝を出そうという高さ（2.2～2.5ｍ）まで丈が達したころ、幹を傾けて植え付ける。曲幹仕立てでは、幹を傾けたときに、さらに支柱をからませて幹の曲がりくねった形をつくる。あとは、幹が目標の高さまで育つのを待つことになる。

この間は、形を乱しそうな枝を摘み取りながら、みどり摘みを続けて、枝の長さや幹の太さを出すように心がけることが大切である。また、枝・葉の多いほうが幹は早く太くなるから、その後の切りもどしなどの手入れで苗木の形が乱れないほどに、枝を大きく葉もよく茂らせて伸ばしていく。

●仕上げ期

高さが目標にまでなったら、芯の芽を摘んで、頭の仕立てにかかる。それぞれの枝は、ほぼ必要な長さに達しているだろうが、斜幹の場合、さし枝はまだ長さがたりないので、枝先を上げてさらに伸ばすことになる。そのほかの枝は、小枝をつくりながら、たりない枝の長さや幅を調節していく。

また、枝数は、全体のバランスが整うように、だんだん少なくしていく。このとき、曲幹や斜幹のものでは枝を下から順に減らすのではなく、幹の曲がりやさし枝がよく見える位置（正面）から眺めて、その木のポイントであるさし枝や幹の曲がりを中心に考えて下枝がいるかいらないか、どの枝は残したほうがよいか、あるいは、もう少し横に引いたほうがよいかどうか、というように決めていけばよい。そして、このときにいらないとされた枝でも、本当に切ってよいかどうかを、よく確かめてから切るようにするのも大事な注意点である。

さし枝の長さが十分できたなら、枝先を下げて、さし枝の元の部分にも小枝が出るようにしていく。ここで、みどりの摘み方や葉刈りのやり方をくふうして、葉ぶりを整えることに集中することになる。葉ぶりができれば仕上がりとなるが、小枝ぶり・葉ぶりは、その後の毎年の手入れを怠れば、乱れてしまうので日々の作業が重要である。

2 早仕立て

早仕立ては、山野に自生している大きな木や放任状態で大きくなった木を、移植（山掘り）してきて仕立てるときのやり方である。また、実生苗や小苗から育てた木でも、途中の手入れを怠って形が著しく乱れたものを、再び庭木に仕立て直そうとするときも、早仕立てと同じ扱いとなる。

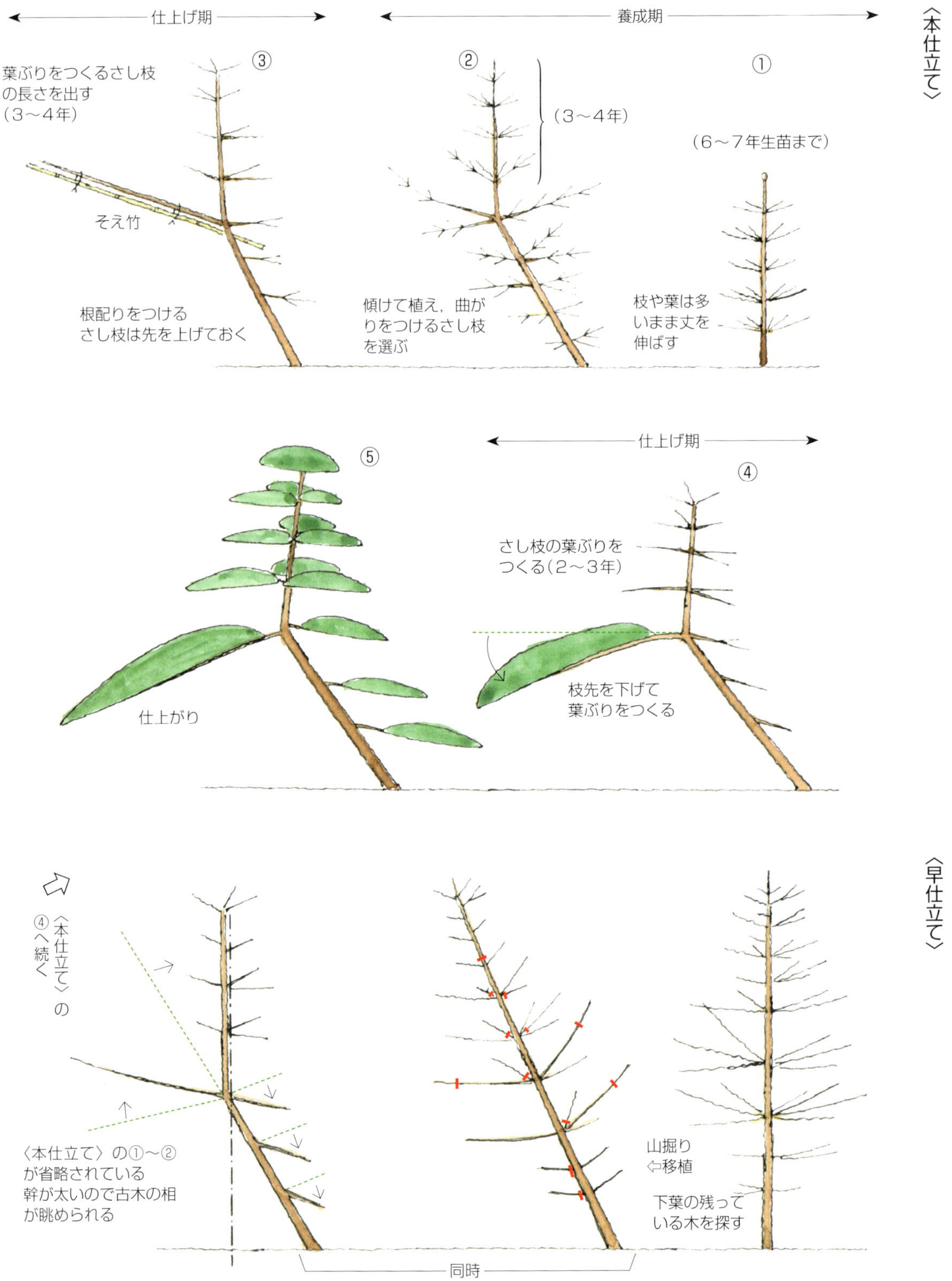
〈本仕立て〉
仕上げ期
養成期
③
葉ぶりをつくるさし枝の長さを出す（3～4年）
そえ竹
根配りをつける
さし枝は先を上げておく
②
（3～4年）
傾けて植え，曲がりをつけるさし枝を選ぶ
①
（6～7年生苗まで）
枝や葉は多いまま丈を伸ばす
⑤
仕上がり
仕上げ期
④
さし枝の葉ぶりをつくる（2～3年）
枝先を下げて葉ぶりをつくる
〈早仕立て〉
〈本仕立て〉の④へ続く
〈本仕立て〉の①～②が省略されている
幹が太いので古木の相が眺められる
山掘り
⇦移植
下葉の残っている木を探す
同時

図９　仕立てのあらまし

放任状態で育ったために、樹高や幹の太りは十分にできているのが特徴といえるだろう。幹が太って、年代を経たマツの感じがすぐに生かせるわけだ。

ただし、放任樹の枝間隔を見ると、下が狭く上ほど広い形が多く、理想とは逆になっていることがある。また、下枝が枯れ上がったものもある。それらを仕立てても、枝配りのあらさや枯れ上がりが目立って、途中で放任されたことによるいたしかたない欠点が現われることもある。

そのような欠点はあるが、逆に、早仕立ての長所は、短期間で庭木としての一応の形が整えられる点があげられる。背の高い山掘りマツなどは、5~6年ほどを標準と考えればよいだろう。

4 山掘りのやり方

ここでは、特に山掘りの際の注意点を二、三述べておくことにしよう。

自生のクロマツは、密殖状態で生育したものでは下枝が枯れ上がっているため、庭木にしても上部にだけ枝がある形の悪いものしかつくれない。広い場所に育った木で、下のほうから枝がきれいな段状についている株を選ぶことが重要である。なお、掘り取る木の大きさは、幹の太さを第一にし、自分が必要とする太さの木を選べばよい。

樹齢が15~20年以上になる木は、そのまま掘って移植すると枯れる危険が大きくなる。あらかじめ根まわしをして、細かな根を出させて、しっかり根鉢をつくってから移植するようにする必要がある。しかし、以前に移植したことのある木や、枝が多いために移植後に枝・葉を落として水分のバランスをとることができる木などでは、最も移植によいみどりの伸びる時期ならば、根まわしをしなくても活着してくる。

根鉢の大きさは、普通、根元の幹の直径の4~6倍が適当である。木が大きくなれば鉢も大きくするわけだが、大きな鉢は移植のときにこわれる心配が出てくるものだ。根の状態によって、鉢の大きさは加減するとよいだろう。根の状態がよいものは4倍程度におさえ、なるべく小さめにしたほうがらくである。

クロマツの山掘り・移植の適期は、4~5月のみどりが伸びる時期になる。みどりが伸びている時期は、根の再生力が最も強い時期でもあり、まだ葉が展開していないために水分の蒸散量が少なく、木にとってよい状態になっているからだ。

また、この時期に移植する利点は、木の活力が回復するまでの間にみどりがクタッと曲がった状態に陥るが、それが自然に枝の曲がりになることになる。人工的に曲げるのとは違い、自然の曲がりのおもしろさが出るわけだ。

大きな木を移植したあとは、幹にワラを巻いて乾燥を防いでやる注意が必要になってくる。さらに、放任樹で葉が多いために水分の蒸散量のバランスがくずれる心配のあるときは、いらない枝を切りつめて葉数を少なくし、蒸散を防ぐ。つまり、幹巻き・小枝のすかし・葉刈りと、三つの作業を行なうことになる。

秋期、9月ごろにも移植ができる。ただし、秋期に移植できるものは、根の条件がよいものに限る。すでに軸根が切ってあるものや、以前に移植された経験のある木で根がしっかりしているものは、秋に移植ができる。

しかし、自生のマツで幹が太くなっている大きな木の場合、活着が不十分なうちに冬になるので、なるべく春に移植し、秋は避けるほうが無難だろう。

Ⅱ 基本の仕立て

小さな苗木の段階から、その木がどんな樹形に適しているかという素質を見ぬき、その素質が十分に生かされる形に整えていくことが大切になる。いったんつけた幹ぶり・枝ぶりは、木が生長して、変化するものではない。

1 枝配りの原則

1 正面の決め方

庭木の眺めのポイントは、盆栽と同様に、根ぶり（根元の様子）・幹ぶり・枝ぶり・小枝ぶり・葉ぶりなどの美しさにあるといえる。ところが、根ぶり・幹ぶり・枝ぶり・小枝ぶり・葉ぶりを基本どおりに仕上げた木でも、それを見る方向によって違った印象を受けるものである。

それでは、木が最も整った形で眺められる方向、つまり木の正面は、どんな形にしたらよいだろうか。

まず、葉に覆われて、まったく幹が見えない方向は、正面にはしないほうがよい。幹の一部は葉にさえぎられていても、根元から頂上までの幹ぶりが見える方向を正面にしたい。逆にいえば一部分の幹の形が見えなくなることがあっても、その陰を通っている幹の様子がわかるように、木の形をつくることを心がけることが大切である。たとえば、直幹では根元からまっすぐに立ち上がった主幹の剛直な線がポイントで、それがさえぎられないような状態に仕立て上げるのがコツになる。もしさえぎられるとしても、さえぎっている葉がじゃまにならない形に整えることが原則となる。

ただし、斜幹や曲幹では、枝・葉によって幹の線がかくされる場合が多くある。その際には、幹の曲がりのおもしろさのポイントになっている位置が、枝・葉でかくされないように注意しよう。途中の幹ぶりがかくされることがあっても、その場所は、幹ぶりの曲がりをつけた（幹の曲がりのおもしろさをねらった）位置ではないようにする。変化の少ないところに枝ぶりがはいるようにし、ねじれたり曲がったりした幹ぶりのおもしろい位置は、幹がよく通って見えるように注意したい。

2 3本残して仕上がりで整理

枝の分け方は、樹形のいかんにかかわらず、一カ所に最大3本残すのを基本にし、それを何段かに積み重ねた形につくるのがポイントになる。下枝などでは3本残すのは多いわけだが、その場合、これは木の形が一応完成して庭へ植え付けるときに、その場所にふさわしい形に仕立て直して多い枝を切ればよい。

こうしておけば、あとで庭に植える段階になって「ここにもう1本枝があればよかった」という不満の声が出なくてすむはずだ。

また、完成樹では、1カ所に3本の枝を残したのでは多いことがある。たとえば、大きなさし枝を出した斜幹仕立てでは、さし枝から下は1段3本もの枝はいらない。このようなときは、仕上げの際に切り落とせばよいだろう。これは初期の苗のうちから、さし枝を出した仕上がりの形にあわせて下枝を1本に制限していくと、木の成長や幹の太りが遅くなるので、それを防ぐためでもある。

つまり、その木の性質を生かすという立場で考えれば、苗木の段階には枝数を多くしておき、枝配りの基本を決める段階になり、予想される樹形がおよそわかったあとで、バランスを見ながら3本残した枝を減らしてやればよい。

3 完成樹の枝数と配置

それでは、完成時の枝数はどのように配置されることになるのだろうか。これは、直幹・斜幹・曲幹、それぞれの樹形で考え方が異なり、いちがいに決めることはできない。樹形がかわれば木の持ち味も違ってくるからである。

たとえば、直幹では、下枝から3本の形が生かされ、枝の長さの変化で木の軽さを出すようにする。また、斜幹では斜めに植え付けた幹を、さし枝を出した位置から上は直幹にする。さし枝の出た側には下枝を配置しないことを原則にし、一方、背枝側には、さし枝とのバランスをとるために1～2本の枝を残すとよい。もしさし枝側に下枝がほしいときは、先を引いて乱れ枝にする。

さらに曲幹では、幹にうねりのついたところで、そのたびに背枝・腹枝の関係がかわってくる。そこで下枝では、幹が曲がるたびにどれが背枝かを見極めて、まず背枝の長さのバランスをとる。

次に全体の重さを調節する意味で、腹枝は短くし、残す腹枝は、バランスを考えて1～2本にする（2本の腹枝を残すことは背枝とあわせて3本の基本数がそのまま残されていること）。中～上段の枝は、3本の基本数がほぼそのまま残っているというぐあいである。

2 直幹仕立て

1 仕立てのポイント

直幹とは、幹がまっすぐに立ち上がり、枝が四方に広がった姿をいう。幹が立っているため、背枝・腹枝の関係がない。この点は、幹に曲がりの模様をつける斜幹や曲幹などの樹形と著しく違う点だ。したがって、この樹形では、枝をどの位置から、どんな状態にするかがポイントになる。枝の段の間隔が、下枝では広く上ほど狭まっていくように、基本どおりついていなければならない。

ところが、放任状態のマツでは、自然の木の勢いを反映して、逆に、下枝は狭く上枝は広いのが普通である。それが放任して木が老成してくると、再び枝間隔はつまってきて、下枝は枯れ始める。そ

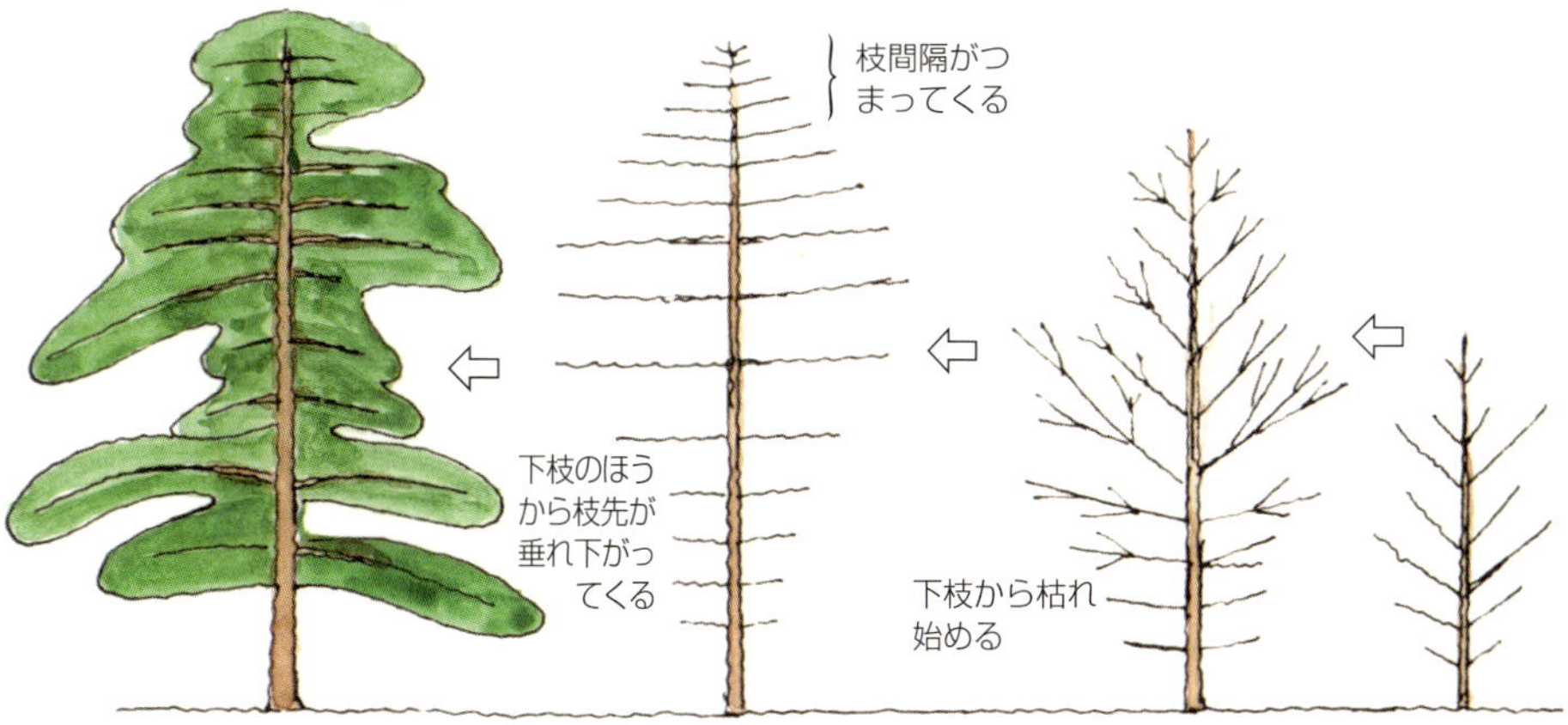

図10　放任樹の生長経過図

して、中段の枝まで枯れ上がりがくると、自然の美しい姿になってくる。しかし、庭木では、それだけの長い年月をかけずに、老成した木の感じを表わさなければならない。そのためには毎年、春のみどり摘みを的確に行ない、理想的な枝間隔に仕上げていくことが求められる。

　毎年みどり摘みができない場合でも、少なくとも2年に一度は行ないたい。その間に徒長した幹の扱いは、あとで述べる「葉をエリマキに残す原理」で枝間隔を正す必要がある。しかし、これはあくまでも応急対策にして、原則は、毎年のみどり摘みを怠らず行なうことである。

2 枝の選び方

　自然に放任したマツの木は、一カ所から車状にたくさん枝分かれしている。そして、幹や枝の先端から毎年、春にみどりが出てくる。みどりというのは、棒状のマツの芽のことで、車状に出てくるのが普通で、こうして一カ所から数本の車枝を出しながらマツは上へ上へと丈を高めていくわけである。

　庭木として仕立てるためには、この車状の枝を整理して、いらない枝は切り落としていく必要がある。

　枝配りは下枝から上枝へ順に行なうのが原則である。まず一番下の段を見て、その段の車枝のうち勢い・方向を考え、どの枝を残すかを決めるのが枝の選び方のポイントになる。

●横向きの枝を残す

　斜め上向きに出ている枝は、それが幹に近い位置にあればあるほど、あとで幹を負かす危険が大きくなってくる。上向き程度の大きな枝ほど幹と競合して、養分は幹に負けない勢いで、この枝にも上がっていくのだ。

　直幹では、幹はまっすぐ上向きだから最も強く、斜め上に出る枝は幾分弱いのが普通だ。春にみどりが伸び出す時期に見ると、中心のみどりが最も強く、脇のみどりはそれより弱くなっていて、そこに強弱関係のついているのが普通である。

　ところが、みどり摘みで芯を止めたあとの状態を考えれば、芯が止められたため葉の中の成長点が新しくみどりになって伸び出した形になっている（図11）。それらは、幹になる候補のものと、枝になる候補のものとがいっしょになっているわけである。つまり、何本かの強い上向きの枝と、弱い水平方向の枝とが出ている。このような状態では、幹になる強い枝とほかの上向き枝とで、条件はかわらないといってよいだろう。

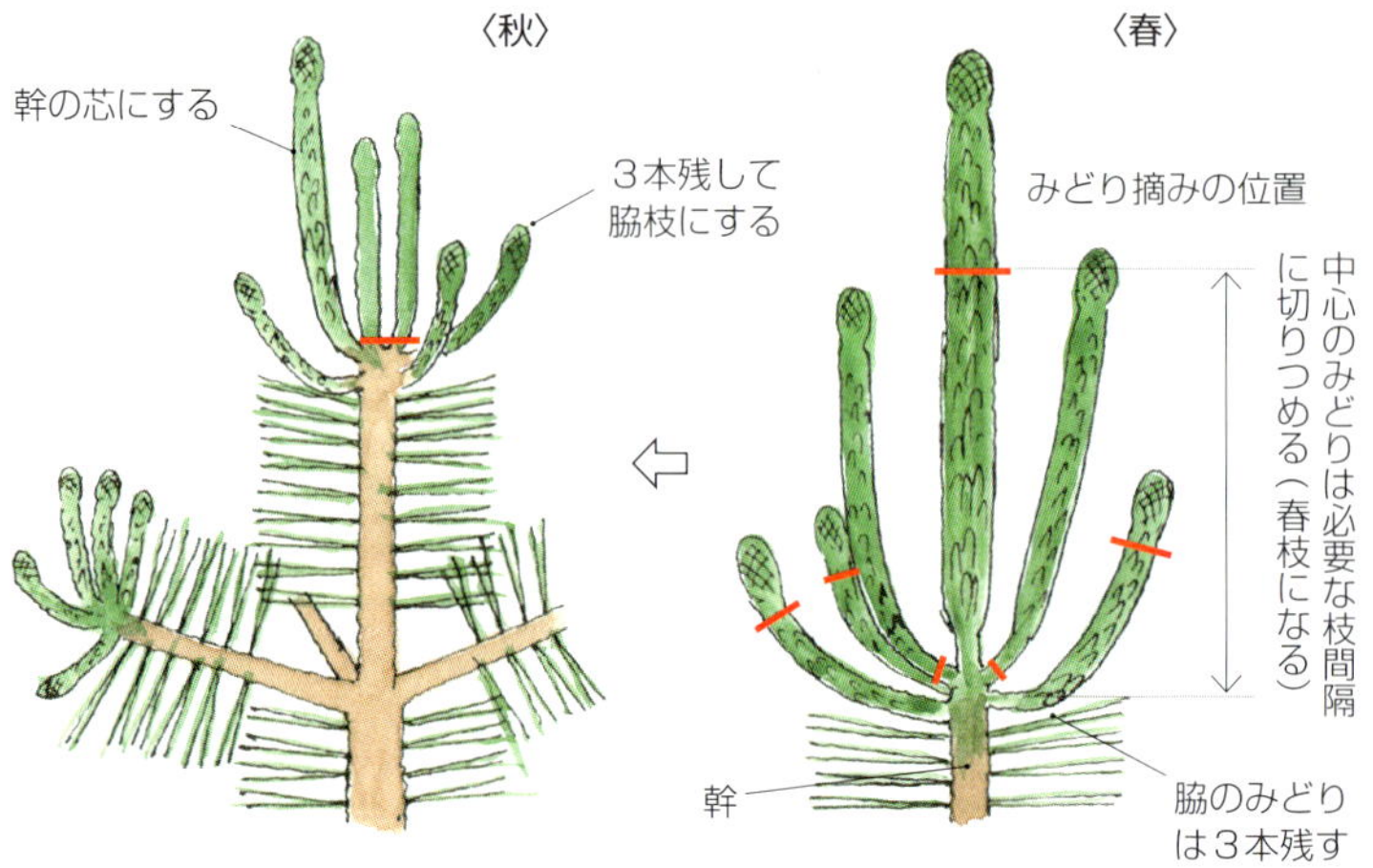

〈春〉
みどり摘みの位置
中心のみどりは必要な枝間隔に切りつめる（春枝になる）
幹
脇のみどりは3本残す
〈秋〉
幹の芯にする
3本残して脇枝にする

図11　みどり摘みのやり方

　このようなときには幹（芯）にする枝を決めて、ほかの枝は早く切り取ってやる必要がある。また、先の下がった枝は残しても強い枝にはならないので、切り落としたほうがよいだろう。

　幹に近い位置から斜め上に出ている勢いの強い枝は、のちに枝先を引いたり曲げたりして、勢いを弱めるための手間がよけいにかかる。したがって、なるべく横に、ほぼ水平方向に出ている枝を選ぶようにする。

ある程度大きくなった放任樹を山掘りしてきたときは、上向き枝も利用することがある。これは間隔の飛んだ木で、どうしても枝がほしい位置にないときである。

やり方は、上向き枝の一番元に近い小枝を残して先を切りつめるか、あるいは幹の（枝が飛んでいるため）枝がほしい位置の高さのところで、脇枝の上向き枝の芯を切りつめる。そして、そこにある枝を横に引いて、一見そこに枝があるかのように仕立てていくことになる。

また、斜幹仕立てでは、早く強大なさし枝をつくりたいときに上向き枝を残すことがある。上向き枝を残して、それがさし枝として必要な長さに達したところで枝の元を割って、水平方向に引き下げるとよい。

●樹齢も考えて

以上で、どんな角度で出た枝がよいかがわかったはずだ。ところが、なんでも水平方向の枝がよいといちがいに決めることもできない。当然、樹齢を考えあわせてやることが必要になってくる。

幹の太い老成した木では、樹勢も衰えているため水平方向よりもやや先端が下がった枝を残すようにする。

一方、若木はさらに生長する可能性があるわけだから、老木の場合と比較して上向き程度が幾分大きい枝を残す。これは若木の場合、老木と同じような横向きか、やや斜め下向きの枝を残せば、そのためにあまった勢いが徒長枝としてはき出されるためである。

したがって、勢いが強い若木では、枝先までまんべんなく勢いがいきわたるように、水平よりは幾分上向きの枝に注目することがポイントになる。

さらにまた、水平の枝を残すと、あとで枝に葉ぶりがついたときにその重みで枝先が垂れ下がり、自然な形になってくるわけである。

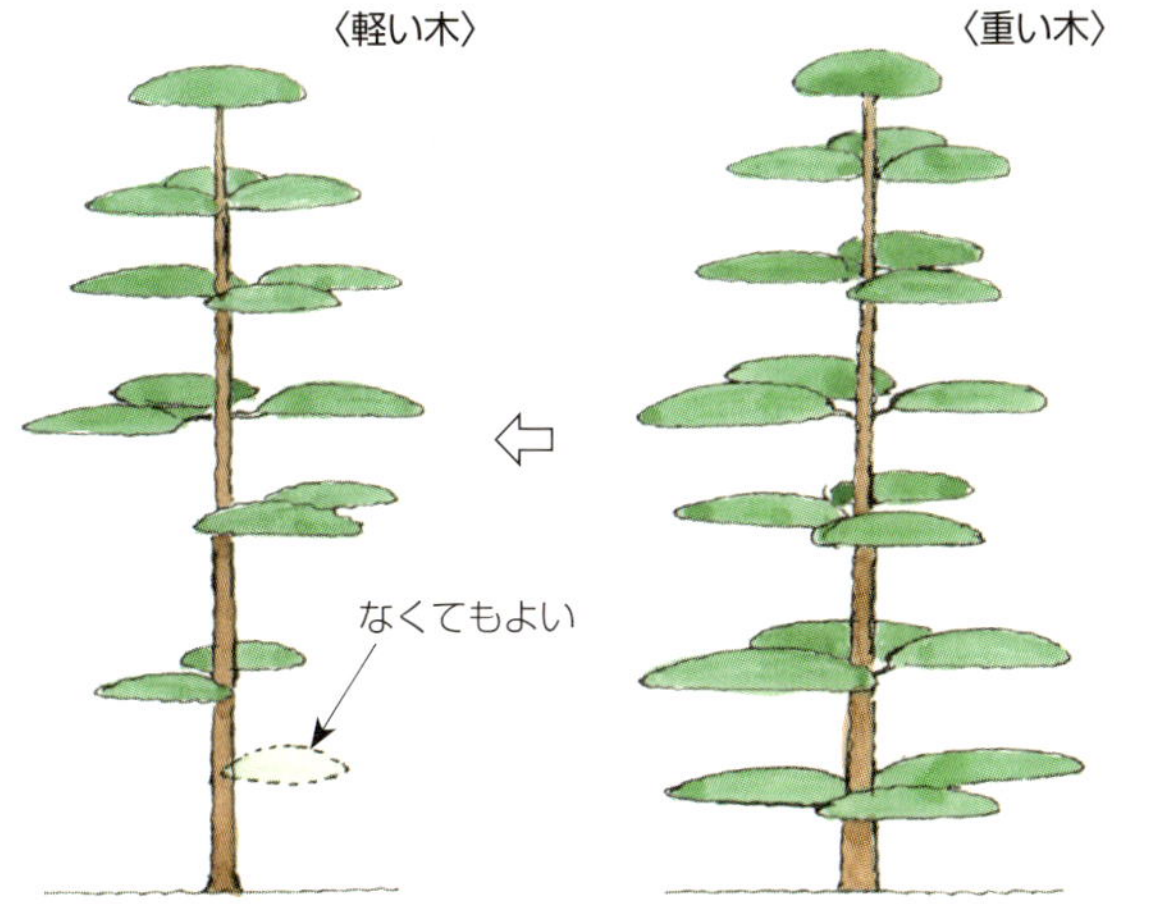

図12　木の重さ軽さ

この原理は、次のように応用することができる。もっと生長させたい若木で、斜め上向きの枝がほしいときは、そえ竹をして枝先を上げてやればよいだろう。必要な長さに満たない枝は、枝先を斜め上向きにしてやることによって、勢いが先端までまんべんなくいきわたり、さらに長くできるのである。

枝先を上げるときは、ヒモで上へ引く方法をとると風雪で枝が折れる危険があるので、必ずそえ竹で行なう。

●車枝は3本に整理

1段に何本もついた車枝のうち、何本残したらよいだろうか。普通、3本を基本にする。車枝状にたくさんの枝があると芯は弱められるから、3本以上の枝は残せないわけである。

一方、1～2本の枝しか残さない場合はどうなるのだろうか。それは、カンヌキ状に幹をつらぬく形になるから、樹形的におもしろくない。そこで庭に植え付けるまでは3本を基本数にしていく。また、庭木で枝を出す方向は、重なり枝を出さない原則がある。

したがって、枝配りのときに3本の枝を残しておけば、仮に重なり枝ができたときにも、60度程度横へ誘引してやるだけですむ。ところが、2本しか枝を残さなかった場合には、90度も曲げなければ

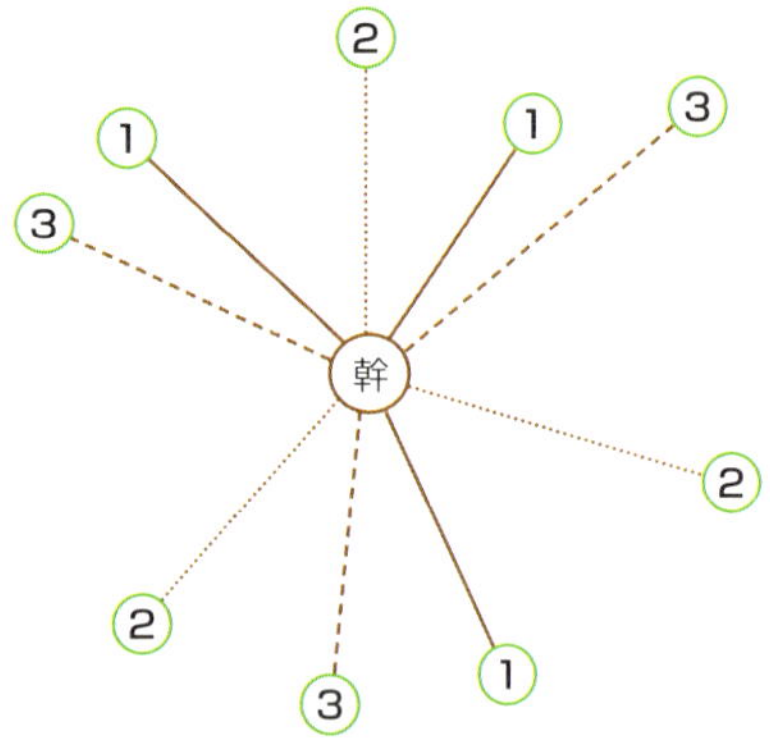

図 13　各段の枝配り

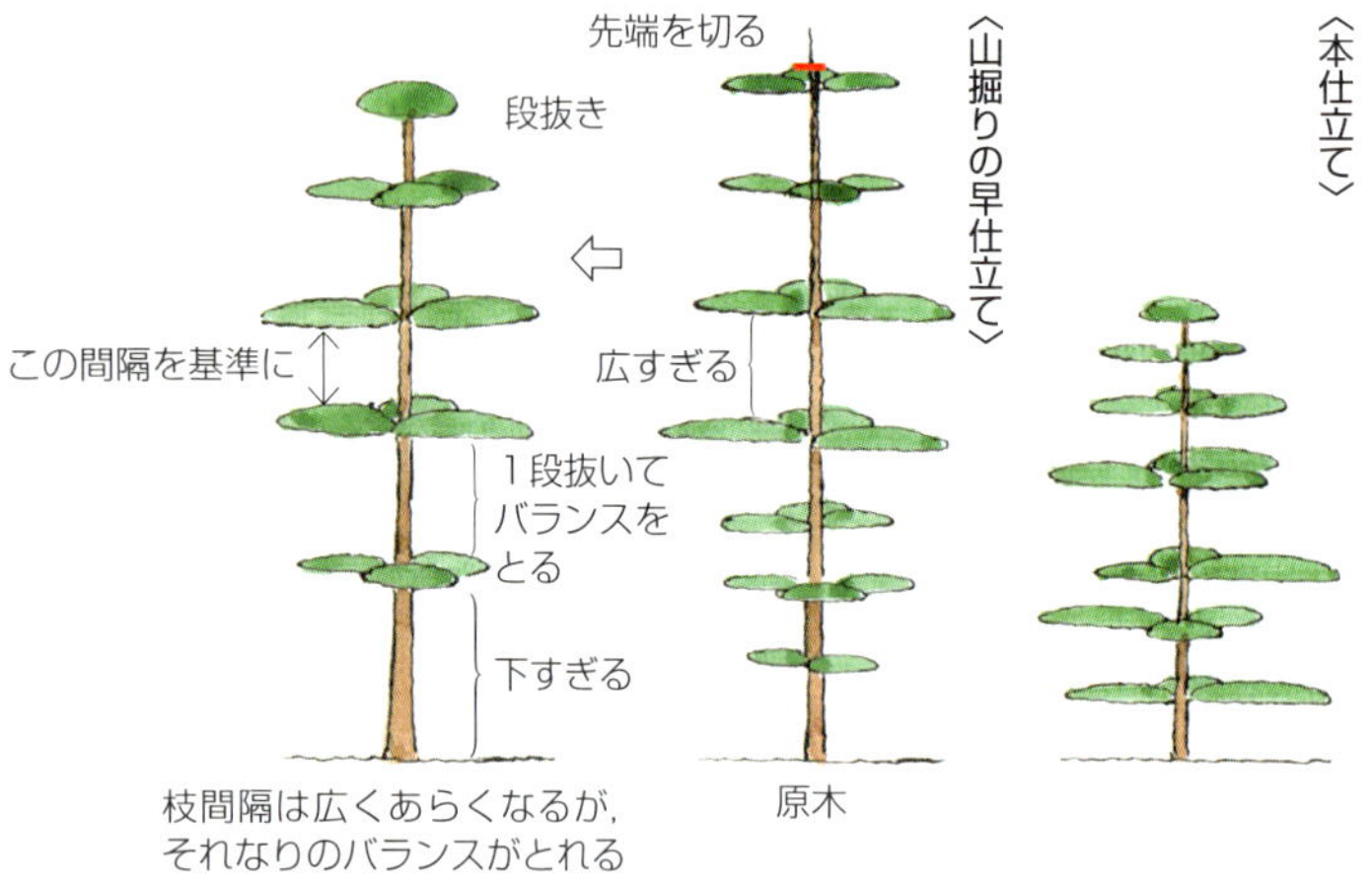

図 14　仕立て方の違いと枝の間隔

ならなくなってくる。枝を直角に横に引くことは、実際は不可能である。

以上の理由で、3本の枝を残すことが基本になっているのである。

そして、1段3本に制限した枝は、後に切り落とされる場合がしばしば生じる。それは、完成間近の樹形を見たときに、枝数が多いためにバランスが悪いと判断された場合だ。特に多いのは、斜幹仕立てで下段の腹枝を切り取る場合である。

直幹仕立てでも、下段に長い枝がたくさん出た姿は、足元がひっぱられる重い感じになるから、軽さを出す意味で切る。このときの重さ・軽さという感覚は、その木の樹形をどう考えるかという問題につながってくる（図12）。

●重なり枝は禁物

そのようにして1段目の枝配りが決まったら、次は2段目の3本の枝を決める。考え方は1段目の場合と同じだが、枝の方向には特に注意しなければならない。

2段目の3本の枝の方向は、1段目の枝の方向と重ならないように、1段目の枝と枝の間へ伸ばすようにする。

これは、重なり枝を出すと下枝は光が当たらなくなって日照不足をおこす心配があるため、互い違いに出すのである。

あとは同様に、3段目は2段目と重なり合わないように注意して、3段目・4段目…と順次決めていく。その結果、1段目と3段目、2段目と4段目の枝の方向を見ると、それぞれが同じような方向に出ていることになるわけだ（図13）。

3 枝の段数

仕上がりの枝の段数を何段程度まで保てばよいかという問題は、それぞれの木の場合で、高さや枝間隔によって違うので、いちがいに断定することはできない。

小苗のうちからみどり摘みを行ないながら仕立てたマツでは、日照・通風が支障ないだけの枝間隔を保ってやり、これを木が必要な丈に達するまでくり返していくので、段数も多くなるのが普通である。

これに対して、山掘りのマツでは、上枝の間隔はあらくなっているのが普通だ。このときには、上部のあらい間隔に合わせて、下部の密生した部分は1段そっくり切り落とすことも行なわれ、これによって下ほど広く、上になるにつれて狭い枝間隔をつけていく。したがって、山掘りの木では、枝の段数は著しく少ないのが通常である。

4 頭の仕上げ

頭の仕立て方には、本仕立てと早仕立てとがある。

●本仕立て

本仕立ては、下枝の場合と同様、3本の枝を残す。目標の丈に達したところで、主幹を止める。そして、最上部の車枝のうち3本を残し、これをもとにして頭の形をつくっていくとよい。

それぞれの枝は、芯を摘んで2本の小枝に分け、その先はさらに2本に分けてやる。すなわち、亀甲ずかしの原理で枝分かれさせていくわけである。そのようにして、はじめは3本だった枝が、先でそれぞれ2分されて6本になり、次に12本になる形にしていく。

亀甲ずかしをくり返して、必要な大きさに達したら、頭はできあがりである。

●早仕立て

早仕立ては、一般に、放任状態で大きくなった木を移植（山掘り）して、それを仕立てていく際のやり方だから、すでに庭木として必要な高さには十分に達している。

そこで、主幹の先端に車枝を残して、木が希望の高さになるように、先を切りつめてやる。その際に、主幹の先端に大きな切り口ができるが、車枝を上手に扱っていき、切り口をかくすように仕立てていくことがポイントになってくる。

先端に車状に残った枝は、一本一本をナワで、下向きに引いてやる。すると、パイプ論の原理で、下向きの弓状にしなった枝の一番高い位置から、上向き枝が吹いてくる。この上向き枝を生かして、みどり摘みと亀甲ずかしとをくり返して枝分かれさせ、頭を仕上げていくことになる。

頭が一定の形に仕上がってから、はじめに引いた車枝の先端が垂れ下がりすぎていれば、そこを切り落とす。そうすると、本仕立てとくらべて、さほど見劣りしない美しい形が早くできあがるわけである。ほぼ3～4年で仕上がる点が、最大の特徴といえる。

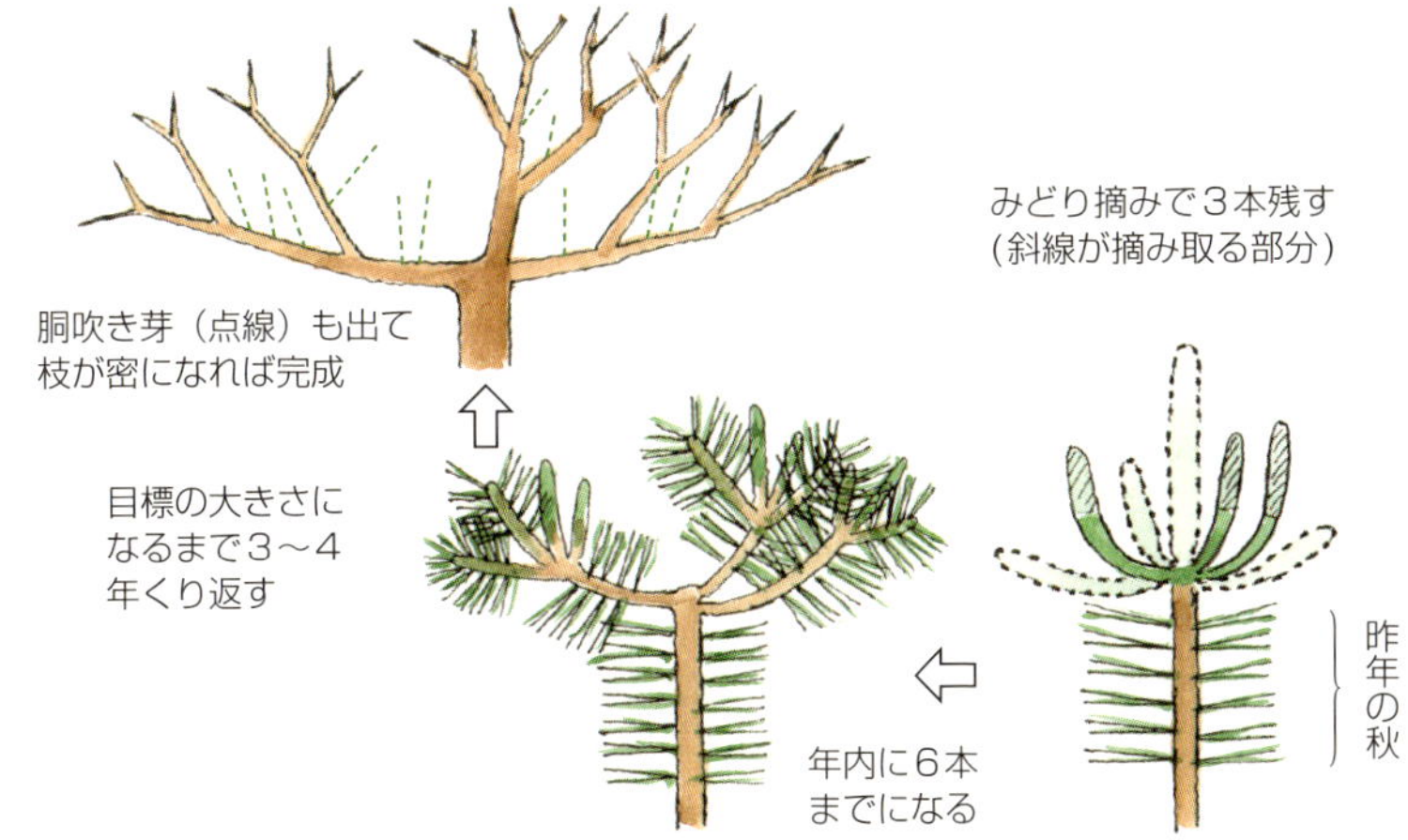

みどり摘みで３本残す
（斜線が摘み取る部分）
昨年の秋
年内に６本
までになる
目標の大きさに
なるまで３～４
年くり返す
胴吹き芽（点線）も出て
枝が密になれば完成

図 15　頭の仕立て方（本仕立て）

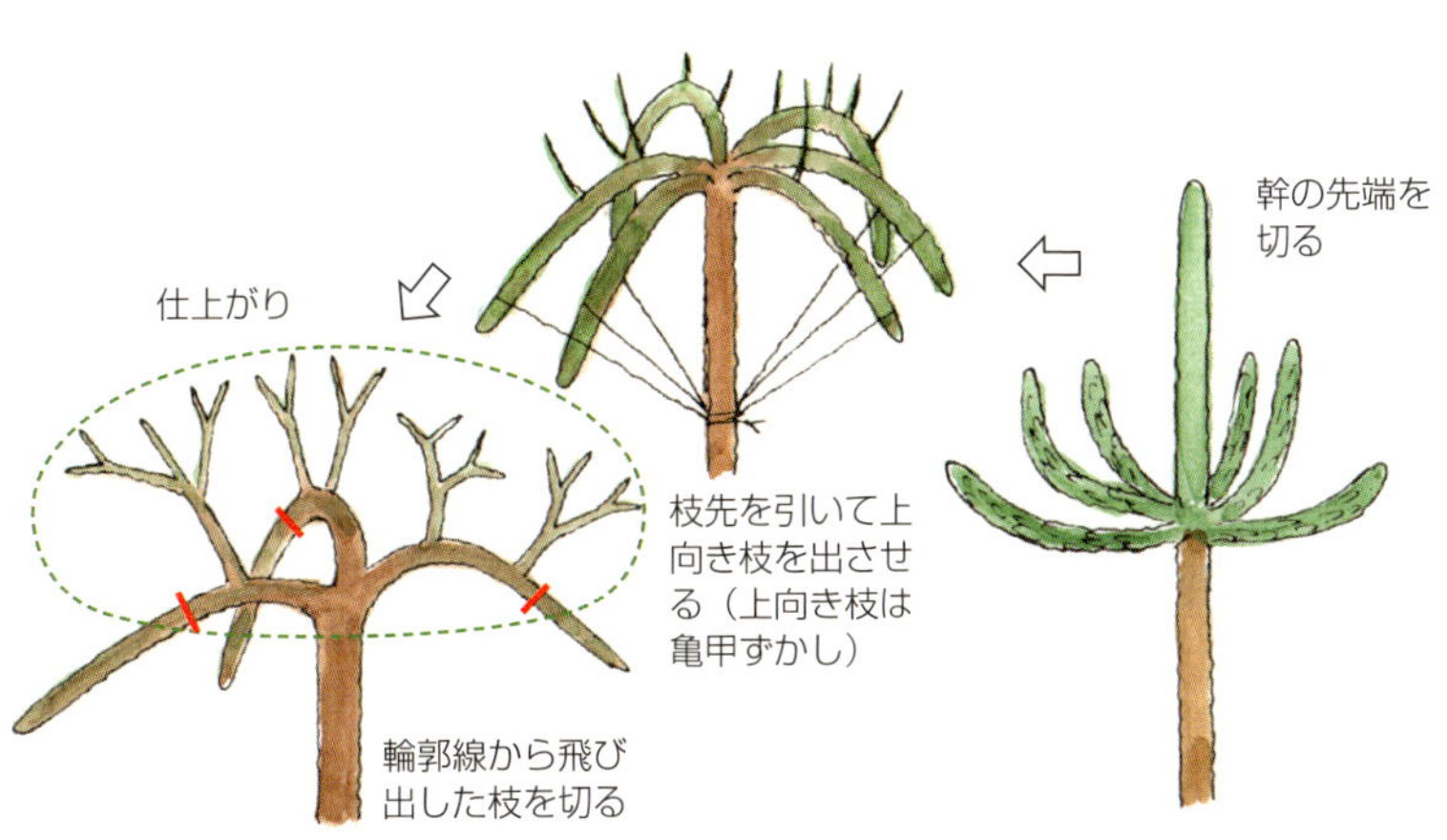

幹の先端を
切る
枝先を引いて上
向き枝を出させ
る（上向き枝は
亀甲ずかし）
仕上がり
輪郭線から飛び
出した枝を切る

図 16　頭の仕立て方（早仕立て）

3 斜幹仕立て

1 仕立てのポイント

斜幹で長いさし枝のあるものを大かぶりと呼ぶ。そのうちで、門の上に長くさし枝を伸ばした形を、特に門かぶりと呼ぶ。この形が、斜幹マツの代表的な形とされている。

では、門かぶりを例に、仕立てのポイントを考えてみよう。

門かぶりの形は、2.2～2.5m程度の高さに長いさし枝が必要で、さし枝を強く長くするための対策が特に大切になってくる。

さし枝をさらに強くするには、それが背枝となるようにしなければならない。木を斜めに傾けて植え、長い枝の先を上げただけでは、さし枝として十分に強くならない。さし枝が背枝になるように、幹を曲げるわけである。

そして、さし枝が出る位置から上の幹は、まっすぐに立て、幹がくの字形になるようにする。これが、斜幹・門かぶりの第一のポイントである。ただ問題は幹がそうとう太くなっている木でなければ、強いさし枝がとれないことだ。そのような太い幹を、いかにくの字に曲げるかである。曲げるときは、太い丸太で支柱をして、さし枝より上の幹をひねりながら曲げていき、支柱に結びつけるようにする。一度に曲げられないものは、2～3年かけて徐々に誘引しながら、曲げていくとよい。

2 さし枝の出し方

まず第一に、さし枝を出す高さを考慮し、その高さにある強い枝を選んでさし枝を決める。そして、その位置で幹の曲がりをつけ、次に、さし枝を強くしたいときは先を上げてやる。

ところで、斜幹（門かぶり）のさし枝の出し方には、いくつかの約束があるので、その注意をまとめておこう。

●さし枝から上の幹は直立

まず、さし枝を長く横に伸ばしたいわけだから、そのための条件を与えてやらなければならない。一般に、斜幹の形の木は、幹を斜傾させるのはさし枝を出す位置までで、それより上部は直幹の場合のように幹を立てるのが原則である。それは、①さし枝を強くさせるため、②そのほうが姿・形がよいため、という二つの理由による。

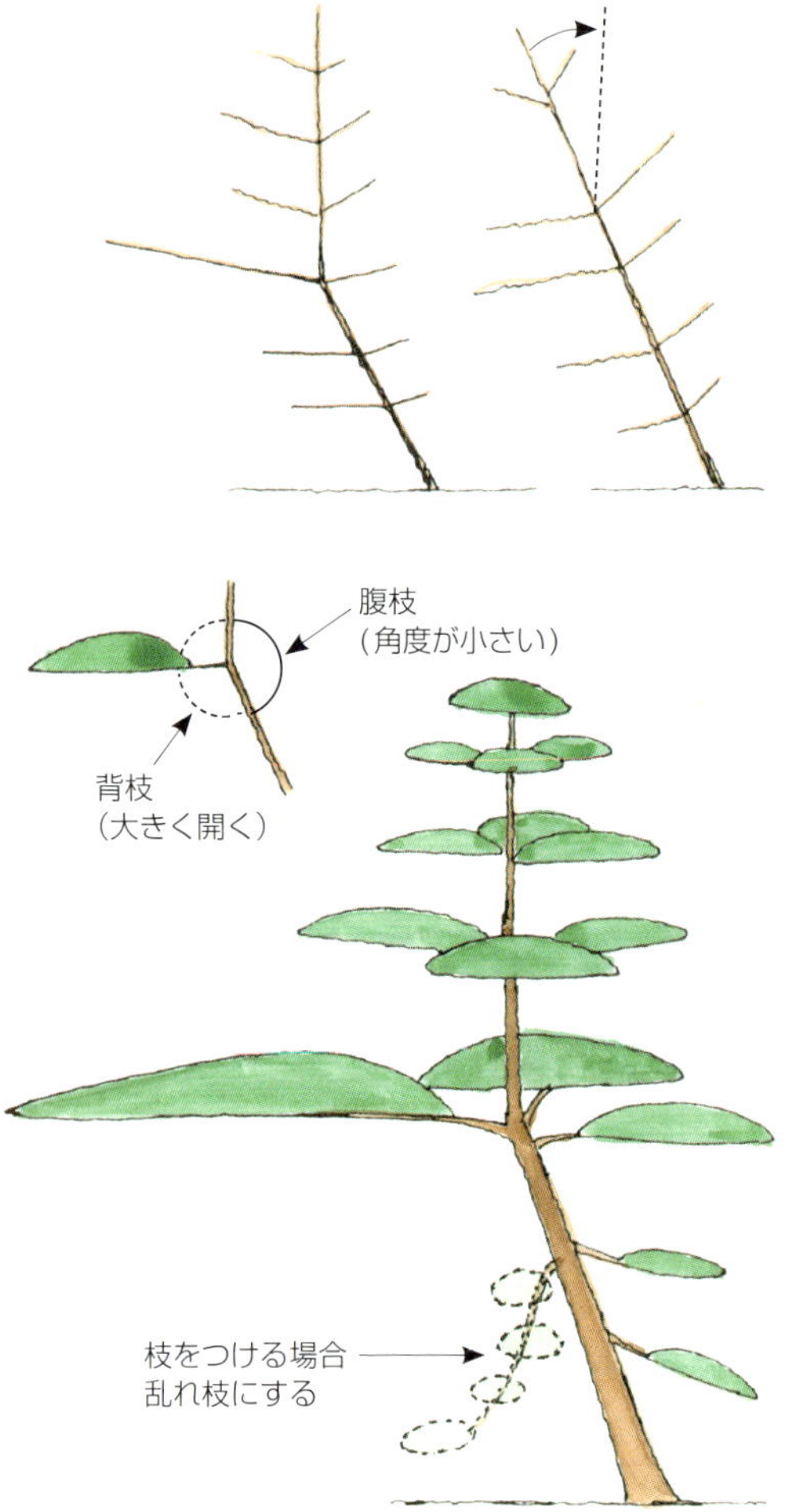
腹枝
（角度が小さい）
背枝
（大きく開く）
枝をつける場合
乱れ枝にする

図17　さし枝の出し方

では、なぜさし枝が強くなるかを考えてみよう。直幹の場合は背枝・腹枝の関係がなかったが、斜幹ではその関係が問題になる（図2参照）。

パイプ論によれば、幹を斜めにすると濃厚な養分は背のほうを通り、腹側を通る養分は背側より少ないわけである。その結果、背枝は強くなる。

ところで、さし枝が出ている位置で幹を曲げれば、斜めに勢いよく上がってきた濃厚な養分は曲がりのところでぶつかって、停滞してしまう。このとき、幹の曲がりを横から見て、角度の小さいほうが腹枝で大きいほうが背枝になる。背側は濃厚な養分が直接ぶつかる場所になり、そこの枝が強くなるわけである。つまり、さし枝が強くなるのである。

このように、幹がくの字に曲がっているときは、幹の曲がりの外側（背側）の枝が強くなる性質がある。この原理によれば、さし枝を強くするには幹を曲げ、曲がりの角度が大きいほう（外側）にある枝をさし枝に選び、枝先を少し上げてやればよい（図17）。

あとはこれを手入れして小枝を吹かせ、枝の長さや幅が目標に達したら先を水平に下げれば、門かぶりの長いさし枝が完成するのである。

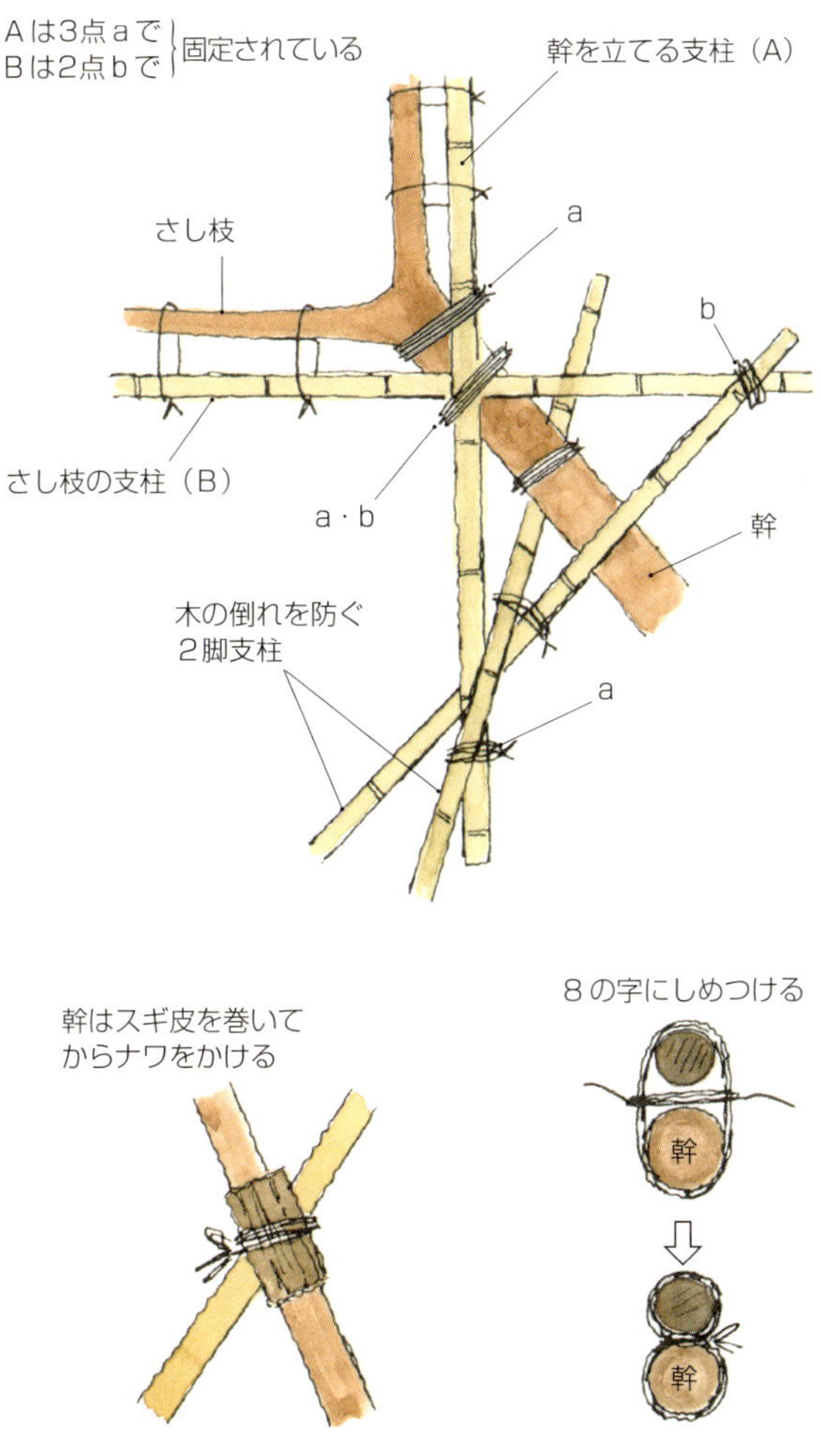

Aは3点aで
Bは2点bで
固定されている
幹を立てる支柱（A）
さし枝
a
b
さし枝の支柱（B）
a・b
幹
木の倒れを防ぐ
2脚支柱
a
幹はスギ皮を巻いて
からナワをかける
8の字にしめつける
幹
幹

図18　さし枝の固定の仕方

●支柱の立て方

斜めに植え付けたときに、木が倒れやすくなるので、支柱でささえてやるとよい。普通は2本の支柱をホオヅエのように立てる（2脚ホオヅエ）ことが多いようである。

さらに、幹がまっすぐに立つようにするための支柱を、これにそえてやる。図18に示すようなやり方で、幹は支柱に結びつけてやればよい。

このやり方のほかに、さし枝の下に2脚ホオヅエを立てる方法がある。それはさし枝より上の幹は、幹あるいは枝から支柱をわたして、まっすぐに立つようにそれへ結びつけるというものである。

実際に行なわれている支柱の立て方には、さまざまなやり方が見られる。そのうちのどの方法で行なってもよいわけだが、最も肝心なことは、支柱によって幹や枝がしっかりと固定されるようにすることである。

●枝芯を立てるやり方

仮に、枝が幹から直角に出ているとすると、幹を傾けて植えれば、さし枝は斜め下に向くことになる。それゆえにさし枝を強くするためには、これを水平か斜め上向きにもどす必要が出てくる。

これにはまず、さし枝を引き上げる前に、さし枝より上部の幹がまっすぐ立つ

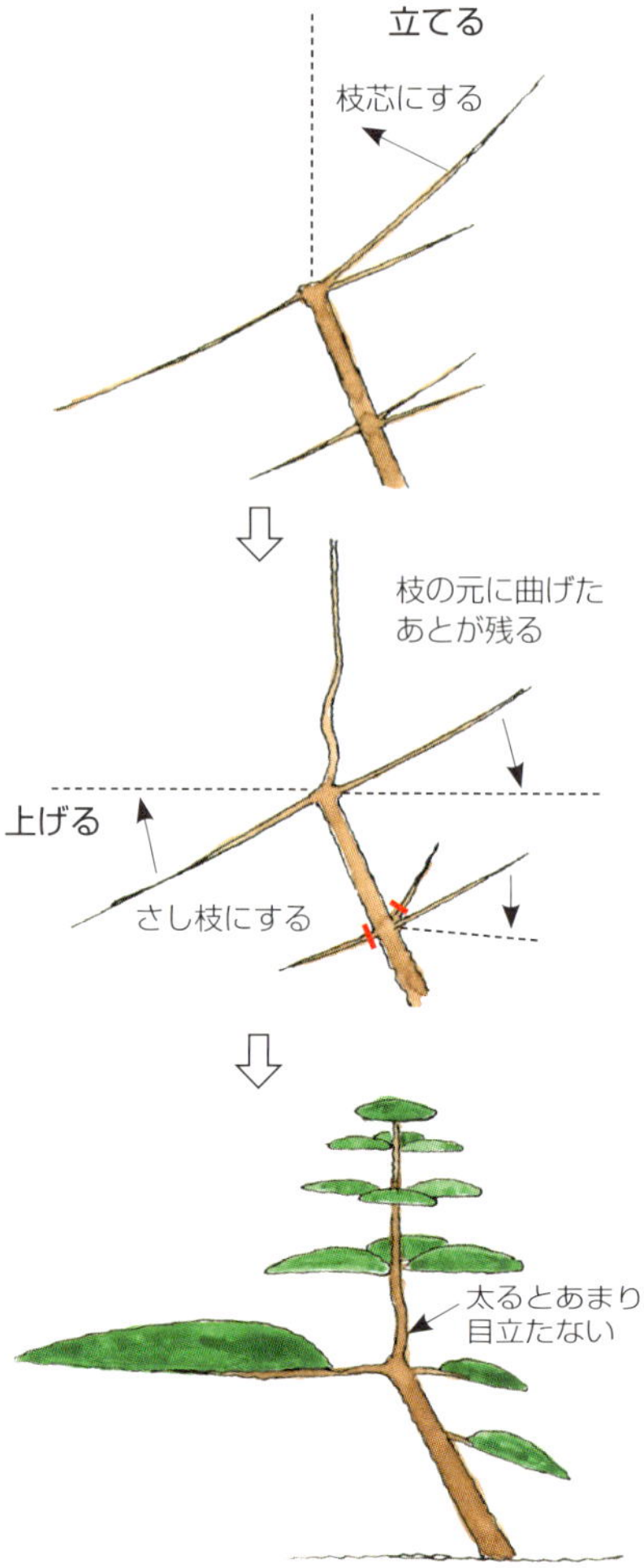

図 19　枝芯の立て方

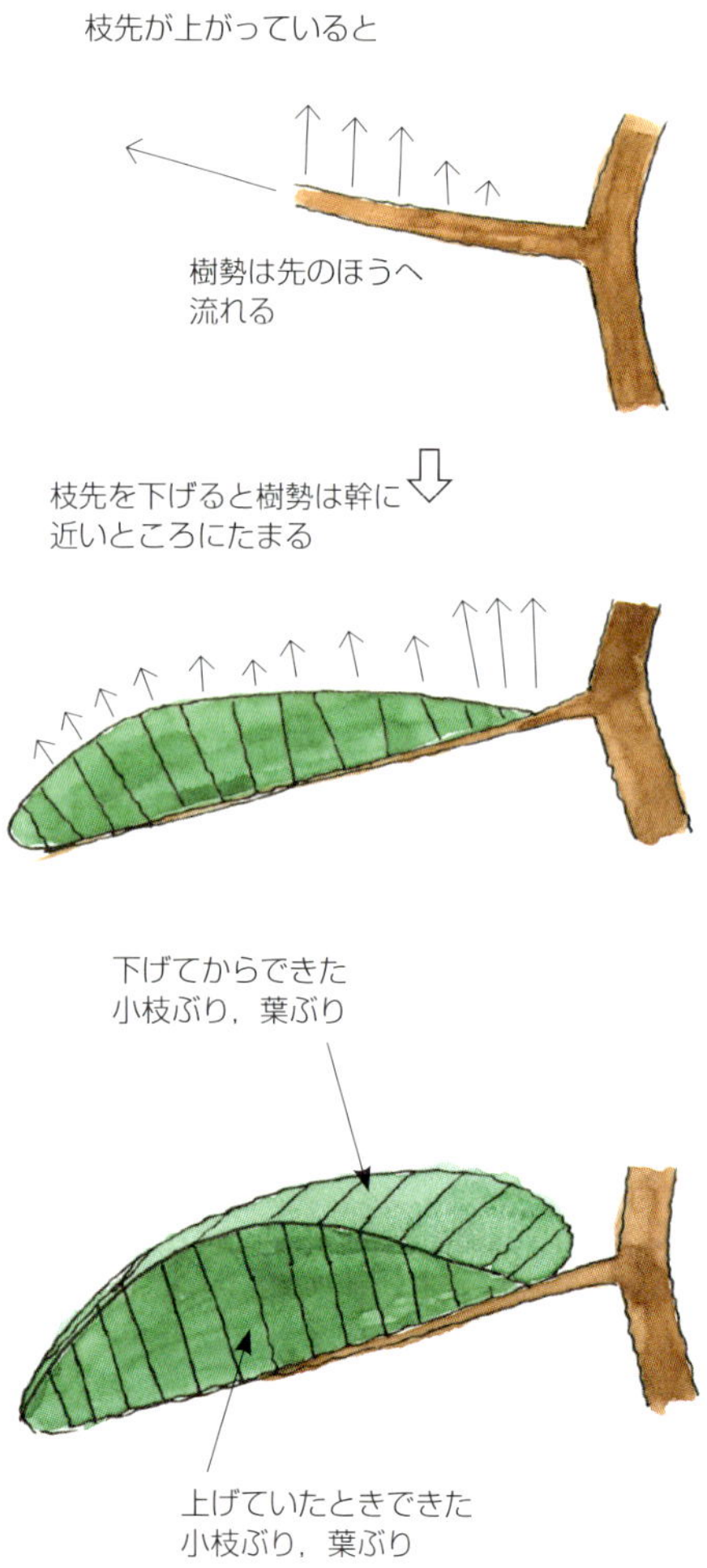

図 20　枝の扱いと葉ぶり

ようにする。そして、幹の曲がりをつける作業にかかり、次にさし枝の角度を直すことが大切である。これは、さし枝を上げてから幹を立てる順序で行なうと、さし枝の段のところで、期待どおりの幹の曲がりがつけられないからだ。したがって、先に幹をまっすぐに立てることが原則となってくる。

　また、この際に、幹がどうしても立たないときは、さし枝が出ている段の枝のうちの1本を芯にして、これをまっすぐに立て、幹は切ってしまうことをする。枝を芯（幹）に切り替えてやるわけで、この作業を、枝芯を立てる方法という（図19）。

　幹が太くかたくなりすぎたマツなどでは、枝芯を立てることによって、斜幹の基本とされる幹のくの字曲がりがつけられるわけである。ただし、幹を切ったための大きな切り口が残るから、枝芯を立てるのは特殊な場合だけに限定される。また、枝芯の元には不自然な曲がりがつくので、なるべくなら、枝芯を立てるより幹を曲げるようにしたいものだ。

　なお、幹を切らずに枝芯を立てるやり方がある。これは、流枝のマツなどで行なわれる方法で、幹を曲げてさし枝のように仕立てる方法である。幹がさし枝にかえられたため、枝芯を立ててやるわけだ。ただし、この方法は、幹がやわらかなうちにしか行なえない。

●門かぶりではさし枝の高さに注意

　特に門かぶりの場合は、さし枝の下を人が通るから、枝下の間隔を2.2～2.5m程度あけておき、頭がぶつからないようにする。また、車が出入りする場合には車に合わせた枝下の間隔が必要になる。

外国での街路樹の例だが、馬に乗って往来するところでは、乗馬したときの高さを基準にして木の剪定が行なわれる。

3 仕立ての手順

本仕立てでは、木を育てながら、下枝から1段3本の枝配りを積み重ねていく。木がさし枝のほしい高さにまで育ったら、幹を傾けて植え付ける。すると、そこから上はまっすぐに伸びていくので、自然に幹の曲がりがつくわけだ。

さし枝から上も1段3本の枝配りを続けていき、これが3～4段できたところで芯を止め、頭の仕上げにとりかかる。頭のつくり方は、直幹の場合と同じである。

門かぶり仕立ての例

次に、いらない下枝は切り取って、形のバランスをとる。この際、さし枝側には、普通は下枝をつけない。そこに枝がほしいときでも、さし枝側の下枝は、自然に弱くなる性質があるから図17に見るような乱れ枝にしておく。

一方、さし枝の反対側の下枝は、幹が傾いているために背枝にあたり、放任すれば強くなる性質がある。ところが、さし枝と同じような大枝がさし枝より下にあってはぐあいが悪いので、下向きにして勢いを弱めてやる。こうして、形のうえで、さし枝とのバランスがとれるように保つのである。

以上の手順で木の基本の形ができたら、あとは、みどり摘みや葉刈りをくり返していけば、小枝ぶりや葉ぶりができて仕上がってくる。

4 曲幹仕立て

1 仕立てのポイント

曲幹の観賞のポイントは、幹の曲がりのおもしろさにある。幹の曲がりは、人工的な作為を感じさせない自然な形で、しかも見て美しい形にすることが大切である。人工を感じさせない形に曲げることができれば、この樹形はほぼ成功したものと考えてよいだろう。

次に注意することは、背枝・腹枝の関係である。背枝・腹枝の原則をわきまえた手入れを行なわないと、せっかく残した枝が弱くなったり枯れたりする危険があるからである。また、背枝を残さず腹枝を残した形は見苦しいものでもあるからである。

曲幹は、幹が曲がりくねっているため、そのたびに背と腹が入れ替わる。したがって、枝分かれしている段ごとに、どれが背枝にあたるかを見極めて、全体の枝配りやバランスを考えて仕立てていかなければならない。

2 背と腹の見分けが重要

曲幹の場合、それぞれの枝が分かれる場所で、どの枝が強大になる背枝であるかを見ぬかなければいけない。

強くしようと思った枝が腹枝であったりしては、はじめの目的からはずれてしまう。そのために、背枝・腹枝を正しく判断して、背枝は先を上げてますます強

曲幹仕立ての例

くなるようにし、一方、腹枝が強すぎれば先を下げてやることが必要になる。

背枝を残せば、この枝は自然に強くなる。さらに強くしたいときは、枝の元のほうにある芽が枯れない程度の日照・通風を与えるような注意をしながら、枝先を上げてやる。枝先が上がれば、勢いは先のほうへ流れていく。

なお、元の芽が枯れ込まないように注意するわけは、元の芽が生きている限り生き枝からは胴吹きの可能性があるからだ。

一方、腹枝が弱くなるのも自然の性質である。木の勢いは、腹枝にはいきにくいからだ。

強すぎる腹枝があるときは、切り込んで短くするのが普通である。ところが腹枝を、そのままの長さに保ちたいときもある。そのときは、葉刈りによって（葉ぶりをあらくして）枝を弱めるとともに、枝先を下げて樹勢がその枝に流れにくくしておく。その結果、枝の長さが維持できることになる。

3 幹の曲げ方

若木ほど曲げやすい

マツの幹は、木が古くなるほど、植え替え回数が多くなるほど、かたくなる性質がある。したがって、マツを仕立てて曲幹にしたいときには、幹がやわらかな、まだ小さい木を選ぶようにする。その条件に合うのは、少なくとも10年生以下の木である。最も細工がしやすいのは5~6年生の木で、その程度の木をめやすにするとよいだろう。

曲幹の幹の曲がりは、下を大きく、上になるにしたがって小さく曲がることが第一の原則になる。また、頭は幹の根元の上にかかるのがよいわけだが、頭の位置がズレていても、幹の曲がりがおもしろい木は、曲幹としても十分に通用できる。

曲幹づくりのポイントは、幹の曲げ方である。根元から幹が斜め上に伸び、うねっていく形にするとよいだろう。根元からすでにうねりはじめていなくて、途中からの幹の曲がりは、無理に曲げても不自然な形になるばかりである。幹を自然にゆるやかに曲げていけば、段のとこ

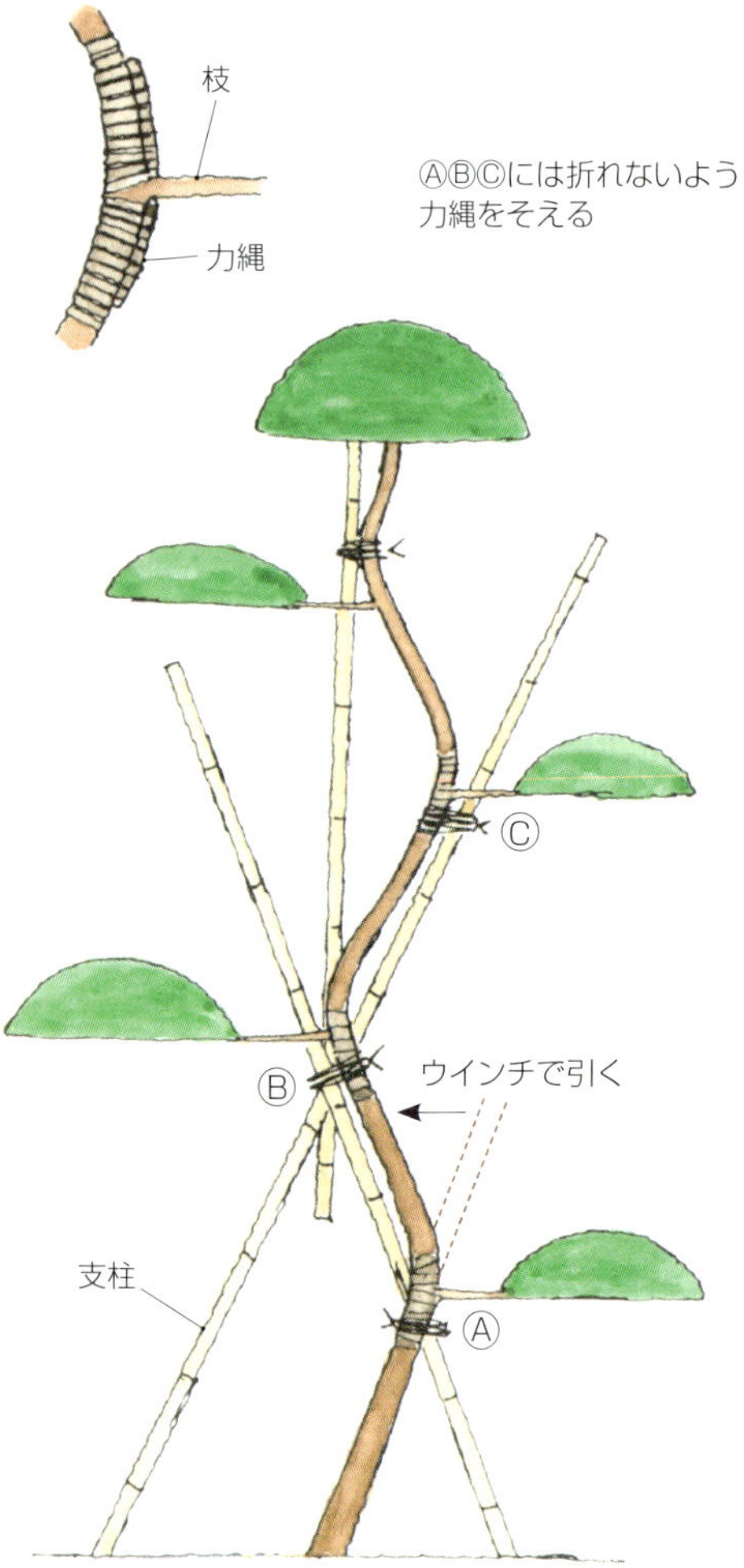

枝
ⒶⒷⒸには折れないよう
力縄をそえる
力縄
Ⓒ
Ⓑ
ウインチで引く
支柱
Ⓐ

図21　幹の曲げ方

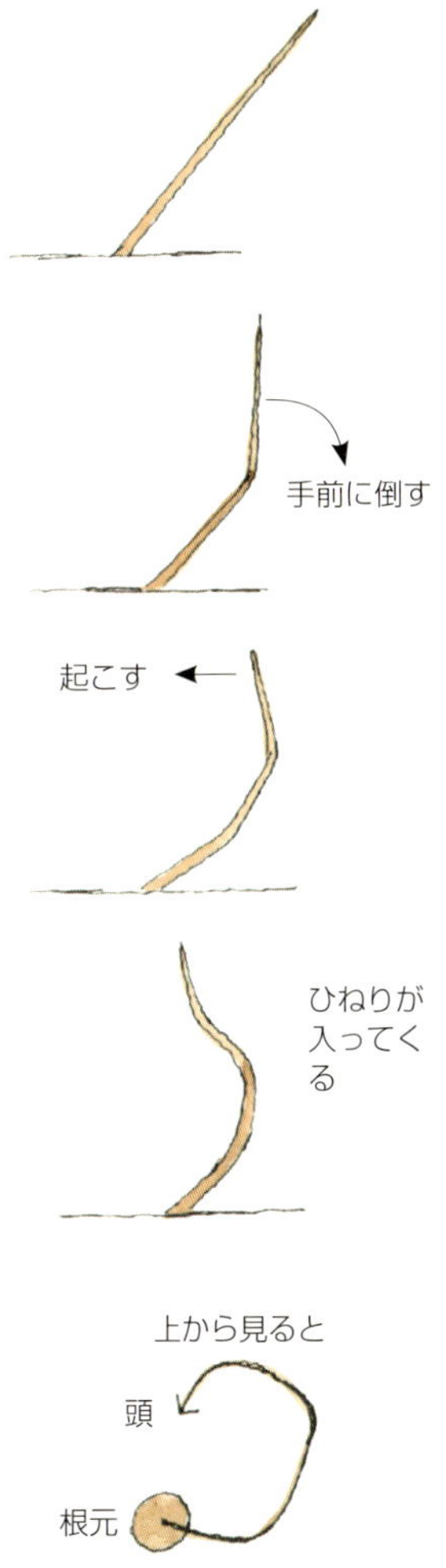
手前に倒す
起こす
ひねりが入ってくる
上から見ると
頭
根元
図22　幹を自然に曲げるやり方

移植後に水分欠乏をおこす
吸収を再開
図23　自然のみどりの曲がり

ろで背腹が決まり、そこで背枝は大きく、腹枝は弱くなるようにすればよい。

　そして、幹の曲げ方には、支柱を立てて曲げる方法と、自然に曲がっていくように木の植え方に手を加える方法とがある。

●支柱を立てて曲げる

　このやり方は、まず、入手したマツの苗を斜めに植え付け、木の周囲に支柱を2～3本打ち込む。その支柱にからめるようにして、幹を曲げていけばよいわけである。

　幹は毎年生育を続けている。したがって、支柱にからめて幹を曲げたところでは、曲げられた状態で幹が太ってくるので、その形が固定されるのである。

　幹を曲げる作業は、普通、2～3月に行なうとよい。この時期はまだ気温が低く、木はまだ活動を開始していないから幹や枝は十分なかたさを保っているため、樹皮がはがれる心配がないわけである。また、8月から10月にかけては幹の太りのよい時期で、この時期を過ぎると幹は再びかたくなるから、支柱をはずしても幹の曲がりは固定されている。したがって、支柱をそえている期間は2月から10月までの8カ月間程度がよい。

●自然に曲げる

　この方法は、斜幹の場合にも行なったように、幹を斜めに傾けて植え、その先から出る新芽との間に自然の曲がりをつけるやり方である。新芽はまっすぐ上に伸びるという性質を利用して、くの字の曲がりをつけ、これをくり返して幹のうねりをつけるわけである。

　ただし、この方法は、自然に曲がりをつけるために木の向きをかえる必要がある、そのために何回も植え替えが行われる。完成までに長い年月を要するから、実際はこの方法だけで行なわれることはない。多くの場合は、この方法と、前に述べた支柱を立てて曲げる方法を併用するやり方がとられる。

4　幹模様を生かした枝配り

　曲幹に仕立てるとき、いたずらに幹を曲げればよいというものではない。そこでは当然、幹とつり合いのとれた美しい枝の姿、自然の生理にあった枝の形が要求される。

それには、まず幹の曲がりのおもしろさを十分に見せながら、枝と枝との間隔が広すぎるというような欠点のあるところを、上手に葉ぶりでかくすことである。このためには、乱れ枝の活用が効果的になる。

また、枝はなるべく下から残し、背枝・腹枝をしっかり見極めて長さの差をつけ、輪郭線に思い切った出入りをつける。ところによっては、腹枝は取り除いてしまう。

枝は、幹の曲がりのやわらかさに合わせて先を下げたり、乱れ枝を入れてやわらかさを出したりしながら、小枝先や葉ぶりはパリッと上を向かせるのも忘れられないポイントである。

Ⅲ 形の整え方

庭木としての基本の枝配りが決まった木は、一本一本の枝を形よく仕立て上げなければならない。

では、枝配りがすんで、骨格の決まった木は、どのような扱いをすればよいのだろうか。

1 基本に二つの技術

クロマツの場合、形の整え方の基本は、みどり摘みと葉刈りの二つの技術が考えられる。

1 みどり摘み

●みどり摘みの意味

春に新芽が棒状に伸びきったとき、みどり摘みを行なう。みどりとは、棒状に伸びたマツの新芽のことで、これは、その年に伸びる枝の節間の長さを表わしている。みどりが長いと、節間もそれだけ長いということだ。

マツの木を放任すると、その年のみどりが伸びきったところから翌年のみどりが出て、枝分かれしていく。これをくり返すことによって、放任樹の枝ぶりができるのである。

クロマツの針葉とみどり

ところが放任樹は、自分が望むとおりの節間の長さを保っているとは限らない。むしろ、一部が狭くつまりすぎたり、あるいは間延びしすぎたりしている場合が多い。

みどりを観察すると、元の部分はノッペリした棒状だが、その先のほうにはイボのような突起がある。このイボは、葉の元（未分化の葉）だから、摘み取るときにはイボを残してやることが大切である。みどり摘みのあとで残ったイボは、葉にかわる。そして、みどりの先端が摘み取られたために、上へいくことのできなくなった養分は、新しい葉の間にある成長点に集まってくる。

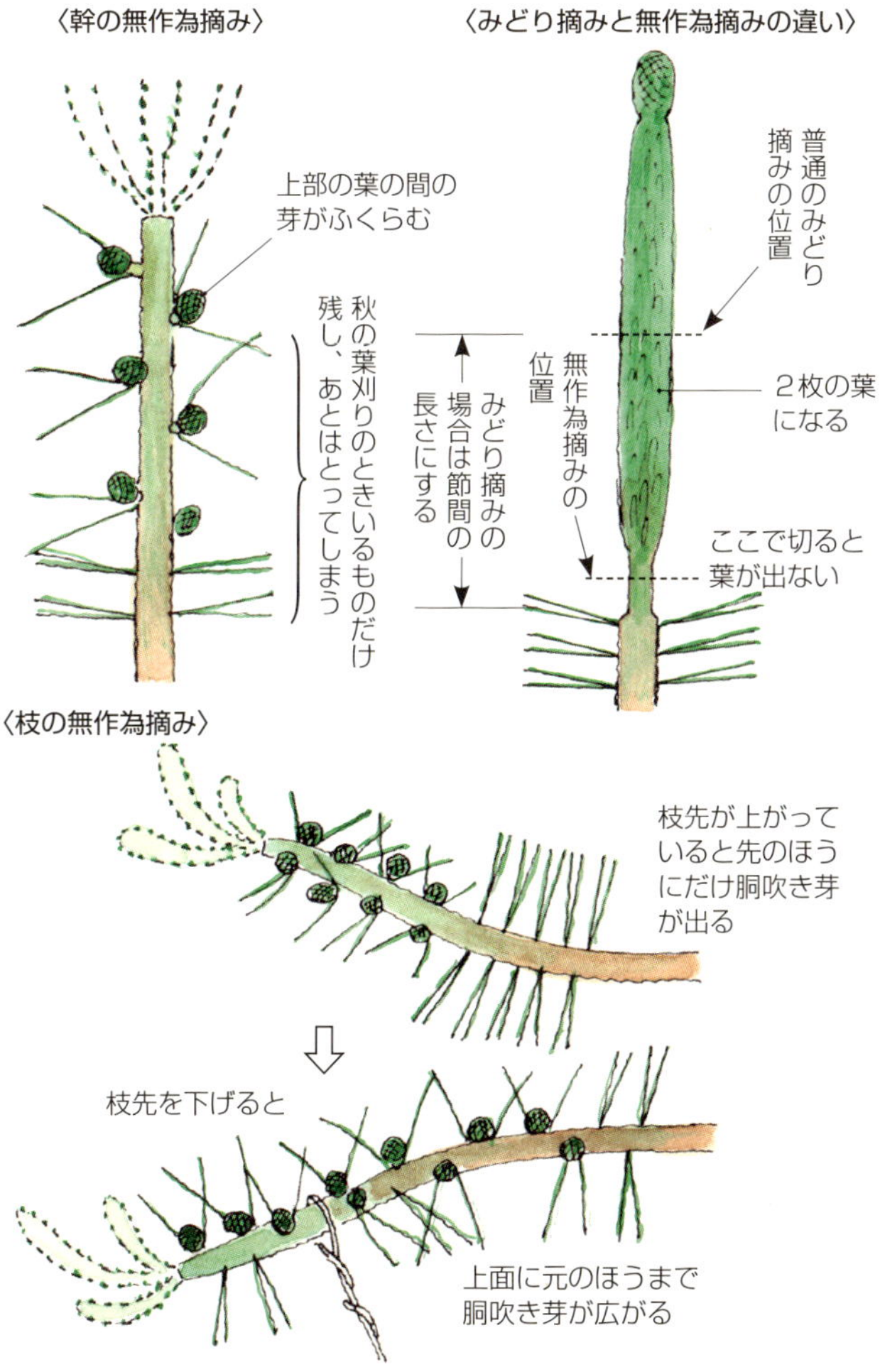

図25　無作為摘みのやり方

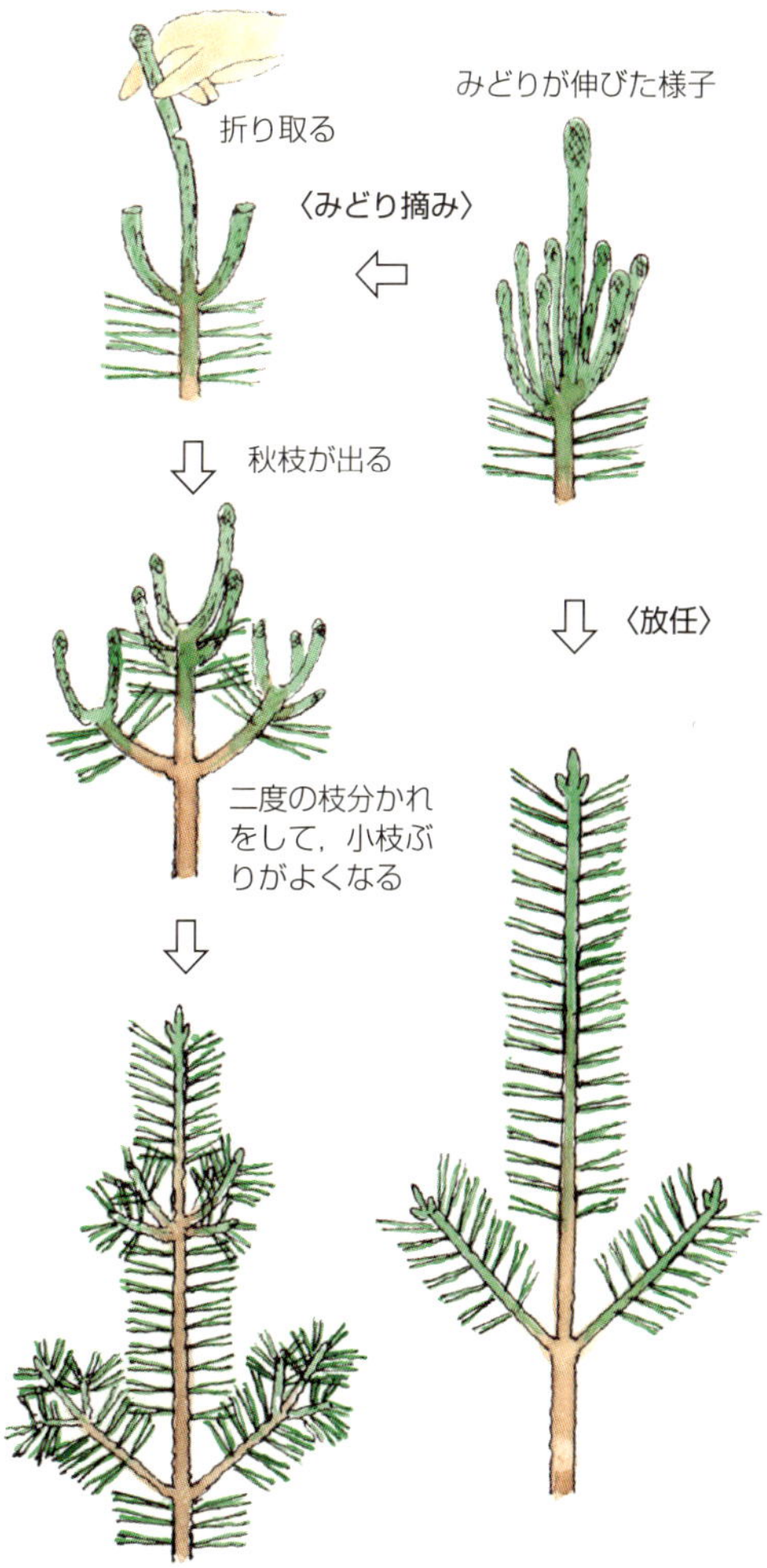

図24　みどり摘みの効果

その結果、葉の間の成長点が伸びはじめ、これが秋枝となって枝分かれしてくるのである。

放任樹では1年に1回しか枝分かれしないものが、適期にみどり摘みを行なえば、1年に2回枝分かれをさせることができることになる。

みどり摘みの時期

みどり摘みは、みどりの芯が伸びきってから、葉はまだ広がらない前をめやすにして行なうとよい。

時期が早すぎて、みどりがまだ十分に伸びきらないうちに摘み取ると、その後もみどりは伸び続けるために、予定の枝間隔よりも長くなってしまう。そうすると、予定の長さまで切りつめなければならないから、二度手間がかかるわけだ。

ただし、時期が遅れて、すでに葉が広がりはじめてから行なえば、みどりの伸びは止まっているため、枝の間隔は予定どおり決まる。

しかし、年内に出てくる秋枝は、勢いの弱いものになってしまう。しかも、秋枝の本数が少ないため、勢いや形のよい枝を選択するだけの余裕もない。

また、時期がさらに遅れ、夏になっても手入れをしないで、ようやく秋になってから、すでに伸びてしまった当年生の枝を切りつめるときがあるが、これでは年内に新しい枝は出てくることができない。

この場合、切りもどされたところについている勢いの強い葉の間にある成長点が、冬の間に新芽にかわり、翌春みどりになって伸び出してくる。

したがって、年2回枝分かれさせる目的が達成できず、丈をつめて枝間隔を調整しただけにとどまってしまうのでなるべくなら避けるように。

●無作為摘み

みどりのイボを残さずに元から摘み取って、当年生の葉を出さない方法を、無作為摘みという。

無作為摘みが必要なときは、幹から枝を出させるときと枝ぶりを維持させるときである。

たとえば、前年にみどり摘みが不十分なときや、それを行なわなかった場合には、前年の枝が長く伸びて枝間隔が飛んだ形になる。

そんな間延びした形の幹の途中に枝がほしいときは、枝を出したい位置に前年生の葉をエリマキ状に残し、当年生のみどりを無作為摘みする方法がとられる。これは、葉の間の成長点を枝に育てるやり方で、葉刈りとみどり摘みとを組み合わせた方法である。

また、長さ・幅などが予定どおり十分にできた枝は、無作為摘みをして形を維持することがある。無作為摘みを行なうと、1～2年前までに伸びた部分から胴吹き芽がたくさん出てくる。胴吹き芽を利用して、さらに葉ぶりを整えるという方法である。

ただし、枝の先端が上がっていると、先端部分にだけたくさんの胴吹き芽が出て、元の低いほうには出てこない。そこで、先端をナワで引き下げてやれば、枝の各部分に平均に胴吹き芽を出すことができる。

2 葉刈り

●葉刈りの意味

葉の性質の項で述べたように、葉がついている限り、葉の間の成長点は伸び出す可能性をもっている。そうすると、葉刈りをしないほうが、たくさんの小枝が出る可能性もあって、よいのではないかと考えられるだろう。

それでは、なぜ葉刈りを行なうのか。葉刈りが必要な場合を考えてみよう。

第一は葉が多すぎる場合である。葉が多すぎると通風は悪くなり、アブラムシやカイガラムシのつきやすい条件をつくってしまう。その結果、すす病が発生しやすくなってくる。

第二は日照の問題である。葉は養分の生産工場である。木の上部の枝は葉がたくさんあり、しかもよく光に当たる状態だから、ますます勢いが強くなってくる。

一方、下部の枝は光がさえぎられがちなので、逆にますます弱められていく。

以上二つの問題点の対策として、枝・葉を少なくすることが重要である。この

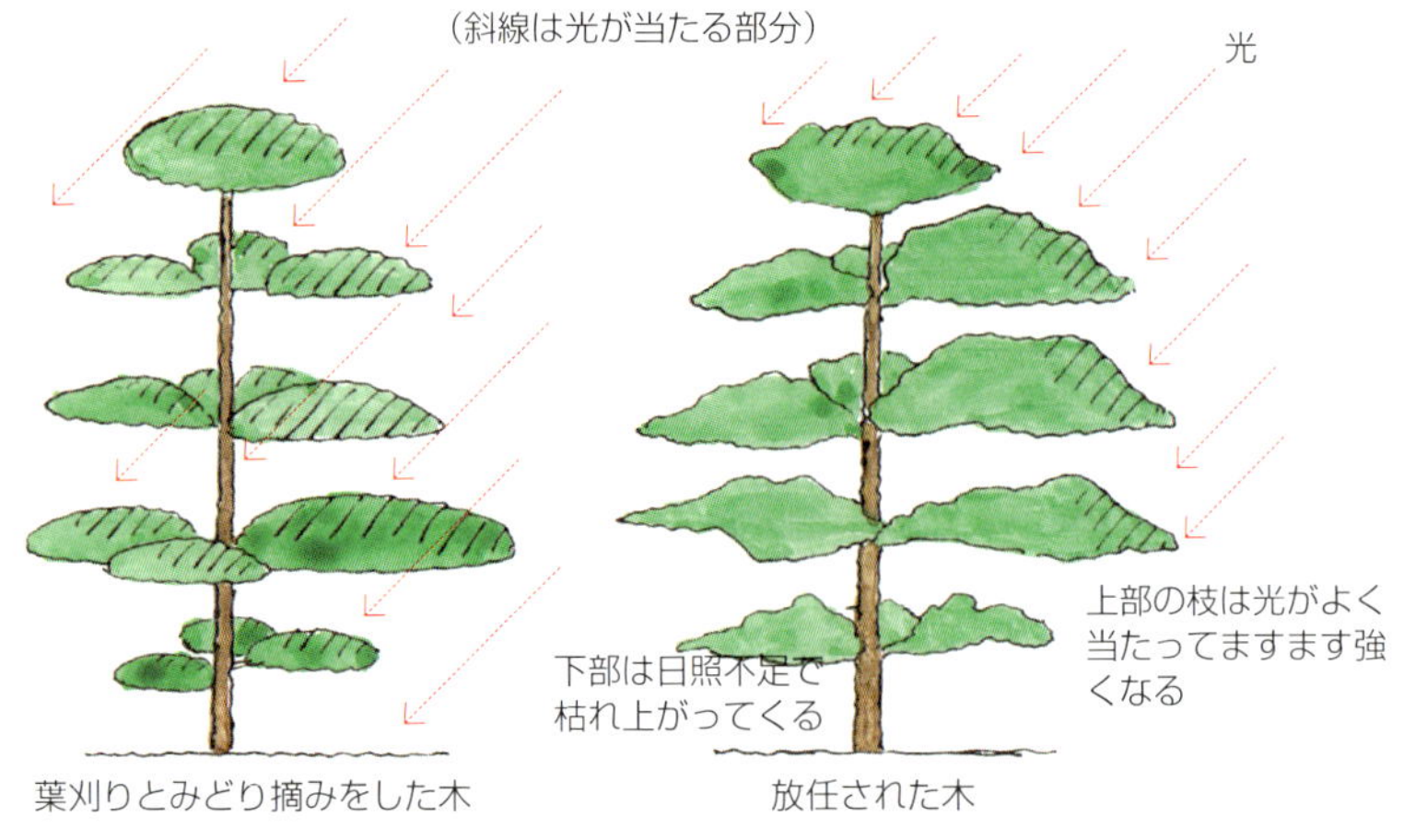

（斜線は光が当たる部分）
光
上部の枝は光がよく当たってますます強くなる
下部は日照不足で枯れ上がってくる
葉刈りとみどり摘みをした木
放任された木

図26　葉刈りの効果

ひとつの方法に剪定・整枝があるが、葉刈りを行なうことでも解決できる。

●葉刈りのやり方

葉刈りの方法にはいくつかの注意点があるから、次に述べてみることにしよう。

葉刈りの目的は、過繁茂状態になった葉を刈り取って、どの枝に対しても受光量を均一にしてやることだ。したがって、下枝が、上部の枝・葉の陰にならないように注意することが大切だ。

木の上部にある若い枝は自然に強くなるものなので、上枝の葉は少なめにし、下枝のほうの葉は多めに保つ。そうすることによって、下枝ではたくさんの養分が生成されるから、古くなった下枝の枯れ上がりを防ぐことができ、勢いが衰える心配もなくなる。つまり、葉の量の多い枝のほうが勢いは強くなる、という自然の法則を、剪定・整枝の立場から利用していくわけである。

葉刈りの基本を応用すると、枝の生育量の調整もできる。強くしたい枝には葉を多めに残し、一方、すでに仕上がった枝は少なめに残すのである。

●葉刈りの時期と回数

最もていねいに行なうときは、年2回の葉刈りをする。

第1回の葉刈りは3～4月、みどりが伸び出す以前に行なう。これはみどりの徒長をおさえる目的で、前年に伸びた葉を刈り取る。つまり、その程度の葉数を残してやるかによって、みどりの勢いを調整するわけである。

さらに、みどりが伸びてくれば、みどり摘みが行なわれる

そして、摘み残されたみどりが春枝になって、そこから葉が展開していく。この葉を放任すると葉ぶりが悪く、冬の眺めが悪いだけではなく、葉の量の多少によって枝の勢いに強弱ができやすい

そこで秋から正月にかけて、2回目の葉刈りをする。

2回目の葉刈りでは、それぞれの枝の下側についた葉を刈り取るようにするとよい。その理由は、下側についた葉を残せば、そこの生長点が伸びてきて垂れ枝になる心配があるからである。したがって、下側にある葉は成長点といっしょにむしりとっておく。

残す葉の量は、上枝は少なめに下枝には多めに、という原則どおりである。このとき同時に新しい葉も上部だけを残してとり、春の1回目の葉刈りで残した2年生の葉を全部刈り取る。

このように年2回の葉刈りによって、新鮮で色鮮やかな葉を正月に眺め、冬を越すことができるのである。

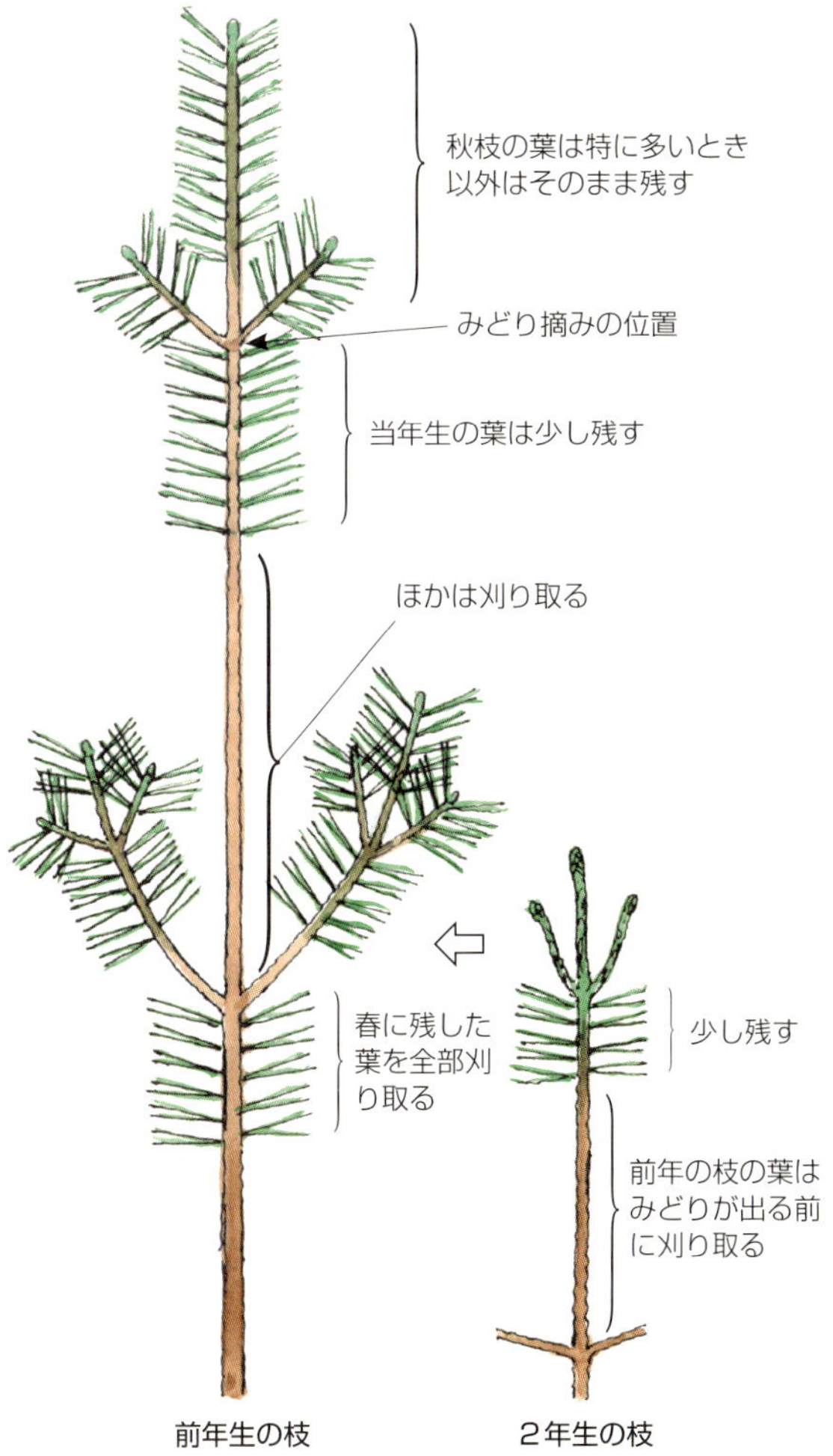

秋枝の葉は特に多いとき以外はそのまま残す
みどり摘みの位置
当年生の葉は少し残す
ほかは刈り取る
春に残した葉を全部刈り取る
少し残す
前年の枝の葉はみどりが出る前に刈り取る
前年生の枝
2年生の枝

図27　葉刈り後の生育状態

2 幹ぶりの整え方

1 間延びした幹の扱い

前年にみどり摘みを行なわなかったために幹が間延びしたものは、次のような応急処置をとることもできる。

前年に伸びた枝には、たくさんの葉がついているが、葉刈りをするときに、枝がほしいと思う位置だけは葉を残し、その前後の葉を刈り取る。このとき、枝の一番上の葉だけは、養分の生産工場としての役割があるから、残しておく。その状態は図28のように、枝をつけたい位置にエリマキ状に葉が残った形にして、この形で翌春のみどりが伸びてくるのを待つのである。

ただし、翌春のみどりをそのまま伸ばしてしまうと、養分は上へいってしまうから、せっかくエリマキ状に残した葉の成長点が伸びにくいことになる。そのため、みどりを切る作業が必要になるわけである。そのやり方は、芯に伸ばしていきたい1本だけを残し、ほかは短く無作為摘みをかける。そうして上へいく勢いをおさえてやると芯の先端から秋枝が出てくると同時に、エリマキ状に残した葉の成長点が伸びはじめるのである。

葉の成長点は、無作為摘みをかけた年のうちに小枝として伸びてくるか、年内に小枝にかわらない場合でも、翌春には伸び出してくるので心配はない。この方法は、春のみどり摘みと同時にもできる。

以上の作業を行なうことによって、みどり摘みをしなかったために枝間隔が間延びした部分から、新しく枝を吹かせることができる。

ただし、この作業が有効なのは、みどりを伸び放題に放任した翌年、つまり2年目までの幹だけにできることだから、この点を特に注意していただかなければならない。

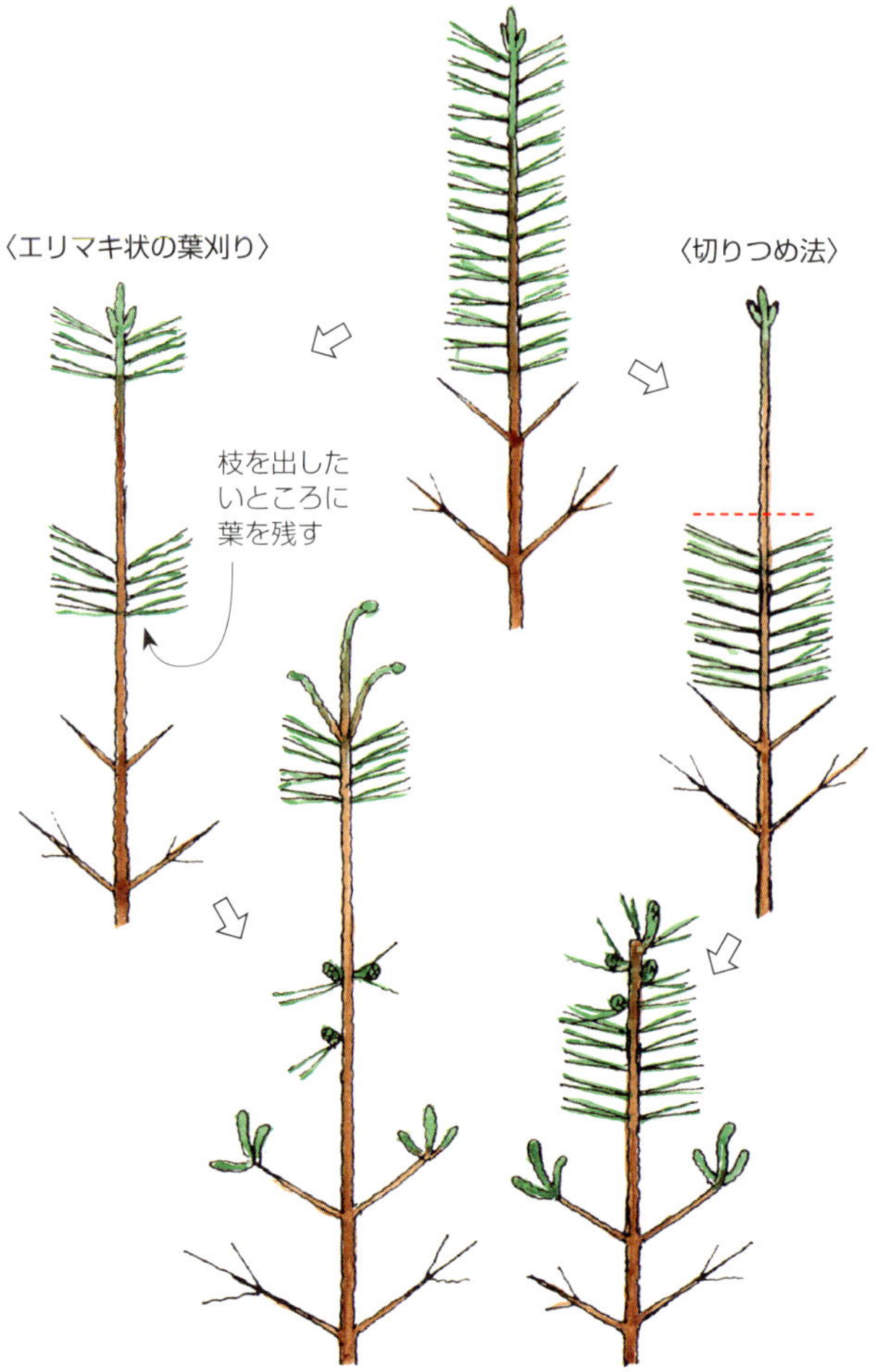
みどり摘みをしなかった枝の秋の様子
〈エリマキ状の葉刈り〉
〈切りつめ法〉
枝を出したいところに葉を残す
図28　間延びした幹の調整

2 悪い形はこうして直す

前項では、葉がまだ残っているときで、2年目までの間延びした幹の扱いを述べてきた。ところが実際には、手入れの時

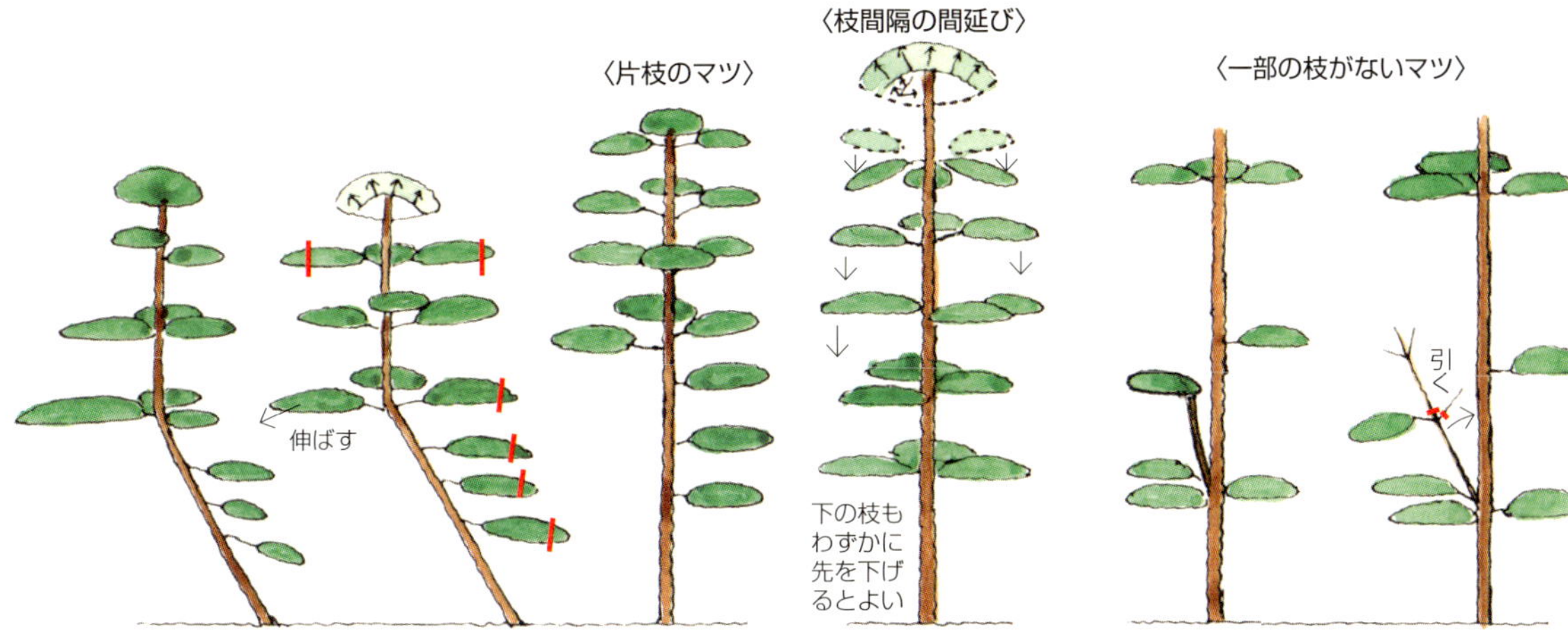

図 29　樹形調整

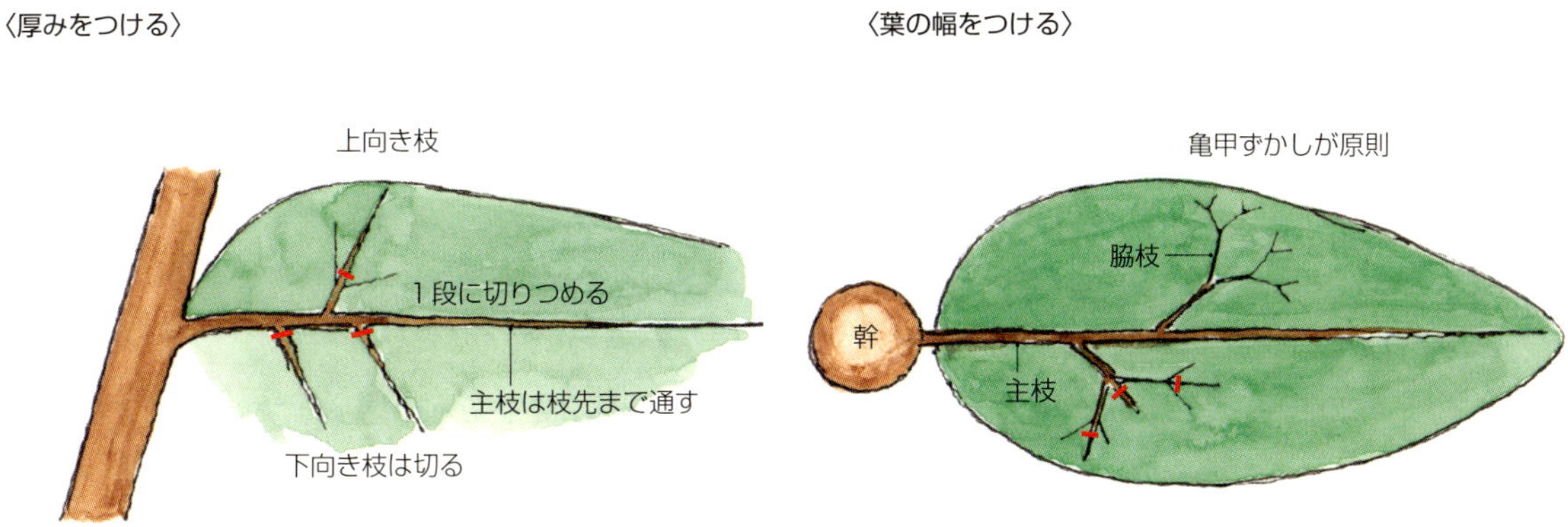

図 30　小枝の分け方

期がそのほかの仕事に追われて、そのために形を乱してしまう場合も少なくないだろう。また、放任樹を山掘りしてきた場合も、枝間隔が飛んだり下枝が枯れ上がったりしているのが、むしろ普通である。

間延びした幹でも、2年以内の部分であれば前項の方法が有効であるが、2年以上たってしまったものもしばしばある。そんなときにはどうすればよいか。

枝が一部欠けた木は、1段下の上向き枝を利用して葉ぶりをつくる方法がある。上向き枝の芯を摘み、出てきた枝のうちから方向のよい枝を1本残してこれを利用していくものである。上向き枝はなるべく幹に近く引いて、枝ぶりが、あたかも幹から出ているように見せかけていく。

また、枝の段間隔が少し広いというようなときには、上段の枝の先を幾分下に引いて、枝葉の高さを先下がりの形にしていけば十分に欠点をカバーできるだろう。

枯れ込みのために片枝になったものは、残った枝が背枝になるように傾けて植えれば、自然な形になってくる。また、場合によっては、1段下から出ている本来切り取るべき斜め上向き枝を曲げて、その場所をかくすことも行なわれている。さらに、これらの方法でどうしても欠点をかくせないときには、枝抜きのような思いきった処置をとる。

　これは、上部の軽さにあわせて下部をもっと軽くし、バランスをとる方法である。このためには、下部の枝は1段全部を切ってみたり、1段1枝のようにしたりしながら、段間隔や枝・葉の量を上部にあわせていくことになる。

3 枝ぶりの整え方

　枝配りの基本は前に述べたとおりだが、次は、おのおのの枝をどんな状態に伸ばして、立派な枝ぶり・葉ぶりに仕上げるかが問題になってくる。

1 枝仕立ての原理

　先の上がった枝では、養分はどうしても枝先のほうへ流れていってしまう。だから先端に勢いが集中して、どんどん長さを増していき、そこで強い小枝ぶり・葉ぶりができあがる。一方、先の下がった枝は、その逆で、先端は弱く元のほうが強いわけである。

　この原理を応用すれば、枝ぶりを自由に調整してやることができる。勢いを強めたい枝は、そえ竹をして先を上げてやる。すると養分が上へ上へといくから、その枝の長さ・幅ができて小枝もよく出て、強大な枝にかわっていく。

　また、枝の元の部分は仕上がったが、先の小枝ぶり・葉ぶりがたりない枝は、元の部分はそのままにして、枝先だけをちょっと上へ向けてやる。そうして、小枝ぶり・葉ぶりがついたところで、枝先を水平に引きもどしてやれば、先から元までそろった枝ぶりをつくることができる。

　これとは逆に、枝先は十分だが元のほうの小枝ぶり・葉ぶりが悪い場合は、強くしたい部分が最も高くなるように枝先を下げてやる。すると、弓なりにしなった枝の一番高い部分に濃厚な養分が集積することになるから、その部分の小枝ぶり・葉ぶりが強くなってくる。

　そして、強すぎる枝の勢いを弱めたいときは、先端を強く下向きに引いてやればよい。また、枝ぶり・葉ぶりもできあがった枝の形を維持したいときは、ほぼ水平方向に枝を引いてやる。それによって、弱くしたい枝や形を維持したい枝の勢いを調整するとともに、ほかの弱い枝のほうへ養分を分けてやることができるようにもなる。なお、以上の作業では、細いシュロナワやそえ竹を用いて枝を引いてやるのが普通である。

2 主枝はまっすぐ通す

　まず、その枝をどの程度の長さに伸ばすか、目標を決める。枝の長さは、一本一本の枝の強弱と木全体の姿（バランス）とを考え、長さをあんばいする。その長さに達するまで、主枝はまっすぐに伸ば

枝を整えるための「そえ竹」

してやるように。

　ところで、主枝とは庭木の場合の意味は、幹から直接出ている枝だということである。

3　主枝のみどりの扱い

　マツ類は、みどりが伸びることによって、どんどん大きくなる性質がある。主枝をさらに長くしたいときにも、みどりの性質を理解したうえで、みどり摘みを行なわなければならない。最も強い部分が先に伸びていくように、摘み方を加減してやることは大切である。普通、主枝の下面にできる枝は垂れ枝になるので、みどり摘みのときに取り除く。これは、垂れ枝を出さないための最もてっとり早い方法である。

　主枝の先端のみどりの扱いに、二つの方法がある。

　そのひとつは、枝の長さを早く出したいときで、主枝先の中心にある強いみどりを残す方法である。ところが、中心のみどりは、先が上向きに立ちやすい性質があるから、枝先も上向きになりがちになる。したがって、あとでそえ竹をして、枝先を下げる作業が必要である。

　第二には、そえ竹を使わないで主枝を伸ばす方法がある。これは自分のところで仕立てるのだから多少の年数はかかってもそえ竹を使わないでつくりたい、というときに行なわれる。そのやり方は、仮芯を残して、中心になるみどりを切り取ってしまう方法である。

　自然のマツの枝ぶりは、芯が弧線を描き、弧線が連なって長さが出ているのが普通である。ところが、芯を残してそえ竹を使う方法は、1年間に伸びた枝をそえ竹に結びつけて引いてつくり上げるために、弧線の連続した自然らしい枝ぶりは期待できない。つまり、強い直線的な形になってしまうのである。一方、主枝から分かれる小枝も、よく観察すれば人工的なあとが見えてしまう。

　これに対して、仮芯を残していく方法は、枝が弧線状に連なるために自然である。また、最も強いみどりは摘み取り、その下のやや弱いみどりを仮芯にするために勢いが強くなりすぎることもなく、小枝ぶり・葉ぶりが整えやすい。つまり、強い枝はハサミで切り取っていためつけ、その場所に小枝ぶり・葉ぶりをつけてかくしながら、仮芯に残した枝に勢

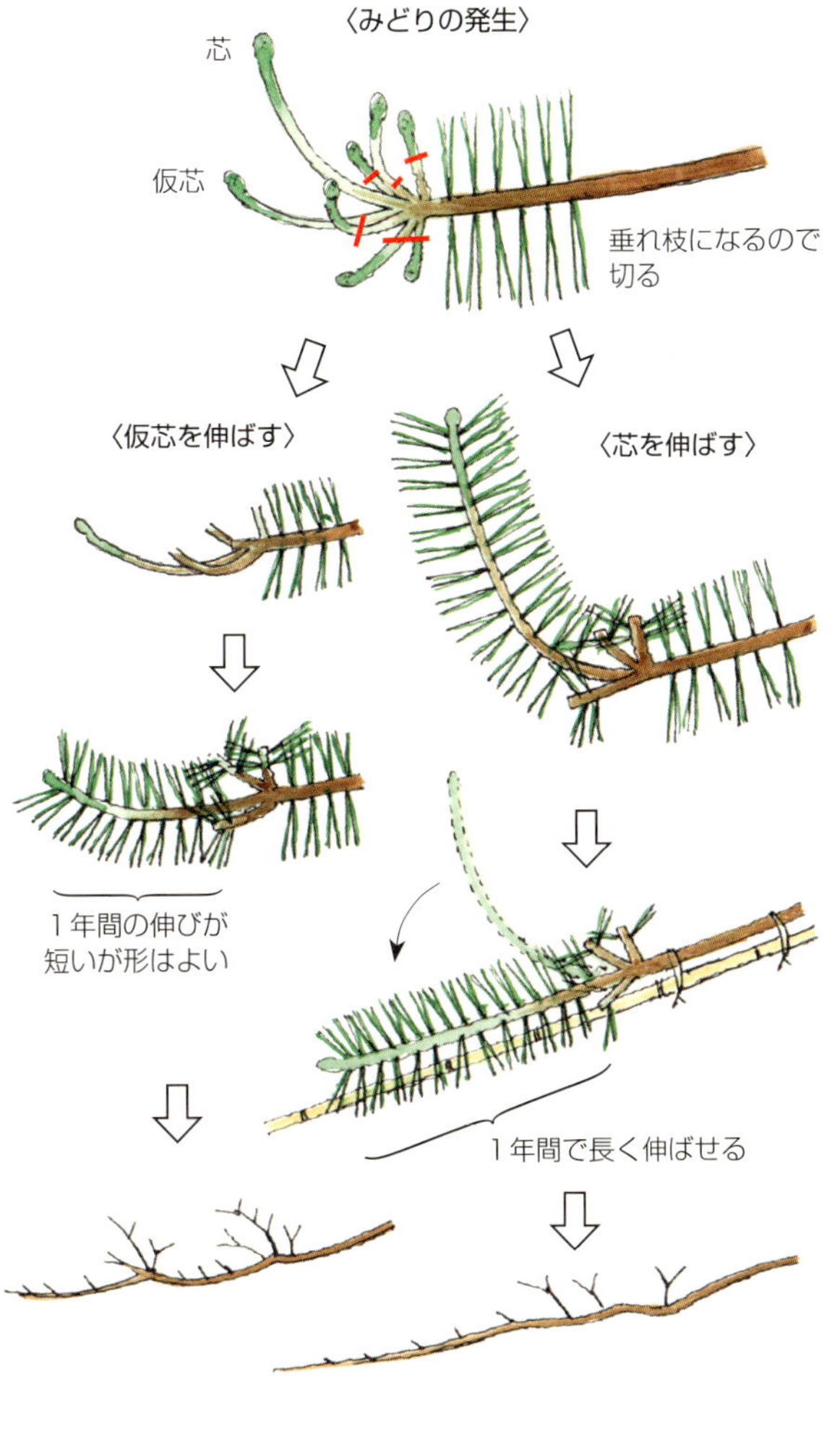

図31　主枝のみどりの扱い

いを集中させるのだ。

4 上向き枝は1段に切りつめ

枝の長さが決まったら、次は枝の厚みをつけることになる。クロマツは、一名、男マツといわれ、雄々しさを第一に求められるので、下向きの垂れ枝は全部切り取ってやる。その結果、仕上がった枝の形は、主枝が枝ぶりの底辺を先まで通り、主枝の上に葉ぶりがのったような形になっているわけである。

つまり、主枝より下向きに出る脇枝や小枝を残さないことが、クロマツの基本的な枝の仕立て方なのである。

枝に厚みをつけるには、主枝から出た上向き枝を上手に生かしてやることが大切だが、パイプ論の基本原理によれば上向き枝を残せば主枝が弱められる矛盾も生じてくる。主枝の上向き枝を残して主枝の上面がハゲないようにしながら、しかも主枝を弱めないためには、上向き枝はたえずいためつけておくことが大切になる。そこで上向き枝は、たえず1段に切りつめた形にしておくわけである。

ただし、1段に切りつめた上向き枝は、そのまま放任すると何段にも育ってしまい、主枝を負かすようになってくる。そこで、上向き枝の小枝は無作為摘みをして胴吹き芽を出させ、次に胴吹き芽の位置まで切りもどすようにして、長く伸びないように注意をする。

また、このとき、無作為摘みのかわりに葉を数枚に制限して切りもどせば、葉ぶりはさらに薄くなるだろう。

このようにしていると、はじめに残された胴吹き芽やみどりは1段に切りつめられた上向き枝になって、下のほうからさらに胴吹き芽が出てくる。このような胴吹き芽は、古枝からも期待できる。つまり、下から胴吹きしてくる性質は、上向き枝の場合に限って、古くなった枝の部分でも十分にもっているわけである。これは、栄養分は、上に向かって流れるという木の一般的な性質のためである。

5 脇枝は亀甲ずかし

枝ぶりを整える最後には、主枝から脇枝を出して、枝の幅をつくる必要がある。脇枝の出し方は、一カ所から左右にカンヌキ状に出すことをせず、互い違いになるようにするのが正しい方法であ

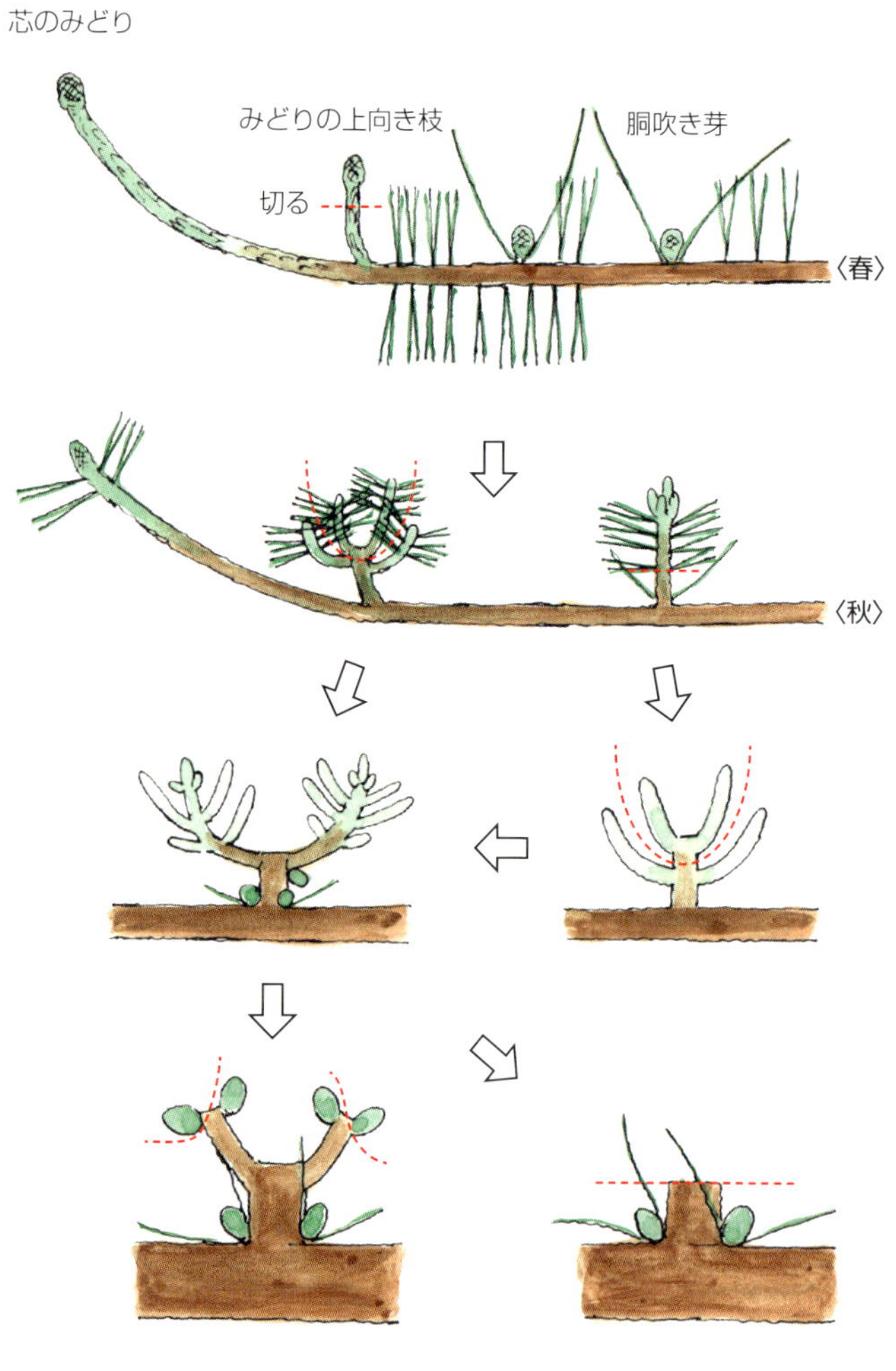

芯のみどり
みどりの上向き枝
胴吹き芽
切る
〈春〉
〈秋〉

図32　上向き枝の扱い

る。だが、現実はなかなか理想どおりにいかないのでカンヌキ枝になるのもやむをえないだろう。

　また、脇枝は主枝の勢いを、負かさないように出さなければならない。ひとつの枝ぶりの横断面を見ると、それがカマボコ型になるように脇枝・小枝を出すのが理想である。つまり、主枝を断面図で見ると、脇枝として残す枝は幾分上向きの枝になるはずである。ところが、上向きの程度が大きい枝を脇枝として残したときは、養分は脇枝のほうへ流れるから、主枝の先端へはとどかず芯が負けてしまうことがある。

　理想的な脇枝の出方は、主枝の上面の高さより脇枝が分かれる部分が低いほうがよいのである。

　しかし実際には、この場合も、枝はだんだん育つことを念頭におかなければならないので、その重みによって枝先は自然に垂れ下がり、水平に出た脇枝のようになる。このような角度の範囲内の枝を残すことが、主枝の勢いを衰えさせず望ましいといえるだろう。

　枝ぶりの断面で、脇枝でつくる小枝ぶり・葉ぶりの位置は、両端部分にあたるのである。

　すると、枝ぶりの横断面をカマボコ型にするためには、脇枝の水平方向の枝ばかりでなく、上向き枝とか斜め上向き枝なども残さなければならない。そして、これらの枝の生育を上手に調整することで、美しい形を維持するわけである。

　ところで、斜め上向き枝を脇枝として下へ引くと、その枝の勢いは弱まってくる。そして、この脇枝からは上向き枝が出てくるが、主枝から出る上向き枝とくらべて勢いは弱いのが普通である。

　したがって、手入れのしやすさを考えれば、上向き枝は主枝から出すよりも、脇枝を出し、その脇枝の上向き枝を残すほうがよいといえるだろう。

　なお、枝の幅は、脇枝をどの程度の長さに伸ばすかによって決まる。

　そして、脇枝は、亀甲ずかしに分けていくのが原則になる。

　これは、一カ所から何本もの小枝が出ているところで、脇枝の芯を切って２本の小枝を残す方法である。

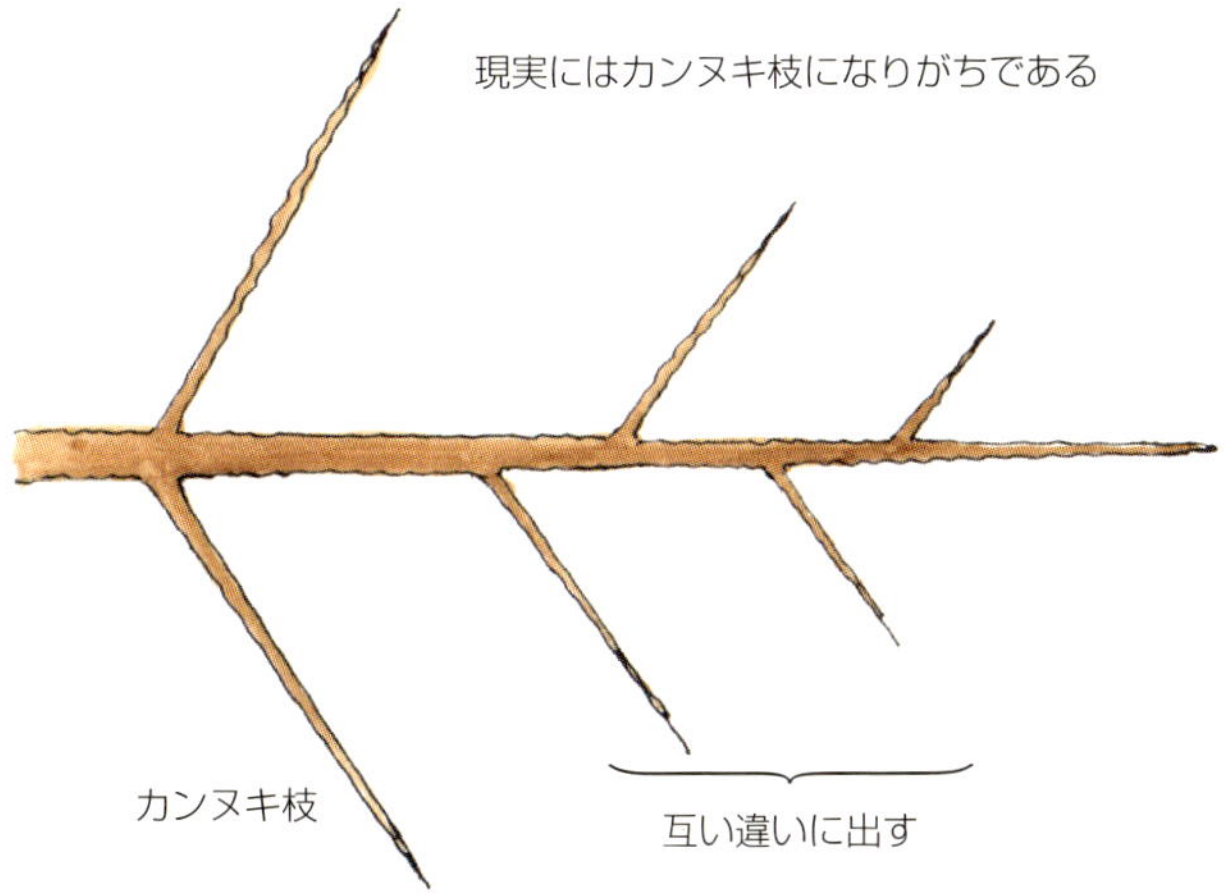

現実にはカンヌキ枝になりがちである
カンヌキ枝
互い違いに出す

図 33　脇枝の分け方

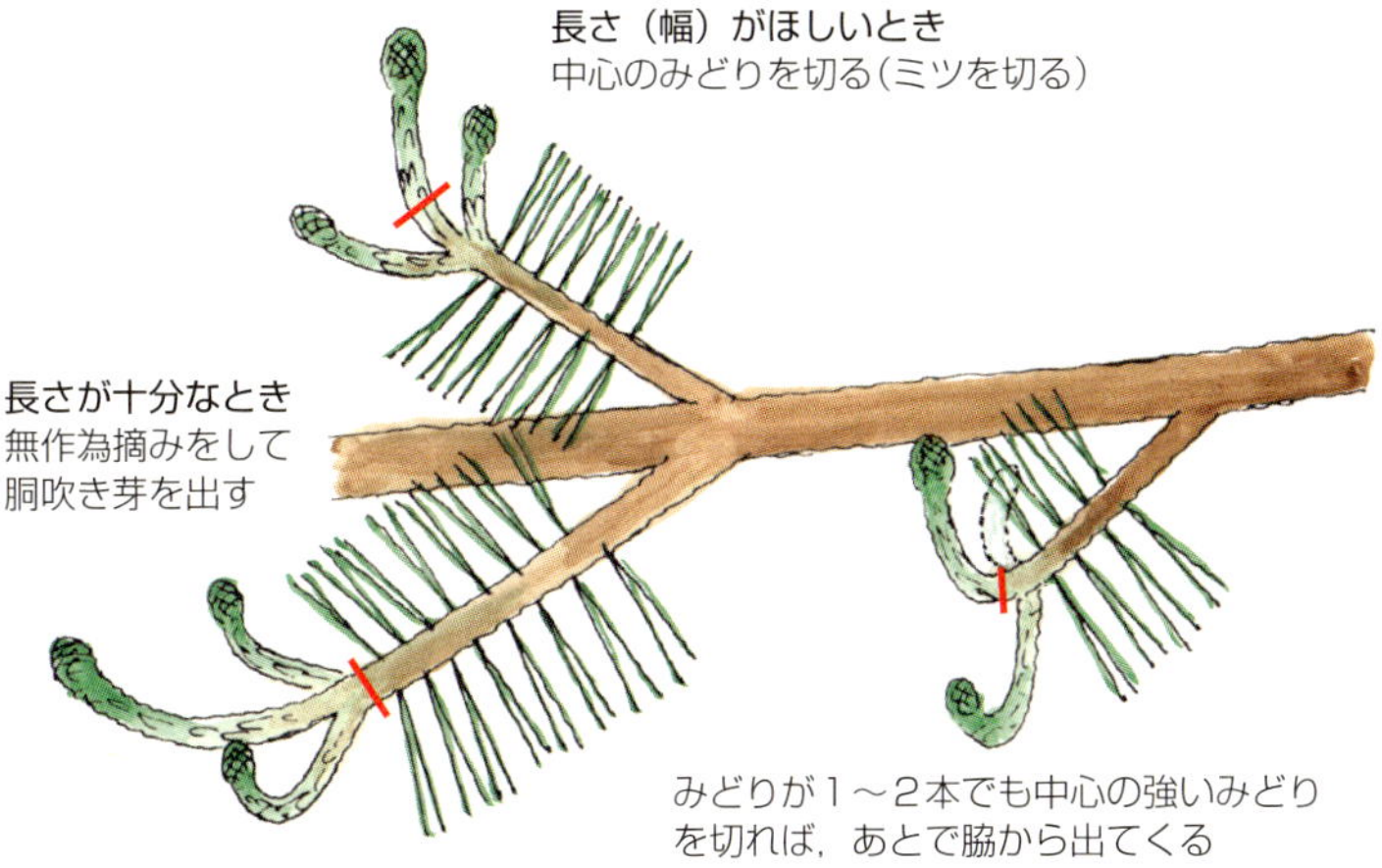

長さ（幅）がほしいとき
中心のみどりを切る（ミツを切る）
長さが十分なとき
無作為摘みをして
胴吹き芽を出す
みどりが１～２本でも中心の強いみどり
を切れば，あとで脇から出てくる

図 34　脇枝のみどりの扱い

アカマツ

コツのコツ

枝芯を止めたりすると枯れ込みの原因になるなど、枝の生育がいたって弱い樹種といえるだろう。そのため、枝葉の手入れは春のみどり摘み、晩秋から初冬にかけての古葉取り、長い新枝の下葉をとる葉すかしぐらいに限ったほうが無難である。

1 木の性質

●**クロマツとの違い**

アカマツは、クロマツにくらべて幹が細く、葉も黄緑色の繊細な感じで、全体にやわらかみをもっていることから、別名を女マツといわれている。アカマツは陽樹で日当たりのよいところを好む。ただし、アカマツは浜風に弱いことから内陸地方に多く見られ、一方、海岸地帯ではクロマツのほうが多いようだ。

分布はクロマツとほぼ同じで、本州以南で広く見られる。北海道南部にあるアカマツは、自生のものではなく、内地から植栽されたものといわれ、土の好みもクロマツ同様に適応性がある。

生長は早いほうで、高さ30m以上、直径1.5mにも達し、林材としても使用される。庭園では、真木や門かぶりとして使われるほか、見越しにも用いられ、公園にもよく群植されている。

ところが、公害に対する抵抗力が弱く、空気の汚染のひどいところではアカマツの枯れがひどくなる。したがって、都会地ではだんだんクロマツに切り替えられている。

赤褐色をした樹皮の美しさは、ほかに見られないので、なんとか残したい樹種のひとつだ。逆にいえば、アカマツが生育できるようなよい環境づくりと、よい環境を維持する努力が必要で、これは人間生活にとっても大切なことだといえるだろう。

●**樹形**

基本の形はクロマツと同じである。ただしアカマツでは、女マツと呼ばれるように、全体の感じをやわらかく仕上げることが大切である。

それには、幹や枝のゴツゴツした曲りや枝先の力強さの表現を避け、丸みをもたせることがポイントになってくる。やわらかなやさしい姿に仕立てるには、枝先は上を向けず、自然にゆるくカーブさせる。葉は、アカマツの場合は垂れ葉も残すほうがよい。

2 仕立ての実際

アカマツの仕立てはクロマツとほぼ同じやり方でできるが、芽吹きの性質がクロマツよりも弱いところがある。そこで、次に述べるアカマツの特徴をよく理解したうえで、クロマツの仕立て方から応用したほうがよいだろう。

1 アカマツは芽吹きが弱い

クロマツとの大きな違いは、アカマツは胴枝の性質が弱く、さらに胴吹き芽が出にくいということ。

クロマツでは、すでに長さや幅のでき

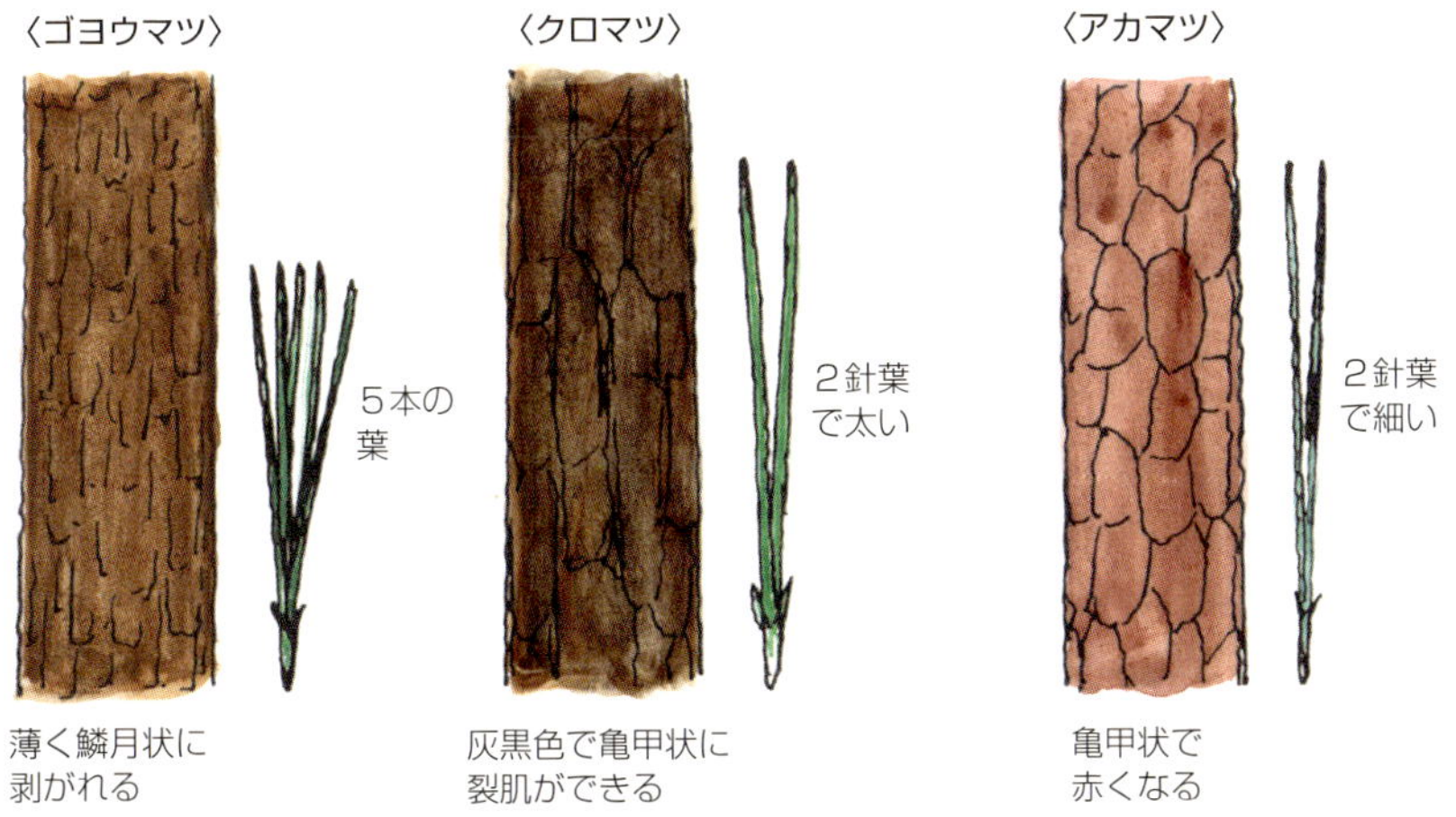
〈ゴヨウマツ〉
5本の葉
薄く鱗片状に剥がれる
〈クロマツ〉
2針葉で太い
灰黒色で亀甲状に裂肌ができる
〈アカマツ〉
2針葉で細い
亀甲状で赤くなる

アカマツの針葉とみどり

図35　庭木につくられるマツの違い

あがった枝の扱いは、芯を切って脇芽を伸ばしたり、無作為摘みをして胴吹き芽を出したりして、小枝を多くすることができた。これは、葉の間の成長点が先をつめて栄養がまわるようにすれば枝になってくる性質を利用したやり方だった。

　ところが、アカマツでは枝の生育が極めて弱いために、芯を切ると形が乱れ、しばしば枯れ込んで部分的なハゲ上がりになってしまう。また、葉の間の成長点が枝になる可能性は、棒状に伸びたみどりから葉がいくらか見えはじめたころまででしかない。この時期を過ぎて、夏から翌春までの間に芯を止めると、枝先はほとんど止まってしまう。

　このため、アカマツでは無作為摘みは行なえない。みどり摘みのやり方は、芯のみどりも元で摘み取らずに途中から先端を摘んで、長さをつめるだけにする。

　したがってアカマツの手入れは、①春のみどり摘み、②晩秋から初冬にかけての古葉取り、③長すぎる新枝の下葉をとって葉をすかしてやる葉のもみあげ、というような作業だけになる。

2　手入れのポイント

　みどり摘みは、遅くとも新葉が3㎝くらいになったころまでには行なう。中心の強いみどりも、葉になるイボが必ず半分程度残るように、わずかに摘み取ることが無難である。脇のみどりは、数が特に多すぎるときだけ、多すぎるものを取り除き、先をわずかに摘み取るようにする。

　葉のもみあげは台風シーズンが過ぎてから、つまり古葉によって新葉を保護しておく必要がなくなってから、前年生の葉を刈り取る。この際、新葉が少ないために全体の緑が薄い感じになっているところでは、枯れていない古葉は残してお

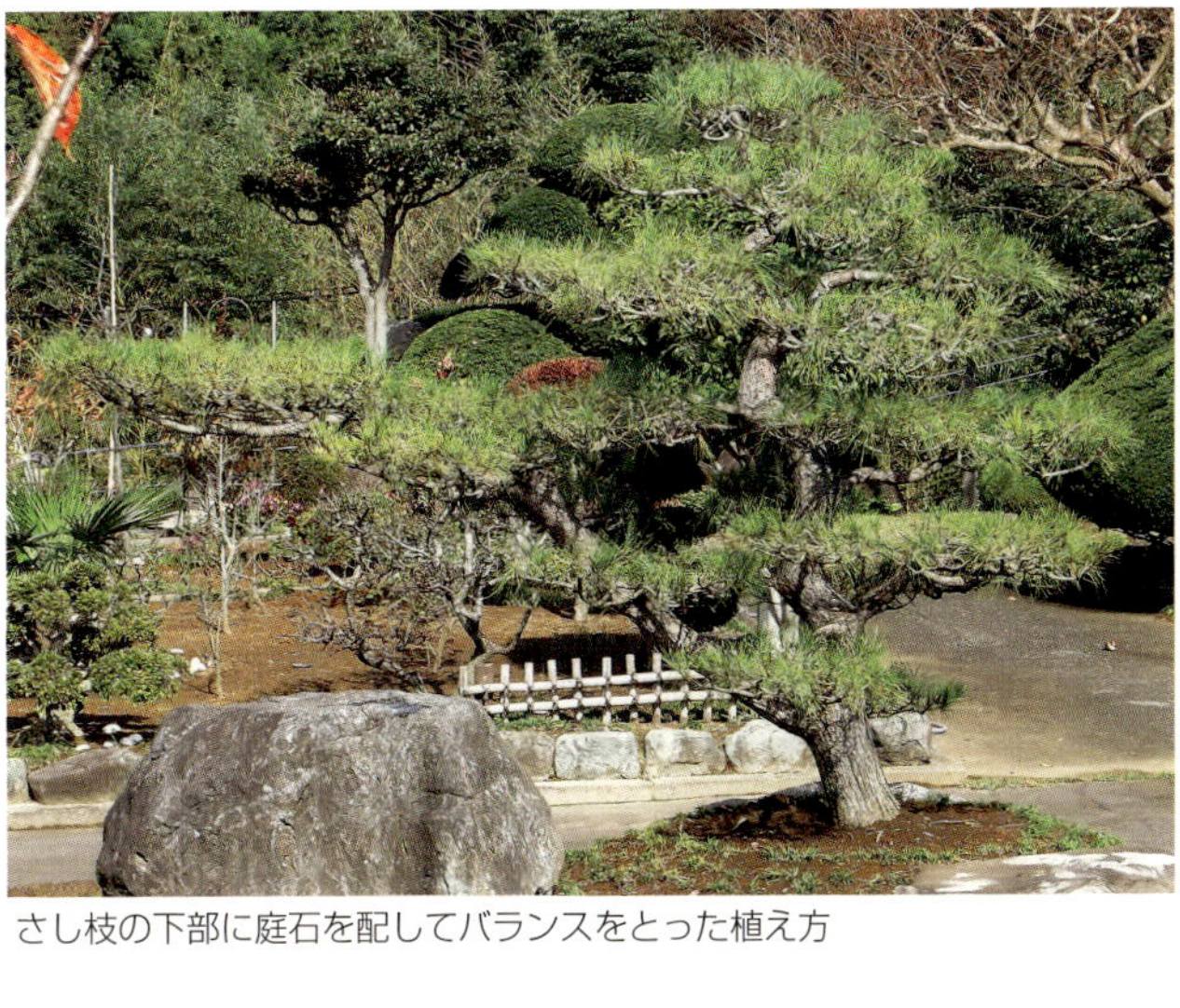
さし枝の下部に庭石を配してバランスをとった植え方

くのがよい。

また、クロマツでは垂れ枝は取り除いたが、アカマツでは残してやわらかさを出してやる。新葉は、みどりが長すぎたところで、葉が多すぎるところだけ、下からすかしていくという作業を行なう。

上向き枝は、先端が自然に垂れ下がって弱くなってくるのが普通だが、親枝の先を弱めるおそれのある強い上向き枝だけは切りつめる。

幹の赤さを美しく出すには、葉のもみあげのとき、竹ぼうきなどで幹を軽くこすってやる。これも、自然にハゲるものだけにして、むりにこすって剥ぎ取らないように心がけよう。

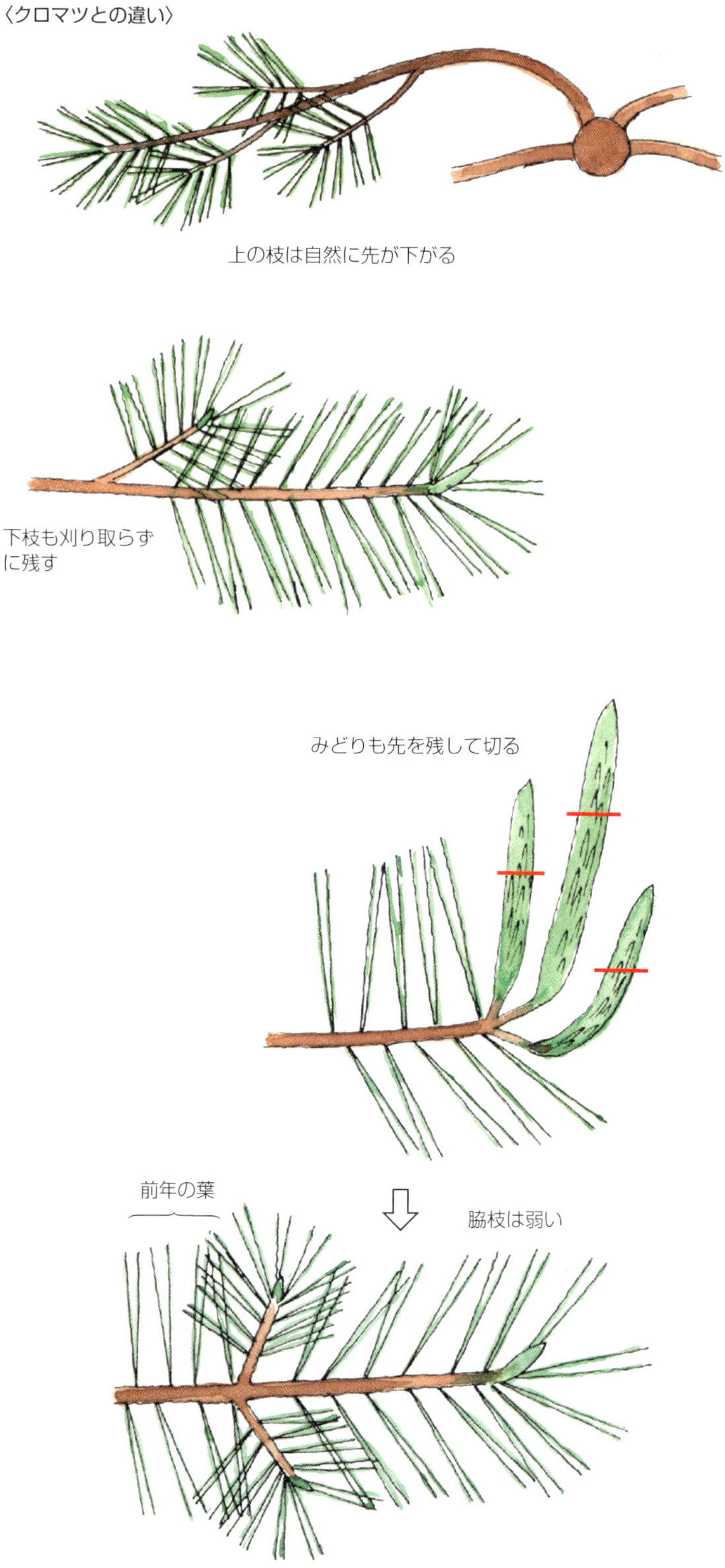
〈クロマツとの違い〉
上の枝は自然に先が下がる
下枝も刈り取らずに残す
みどりも先を残して切る
前年の葉
脇枝は弱い

図 36　枝の扱い

枝を下げたやわらかな雰囲気の仕立て方例

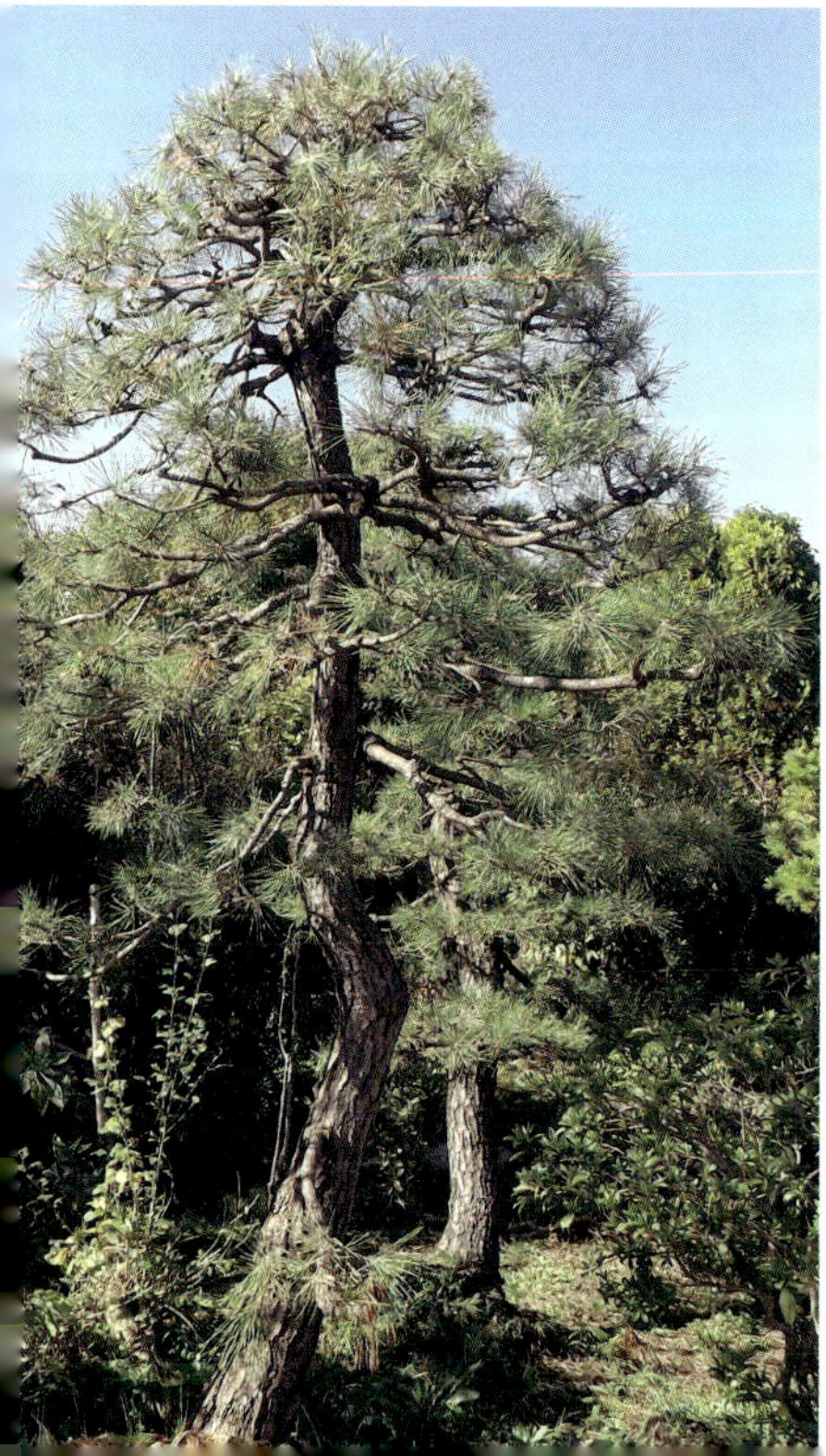

ゴヨウマツ

コツのコツ

クロマツなどとくらべても葉が短いため、枝数を多くして葉ぶりをあらくしないのが仕立てのポイントになる。そのためには、脇枝や小枝の数を多くするほか、古葉を刈る作業も控えるつくり方が一般的。上向き枝も主枝が負けない程度に残す。

1 木の性質

ゴヨウマツはヒメコマツの変種といわれ、ヒメコマツが北海道から静岡あたりまで分布する北方型であるのに対して、ゴヨウマツのほうは、おもに関東以南に分布する南方型とされる。しかし、実用上の違いはほとんどないので、両者をいっしょにして説明してみよう。

なお、天然のゴヨウマツは盆栽や庭木としての需要が多く、現在ではとりつくされた感じがする。したがって、山掘りできる可能性も少なく、ほとんどの苗が実生から育てたものか、クロマツの台木に接いだものが多い。

●クロマツとの違い

ゴヨウマツは、生長が特に遅いことが第一の特徴である。クロマツと比べて1年間に伸びる量が少なく、なかなか大きくならない。

枝の出方は開帳性で、水平に横向きに伸びてくる。したがって、枝を引き下げる作業はそれほど必要としないから形は整えやすく、仕立てやすい木である。

陽樹で日当たりのよいところを好むが、クロマツやアカマツにくらべて半日陰でもよく生育し、マツとしては庭園樹として使いやすい樹種といえる。

土の適性はクロマツとほぼ同じで、やや乾燥ぎみの壌土を好む。野生ものは岩の間でもよく生育しているように、適性は広い。

●樹形

直幹、斜幹、曲幹と多くの樹形につくられるが、生長が遅いので、斜幹で門かぶりのように大きなさし枝をつくることはまずできない。

葉が短いうえに小枝もしっかりしているので、枝の段の間隔はクロマツ・アカマツより狭くするのが普通である。そんなことから、ゴヨウマツはこんもり茂った樹形になり、ほかのマツよりかたい印象を受ける。

比較的小さめの形でも、十分に観賞できるような幹ぶり・枝ぶりをつけ、庭の眺めのポイントとなる重要な場所に植えるようにするのがよいだろう。小さくても庭の主役として扱えるような美しさを出すことが大切である。

枝と枝の間隔はクロマツ，アカマツより狭くする

図 37　枝の間隔

2 仕立ての注意

仕上がりの形は、枝間隔を狭くすることが大切である。これは、クロマツなどより葉が短いためで、枝数を多くしなければ樹形のあらい木になってしまうからである。また、腰枝や小枝の数も多くして、葉ぶりをあらくしないように注意したい。

幹や主枝は、必要な長さに達するまで十分に伸ばしてやり、長さができたところで先を止める。

脇枝や上向き枝の扱いは、クロマツと同じ原則で行なう。脇枝の場合は、芯を切って亀甲ずかしに小枝を分けるようにするが、大型に仕上げるときには芯を切らないやり方が多く行なわれている（図38）。

上向き枝はなるべく1段に切りつめ、枝ぶりが厚くなりすぎないように注意する。ただし、上向き枝の場合は、主枝を負かさない程度に、なるべく多く保つことが必要になる。

これは、葉が細かいために、葉ぶりがハゲてしまったような感じになりやすいからである。ゴヨウマツはこのように枝・葉が密生した形に仕立てられるから、古葉を刈る作業は普通は行なわない。過繁茂状態になったときも、古葉は自然に枯れて色が変わってくるから、その際に、ホウキなどで軽くたたいて古葉を落とすだけにとどめよう。

また、ゴヨウマツは枝・葉が密生して通風不足になりがちだから、病害虫の発生にはくれぐれも注意してほしい。

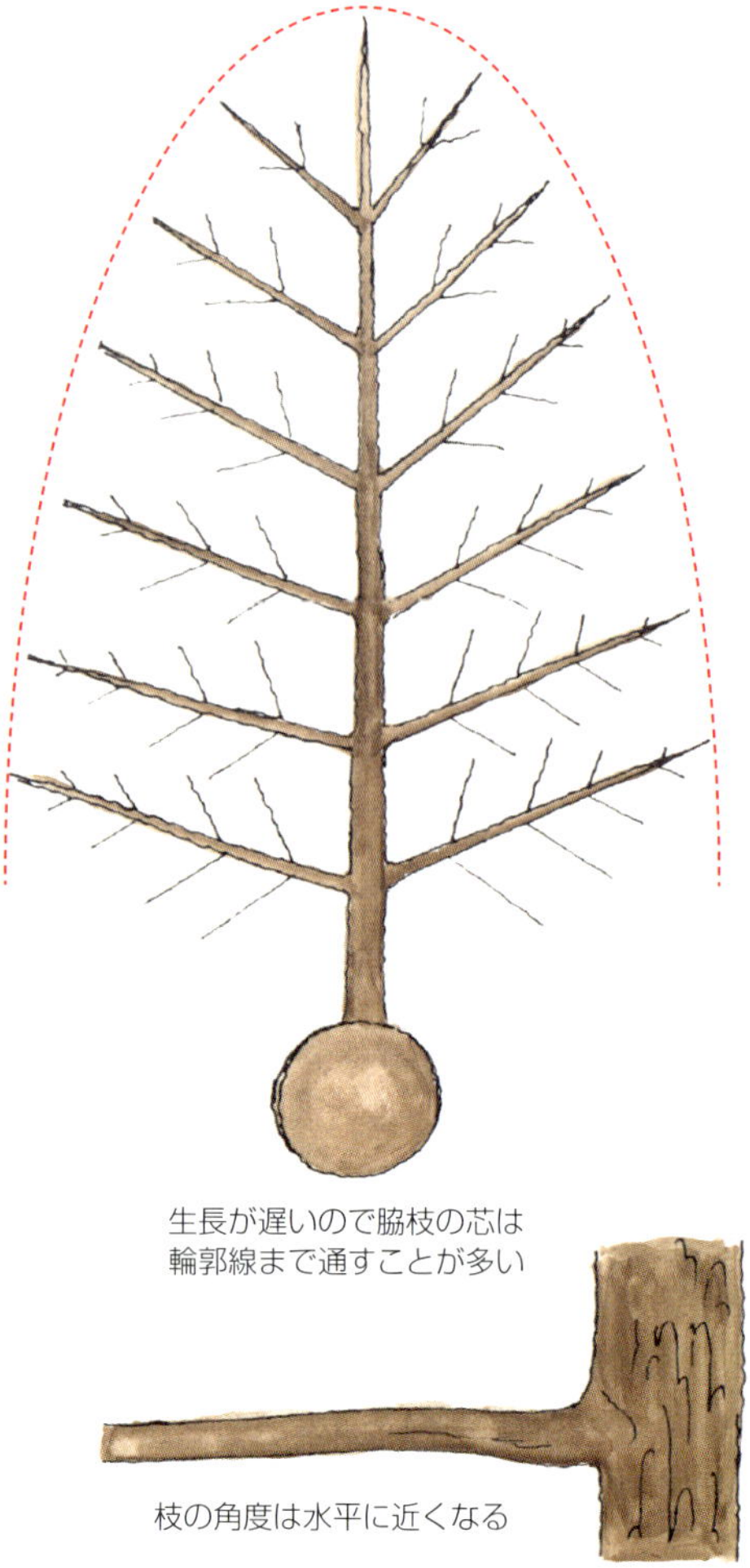
生長が遅いので脇枝の芯は輪郭線まで通すことが多い
枝の角度は水平に近くなる

図 38　枝のつくり方

段の間隔を狭くしこんもりした樹形に仕立てる

マキ（ラカンマキ・イヌマキ）

コツのコツ

さし枝は出し直したりせず、いまある太枝を用いるのが原則。太枝になると曲げにくいが、ノミで割を入れると容易に下向きにすることができる。防風林などとして植えられたものを庭木に仕立て直すことが多いので、新しくさし枝をつくることが多い。

ラカンマキとイヌマキの違いは、葉が小さいほうをラカンマキ、葉があらいほうをイヌマキと区別している。また、木の大きさでは、中~小をラカンマキ、大をイヌマキとしている。

庭木としては、小葉で、こぢんまりとしたラカンマキのほうが好まれている。

1 木の性質と樹形

●環境

暖地系の木で、本州・関東地方以南から沖縄にかけて分布する。マキの適地はビワとほぼ同じで、ビワが生育するところではマキも植えられると考えてよいだろう。

庭木として良質の木は関東地方に産し、特に千葉県の南房総地域で、果樹園・畑地などの防風林に植栽されていたものがよろこばれる。これを原木にして、各地で庭木に仕立てるのが現状のようだ。

マキは水分の供給がよい粘土質の土を好み、水分が多い土ほど生育は早いようだ。しかし、砂質土でも水分があれば相当の生育が期待でき、土に対する適応性が広い木である。

●性質

生育は早いほうで10~20mほどの大木になる。また、イヌマキでは、幹の直径が1m前後にまで達するものがある。

木の性質は強いほうで、大木になってからでも移植や剪定に対する耐久力があり、剪定後の萌芽力もあって、形が整えやすい木である。また、病害虫に侵される心配も少ない。

庭木としてのマキの用途は、マツと同様に幹ものとして、太くなった幹に枝ぶりをつけて古木の相を眺める点にある。そこで、幹の肥大が大切になるわけである。

マキの幹はあまり美しいとはいえないが、マツにくらべて、幹は太く樹高も十分にあり、しかも生育が早い利点をもっている。さらに管理面での特徴は、葉ぶりをつくるのにマツのようなむずかしさがなく、比較的らくにできる点だ。

もうひとつの長所をあげれば、マツは日照・通風が十分でなければならないが、マキの場合は日照・通風の悪いところでも、マツほどには形が乱れる心配のない点、陰樹としての性質だろう。

前に述べたように、マキの生育に適した条件は、気候が温暖で湿潤な重粘土地のところである。ところが、マキは土に対する適応性が広いため、どんな土質の庭に移しても形が乱れる危険は少ない。しかし、条件が悪くなれば、葉があらくなることは避けられない。そのようなときは、剪定・整枝の技術で補っていくことが要求される。特にこの点は寒冷な地方で問題にされているようだ。

●樹形

おもにマキは、枝をひねって段づくり

した形につくられる。斜幹仕立てでさし枝のある木は、マツの代用として、門かぶりに使うことができる。

仕上がりの形は、さし枝から下の部分が、幹ぶりを強調するためにスラリとした形で、長くなっているのが普通である。さし枝から上は、少なくとも3～4段の枝ぶりをつけ、その上に頭をつけてやればよい。また、さし枝の下には、さし枝とは反対側に何本かの枝をつける。

なお、下枝が枯れ上がったものは、下部に常緑樹を植えて下を補い、そこから抜き出た大きな木という感じで遠景として庭に植える。逆に、低い位置から枝が出ているものは、その幹ぶりを強調して近景に「幹越しの眺め」をつくるときに用いればよい。

したがって、近景、中景、遠景のいずれに用いるかは、原木の状態で考慮すればよいだろう。

2 原木の養成

繁殖は、実生と挿し木の両方が可能である。ところが、実際に植木商の間で取引されているマキは、地方で防風林などに植栽されていた放任樹で、それにある程度の基本の枝配りをつけたものだ。つまり、幹が一定の太さに達したマキに、現地で枝配りをつけてやり、それを植木商が引き取っているわけだ。これは、枝のひねりや割り曲げなどをしたときに、温度が低いと枯れ込む危険が大きいからで、したがって、暖地で曲げてから植木商に渡すのである。

マキの生育に適する温暖な地方では、自分のところで枝のひねりや割り曲げなどができる。この場合は、まず、幹を太らせることを第一に考える。

一方、マキの適地以外の地方では、すでに基本の形のできた木を取り寄せて、庭に植え込むのが普通だ。

マキの植え方は、ほとんどの場合は幹に傾斜をつけず、直幹状にまっすぐ立てて植える。まっすぐ植えたときも、幹は幾分曲がっているのが普通で、そこでは背枝・腹枝の関係が問題になってくる。

斜幹にして植えるときは、放任状態で自然に幹が曲がった原木を掘り取ってきたときだ。原木の生育途中で、浜風や日照などによって幹が自然に曲がったマキは、曲がりを生かして斜めに植え付けてやる。

原理的には、原木の養成期間中に適切な手入れをすれば、マツで行なったような斜幹のくの字曲がりをつくることも可能だが、現実にはなされていない。

これは、防風林などに植えられて放任状態で大きくなった木を原木として掘ってきて、仕立てていくことが多いからである。

以上のことから、マキでは、自然の形を生かしながら、庭木としていかに利用していくかにポイントがあるといえる。マツの場合のように、人間が、意識的に幹の形をつけていくことはないようだ。

3 仕立ての手順

マキの幹は、ほとんど直立しているが、自然に多少の曲がりがあって、そこでは背枝・腹枝の関係ができる。植え付けの際に幹をまっすぐ立てるか、あるいは、わずかに斜めにするか、いずれの場合も、さし枝が最も強くなるためには背枝となるように注意しなければならない。

そのあとで上下のバランスをつけるが、

それはクロマツの斜幹仕立てに近い考えだから、その原理が応用できるだろう。

　マキの仕立ては小苗から行なうことはあまりなく、防風林などとして、ほかの目的で植えられていた放任樹を原木にするのが普通である。したがって、大きく育った原木の形を見て、そのなかで最もさし枝に適する枝を探しだし、次に、さし枝を基本に上下のバランスを考えるのが仕立てのポイントになる。

　さらに、さし枝が決まったら、さし枝とは反対方向にある下枝を2～3本残し、さし枝とのバランスをとる。さし枝より上の扱いは、マツと違う点がある。それは、マキの場合、車状に枝が出ることはないから、互生して出ている枝のうちから残す枝と切り取る枝とを選択することである。このとき、上向き枝も曲げて利用していくことが多いのでよく見分けていけばよい。

　なお、どの枝も日照を十分受けるように考慮して、枝間隔を決めるように。

4 仕立ての実際

1 吹かし直しの意味

　放任樹では、枝があらく、しかも先のほうまで長く伸びているものがよく見られる。ところが、庭木に仕立てるときに、長い枝として残したいのはさし枝1本だけで、ほかの枝は小さな形で密生した小枝ぶりにしたいわけである。そこで、さし枝にしたい1本の枝を残して、ほかの枝は、切りもどして吹かし直しするのである。

　吹かし直しで出てきた枝は、はじめは木バサミで中づみしていく。一定の形に整ってからは刈り込みバサミによって切りつめる。以後、そうした剪定を年2回程度（春芽と土用芽）行ない、かたくしまった小枝ぶりを早くつくるようにする。

　一方、切りもどして吹かし直しを行なわないときはどうだろうか。

　長いさし枝のついた形に仕立てたいときでも、ほかの枝を切りもどさないでおくと、それらの枝が長すぎてバランスがとれない。したがって、さし枝をさし枝らしく強調し引き立たせるために、ほかの枝を切りもどす意味がある。また、枝の長さがつめられるため、幹の太さも強調される。また、さし枝以外の枝を切り

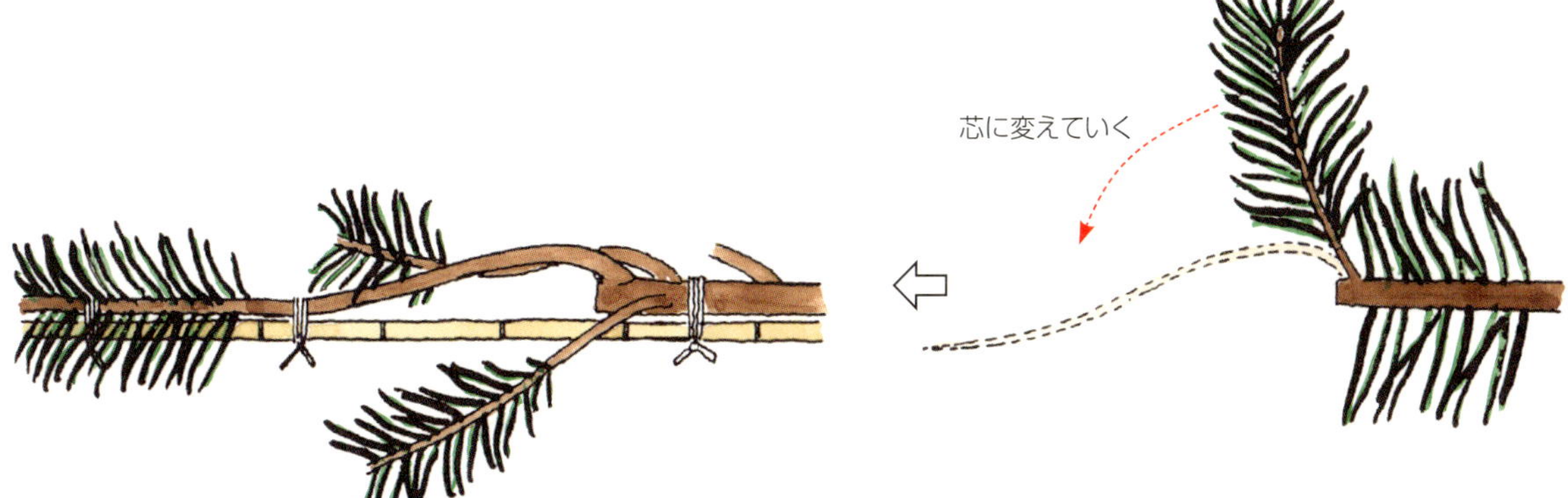

図39　吹かし直しのやり方

もどす位置は、なるべく幹に近いところまで行なう。

2 枝吹きの性質

　マキは、葉の元にしっかりした腋芽をもっている。したがって、葉のあるところで切れば、その腋芽が必ず伸び出してくるわけである。一方、葉のない小枝では春から初夏にかけて、萌芽力が強まった時期に切り込めば、必ず不定芽が出てくるものだ。

　生きている枝なら刈り込み時期を違えない限り、不定芽は、よく芽吹いてくるものである。刈り込みは、萌芽前から初夏にかけて行なうのが原則である。温度や湿度がよい時期ならば、相当に太い枝でも、よく芽を吹いてくる。

　また、それぞれの枝の分け方を見ると、幹から出た太枝（主枝）の形は、マツ類では、先までまっすぐ通っていることが原則だが、マキでもこれは同様である。ただしマキでは、太枝の先を切って吹かし直しをすることがしばしばある。

　切り落とした部分から吹いた枝のうち、1本を芯として先まで通し、ほかの枝は短く切りつめられて脇枝の役割をしているわけである。吹かし直して出した枝は、先までまっすぐ通すのがほとんどだが、ときには亀甲ずかし、稲妻ずかしでいくこともある。

　なお強大なさし枝のときは、クロマツと同様で、先まで芯を通すのが原則である。まっすぐ伸びた太枝から、小枝を出す。小枝の元のほうは、剪定をくり返して形が整えられる。マツは亀甲ずかしで行なうが、マキではさらに枝数を多く保ちたい。1回の剪定によって出た枝を、切り込みバサミで垂れ枝だけを切り取り、生かしていけばよい。

3 さし枝のとり方

　放任樹では、たがいの枝に強弱がついたり、枯れ上がったりしていることが多

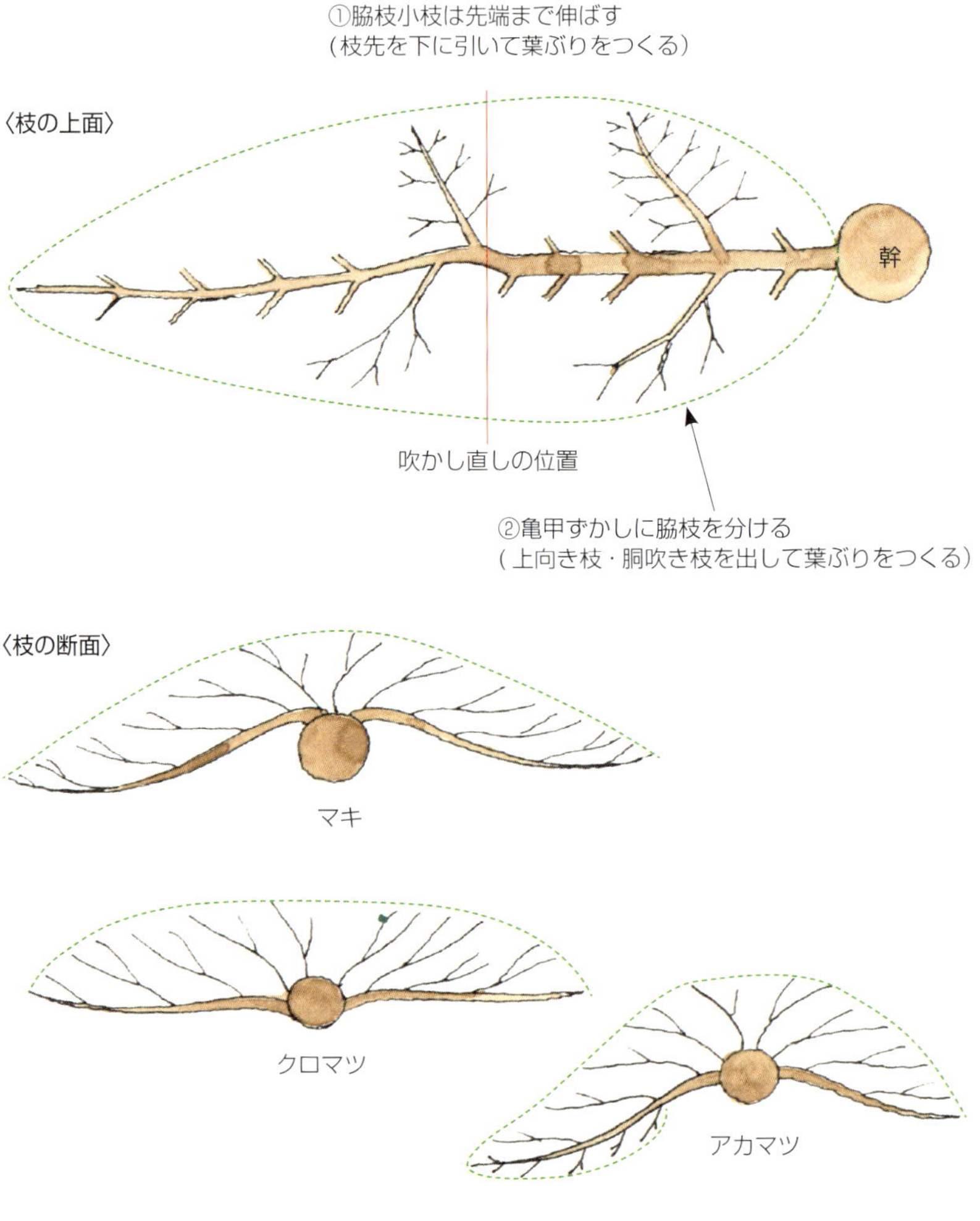

①脇枝小枝は先端まで伸ばす
(枝先を下に引いて葉ぶりをつくる)
〈枝の上面〉
幹
吹かし直しの位置
②亀甲ずかしに脇枝を分ける
(上向き枝・胴吹き枝を出して葉ぶりをつくる)
〈枝の断面〉
マキ
クロマツ
アカマツ

図40　枝の仕立て方

い。こんな木では枝を切りつめて形を整えていかなければならない。仕上がった形は、直幹仕立てのように幹をまっすぐ立てた形にして、そのなかの1本の枝を長いさし枝にするのが普通である。

さし枝の仕立てでは、切りもどして吹かし直す方法では、長く立派なさし枝はできない。したがって、放任状態で、幹から斜め上に出ている大きな枝を1本残し、これを曲げてさし枝にする。そのほかの枝は、全体の形を見ながら、位置と切りもどす長さとを考えながら下から上まで分けていくのである。

さし枝としては長い枝が要求されるため、幹から斜め上に長く出ている強い枝を使うのが通例である。幹は太くて曲げられないので、このままの状態ではさし枝にならないから、枝の向きを下げる必要がある。

ところが、枝はすでに大きく太くなっているので、枝の元にノミで割りを入れて引く方法がとられる。

ノミで割りを入れた枝は、ねじり込むようにして、水平に曲げていく。この方法は枝に傷をつけて曲げてやるわけだから、そこからの腐り込みや枯れ込みが、地域によっては問題になってくるので注意する。

暖地で、しかも土性がマキの生育に適している地方以外では、傷口のなおりよりも腐り込みや枯れ込みのほうが早くなってしまう。したがって、生育適地以外の地方では、太枝に割りを入れて曲げたりすることは避けたほうが無難なようだ。

たとえば、南房総地域のようなマキの適地といわれるところでは、そこで割りを入れて枝を曲げ、さし枝の基本の形をつくる。傷口をカルスが巻いて枯れ込みの心配がなくなってから、消費地へ運び出すのが普通である。

ほかの枝の場合も、適地以外で枝を落としたときは枯れ込みがひどく、著しいときには、幹まで腐り込むことがある。

したがって、マキは、太枝の切り落としやさし枝のひねり、傷口のなおりまでを生育に適した温暖な地方で行ない、消費地の植木商まで運送していることが多い。このとき、産地で小枝ぶりをつけてしまうと、運送本数が少なく制限されるので、経費の面も考えて、以上に述べたような方法がとられているわけである。

なお、暖地で庭木に植え込むときは、この作業を、自分のところですることになってくる。

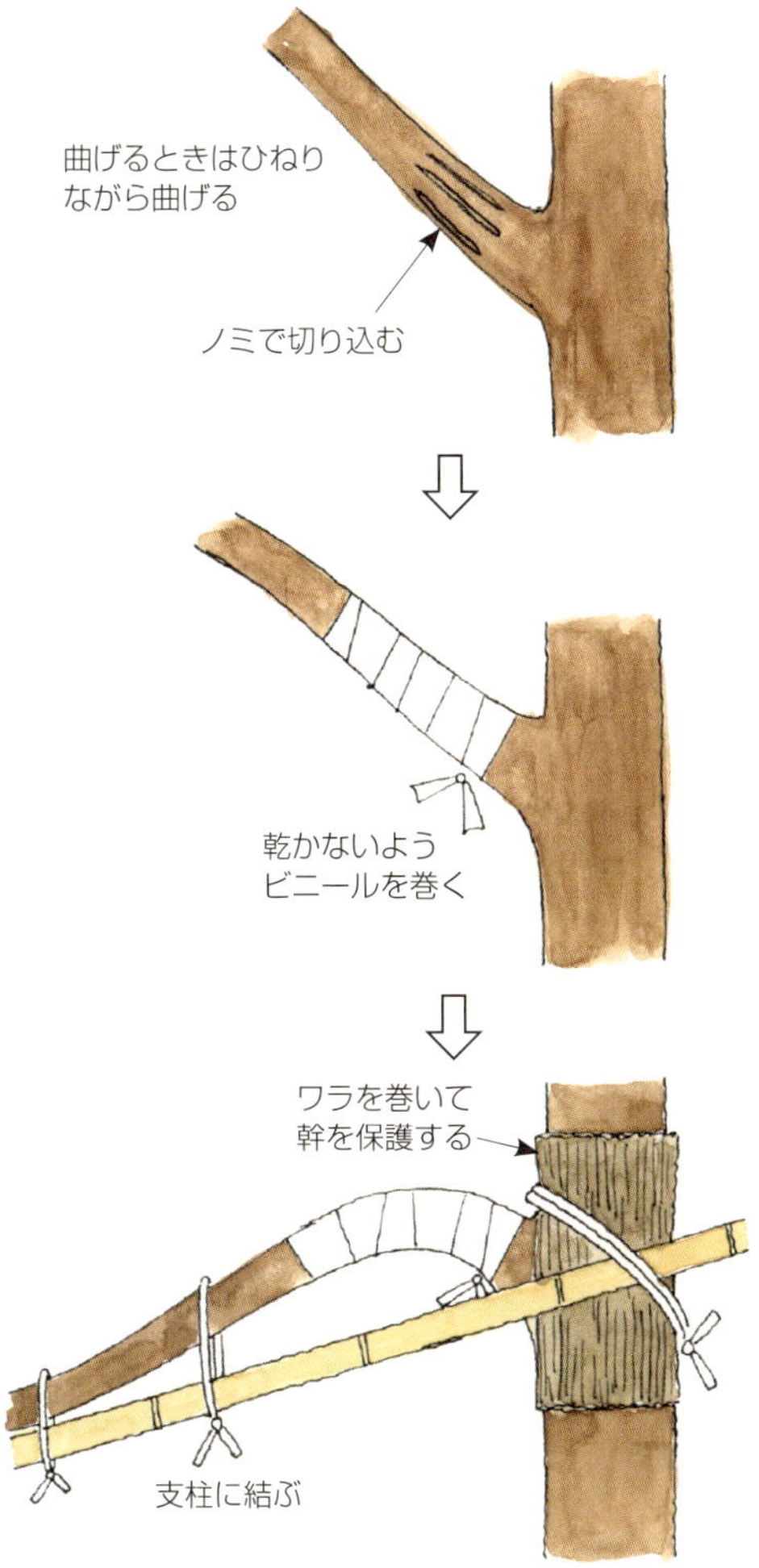

曲げるときはひねりながら曲げる
ノミで切り込む
乾かないようビニールを巻く
ワラを巻いて幹を保護する
支柱に結ぶ

図41　さし枝の曲げ方

4 頭の仕立て方

原木の主幹の先は、しだいに細くなっているのが普通だ。そんな形の大きな木を、庭木として必要な高さ、3～5m程

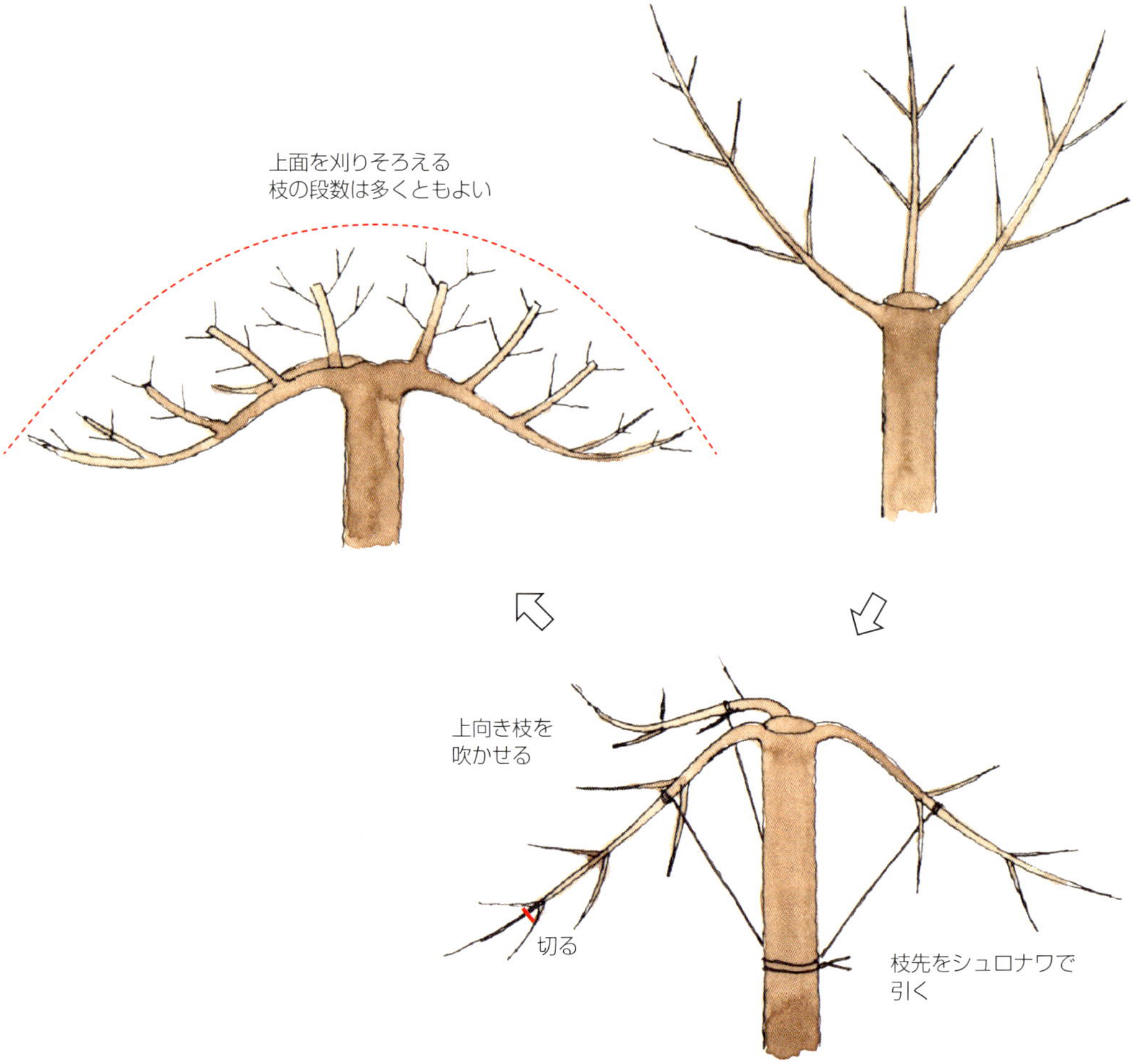

図42　頭のつくり方

度に切りつめる。つめるときは、なるべく枝の混んでいる位置で切る注意が必要である。

マキは車枝を出さない性質があるが、一カ所から何本も車状に枝が出ている場所を探して、そこを残して芯を切る。木の上部は日照もよく、老成した大木では勢いも弱まっているので、上部は枝数が多く間隔もつまっているのが普通である。そのような位置で、自分のねらいとする高さに芯を切って止めればよい。

芯を切って木の高さを決めたあとで、先端のそれぞれの枝は、先が下がるように強く引いてやる。そうすると木の勢いは、枝の元のほうに集中するため、そこから上向き枝が徒長してくるようになる。また、上向き枝は、伸ばしては切りもどす作業を何回もくり返すことによって、太さを出したり小枝分けをつけたりできる。

このように最初に引いた枝の先端と、上向き枝を切りつめて枝分かれさせた部分とでひとつのかたまりをつくり、それを一定の輪郭線で刈り込んでやれば頭が仕上がるわけだ。なお、上向き枝の段数は一定の原則はない。

また、ねらいとする高さに車状の枝が見あたらないときは、枝芯を立てるという方法もある（図43）。

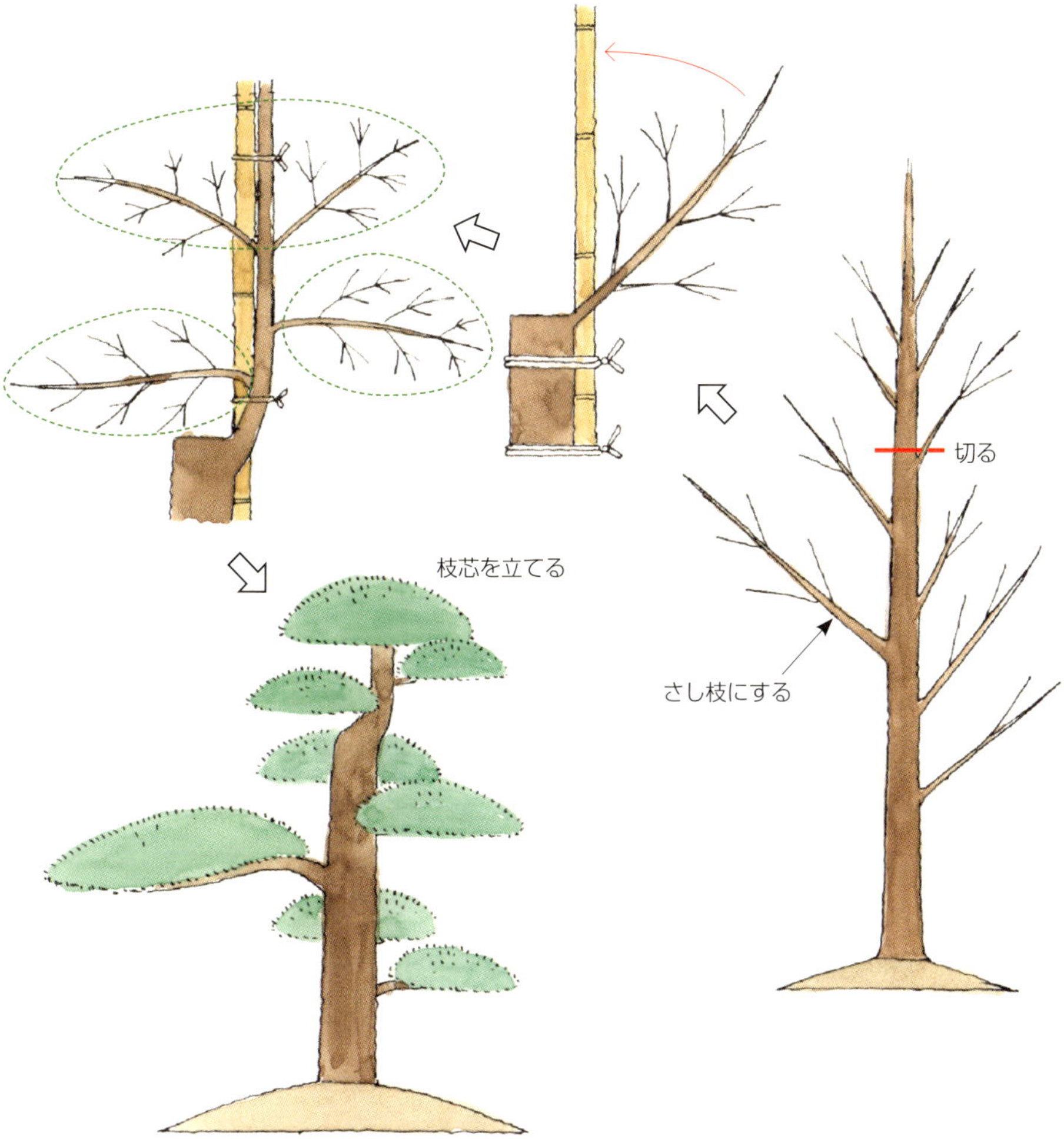

図43　枝芯を立てる場合

5 小枝ぶりの調整

基本の枝配りがすんだ木は、次に庭で小枝ぶりを整える段階にはいる。マキは元来暖地性の木だから、厳寒期に枝の切り落としをしてはいけない。冬季に枝を切り落とすと、枯れ込みの危険が大きくなる。なお、イヌマキは不定芽が出やすく、マツより形はつけやすい木である。

●枝すかし

枝の芯を1本ずつ木バサミで切って（中づみして）いくか、刈り込みバサミで切るかが問題になってくる。

まず、枝の大きさを出そうとする場合、すなわち枝を切りつめたがまだ大きさが不十分で、早く大きさを出したいときには、芽の数を少なく制限することで、残った芽に勢いを集中して、強い枝を出さなければならない。この場合は、木バサミで1本ずつ中づみして、残った枝に勢いを集中して長さを出す（図44）。ある程度の枝の大きさ・幅が出たあとは、刈り込みバサミで剪定・整枝していく。

●刈り込み

刈り込みバサミによる剪定は、年2回行なう。それは、マキの芽は年2回、春と土用に出る性質があるからだ。秋から冬の剪定をしなかったときは、春先の萌芽前に行なう。ここで形を整理しておく

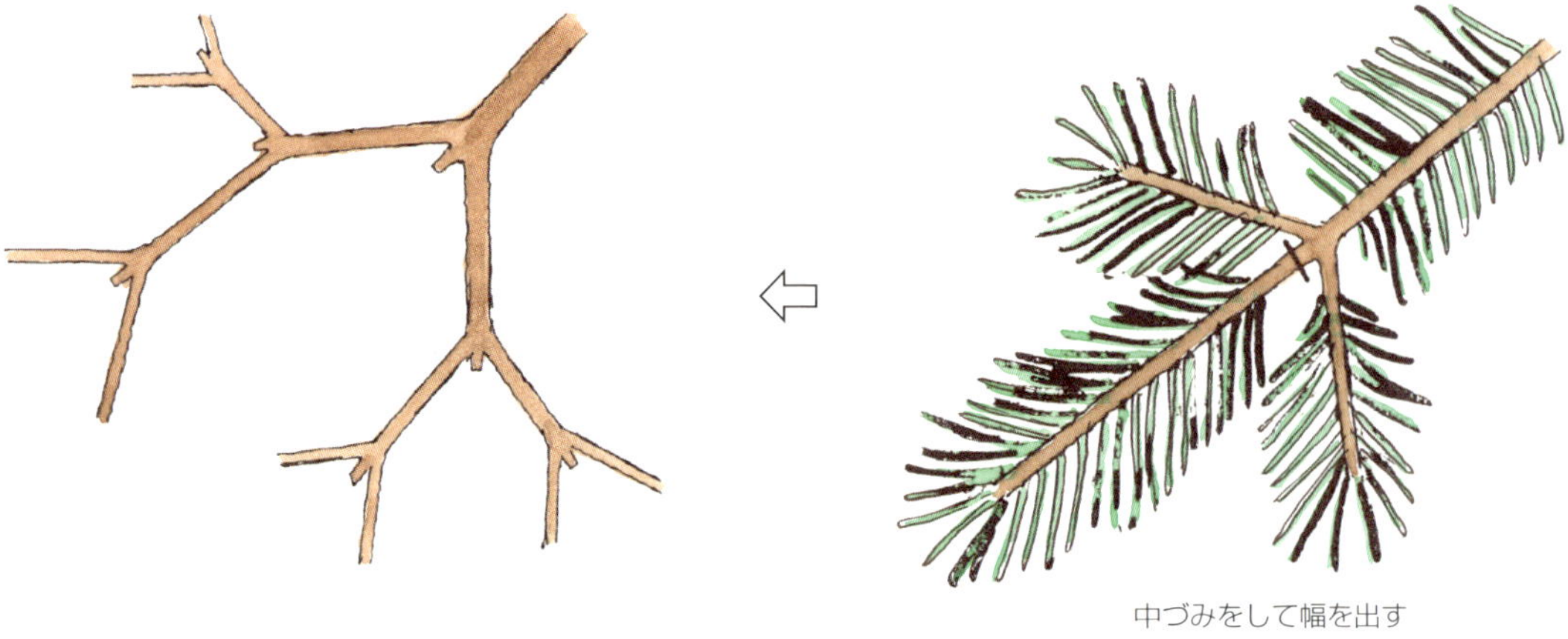

図 44　脇枝のすかし方

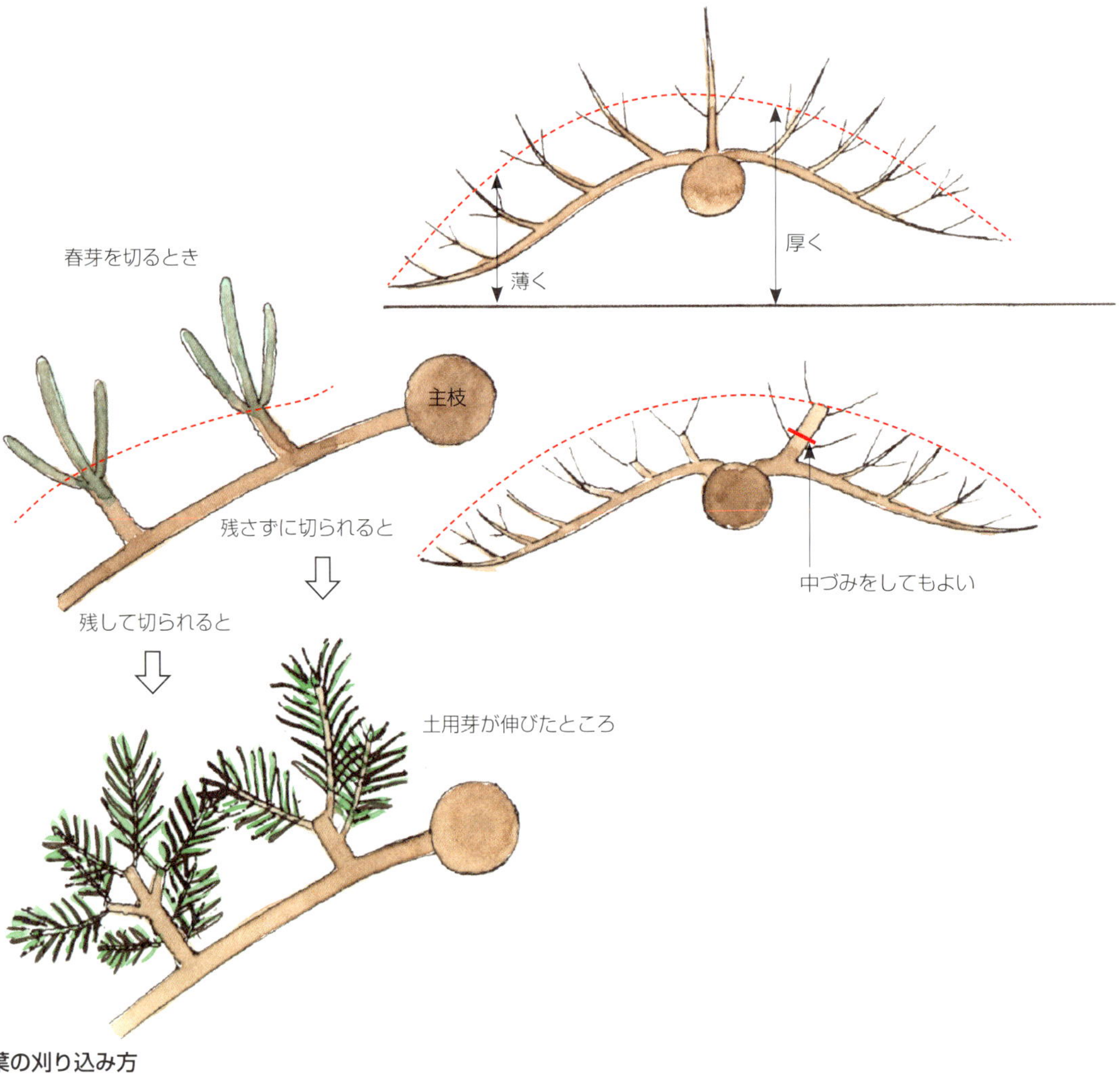

図 45　葉の刈り込み方

ことによって、春の芽だちをいっせいにそろえることができる。

1回目の剪定は、春の芽がかたまったあとで梅雨明けの時期に行なうとよい。芯がかたまった状態の枝を、刈り込みバサミで刈り込む。すると残った春枝の先から、土用芽が吹いてくるわけである。

剪定したあとで、たくさんの土用芽が出てくるため枝数は何倍にも増えてくる。それらの枝先を、秋から冬に刈り込みバサミで切りそろえて、春の萌芽を待つという作業をくり返していく。

この際、段づくりにする場合を考えてみると、全体の姿としては枝先を極端に下げたものは嫌われる。元のほうに強くしまった小枝ぶりを出したいときは、元はやや下げた程度にしておくとよい。

実際には、マキは非常に大きな木になるから、さし枝やほかの枝も、相当に高い位置になってくる。したがって、ほとんどの庭では、枝先の下がった姿は品がないといわれても、先を下げているのが実情である。それは、枝を水平に品よく保った姿にすると、実際の狭い庭に植えられていると、葉裏を眺めるかっこうになるからである。庭の面積と樹高という両方からの制約で、最近では、葉裏があまり見えないように、以前よりも強く枝先を下げるやり方が一般的である。

しかし、広い庭にあっては、枝先を下げない形に仕立てるほうがよいのは当然である。要するに、マキを植え込む場所によって、枝先を下げる程度をあんばいしてやることが大切になってくる。

なお、クロマツの場合は、垂れ枝や垂れ葉を嫌って、下向きの枝や枝の下面の葉を落とすのが原則であった。マキでも同様に、枝の下面に垂れ枝や垂れ葉があると下品な印象を受けるので刈り取る。また、垂れ枝、垂れ葉になりそうな芽も摘み取ってしまう必要がある。

6 枝を強める対策

枝の勢いを強くするためには、パイプ論にもどって考えると、枝先が上がっていることが必要になる。つまり、枝先を上げれば、枝の長さや先端の勢いがついてくるわけである。ところがマキの放任樹では、幹の生育はよい半面、それぞれの枝は、先端が強く元は枯れ上がった形になっているのが普通だ。

この場合、次のように考えればよいだろう。

さし枝にしたい枝の扱いは、枝を引いて先端を幾分下げることによって、元の枯れ上がり部分を、いかに強くするかが必要になる。まず、枝先を下げて、元の部分からたくさんの小枝を吹かせる。それぞれの小枝は、早く太らせてやることが、その部分の勢いを強めることにもつながるわけである。小枝を太くするには、枝がやわらかいうちから剪定をしてはダメで、先の芽がかたまるまで徒長枝状態に伸ばしてやることが大切になる。そうして太くした枝を切りつめる。

そのときに強く切りつめてやることで、再び徒長枝状態の枝が出る可能性も大きくなってくる。つまり、枝を太くする原理は、一度長く伸ばしたものを短く切りつめ、これをくり返していけばよいといえるだろう。

7 枝間隔が飛んだとき

マキは日照を十分に与えてやれば、太枝の元の部分を残して切りもどしても、そこから不定芽がたくさん吹いてくる。だから、そこに小枝ぶりをつくることができるのである。現実には、原木を取り寄せて仕立てる際に、その枝間隔が飛びすぎているということは、極端な密植によって枯れ込んでしまった状態を除いて、あまり心配することはない。

ところが、枝が飛んだ木で、幹から不定芽が出ているときには、その不定芽を太い枝に育てようとすると年数がかか

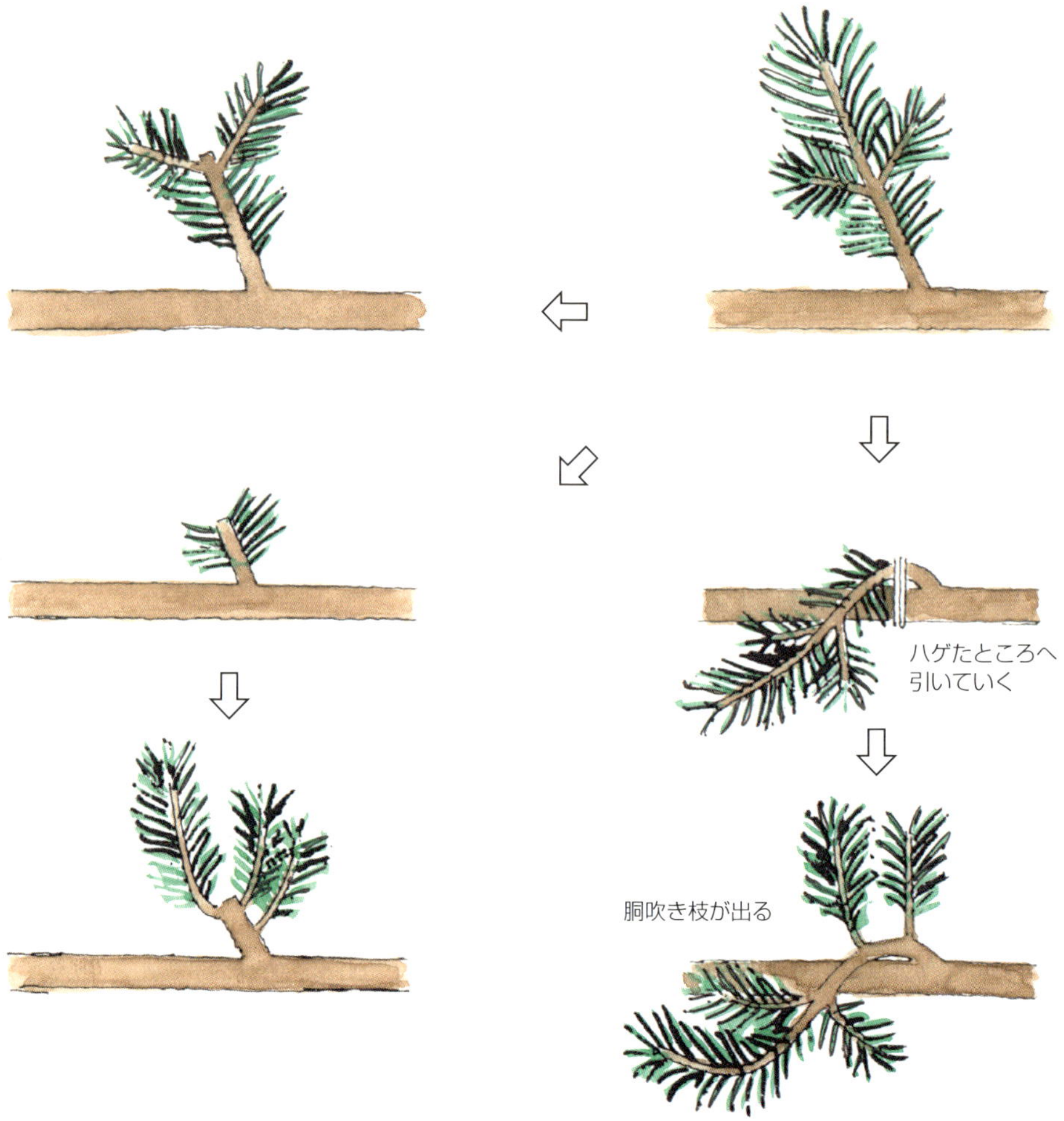

図 46　上向き枝の扱い

る。幹吹きの不定芽では、枝間隔の飛んだ部分を埋める大きな枝に整えるには、枝の太さが出るまでに徒長させては強剪定をくり返すわけで、簡単には太い枝につくることができない。また、原木を見たときに、全体に枝のつきぐあいはよいが一カ所だけ枝が飛んでいて、その部分が気になるときは、飛んだ部分を基本にして全体の枝配りを考える。つまり飛んでいる節間の長さを基準に、ほかの節間の長さを決めるわけで、全体に枚数が少ない木に仕上げてやることだ。

生きている枝であれば、萌芽前から梅雨明けまでの間に切ってやると、どこからでもたくさんの不定芽が吹いてくる。垂れ葉・垂れ枝になる心配のある不定芽は取り除き、ほかはすべて残して育てていく。それらの中で強弱が出てくるが、一定の輪郭線まで刈り込みバサミで切りもどす。つまり、一定の線まで強制的に切りそろえてしまうことで、勢いをそろえてやることになる。そうすると、上向き枝が強くなって芯を負かす心配は避けられる。

なお、マツでは、上向き枝は1段に切りつめるのが原則だ。ところが、マキでは刈り込みバサミで、年2回刈り込んで一定の輪郭線を維持していけば、上向き枝が強くなる心配はない。

ヒノキ・サワラ類

コツのコツ

枝葉を全体として均一化させるには、亀甲ずかしと稲妻ずかしで枝を分けていき、小枝ぶり・葉ぶりを整えるのが基本となる。そのために枝数を少なめにして、枝先をつめて葉ぶりは薄めにつくっていくのがポイントになる樹種でもある。

1 木の性質と樹形

ヒノキの仲間には、ヒノキ、カマクラヒバ、チャボヒバなどのほか、イトヒバによく似たスイリュウヒバなどがある。一方、サワラの仲間には、サワラ、ニッコウヒバ、ヒムロなどがある。これらはいずれも針葉樹で、ヒノキ科に属している。

ヒノキの仲間とサワラの仲間との区別は、葉の裏面を見ればわかる。裏面に白い気孔線があるが、それがY字形につながるのをヒノキの仲間、H形になるのをサワラの仲間と区別している。

葉のあらさ（大きさ）は、ヒノキの仲間ではヒノキが最もあらく、次にカマクラヒバ、チャボヒバとなる。サワラの仲間では、サワラ、ニッコウヒバの順になる。生長速度は中程度で非常に大きな木にまで育っていく。

●環境

ヒノキ、サワラともに本州原産で、東北地方以南に分布している。ヒノキよりサワラのほうが寒地性の強い木である。ヒノキは、北限が福島県で南のほうに多い木だが、サワラは岩手県にまで分布している。

適地は、いずれも土層が深い土地を好む。土壌は、中程度の湿りのあることがよく、ヒノキよりサワラのほうが湿気を好むようだ。したがって、サワラはスギに近い適性があるといえるだろう。

●性質

性質はいずれも強いといってよいだろう。元来は移植に強いほうではないが、しばしば根を動かして細かな根をつくってあるものは、十分な移植力があるようだ。

剪定・整枝の際、中ずかし程度までなら、十分の萌芽力をもっている。しかし、大きな古枝まで切り落とすと枯れ込んでしまうことが多い。したがって、生き枝を残して切りつめる注意が必要になるわけだ。このときに、当年生の枝・葉の残っていることが重要になる。

当年生の枝を残すには、次のようにするとよい。

つまり、春の新しい枝が伸びはじめ、そこに葉がついてきて、それが、1年を経過して、2年目の冬になると落葉する。この性質はマツと同じだが、マツの場合は2年目の冬になっても樹勢の強い木では落葉しないことがある。ところがヒノキ・サワラ類は2年目の晩秋から初冬にかけて必ず落葉してしまう。

このため、枝を切りつめるときに2年目の枝だけを残して行なうと、それは秋に落葉するから、枯れ込む危険が大きくなってくる。したがって、必ず当年生の枝が残っていることを確認して、後述のように、そこまで切り込むようにする。

●樹形

ヒノキ、サワラ類の仕立ては、二つの考え方がある。

第一は、自然の形を生かそうとする考

えで、枝先は整形に切りそろえないで用いる。

第二は、きれいにそろえた輪郭線を楽しむやり方で、枝先の剪定・整枝をしていく。この形には、ローソク仕立てといわれる長い円筒形のもののほか、特殊な例として貝づくりに仕立てるときもある。

では、各樹種ごとに最適の形を述べておこう。

ヒノキ、カマクラヒバ、サワラ、ニッコウヒバなどは、ローソク仕立てにするのが原則になる。これらは、生育が比較的早く、枝・葉があらい木である。だから、輪郭線で刈りそろえてやっても、樹形を維持し、内部の幹ぶりまで眺めることができる。

このうちで、ニッコウヒバは、小枝先が上を向く性質がある。この性質を生かして円錐形に仕立てるのがよいわけだが、これは、ローソク仕立ての応用と考えればよいだろう。

一方、チャボヒバは生育が遅く、枝・葉の細かい木だから、貝づくりに仕立てていく。チャボヒバの場合、ほかの木のように外側の輪郭線で葉を刈りそろえてしまうと、枝・葉が細かいために、幹が見えなくなる。すると、内部の日照・通風がさまたげられるから、木にとって好ましくないわけだ。そこで、一本一本の枝を貝殻のような形に仕立て、貝殻が積み重なってできたローソクのような円筒形にしてやるとよい。

貝づくりでは、日照・通風は、貝殻のすき間を通して、それぞれの枝に平均に与えられる。したがって、貝づくりはチャボヒバの性質を生かした最もよい仕立て方で、ローソク仕立ての応用ともいえるやり方なのである。

2 仕立てのポイント

増殖には実生と挿し木とが行なわれる。実生の木は初期生育が遅いかわりに寿命が長く続く。これに対して、挿し木したものは、30～40年程度で限界になってくる。それは、根と地上部との生長のバランスがくずれてくるためといわれている。

仕立ての手順は、必要な高さまで芯を伸ばし、枝吹きをさせたあとで、刈り込んで形をつくればよい。では、その間のいくつかの注意点を述べてみよう。

幼苗のうちから十分な間隔を保って植え広げておいた木は、下枝が十分に張った形になってくる。この場合は、どの程度の幅に仕上げるかを、まず考えておかなければならない。そして、下枝のほうから順に、ねらいとする幅に枝の長さを切りつめていく。

自分のねらいとする枝の長さが、そこの位置で枝を切りもどしても小枝が吹く年齢のうちは、木を放任して育てる。いいかえれば、これ以上伸ばせば枝を切りもどすと枯れ込んでしまうという長さになるまで、放任しておくほうがよいわけである。幼苗の時代は葉を自由に伸ばし、葉の面積を大きくして、光が十分に当たるようにすれば樹勢は強くなり、幹の太りが早まる。

これに対して、木としては健全な育ちではないが、庭木としては一応使える形に早くもっていく方法がある。それは、幅を狭く切りつめて密殖して育てる方法である。

特に生産的にローソク仕立ての原木をつくるときは、単位面積当たりの植栽本数を多くしなければならない。

したがって、入念に亀甲ずかし、稲妻ずかしに枝を分けてやるだけの手間がないから、生き枝が残る程度に、強い剪定をくり返し、剪定を強く行なって密殖しておくのである。

　このような状態にしておかないと、植栽間隔が狭いために、日照が不十分になる危険があるからである。すると、その元からはたくさんの幹吹きが出てきて、丈も十分な状態になってくる。

　密殖状態に植え込んだ木は、はじめの1年間は放任して自由に伸ばし、秋に枝を切りつめて幹に近いところから枝を分けるようにする。2年目から丈が出るまで、くり返して枝を切りつめる。こうしていると、横に枝分かれして広がりを見せてくるし、幹から芽も吹いてきて幹のまわりに小枝が広がり、断面は円形に近づいてくる。

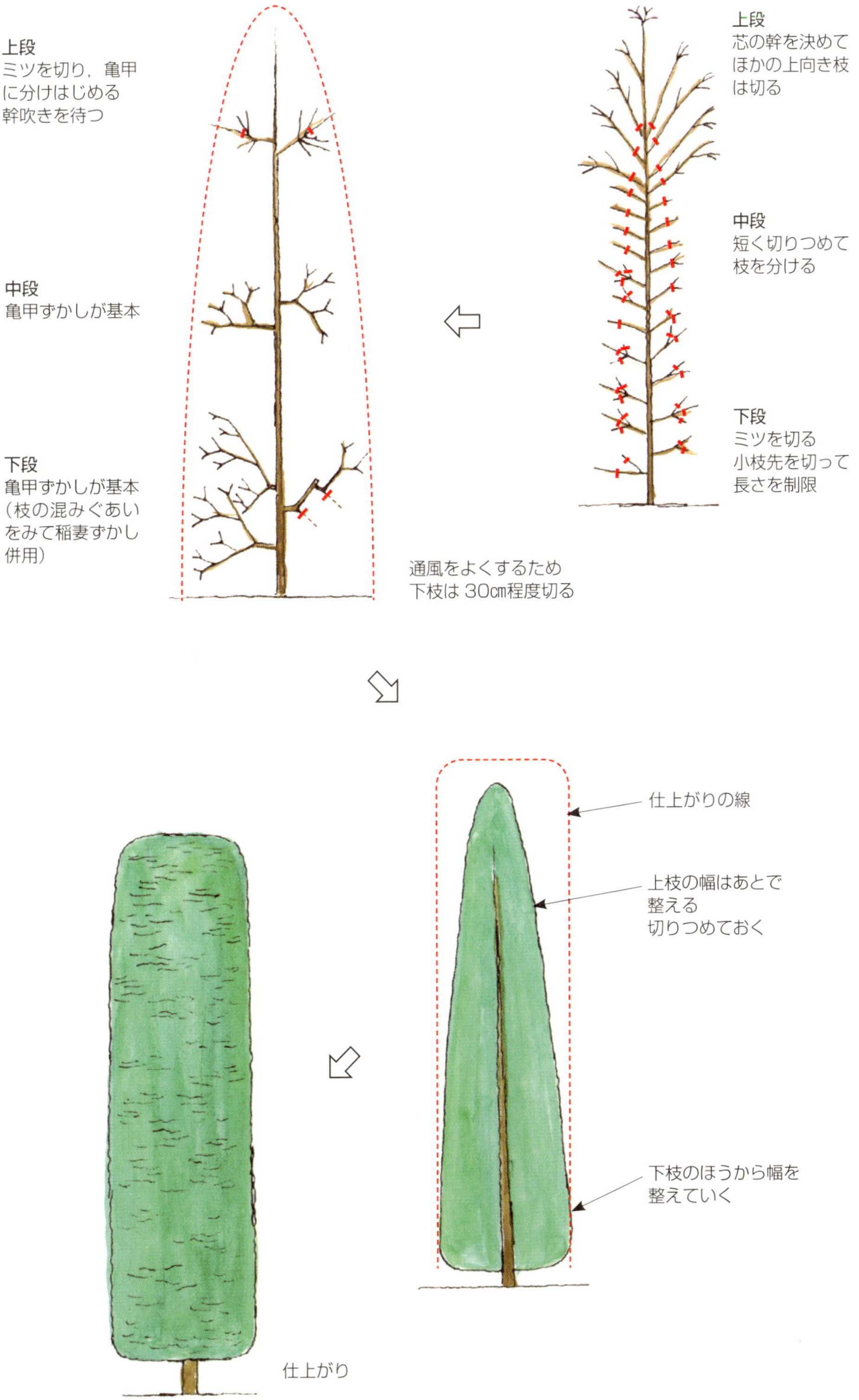
上段
芯の幹を決めて
ほかの上向き枝
は切る
中段
短く切りつめて
枝を分ける
下段
ミツを切る
小枝先を切って
長さを制限
上段
ミツを切り，亀甲
に分けはじめる
幹吹きを待つ
中段
亀甲ずかしが基本
下段
亀甲ずかしが基本
（枝の混みぐあい
をみて稲妻ずかし
併用）
通風をよくするため
下枝は 30㎝程度切る
仕上がりの線
上枝の幅はあとで
整える
切りつめておく
下枝のほうから幅を
整えていく
仕上がり

図 47　ローソク仕立ての経過

密殖して丈が出た木は、移植して植え広げてやる。つまり、光がよく当たるように十分な間隔にまで植え広げることで、幹吹き芽を出してやるわけである。5〜6年生程度までは密殖しておいたほうが丈は早く出る。また、この程度の樹齢までなら、植え広げて光さえ当てれば、幹吹き芽はよく出る性質がある。

密殖して必要な樹高に達した木は、必ず支柱をして、風などによって曲がったり倒れたりしないように、まっすぐに立ててやることが大切になる。

また、10年程度たった木でも、生き枝があれば、その元の部分から幹吹き芽が出てくることが多いのである。

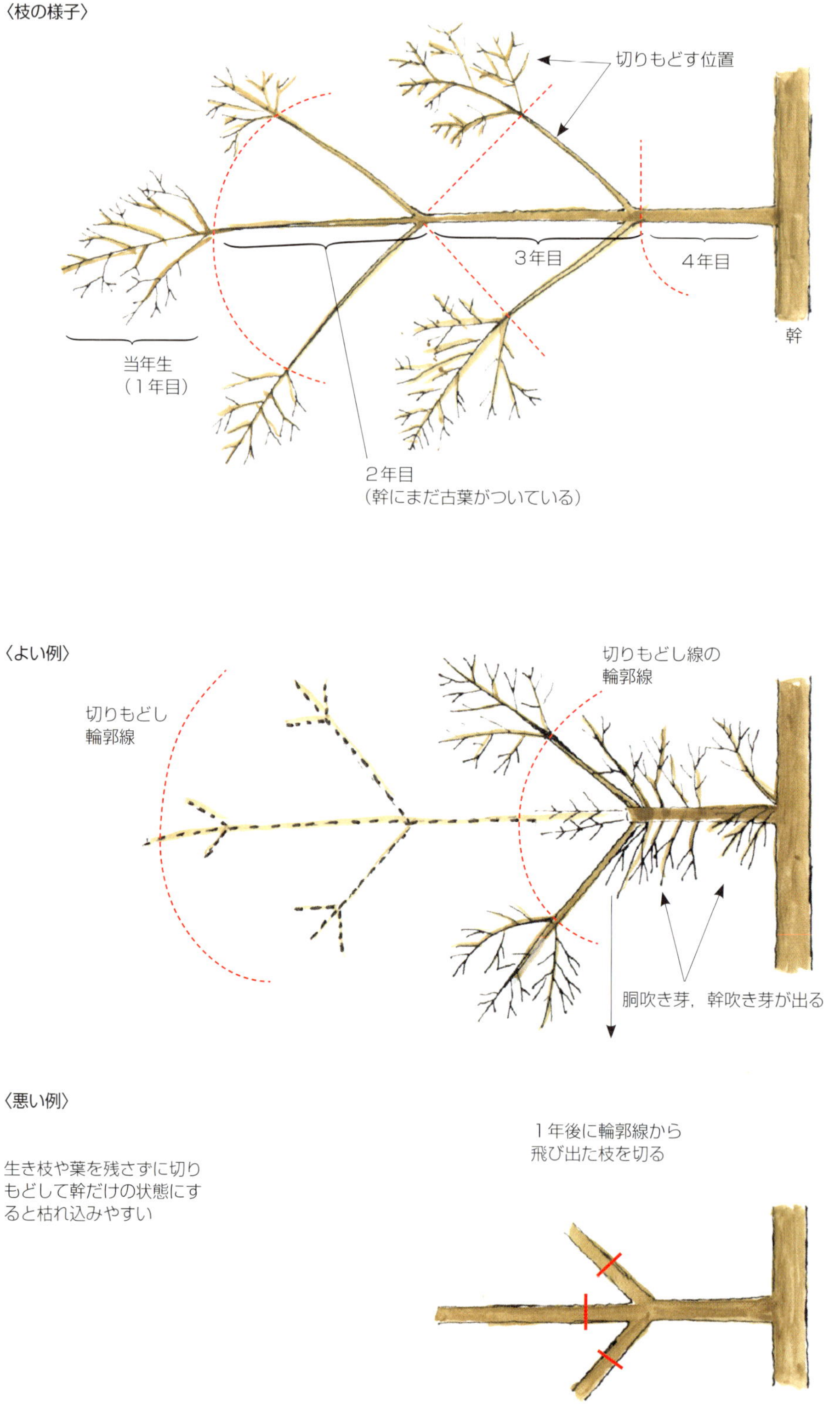
〈枝の様子〉
切りもどす位置
3年目
4年目
幹
当年生
（1年目）
2年目
（幹にまだ古葉がついている）
〈よい例〉
切りもどし線の
輪郭線
切りもどし
輪郭線
胴吹き芽，幹吹き芽が出る
〈悪い例〉
1年後に輪郭線から
飛び出た枝を切る
生き枝や葉を残さずに切り
もどして幹だけの状態にす
ると枯れ込みやすい

図48　幅の切りつめ方

なお、放任されたため内部が枯れていて、幹から出た枝が先のほうまで走っているときに、長く伸びてしまった枝を生き枝を残さず切りもどして、棒状の枝にしてしまった場合に枯れ上がりの心配が出てくるので注意したい。

幅を出すことは、あとからでもできる。だから、枝ぶり・葉ぶりがハゲた部分をつくらないような剪定を行なっていきながら、まず長さ（丈）をつくることが大切になる。

そして、長く伸ばしすぎてしまった枝で、生き枝を残す位置でそれを切りつめても、まだ輪郭線よりも長いときは、次のような対策が有効になることがある。

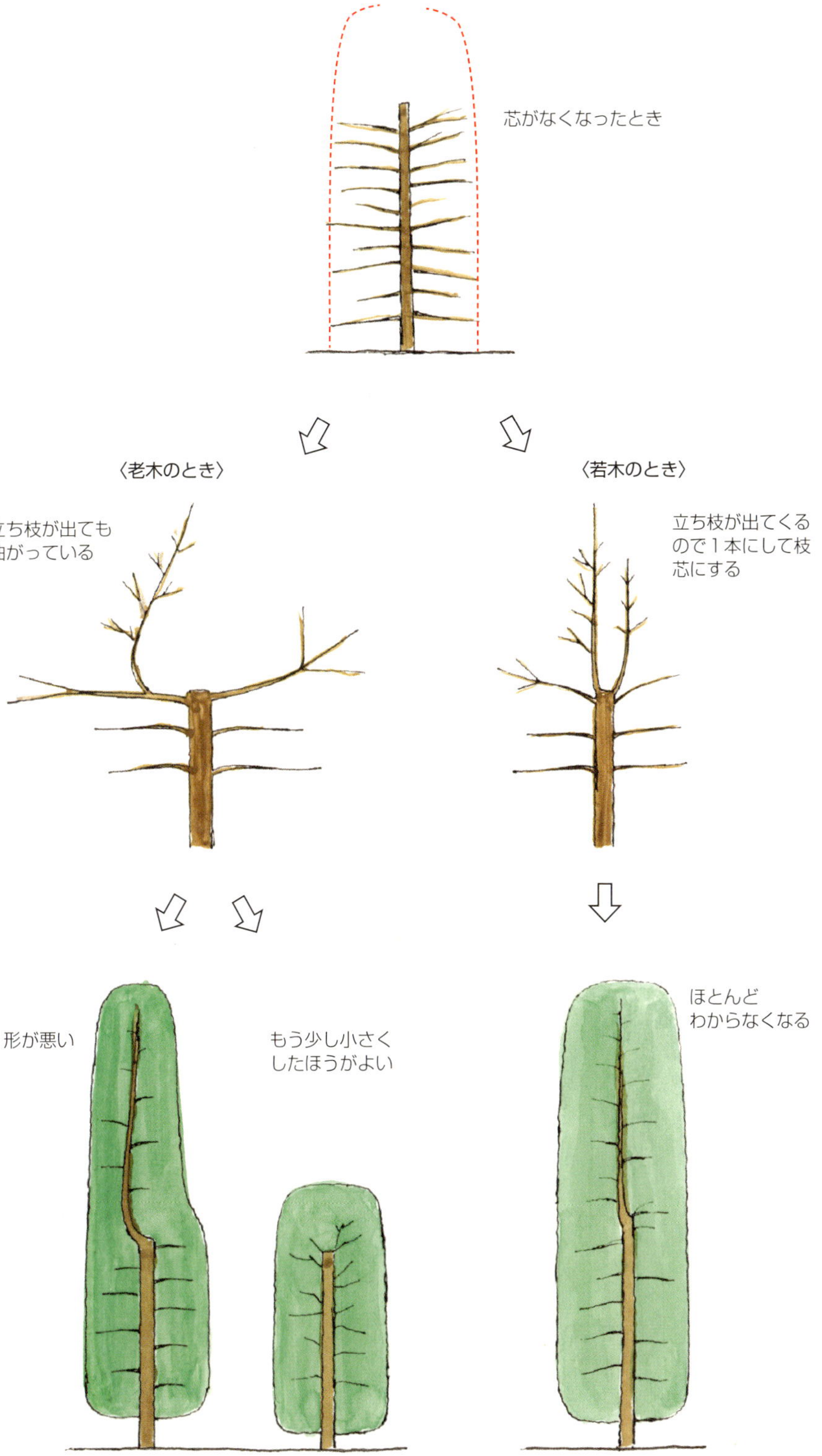
芯がなくなったとき
〈老木のとき〉
〈若木のとき〉
立ち枝が出ても
曲がっている
立ち枝が出てくる
ので1本にして枝
芯にする
形が悪い
もう少し小さく
したほうがよい
ほとんど
わからなくなる

図 49　芯が止まったときの仕立て

輪郭線から突き出て形が悪い点さえがまんすれば、生き枝が残る位置までいったん切りもどす。そうすれば、先からたくさんの芽が吹いてくるが、同時に、幹吹き芽が吹いてくることもある。幹吹き芽が1年間生育したあとで、元の太枝のほうを切り落として、新しい幹吹きの枝を生かしていくのだ。輪郭線から突き出た枝は、このように幹吹きの新しい枝と切り替えてやることによって、木全体の形が整えられるわけである。

ただし、この方法は、次のような場合にはすすめられない。

第一は、木全体および、その枝がある部分の日照量が少ないときである。日照量が少ないと、幹吹きが出る確率も小さくなってくるからだ。

第二は、年齢のいきすぎた木の場合である。木の年齢は、樹皮の状態を見ればおよその見当がついてくる。樹皮がツルリとした部分は、生き枝がなくても幹吹きの出る可能性はある。樹皮が割れて剥がれる状態になってきたものでは、幹吹きの出る可能性はほとんどない。

若木の段階でハゲるおそれのないところまで放任にしておくのは、幹吹きの出る可能性が十分にあるからで、生き枝が残る位置まで切りもどすことができる。根がある程度張って、木の勢いがついてから幅をつめると、丈は出やすくなる。逆に、木の勢いがないときに幅をつめると、全体の形は委縮してしまう。

そんなことを注意しながら、ローソク仕立てに必要な2.5～3.0m程度の高さまで主幹を伸ばしていき、芯を切ればよい。

若木のうちに芯が止まってしまったとき、たとえば芯が折れたり害虫が侵入したりして枯れたときには、ほかの直立した枝を芯に替える。

ある程度老木になったものでは、そうして枝芯を立てても、幹に曲がりがついてしまい、実際に使える木にはならないから、低い形のまま仕上げたほうがよいだろう。

ローソク仕立ての輪郭線を刈り込みバサミでそろえるときの考え方は、生垣や玉ものに仕立てるサワラのときと同様になる。また、たとえば下枝のハゲ上がりや上枝の不自然に混んだ枝分かれが、そのまま残る形になる。同じ位置を毎年刈り込みバサミで刈り込んでいるうちに、生気のない小枝ばかりが著しくかたまってくる。こうなると、木バサミで切りすかす際に非常な労力を要するし、すかしたあとも美しい形にならないのである。

したがって、ヒノキ・サワラ類のローソク仕立てや貝づくりなどでは、刈り込みバサミは用いないほうが好ましいわけである。仮に、刈り込みバサミを用いたときには、翌年は木バサミで手入れしなければいけない。

3 仕立ての基礎

1 枝ぶり・葉ぶり

亀甲ずかしと稲妻ずかしとで枝を分けていき、小枝ぶり・葉ぶりを整えるのが基本になる。

それぞれの小枝は、ミツを切って亀甲ずかしにしていく。混み合っていれば、稲妻ずかしにする。そうして全体の形を見ると、外から幹や枝がはっきりわかり、しかも葉のハゲたところがなく、全体に薄く葉がばらまかれた状態につくるのが理想である。小枝先の葉が厚すぎて、内部の幹が見えないようではまずいのだ。反対に、葉が薄すぎて隣との間隔があき、穴のあいたような形もまずいのである。

したがって、全体に枝数を少なくし、枝先をつめて、薄くした葉ぶりが均一にバラまかれている形がよいことになる。

こんな例がある。

樹幅が広くなって穴のあいた木で、中の枝ぶりを見ると、ゴツゴツした部分とまっすぐに伸びている部分とがある。ゴツゴツした部分は、よく手入れがされていたことを証明する部分で、一方、まっすぐに伸びている部分は、そこで枝が放任されて伸びたためである。つまり長い期間、手入れがされなかった後遺症なのだ。こうして1本の枝を見たときに、枝ぶりの様子から手入れの経過と、その上手下手が判断できるわけである。

小枝先の扱いは、どの木でもほとんど同じやり方になる。ただ、それぞれの木によって幾分の違いが出てくる。

それでは、仕立てる立場から、それぞれの木の性質を見ることにしよう。

ヒノキとサワラは、葉のあらさに違いがあるくらいで、ほかの性質はほとんど同じになる。いずれも枝は横によく張って、その先端では、葉先が垂れる性質がある。したがって、木の上下の幅がほとんど同じになって、ローソク形に仕上がるのだ。

ところで、パイプ論によって木の性質を考えれば、樹勢は上が強く下は弱いわけだから、1年間に伸びる枝の長さは上のほうほど長いのが普通になる。仕立てる人の側からいえば、上枝の幅はいつでもつけられるが、下枝を伸ばすには年数がかかるといえるだろう。

したがって、仕立ての段階では、下幅は広く保ち、上幅は切りつめることによって、養分が下枝に多く分配されるようにしていくことが大切だ。ローソク仕立てにされるヒノキやサワラであっても、仕立ての段階では円錐形の姿になっているわけだ。

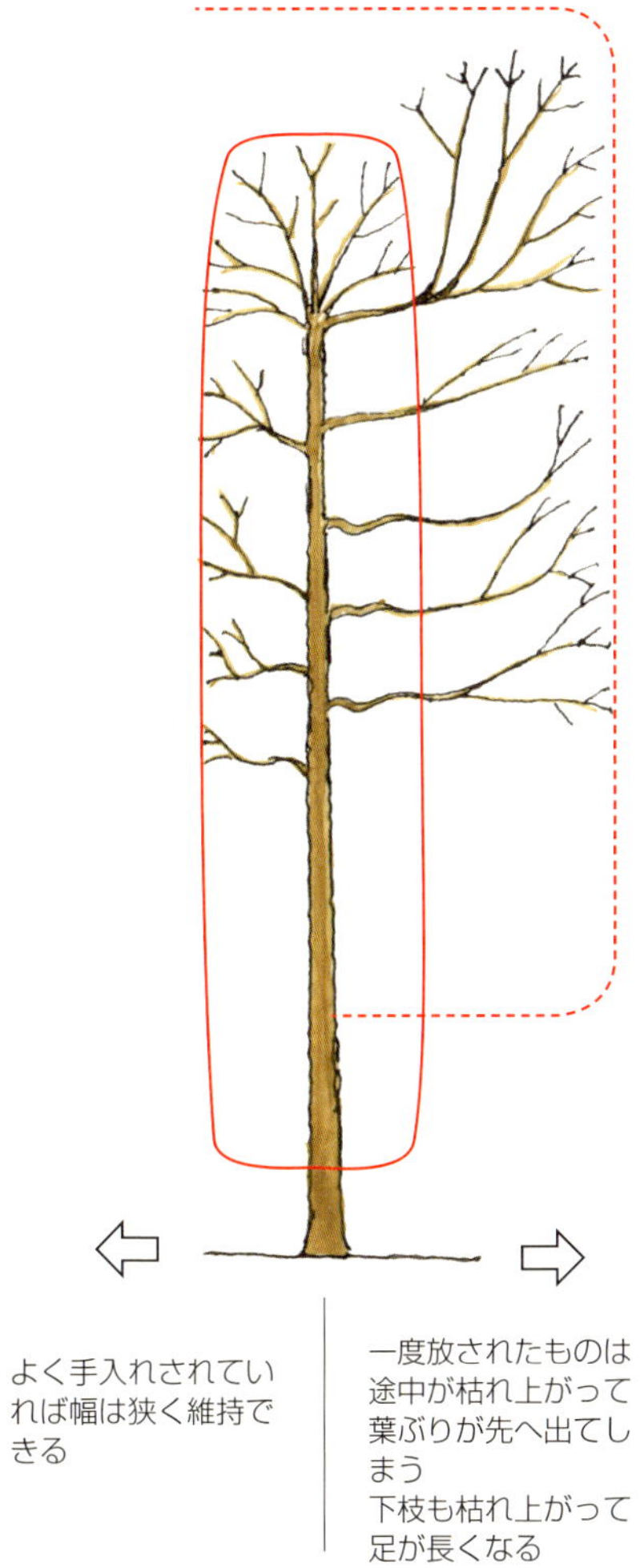
よく手入れされていれば幅は狭く維持できる
一度放されたものは途中が枯れ上がって葉ぶりが先へ出てしまう
下枝も枯れ上がって足が長くなる

図50　木の生理はパイプ論で判断

ニッコウヒバは、小枝先は上を向く性質がある。老成してくると、途中の枝が垂れ枝になることもあるが、そのときにも垂れ枝の先端は上向きになる。むりに横枝を出そうとしても、先端は一様に上向きになるから、上向きに立った小枝を生かして全体の輪郭線をつくることが大切になる。

そのような性質のために、ニッコウヒバの形は下のほうが幅が広く、上にいくにしたがってとがった形になってくる。全体の仕上がりの形は、ローソク形よりもむしろ円錐形に近い状態になるわけである。

また、ニッコウヒバの葉の先端は、若木のうちは鮮やかな黄色になっている。すなわち、春は燃えたつ黄色、夏は鮮やかな緑、冬は古葉が褐色になっても当年生の葉の先端は黄褐色に輝いて、非常に美しい木である。そこから黄金ヒバという別名があるわけだ。しかも新しい小枝先は立つ性質があるため、黄金に燃え上がるような姿をしている。

ところが、樹齢が15年程度たった木は、葉先の黄色が目だたなくなって、普通の緑にもどってしまう。

ニッコウヒバの黄金の葉先を長く保つには、毎年よく手入れをして、いつでも力強い新鮮な芽を吹かせるようにする。それには枝先の剪定・整枝を上手に行なってやることが大切になってくる。上手な手入れをしていけば、この美しい黄金の姿を、いくらかでも長く楽しめるのだ。

また、寒肥は欠かさず施用してやることも忘れてはならない。そうしてある程度木の年齢がたつと、改植してやり直すことも必要になってくる。

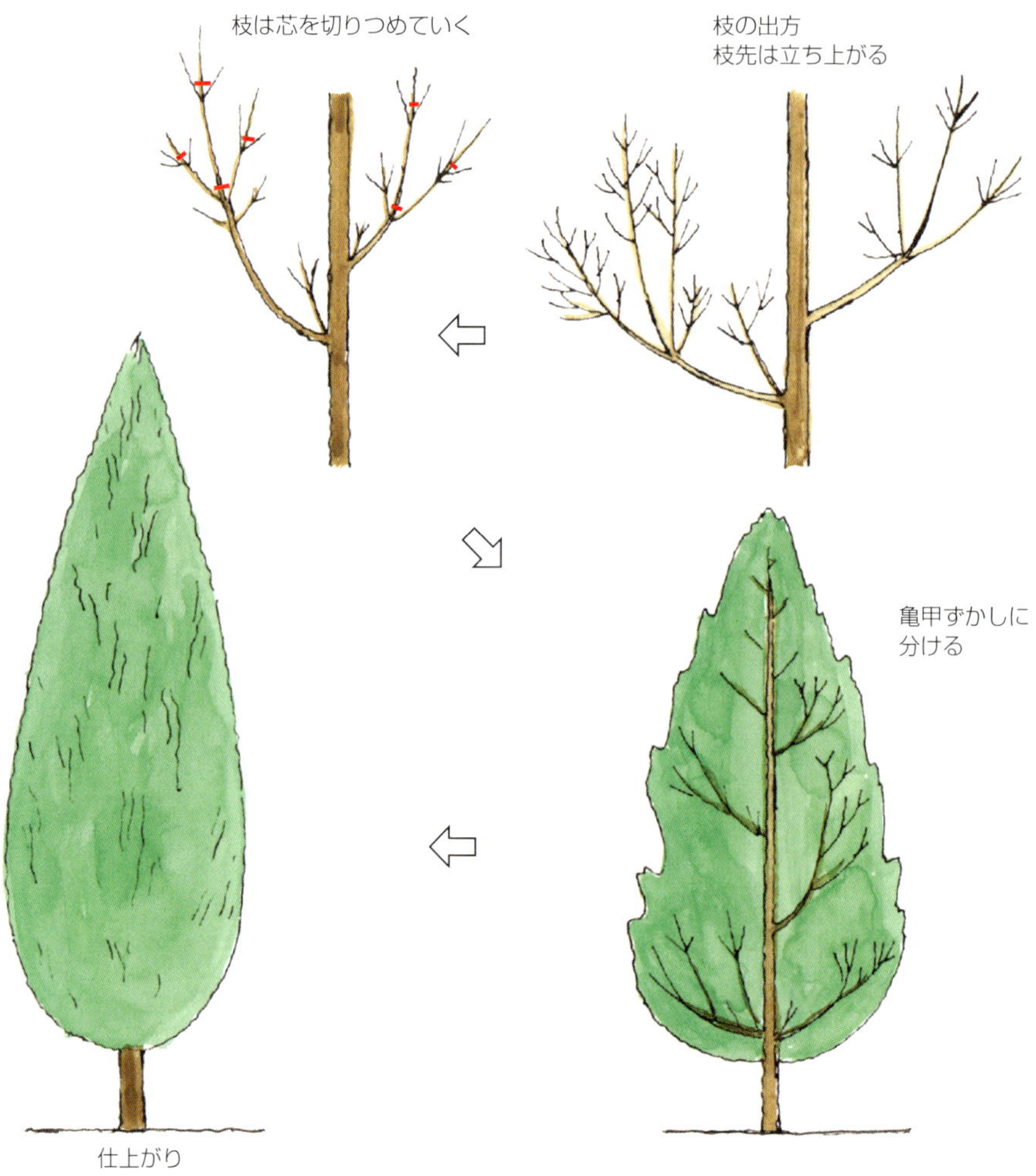

図51　ニッコウヒバの仕立て

2 手入れの時期

ヒノキ、サワラ類の葉は、ふた夏ついていて、晩秋から初冬にかけて落葉する性質がある。そのような落ちるべき葉が茶色に枯れ上がりはじめるころが、手入れの適期になる。つまり、11月ごろに、古葉が枯れ上がってくる時期に手入れをするのが原則である。

まだ古葉が枯れ上がらないうちに手入れをすると、次のような心配がともなってくる。

経験のある人なら、2年目の古葉と当年生の葉とをまちがえることはない。しかし、それを見分けるだけの経験がないときに、問題が生じてくるわけである。著しい例は、残した葉の全部が古葉で、11月以降に落葉しつくして、1本の枝を台なしにしてしまう場合だ。それほどではなくても、古葉が落ちたあとに、当年生の葉がほとんど残らなかったり多すぎたりするときはよくあるものだ。その結果、均一な葉ぶりに整えることはできないことになる。また、適期より早く手入れをすると、上手に均一な葉ぶりに整えることができたときでも、あとで古葉が枯れてきたときに、再び掃除し直さなければならない。二度の手間がかかってくる。そこで、古葉が枯れはじめたあと、もめば落ちるような状態になってから、古葉の掃除と枝先の剪定とを同時に行なうことがよいといえる。

　木ぶりを早くつけたいときは、夏の新葉が伸びはじめた5月ごろにミツを切ってやる。すると、残された脇芽が伸びて枝ぶりを早くつくるのに有効になる。

　ただし、ニッコウヒバのように燃えたつ黄色の葉を観賞したい木では、春の手入れを行なうと枝先の黄色が切り取られるから、年1回秋だけの手入れをするほうがよいだろう。

4 ローソク形仕立て

1 枝配り

　枝は四方に分散し、それぞれの枝先に葉がついた状態で、全体の形がローソクのような円筒形に仕立てるやり方である。

　まず、ローソク仕立てでは枝数はどの程度に保ったらよいかを考えてみよう。

　幹から出てくる枝は、ほぼ全体を残していくのが普通だ。ただし、幹と同じ程度の強さの枝が出てきたときは、それが幹を負かして、主幹が2～3本に分かれてしまう危険があるから切りつめてしまわなければならない（図52）。そして、常に横枝が張るような形にしていればよいのである。また、著しい重なり枝が出てきたときは、その間の枝を抜いてやることだ。それぞれの枝はミツをつめて、亀甲ずかしで分けていくのが原則である。亀甲ずかしで枝を分けていき、自分がねらいとする長さまで達したら、その先に葉ぶりをつける。

　亀甲ずかしで分けていく際に枝が多く混み合っているところでは、片方の枝を落とすことによって稲妻ずかしにしてやる。その結果、円筒形の樹形の外側に、平均に枝が分散しているように整えることが重要になる。部分的にすけていたり枯れ上がったりしない形に、枝を分けていく。ハゲ上がり、枯れ上がりのない形に、枝を分けていくのが基本になる。

2 枝先の手入れ

　目標の長さまで達した枝は、長さを維持するための手入れをしなければならない。では、そこで行なわれる枝先の手入れのやり方を述べてみよう。

　枝先でミツを摘むと、そこの両側から横に脇枝が吹いてくる。そして次は、脇枝のミツを摘んでやればひとつの枝ぶりができあがる。このようなやり方を、イチョウずかしと呼ぶことがある。つまり、先で二つに分かれてそれぞれの芯が止められた形が、イチョウの葉の形に似ていることから、イチョウずかしというわけである（図53）。

　イチョウずかしのやり方は、先端部分にだけ葉を残し、元のほうの葉は刈り取って、きれいなイチョウの形になるように葉ぶりを整える。元のほうの葉は、古葉だから、残しておいても自然に枯れ上がる性質のものである。また、古葉ではなくて新しい葉であるときも、外側の輪郭線に葉があるために内部は日照・通風が不十分で、自然に枯れてしまう可能性もある。したがって、元のほうは早い時期に刈り取って、先端の小枝と葉だけを残してやる。以上がイチョウずかしの原理になる。

　毎年小枝先でイチョウずかしをくり返せば、その形は維持できる。ところが、数年たつうちに、枝はしだいに長くなって、木の幅が広くなってくる。

　また、枝が長くなって幅の出た木は、枝を幹に近いところまで切りもどす必要がある。切りもどすときに、若い生き枝が1～2本残るようにして、ミツを切っ

図 52　枝の配り方

てやることが肝心になる。そうして切りつめたあとからは不定芽が、摘み取られたミツの方向に出てくる。

次に不定芽を残して、先へ伸びている切り残した古い生き枝を切り落とせば、全体の木の幅はつめられたことになるわけだ。

以上に述べたように、毎年イチョウずかしによって小枝先の形を維持しながら、適当なときに切りもどしを行なってやれば、いつでも同じ樹形を眺めることができる。そうして仕上がった形は、それぞれの木の性質によって、幾分の違いが現われてくる。

たとえば、ヒノキやサワラでは、枝先が幾分垂れ下がることもある。このため

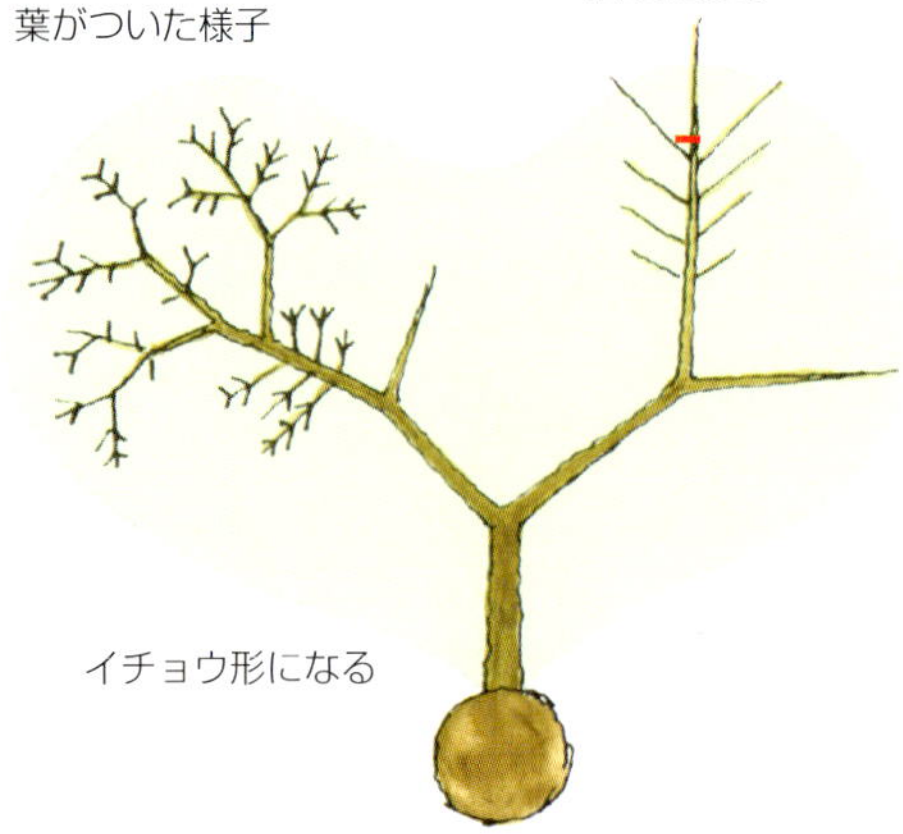

図 53　イチョウずかし

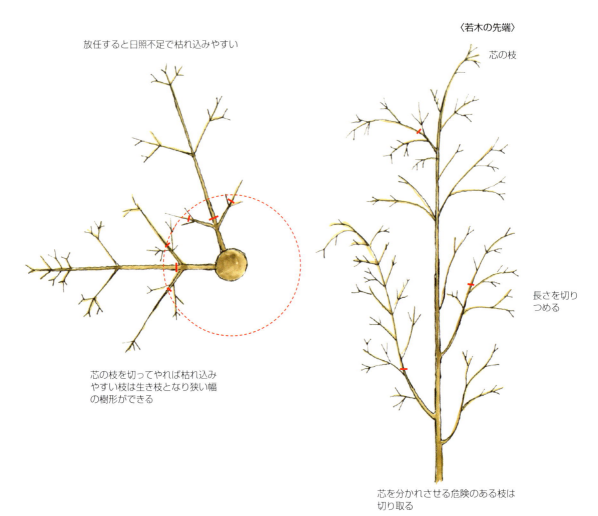

に、全体にやわらかい感じが出てくる。やわらかな線で輪郭線がまとまるのだ。また、ニッコウヒバなら、当年生の枝が上向きに立つ性質がある。そのために、横に伸びてきた枝の先に、葉のついた小枝が残る形になっている。

　なお、ローソク形に仕上がった木は、ひとつひとつを木バサミで枝抜きをして葉ぶりをつくるのが原則になるが、ラフなやり方を行なうこともあるようだ。それは、刈り込みバサミで輪郭線を切りそろえてしまうやり方である。こうすると木はあばれ（乱れ）るが、次の手入れのときに木バサミで、荒れたところをひとつひとつていねいに直していくのである。刈り込みバサミを用いるこのやり方は、好ましいことではない。しかし、労力がないときには、やむをえずこのやり方をとることがあるようだ。

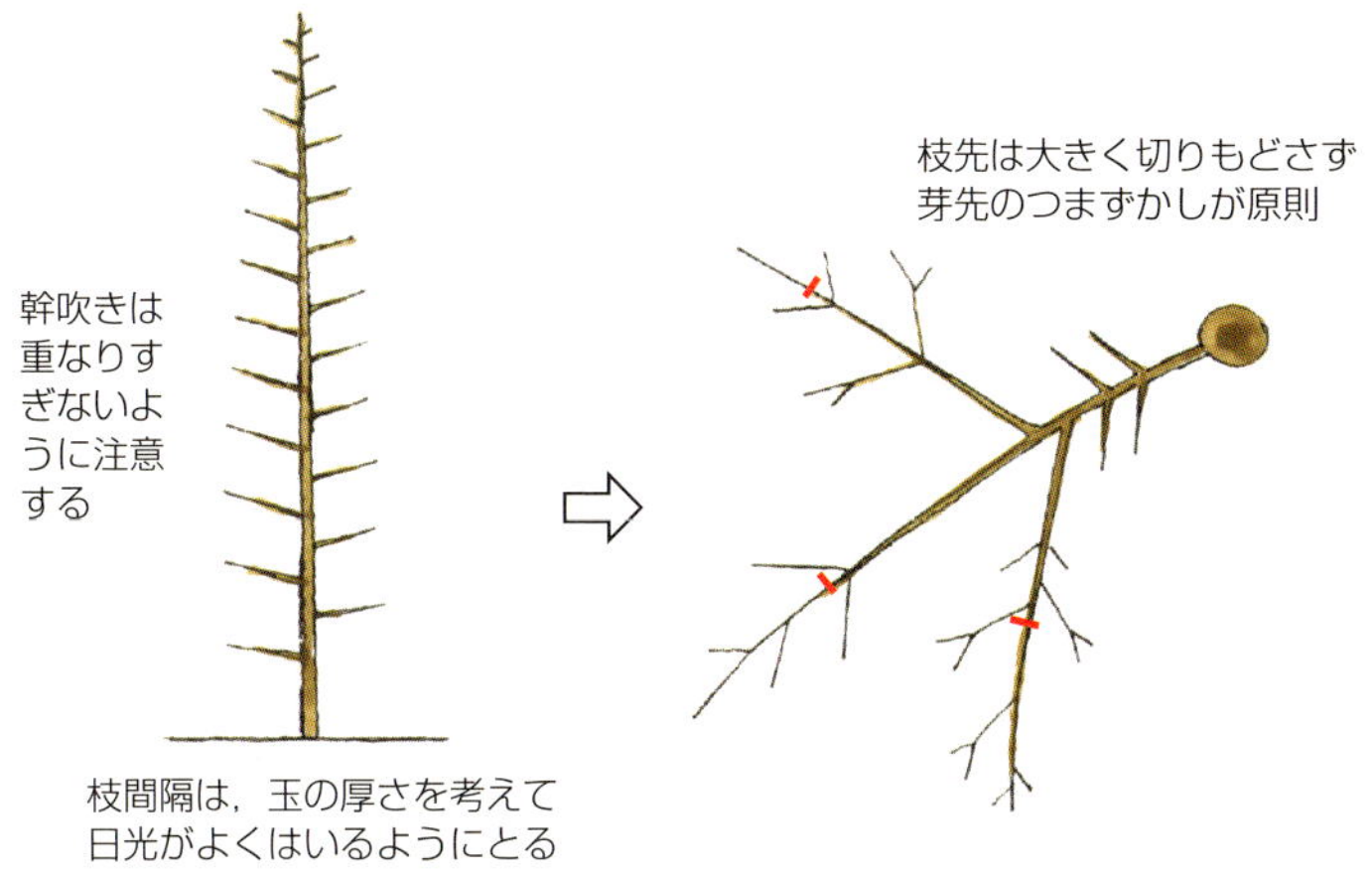

幹吹きは重なりすぎないように注意する
枝間隔は，玉の厚さを考えて日光がよくはいるようにとる
枝先は大きく切りもどさず芽先のつまずかしが原則

5 チャボヒバの貝づくり

　チャボヒバは生長が遅く、葉の細かい木である。

　ヒノキ、サワラのような生長の早い木では、たえず切りもどしを行なうこともできるから、毎年の新しい葉で輪郭線をそろえることができる。ところがチャボヒバでは、それができない。そこで、幹から出たひとつひとつの枝の先で玉をつくることによって、貝づくりといわれる仕立て方をしていくことになる。

　貝づくりのやり方は、亀甲ずかしと同じである。ただローソク仕立てと違う点は一本一本の枝の扱いで、貝づくりの場合は、幹から出た1本の枝で貝のような形をつくるのが原則になる。

　したがって、方向をよく見て枝を残し、重

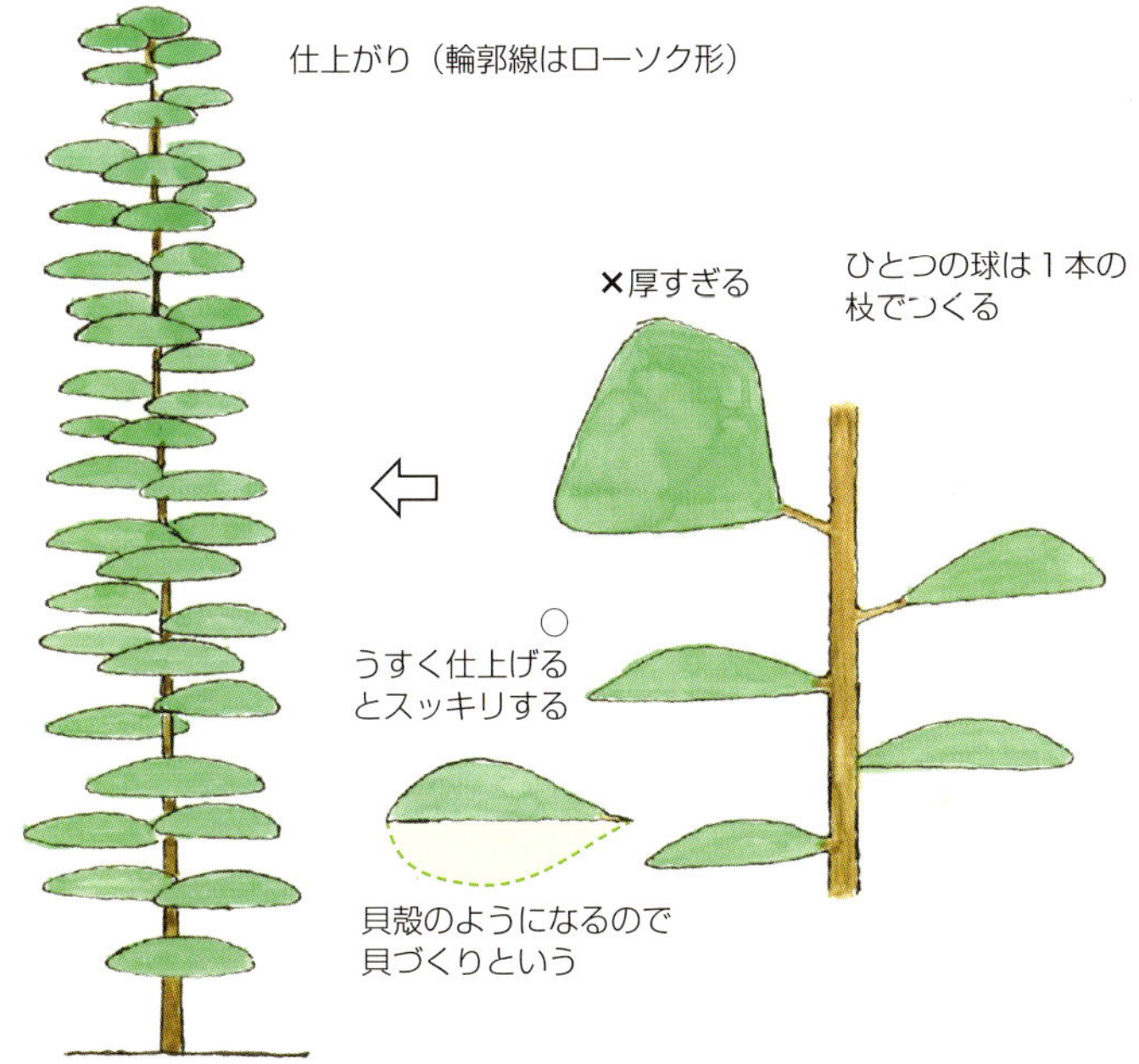

仕上がり（輪郭線はローソク形）
×厚すぎる
ひとつの球は１本の枝でつくる
○
うすく仕上げるとスッキリする
貝殻のようになるので貝づくりという

図 54　チャボヒバの仕立て

なり枝は切り落とす（枝抜きをする）ことが必要になる。ツゲなどの場合のような枝選びの注意が、基本の枝配りをつける際のポイントになってくる。貝づくりでは枝抜きの作業が必要で、その点ローソク仕立ての場合とは異なる。

　ローソク仕立ての場合と比較して、貝づくりでは幹や枝の分かれがよく見え、幹ぶり・枝ぶりの美しさを出さなければならない。そして、ひとつひとつの小枝は日照・通風が十分なようにしなければならない。そうすると当然、枝配りと枝間隔をどのように決めていくかが、大切な要素になってくるわけである。枝抜きを上手に行なわないと、貝づくりは醜い形になってしまうので注意したい。

6 密植した木の利用

ヒノキ・サワラ類のローソク仕立てなどでは、丈を早く出してやりたいわけである。目標とする樹高に達するまでの数年間は、畑に密植すると、競って上に伸び日光に当たろうという木の性質を利用するわけだ。丈を出すために密植されていた木は、部分的に枝がなくなったものや、ヒョロヒョロした感じのものが当然ある。

　そんな木はどうしたらよいだろう。

　6～7年生までの木なら、幹吹き芽が割合よく出てくるから、それを生かして形を整え直すこともできる。5～6年までの木ではさらに確率が高い。

　ところで、足の長い木や片側がハゲた木でも、庭の植え込む場所を考えれば、生かして利用することが可能になる。特に最近のように、庭が狭くなった時代では、次のような応用のしかたを考えるのもよいだろう。

　たとえば、片枝がほとんどついていない木は、塀ぎわに植えてやればよい。枝がなくなった面を塀側へ向ければよいのだ。つまり、枝がついている片側だけをローソク形に仕上げ、枝のない半面は塀でかくしてやるわけで、こうすれば不自然な感じは少なくなる。さらに、塀から上へ出た幹の部分は、まだ年の若い部分だから幹吹き芽が吹きやすく、それを生かせば問題ない。塀から上の部分は、完全な円筒形にすればよいわけだ。

　このような応用のしかたは、本来の仕立てのねらいではない。どんな場所に植えるにせよ、完全なローソク形につくることがあくまでも理想になる。つまり、ある枝を切り落とすことは容易だが、ない枝をつけることは困難になる。はじめから片側を落とした形で仕立てようと考えてはならない。最近の狭い住宅事情などを考えたときに、そんな変形樹でも利用できる場合があるという意味で、余裕があるならば残しておけば使えるかもしれない、という程度のことである。

7 自然形を生かした仕立て方

これまでに述べたローソク仕立てなどは、人工的に切りそろえたきれいな形が、整いすぎているためにかたい感じさえする。そこで、この仕立て方は、輪郭線なども出入りがあり、自然なやわらかな感じを生かしたいというときに行なわれる。

　自然形といっても、自然のままに放任することではなく、適切に切りもどしをして木の幅が大きくなりすぎないようにすることである。この切りもどしの方法が違うのである。

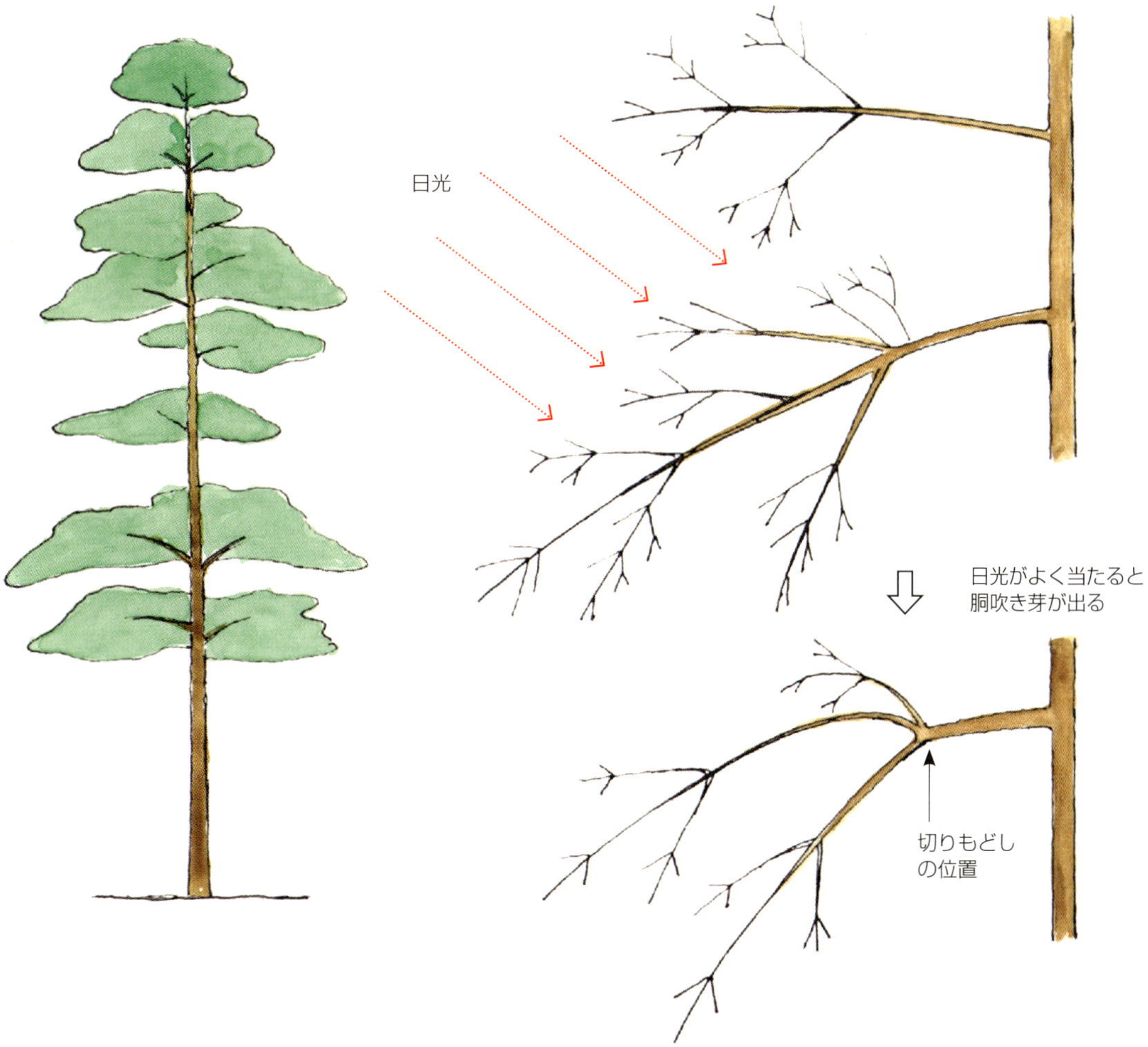

図 55　自然形を生かした仕立て

仕立て方を順を追ってみれば、まず枝配りを、ローソク仕立てよりあらくする。これは一枝一枝先を短くつめないので、間隔を広くしないと日照不足になるからだ。あらく枝配りをしたものは、幹の様子がほかの仕立て方よりも直接よく見えることになるだろう。

一枝一枝の手入れ法は、長く伸びすぎたときだけ生き枝を残して切りもどす。切りもどした部分から、日照が十分ならばたくさんの芽を吹いてくるだろう。

ほかの仕立て方では、この芽が吹いてきたときに残した生き枝をすぐに切り取った。一方、自然形仕立てでは、残した生き枝が再び長く伸びすぎた感じになるまでそのままにし、形が乱れたら切り取って、前の切り口から吹いた芽が育ってできた枝に切り替える。

それぞれの枝先は切りそろえることをしないので、いつも濃い緑の葉がある。しかし、やや幅が広くなること、庭全体が自然形でまとまっていないと放任樹が混ざったような違和感が出やすいこと、手入れの回数は少なくてよいが、日照不足では樹冠内部が枯れやすいことなどの欠点も出てくる。

チャボヒバのように、枝の伸びが遅い種類では、あまり効果的な仕立て方ではないかもしれない。

カイヅカイブキ

コツのコツ

春先にヒモ状に伸び出した新芽を強く摘み取るのが枝づくりのポイント。これはヒモ状にならないほかの芽にも均一に養分を分配させるための処置で、小枝を枯れ上がらせず、全体に強い枝葉をつくりながら、木の幅が出るようにさせる効果がある。

1 木の性質と樹形

カイヅカイブキは、イブキビャクシンの変種といわれている。

●環境

本州以南の地に植栽されているが、どちらかといえば暖地性の木で、造園木として利用されているのは、おもに関東地方以南になる。日照がよい土地を好み、陽樹で、公害にも耐える。

カイヅカイブキの本来の形・性質を現わすには、重粘土質の土地のほうがよいようである。一方、関東地方のような火山灰土の地帯では、どうしても葉があらくなり、樹形は乱れてくる。つまり、土性の違いによって樹形の良否が左右されてくるわけだ。ところが、カイヅカイブキの大産地である大阪府池田周辺や兵庫県宝塚周辺などの様子をみると、樹形の良否は土性によるというよりも、むしろ手入れの良否にあるようにいう説もある。だが、これはあとで述べるように、土性の違いにより、関東地方では、あらい形に育つと考えるほうが適切だろう。

●性質

生育速度は中程度だが苗木の時代には早い。また、大きな木になると、幹の直径が50㎝以上に達するものがある。

苗木のうちは、放任すると幹が曲がりやすいので、支柱を立てて丈を伸ばす。幹が太くなってきたものは、支柱がなくても剛直にたくましく伸びるようになる。枝は、割合横向きに出るが、枝先が立つ性質をもっている。そして、ひとつひとつの枝先は、ひねりをともなって、よれ上がるような形になっている。

また、生育に適した重粘土地帯では、放任しておいても鋭い紡錘形になって、枝・葉はねじれるように上へ昇っていく形になっていく。この形を焔が燃え上がるような勢いになぞらえて火焔樹形ともいうが、まさにぴったりの呼び名といえるだろう。

では、ここで土壌に対する適性の問題を考えておこう。

はじめにふれたように、関東地方ではどうしてもあらい感じの木に育ってしまう。関西の池田・宝塚周辺とくらべて、関東地方は温度・日照量が少ないうえに土性は軽い火山灰土なので、徒長しやすくなるようだ。これを放任しておくと、枝は元のほうが枯れ上がり、先端部だけに濃く葉が密生した形になってしまう。こんな形で枝が先へ先へと伸びていくから、樹形は乱れて、あらい印象を受けるのである。木全体としても、上部は密生しているかわりに下部はあらく、また、1本の枝を見ても、同じような形になってしまうようだ。

したがって、火山灰土壌のような徒長しやすい環境の土地でカイヅカイブキをつくるときは、枝を長く先のほうまで伸ばさないように、入念に剪定・整枝を行なう必要がある。自分の庭の土質をよく確かめて、土性が軽いところほどしばし

郵便はがき

1078668

おそれいります
が切手をはって
お出し下さい

(受取人)
東京都港区
赤坂郵便局
私書箱第十五号

農文協
http://www.ruralnet.or.jp/
読者カード係 行

◎ このカードは当会の今後の刊行計画及び、新刊等の案内に役だたせていただきたいと思います。　はじめての方は○印を（　）

ご住所 （〒　－　） TEL： FAX：	
お名前 男・女 歳	
E-mail：	
ご職業 公務員・会社員・自営業・自由業・主婦・農漁業・教職員(大学・短大・高校・中学・小学・他) 研究生・学生・団体職員・その他（　）	
お勤め先・学校名	日頃ご覧の新聞・雑誌名

※この葉書にお書きいただいた個人情報は、新刊案内や見本誌送付、ご注文品の配送、確認等の連絡のために使用し、その目的以外での利用はいたしません。

● ご感想をインターネット等で紹介させていただく場合がございます。ご了承下さい。

● 送料無料・農文協以外の書籍も注文できる会員制通販書店「田舎の本屋さん」入会募集中！
案内進呈します。　希望□

■毎月抽選で10名様に見本誌を1冊進呈■（ご希望の雑誌名ひとつに○を）

①現代農業　②季刊 地 域　③うかたま　④のらのら

お客様コード □□□□□□□□□□

014.07

お買上げの本

■ ご購入いただいた書店（　　　　書 店）

●本書についてご感想など

●今後の出版物についてのご希望など

この本をお求めの動機	広告を見て（紙・誌名）	書店で見て	書評を見て（紙・誌名）	出版ダイジェストを見て	知人・先生のすすめで	図書館で見て

◇ 新規注文書 ◇　　郵送ご希望の場合、送料をご負担いただきます。

購入希望の図書がありましたら、下記へご記入下さい。お支払いは郵便振替でお願いします。

（書名）　　（定価）¥　　（部数）　　部

（書名）　　（定価）¥　　（部数）　　部

ば剪定しなければならない。これがカイヅカイブキの仕立てのコツである。

その結果、条件がよい土地では、幹から分かれた1本の枝を見ると、先端まで芯が通った形に仕上がっている。ところが、条件の悪い土地では、剪定をくり返すためにゴツゴツした枝になってくる傾向がある。

●樹形

主幹をまっすぐ立てて仕立てる形が最も一般的である。全体の形は枝先が立ってよれ上がったような紡錘形が普通である。一部では、枝ごとに玉どりして刈り込んだ形のものが見られる。

このほかには、大型の玉イブキのように、幹を立てずに玉ものに刈り込んだものや、1~1.5mくらいで幹の芯を止めて円筒形に刈り込んだものなどが見られる。

●病害虫に注意

前述したように土性が悪いところで育ったカイヅカイブキは、徒長ぎみで枝・葉があらく、幅が広くなり、枯れ上がりやすい木になる。これには、病害虫の防除が不十分なために、さび病やダニの寄生によって、なおさら樹勢を弱めていることも原因のひとつに考えられる。

苗木生産地の宝塚周辺で、芽がよくつまった健全なカイヅカイブキの葉を見ると、たくさんの薬剤を散布したあとが認められる。これは、さび病やダニの害を未然に防ぐため努力している証拠で、神経質なほど入念な防除をしているわけである。

この事実は、苗木生産地の挿し穂をとるための原木だからというだけでなく、カイヅカイブキは、それだけの注意をしながら防除のために薬剤散布をしてやらなければ、枝があらい粗雑なものになってしまうと解釈したほうがよいだろう。

庭木として仕立てるには、冬は石灰硫黄合剤、春はボルドーの薬剤液などを散布する。

2 苗木の養成

繁殖は挿し木によって行なう。適期は4~6月で、挿し穂は当年生の枝と前年生の枝とをつけて枝先を切り、元の部分を切り直していったん水を吸わせたあと、日よけした畑へ直接挿してやる。

挿し床には2年間おき、発根して生育を始めた苗を2年後に移植して、移植床でも2年間育てる。こうしてつくった4年生の苗は、1~1.3m程度の丈になってくる。

業者の例を述べると、大産地で1m前後にまで養成した4年生の苗を全国に発送し、さらに、それぞれの地方の造園業者のもとで2.3m程度に養成し、この木が実際に取引されているのが実情のようだ。

なお、1m前後の苗は、そのまま生垣用樹として用いられるときもある。

苗を仕立てるときに注意したいのは、必ず支柱を立てることである。これは幹がまっすぐになるように、風倒れなどを防ぐための処置である。

また、目的の高さまで伸びた苗は、そのまま放任すると幅が広くなり、枝があらくなる傾向があるので、必ず剪定してやることが必要になる。

幅を出す際には、枝先の新芽がヒモ状に伸びてきたときにこれを切って、脇枝に力を分配してやり、かたく密生した葉ぶりになるよう心がけてほしい。

このほか苗の養成期間中に、はじめから幅を出そうとすると、どうしても形があらくなってくる。そこで、枝の先端から毎年出てくる強い新芽は、挿し穂としてとってやることで、幅を切りつめておくとよい。

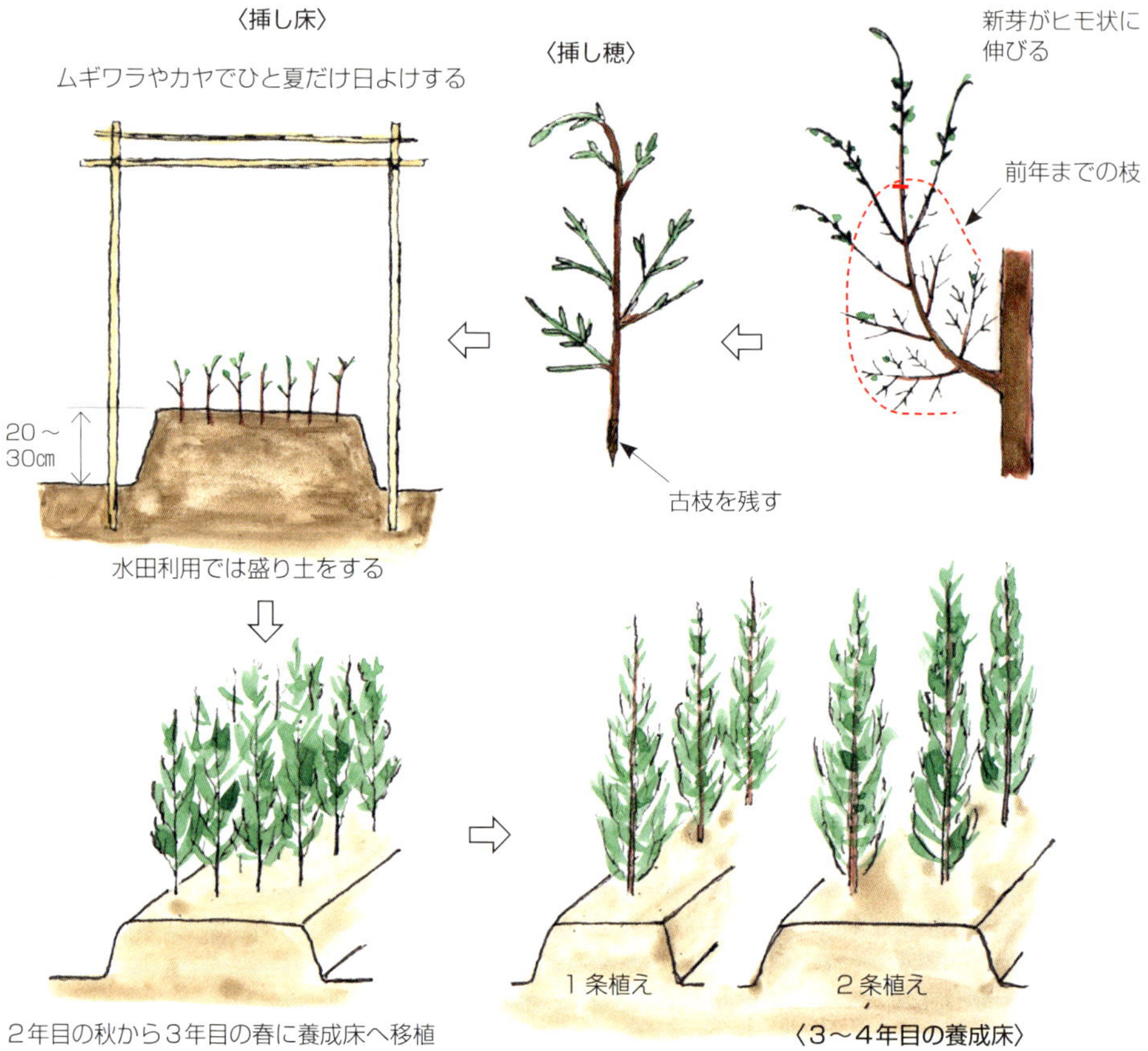
〈挿し床〉
ムギワラやカヤでひと夏だけ日よけする
〈挿し穂〉
新芽がヒモ状に伸びる
前年までの枝
20～30㎝
古枝を残す
水田利用では盛り土をする
1条植え
2条植え
2年目の秋から3年目の春に養成床へ移植
〈3～4年目の養成床〉
図56　苗木の養成

東京近辺で挿し木したときは、土性が合わないためか、四方にそろって発根せず、片根で長く伸びた状態になってしまうことが多い。その後、年数をかけないと、発根が十分なよい苗が得られない。

一方、粘土地帯であれば、挿し穂の活着や発育がよく、養成期間が早くなる。繁殖から4年生程度までの苗木については、関東地方のような火山灰土地帯では気候や土性が適さないためによい苗ができず、しかも能率が悪いのは事実である。しかし、それ以上に育った木で枝・葉があらい原因について、従来は、土性の違いに原因をもっていきすぎていたともいえるだろう。つまり、4年生以上の木で枝・葉のあらい原因は、剪定・整枝のやり方がかなり大きな問題になっているはずである。

移植は、苗木の養成段階で、2年目と4年目にそれぞれ行なわれる。したがって、カイヅカイブキの場合は移植経験の

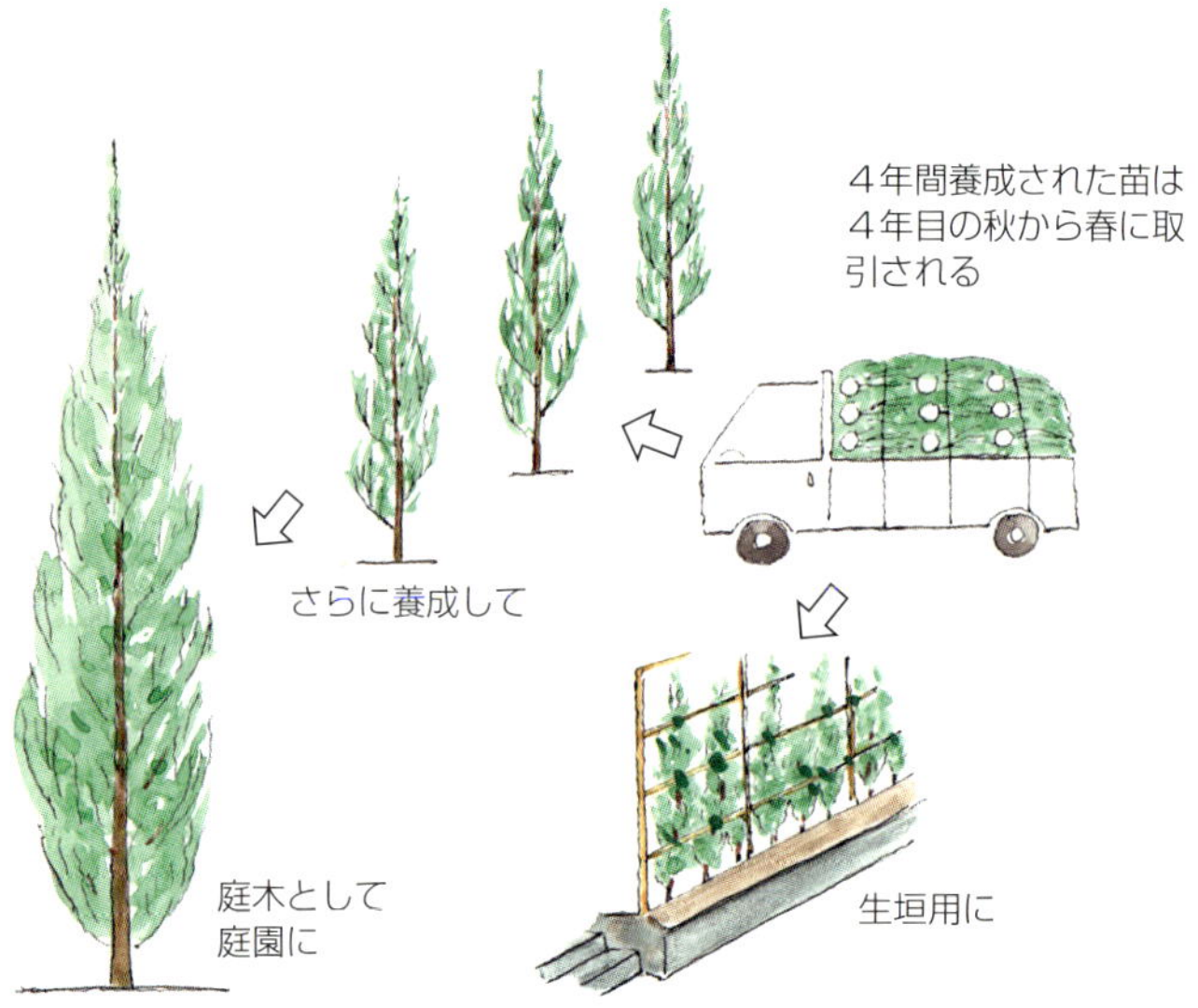
4年間養成された苗は4年目の秋から春に取引される
さらに養成して
庭木として庭園に
生垣用に
図57　4年生苗の流通

ある木が普通なので、十分な細根が張って根鉢のできはよく、移植に対する強さはかなりあるといえる。

移植の時期は、春と秋の2回になる。秋の移植は、冬が来る前に根を伸ばして活着させる必要があるから、9月下旬から10月中旬にかけて行なうとよい。

一方、春の移植は3~4月で、新芽が伸び出すまでの間に行なっていくことになる。

3 紡錘形仕立て

カイヅカイブキの仕立ての場合、大阪・兵庫から出てくる4年生程度の苗木を購入したほうがよい苗が安く入手できるため、これが普通のやり方になっている。

入手した苗木を見ると、必ず先のほうに飛び出た部分があるから、幹になる芯の芽はそのまま伸ばし、枝になるところはその部分を毎年切りつめていけばよいだろう。このとき、ねじれるような形で上を向いていく枝先は、形をくずさないで育ててやることがポイントになる。

1 枝の分け方

春に新芽が伸びてきたときに、芯の強い芽を摘んでやる。

新芽の出方は、はじめはヒモ状に出て、その先でいくつにも分かれている。この段階で芯の強い芽を摘んでやり、脇の芽のほうへ勢いを分配するのである。

つまり、この作業は、小ずかしというよりはつまずかしというべきもので、芯は手で引っぱって抜き取るような作業になる。

カイヅカイブキの場合は、一本一本の枝を、亀甲ずかしや稲妻ずかしに分けていくことができない。これは、枝先がねじりながら立つ性質をもち、切ったとしても、その位置から芯にかわる枝が何本か出るためである。

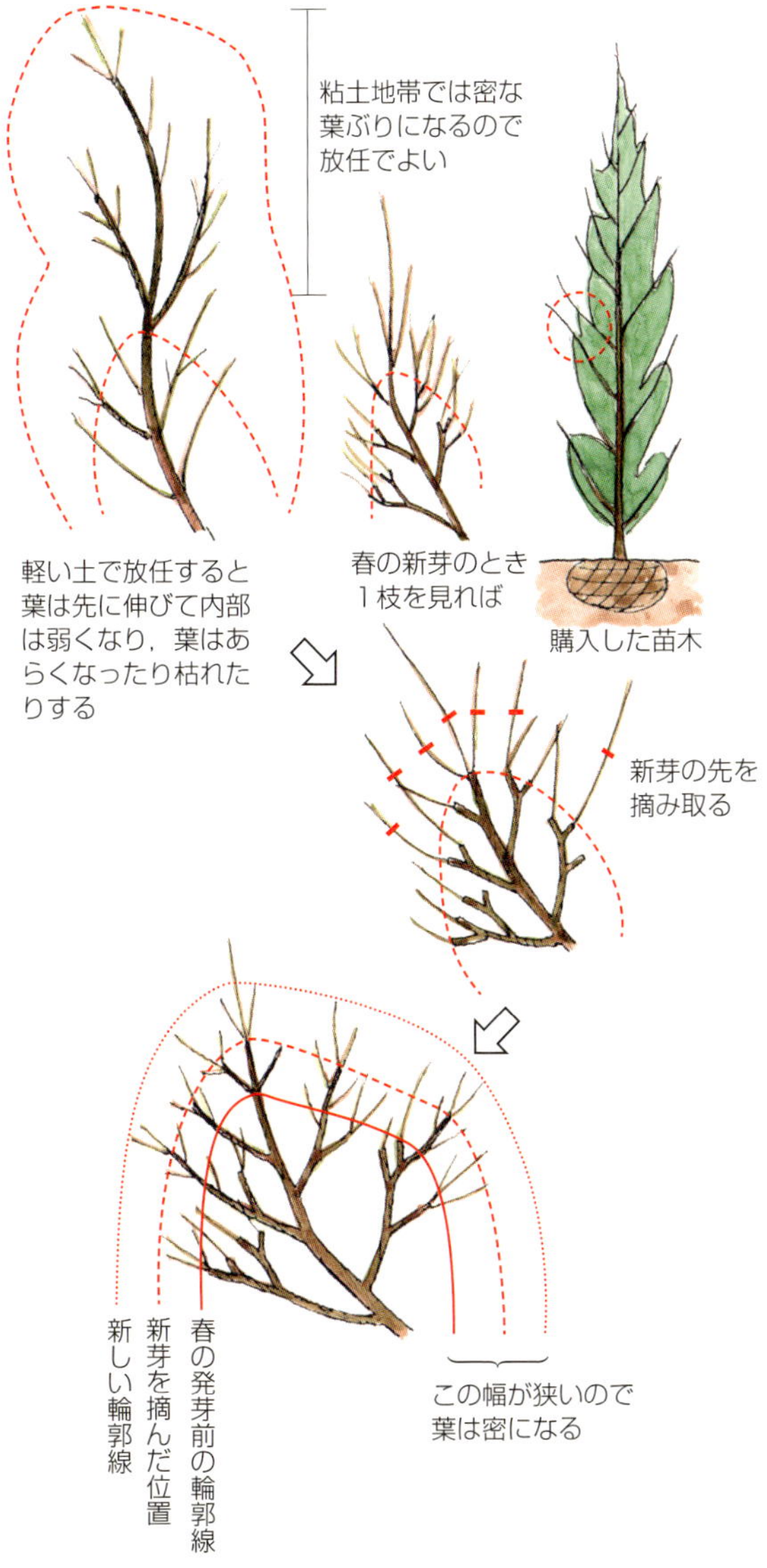

粘土地帯では密な葉ぶりになるので放任でよい
軽い土で放任すると葉は先に伸びて内部は弱くなり，葉はあらくなったり枯れたりする
春の新芽のとき1枝を見れば
購入した苗木
新芽の先を摘み取る
この幅が狭いので葉は密になる
春の発芽前の輪郭線
新芽を摘んだ位置
新しい輪郭線

図58 枝の剪定・整姿

新しく吹き直してきたそれらの枝の間に、自然に強弱がついているから、強い枝を生かして伸ばしていけば、必要な枝の長さは出せるわけだ。そのようにすれば、幹から分かれたひとつひとつの枝は、ゆるく曲がりながら上へ向かって伸びている形になる。

また、幹の線を垂直に立ててみれば、枝はそのまわりをラセン状に曲がりながら、上へ向かって伸び上がった形になっている。

関東地方には、芽の密生した形のよいカイヅカイブキはないといわれるが、芽のつんだすばらしものを列植しているところもある。そこの場所での手入れの様子を観察すると、次のようなやり方がとられていた。

春先に新芽が伸び出したころに、ヒモ状に出た芽を強く摘み取る。そして、ヒモ状にならないほかの芽に養分を分配して、全体として均一な状態にしてやる。その結果、小枝が枯れ上がらず、かたい枝・葉をつくりながら木の幅が出るように整えるわけである。

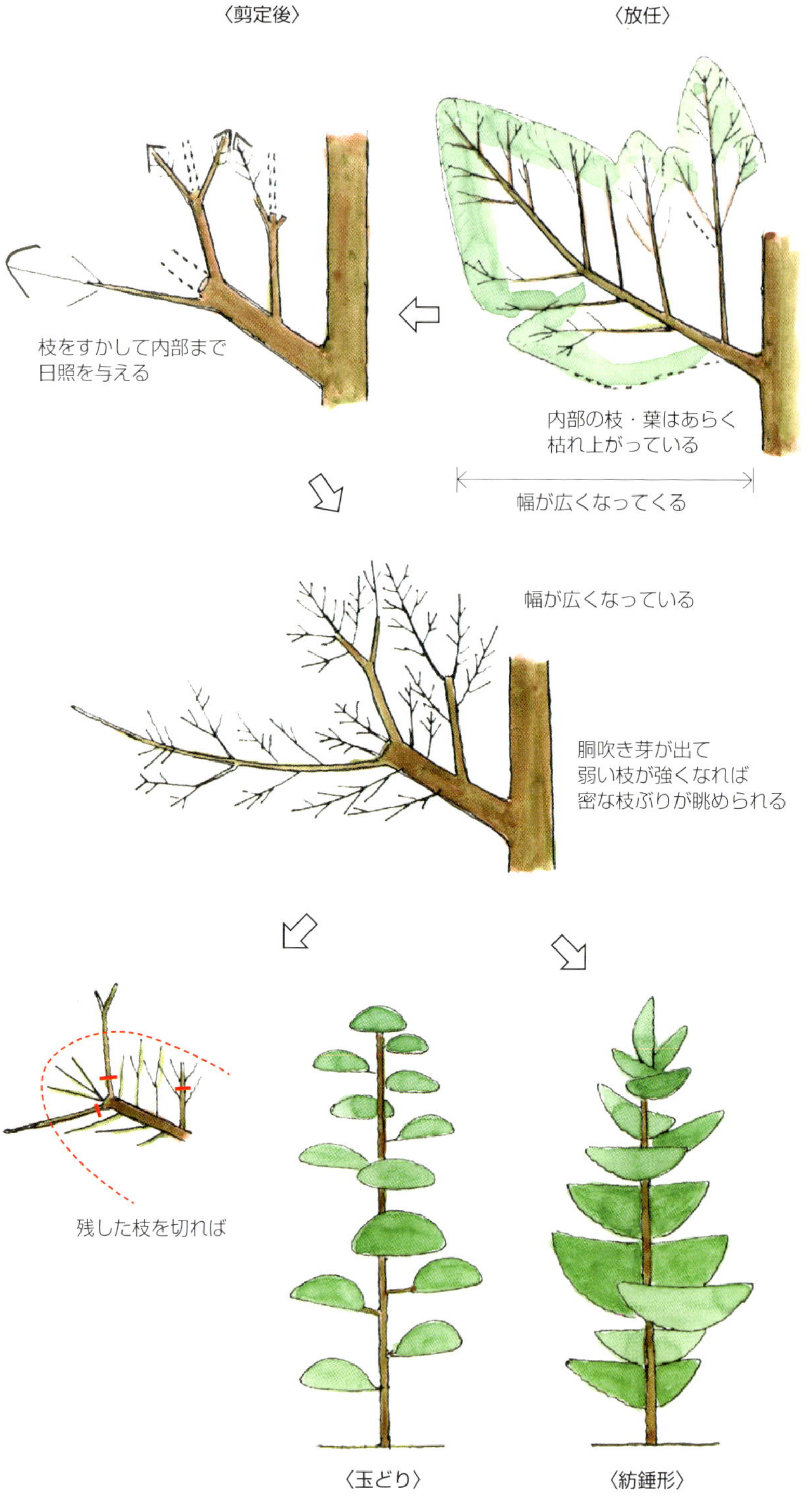

図 59　放任樹の扱い

その手入れの例でみるように、条件が悪いといわれる関東でも、手入れのやり方によっては、芽が密で形のよい木に仕立てることは可能だと思われる。何年間も手入れが行なわれなかった放任樹では、枝が長く伸びて葉があらいので、樹形の幅を見ながらミツを切るやり方で小ずかしにする。

　胴吹き芽の期待できる限界は、日照量、土質、樹勢などの原因が違えば、当然ながらその限界も違ってくる。重粘土地帯の条件のよい木では、かなり太い枝を切りつめても、胴吹き芽が期待できる。

　ただし、枝があらくなった条件の悪い木では、太い枝を元のほうまで切りもどしたあとは、胴吹きの萌芽力が弱いようだ。

　したがって、枝を切りもどす際は、安全性を考えて、脇の生き枝を残して切るような注意が必要になってくる。

2 木の高さと幅

　どの程度の高さにするかは、その木の利用目的によって違ってくる。目標とする高さに達した木は、芯を切って止めてやる。その後の手入れは枝先でのやり方と同じで、強く伸びる新芽をつめていけばよいのである。

　幅が広くなりすぎた木は、脇の枝を残して切りつめていく。これによって残された脇枝が強くなり、次に、脇枝の先を摘み取っていく。このときの形は、亀甲ずかしの応用形になるわけだ。

　カイヅカイブキは、枝分かれの角度が大きいため、切りもどしをしたあとは部分的なハゲ上がりになるが、脇枝の先が上向きに伸びてくるまでの一時的なものでやむをえないだろう。

　陽樹だから、仮に日陰に植えたときは枯れ込みの心配がある。たとえば、ほかの木と密植しておくと、常に日陰になっている部分の枝は枯れ込んでくる。いったん枯れ込んで片枝になってしまったものは、若い苗木は別として、再び幹吹きが出て以前の形にもどることはない。はじめから条件のよい場所へ植え付ける必要がある。

　また、日照・通風などの条件が悪いところしかない庭の場合は、枯れ上がることを前提にして、あとの仕立てをしていかなければならないだろう。

4 玉どり仕立て

　放任状態で大きくなってしまった木は、庭木に仕立てたいとき、玉どりにつくることだ（図59）。枝ごとに玉どりして、幹ぶり・枝ぶりのほか、玉につくった緑の葉や枝先を眺めることができる。

　このときの観賞ポイントは、本来のカイヅカイブキの小枝先や葉先のうねりでなく、幹ぶりになる。幹の太さと枝配り、それぞれの玉の間隔、枝先の葉ぶりの美しさなどにおもな観賞点があるといえるだろう。

　やり方は、枝先は毎年切りもどして、刈り込みバサミで刈り込んで玉を整理してやる。このやり方を行なっていたのは苗木生産地だから、挿し穂をとりながら仕立てる方法で、2年に1回は木バサミで挿し穂をとって、残ったところは切りもどしをかねて刈り込んで切りそろえていたようである。

　玉どりをやる際に、すでに遠くまで走ってしまった枝の場合にも、先端を切りつめて光がよく当たるようにしてやりさえすれば、かなり太い枝からでも胴吹き芽が期待できる。だから、胴吹き芽が生長して一定の茂りになったときに、枝先を切りつめていく。

5 玉もの仕立て

愛知県の稲沢地域などでは、丈が一m以上、幅もそれに負けない程度に大きな、カイヅカイブキの玉ものがつくられている。普通の玉ものは、丈を低く切りつめるのが通例だが、カイヅカイブキではかなり大きな玉に仕立てられる。

それらの玉は、濃緑色の大きなかたまりで、そこに最大の魅力がある。

手入れのやり方は、玉ものの養成期間中は新芽を手で引き抜くようにしていき、大きくなったものは木バサミで新芽を切る。ある程度大きくなったものは、刈り込みバサミでの刈り込みも可能だと思う。幹や枝の分け方は玉イブキの項（155ページ）もみてほしい。

そのような簡単な手入れで、大きな玉ものとしての形が維持できる。しかも、樹形の乱れが少ないため、今後は玉ものの需要が増えると考えられる。

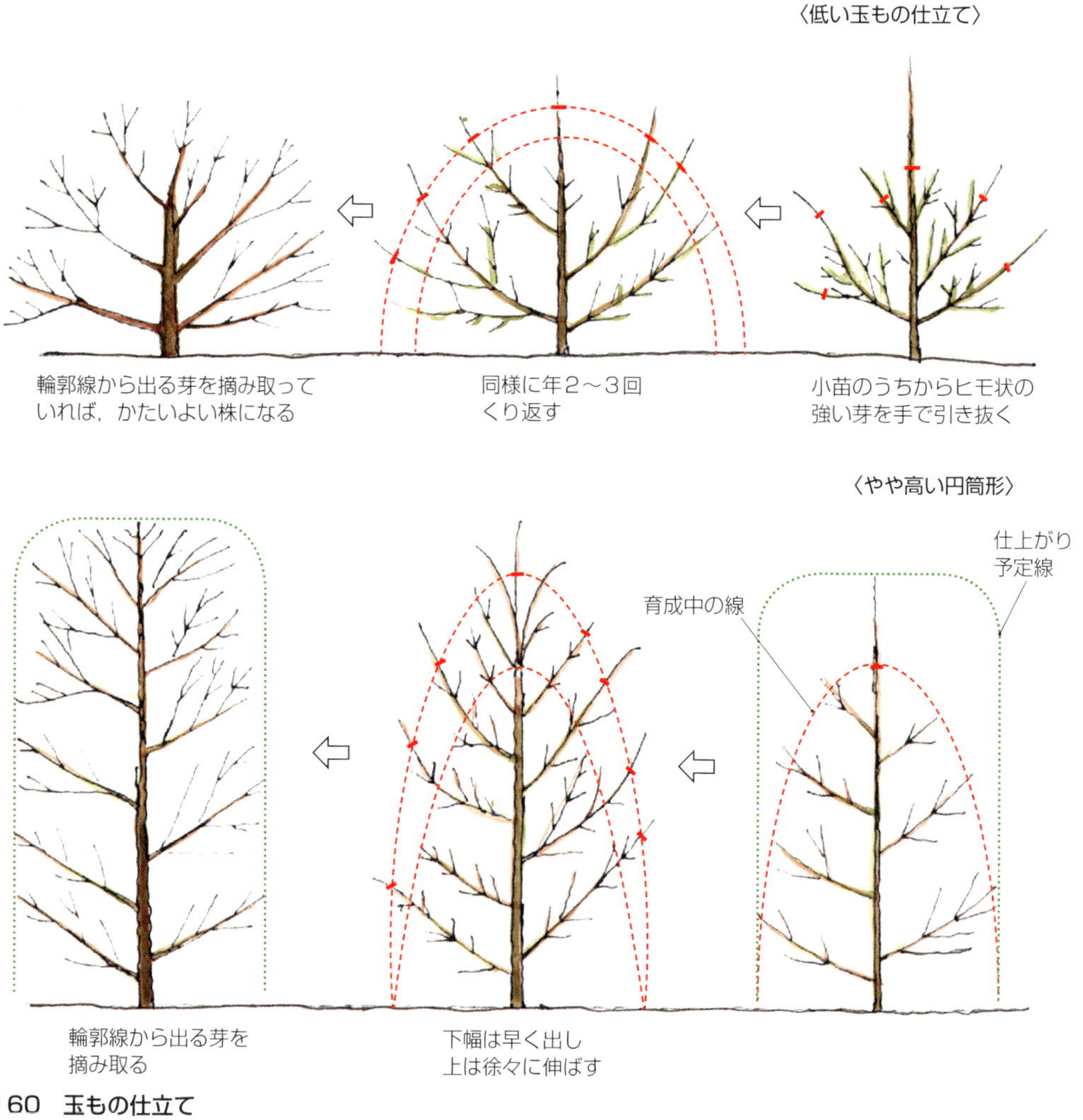
〈低い玉もの仕立て〉
小苗のうちからヒモ状の強い芽を手で引き抜く
同様に年2～3回くり返す
輪郭線から出る芽を摘み取っていれば，かたいよい株になる
〈やや高い円筒形〉
仕上がり予定線
育成中の線
下幅は早く出し上は徐々に伸ばす
輪郭線から出る芽を摘み取る

図 60　玉もの仕立て

カヤ

コツのコツ

自然仕立ては、持ち味の力強さを生かすのがポイント。外形を整えて刈り込むのではなく、輪郭線に出入りをつけたつくりにしたい。一方、円錐形仕立てではハサミを用いてすべての枝先を整え、小枝分かれを期待し枝を密生させたつくりが基本となる。

1 木の性質と樹形

●環境

本州・九州に産し、特に暖かい地方には少ない樹種である。南限は屋久島だが、屋久島には2000m近い山があって、そこでは中腹以上に生えているようだ。本州中部に多い木だということがいえるだろう。土性を選ばず、庭木には広く各地で使われる。適応性は広い樹種である。陰樹だから、日陰でもよく育つ。

●性質

葉は濃緑色でかたくとがっている。触れると痛いので、遊園地などの幼児のいる場所には適さない。しかし、植え込みなどに利用して山の景色をつくるときは、カヤの濃緑色の葉の色や力強い樹容は、眺めのポイントにするのに十分の価値がある。またカヤは、剪定したあとの萌芽力が強い木である。さらに、木質部がきわめてかたく、そのため、切り口から枯れ込む心配はほとんどない。萌芽力が強い性質と枯れ込みにくい性質とのために、かなりの強剪定にも耐えうる。

煤煙に対する抵抗性も強く、都市では今後の需要が増えてよいだろう。

●繁殖

いわゆるカヤの実をまいて育てる。雌雄異株で、秋に果実をとりまきすれば、翌春になって芽生えてくる。芽生えのあとの生長は割合早く、1年に30cm程度伸びてくる。

また、自然では群落をつくりやすい。これは、種子が大きいために、遠くまで散りにくいためのようだ。このような山掘り苗は萌芽力が強く、仕立てやすいので、枯れ上がったように見えるものでも管理しだいで立派な庭木に仕上がる。

●樹形

カヤは萌芽力が強く、十分な剪定・整枝ができるので、庭木としては、幅を切りつめた直幹の形に仕立てられる。

カヤの自然樹形は、コウヤマキのように整った形ではなく、枝先は不整形で出入りが激しく、全体としてほぼ円錐形に近い形になってくる。つまり、あばれた状態に見えるのが、カヤの特徴になる。

そのような性質から、カヤの仕立て方は二つの仕立て方に分けられる。

①円錐形にそろうように刈り込んで、整形に仕上げる場合（円錐形仕立て）。

②自然の樹形を生かそうとする場合（自然形仕立て）。

これは、枝先の出入りを生かして、力強く仕上げようという考えである。

2 仕立ての実際

カヤの木の独特の力強さをいかに生かすか、いいかえれば、力強さを生かした形を庭木にどう実現していくかに、仕立てのポイントがある。

　力強さを生かすには、外形を美しくそろえた整形に刈り込むのではなく、輪郭線に出入りをつけた形に仕上げるほうがよいだろう。

　一方、円錐形に仕上げる場合は、すべての枝先をハサミで切りつめていけばよいのだ。すると、切ったところからたくさんの小枝が分かれてくるので、再び切りつめれば円錐形に整えてやることができるわけである。特にカヤは、萌芽力が強く枯れ込みの危険も少ないことから、整形の円錐形に仕立てるのにらくな木である。ただし、木質がかたいため切る労力は、ほかの木よりもかかる。

図 61　カヤの２つの樹形

1　自然仕立て

　カヤの力強い性質を実現しようとするなら、枝先は自然の形に出入りがつくように、人工的な手入れのあとをあまり残さない姿につくることが大切になる。そのためには、まず、幹がまっすぐに天をさして伸びるような形にする。庭で目標とする高さにまで主幹をまっすぐに立てて育てるのが原則である。

　また、枝はそれぞれの長さに長短をつけ、全体の輪郭線に出入りをつける。特に中段から上段にかけて左右に大きく張り出した枝（張り枝）を残すことによって、力強さが表現できる。

　これは、木の生理を考えてみればわかることだ。毎年伸びる幹の長さは、木の若いうち（幼苗期）は短く、壮年期になると樹勢が充実して長くなる。それと同時に、そこの段から分かれる枝の長さも、壮年期には幼年期より長く力強い枝になるわけである。

　さらに老年期を迎えれば、枝間隔は狭くなり、枝の長さが短くなって小枝の分かれも細かくなってくる。

　そのような木の生理を考えれば、最も勢いのあるときに、強い横の張り枝があることは自然な姿なのである。したがって、剪定・整枝をくり返して樹形を整えるときに、中～上段にかけての境のあたりに強い張り枝を残しておくと、いかにも壮年期に出た枝のたくましさと木の豪快さが表現できる。

　張り枝から上の枝は、張り枝よりも短い形で枝の出入りができて、円錐形のとがった幹の形に仕上げていく。

　それぞれの枝は、老木になると先が垂れぎみになる。老木といっても、放任しておくと、樹高30ｍ程度、幹の直径２ｍ前後にまで達する。そんな木になったもので、はじめて枝先の垂れ下がりが出てくるのである。一方、庭木として用いるカヤは、ほとんどが壮年期までの木と考えるほうがよく、それぞれの枝の先端は上がりぎみになっている。

その枝の芯がまっすぐ通って大きくなると、葉ぶり幅は長くなりすぎる。そしてその姿は、カヤの力強さを表現するにはすなおすぎてしまう。だから、カヤの力強さを表現するには、幹をまっすぐに立て、枝はゴツゴツとした曲がりがつくようにするとよい。そのためには、稲妻ずかしか亀甲ずかしで枝を分けていくことである。

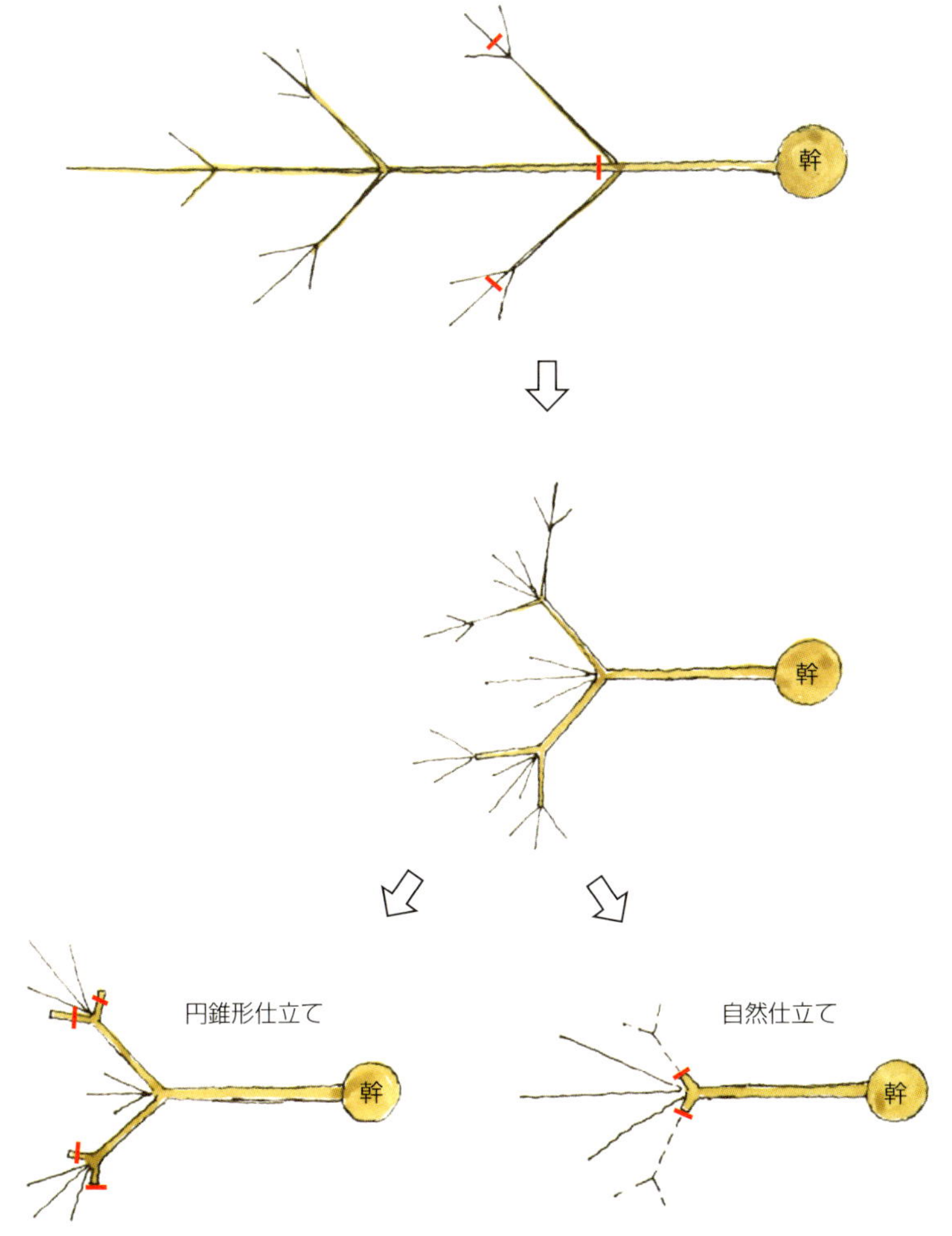

図62　枝先の剪定

枝の分け方

はじめは亀甲ずかしで行なう。どこで切っても新しい枝がよく出てくるので、あまり心配はない。そして、枝が混みすぎたところでは外観しか眺めることができず、一本一本の枝ぶりが見えないために、力強さが失われる。そんなところでは亀甲ずかしの片方の枝を切り落として、稲妻ずかしに替えてやればよい。つまり、亀甲ずかしで基本の枝ぶりができあがったところで、枝の混みすぎたところは稲妻ずかしにするわけである。

稲妻ずかしをしたあとで、太い枝や直径50㎝程度にまで達した太い幹からでも、たくさんの胴吹き芽や幹吹き芽が出てくる。それらは、ほとんどが上向きで強い枝である。また、かなり古くなった切り口からも、斜め上向きの枝が吹いてくることがある。

これらの枝の整理は、たんねんに行なう必要がある。不必要なときには、全部切り取って、幹がはっきり見えるようにしなければならない。

稲妻ずかしにするために小枝を切り落とすと、切り口から新しい胴吹きの小枝が吹いてくる。その扱いは、全体の幅をつめようというときには古い小枝のほうを切り落として、新しく吹いた胴吹き芽に切り替えれば、横幅がつめられることになる。ただし、横幅をつめるための切りもどしは、1本の枝だけでなく、すべての枝に対して行なってやる必要がある。

●幹吹きの利用

枯れ上がって枝のない場所に、幹吹きの立ち枝が出てきたときは、立ち枝の途中で切る。切りもどされた枝は、先端からたくさんの小枝を吹いてくるが、そのうち1～2本を生かして枝づくりを行なう。

生かす枝は、枯れ上がって枝がたりない方向へ伸ばして、ほかの小枝は切り取ってしまう。つまり、幹吹きの立ち枝を途中で止めて、そこから分かれる横枝を伸ばしてやることによって、部分的に枯れ上がった場所をかくすことができるわけである。

また、カヤの枝は萌芽力が強く、まったく葉を残さない形で切りつめても、小枝が吹いてくる可能性はある。しかし、安全性を考えれば、わずかでも葉を残してやるほうがよい。つまり、2～3本の生きた小枝を残して、そこから先の枝を切り落とす方法をとりたい。

マツの場合は、枝ぶり、葉ぶりが欠落したところをかくすために、枝を引いてやることがあった。しかし、カヤでは幹吹き芽や胴吹き芽の生長が早いため、この作業の必要性はない。幹吹きか胴吹きの徒長枝の芯を切り、そこから出てくる脇枝を利用してやれば、数年で輪郭線まで枝を伸ばして葉ぶりを整えてやることができるからだ。

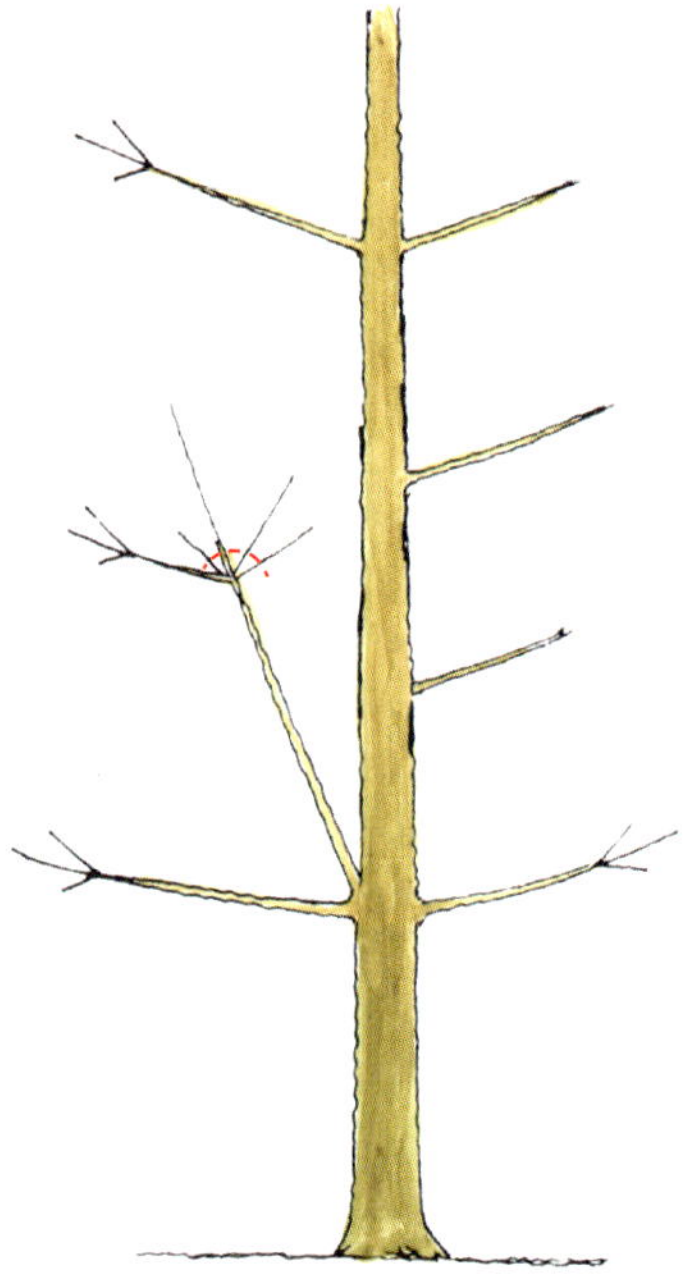

図63　幹吹きの利用

●移植の注意

根まわしをしっかり行なったものは、地下部とのバランスを考えて、地下部の蒸散量をおさえるため葉を思いきって切りつめる。そうして蒸散量のバランスをとれば、かなり大きな木でも移植できる。

著者の経験では、植え付け後約40年、樹高4～5m、根元の直径45cm程度の木が、根まわしなしで7月に移植して活着したこともある。

移植の際、根は必然的に切りつめられるが、萌芽力が強い性質を生かして、地下部とのバランスを考えて地上部も切りつめておけば、移植力は強いほうの木だといえる。

切りつめ方は次のようにするとよい。

わずかに葉がついた程度の生き枝であっても、生き枝がついているところまで切りつめることができる。枝の元のほうの葉のつきぐあいをみて、わずかでも葉が残るところまで切りつめてやればよいのだ。つまり、葉が残っていることによって、その枝が全部枯れ上がる危険を防止できるわけである。

このようにして切り口のところからたくさんの小枝が吹いてきたら、それらの小枝を1～2本残して、亀甲ずかしに分けていく。枝が混んでいれば、稲妻ずかしにするのもよいだろう。

2　円錐形仕立て

円錐形に輪郭線を整える仕立て方は、カヤが萌芽力の強い木であることから、たいした問題はない。このときは、亀甲ずかしで枝を分けていき、目標の位置で切って、毎年、その輪郭が維持できるように小枝の切りもどしをする。

亀甲ずかしと切りもどしとを合わせて行なえば、輪郭線を維持できるわけである。このやり方は1（78ページ）で述べた方法に準じる。

コウヤマキ

コツのコツ

肥料不足を嫌う樹種なので十分な施肥が必要。とりわけ、寒肥は培養上の効果がみられるので怠らぬようにしたい。樹形は自然本位でよく、小枝すかしなどの作業は5～6年生程度の小枝に限り、樹形の乱れを直す程度で十分である。

1 木の性質と樹形

●環境

その名のとおり、高野山に多く見られる樹種で、日本特産である。福島以南から四国・九州にかけて分布し、典型的な陰樹で、日陰でよく育つ。

よく肥えた土地を好む性質があり、葉の色が黄色になることがあるが、その原因は、土地がやせていることによる場合がほとんどである。虫害によって黄色になることもあるが、その違いは木を観察すればすぐにわかるだろう。

●性質

生長は非常に遅く、寿命の長い木である。樹高も30m以上にまで達する。幹の直径は、大きなものでは1m以上にもなる。

剪定されることを好まない木で、また、移植力はないほうである。大きな木を移植するとき、事前に根まわしなどの作業を十分に行なっておいても、相当の危険がともなってくる。

また、病虫害に侵される心配は少ない木である。したがって、いったん庭に植え付けたコウヤマキは、その後、長年月にわたる生育を期待できる。

ただし、肥沃な土地を好むから、肥料切れに注意して、毎年の寒肥などの施用を欠かさず行なうことが大切である。

●樹形

元来、コウヤマキは、庭園樹としてより森林樹とされたものである。したがって、天然生のものは、ほとんど林材として利用されているわけだ。

円錐形の自然樹形（左／若木、右／大木）

庭園用樹としてのコウヤマキは、自然の円錐形を生かして植栽されている。本来、直幹性の木だから、幹はまっすぐに伸ばすことが大切になる。幹から四方に枝を出し、円錐形の姿につくる。

木の姿は端正で美しく、神社仏閣で多く植えられている。特に、その名のとおり高野山に多く見られて参拝者にもなじみが深い。

コウヤマキは形が自然に整いすぎて、マツやマキのような整えるおもしろさがないが、放任しても形が乱れにくいこと、濃緑色の葉であることなどから、庭の眺めのポイントとして配植できる利点がある。さらに、丈が高くなる点も、コウヤマキの見どころになる。また、剪定をしなくても、整った木の形が維持できることにも、コウヤマキの利点があるわけである。

近年は主幹が立つことなく、何本もの幹に分かれる品種ができている。そのような品種のものでは、丈も高くならないので、列植して用いることができるだろう。

2 仕立ての実際

繁殖

増殖法には実生と挿し木とがある。条件のよいところでは挿し木でもよくつくが、普通、実生の苗のほうが寿命は長く、勢いも強いためによろこばれている。

生育がゆっくりしていて、苗のうちは移植力があるが、大きくなると移植しにくいので、苗のうちにときどき植え替えて根づくりをしておくとよい。

枝の扱い

春になると、前年の葉の位置から新芽が吹いて伸びてくる。そして伸び出した当年生の枝を見ると、元のほうは葉がほとんどなく、先になると葉がつきはじめ、先端では茶せん状にたくさんの葉がつく。

コウヤマキは放任状態にあっても、美しい形に整うという利点がある。したがって、小枝ずかしは、樹形の乱れを直す程度でよく、それ以外のときは、自然の枝分かれ、枝配り、生育にまかせている。なお、コウヤマキは、放任しておいても美しい円錐形に姿が整うが、庭木として植え付けるときは、幅をつめていかなければならない。

また、コウヤマキの枝の出方は、茶せん状の葉がついた枝の先端から、中心に強い枝が1本と車枝状に数本の脇枝が出るという性質がある。そこで長すぎる枝は、1年間に伸びた芯の枝の部分だけを切りつめてやるとよいだろう。

すなわち、前年生の枝の位置まで芯を切りもどすわけだ。そして、そこの脇枝が育ってきて枝数が多くなる一方、ほかの枝とも長さをそろえて、木の輪郭線が円錐形になるようにする。

強い枝は、幹から出て、脇枝からは出ない。特に形が乱れたときは、芯にある強い枝だけを切りつめ、脇枝は残しておく。

このような小枝先の切りつめが、コウヤマキの仕立ての中心になる。これによって、コウヤマキの円錐形の輪郭がきれいにそろうようになる。

枝の太い部分まで、中ずかし程度にまで切りつめてしまったとき、新しい芽がそこから吹いてくる可能性はほとんどない。したがって、剪定・整枝は、形を整えるだけの意味に限定する。

老成した木では強い徒長枝が出ることはなく、それぞれの枝先も自然に垂れ下がって、先端だけが上向きの形になる。そういう状態になった木は、大きな樹容を呈してくる。

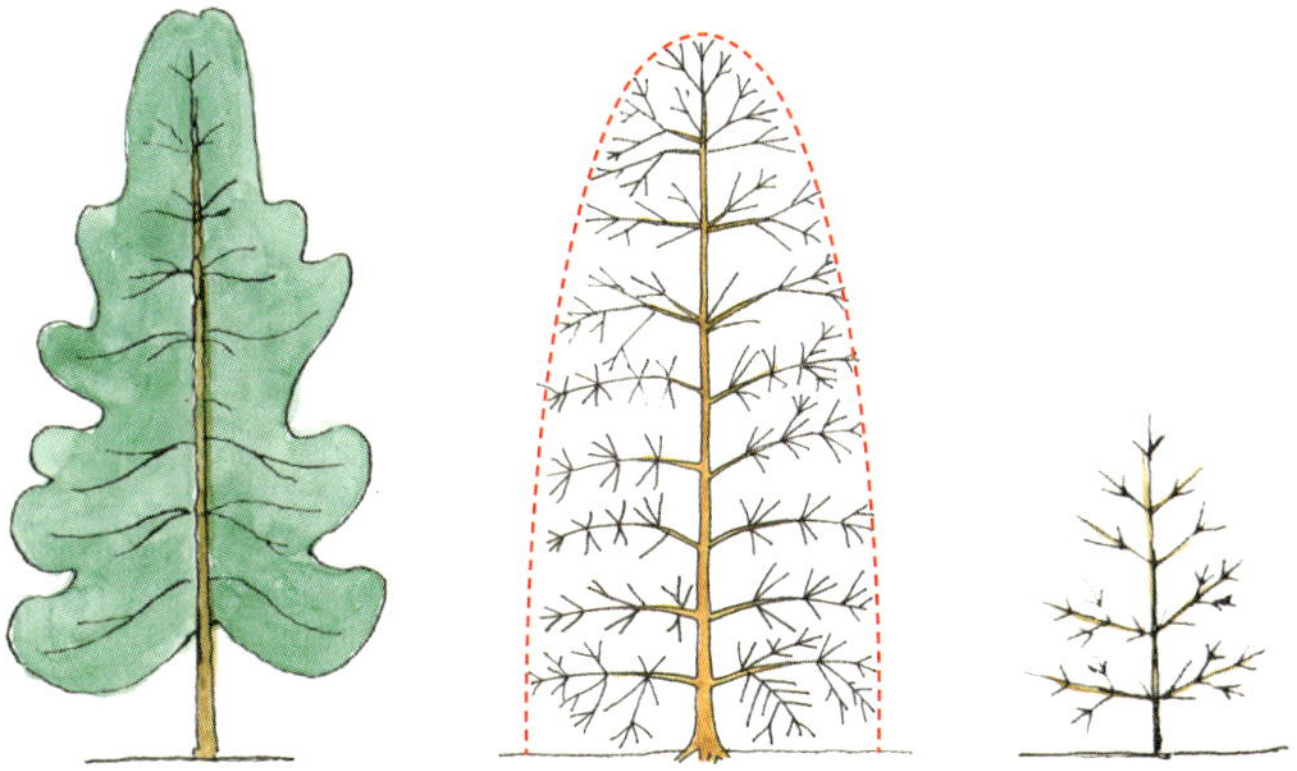
放任の古木
庭木としての普通の樹形
苗木は枝が立っている

コウヤマキの葉

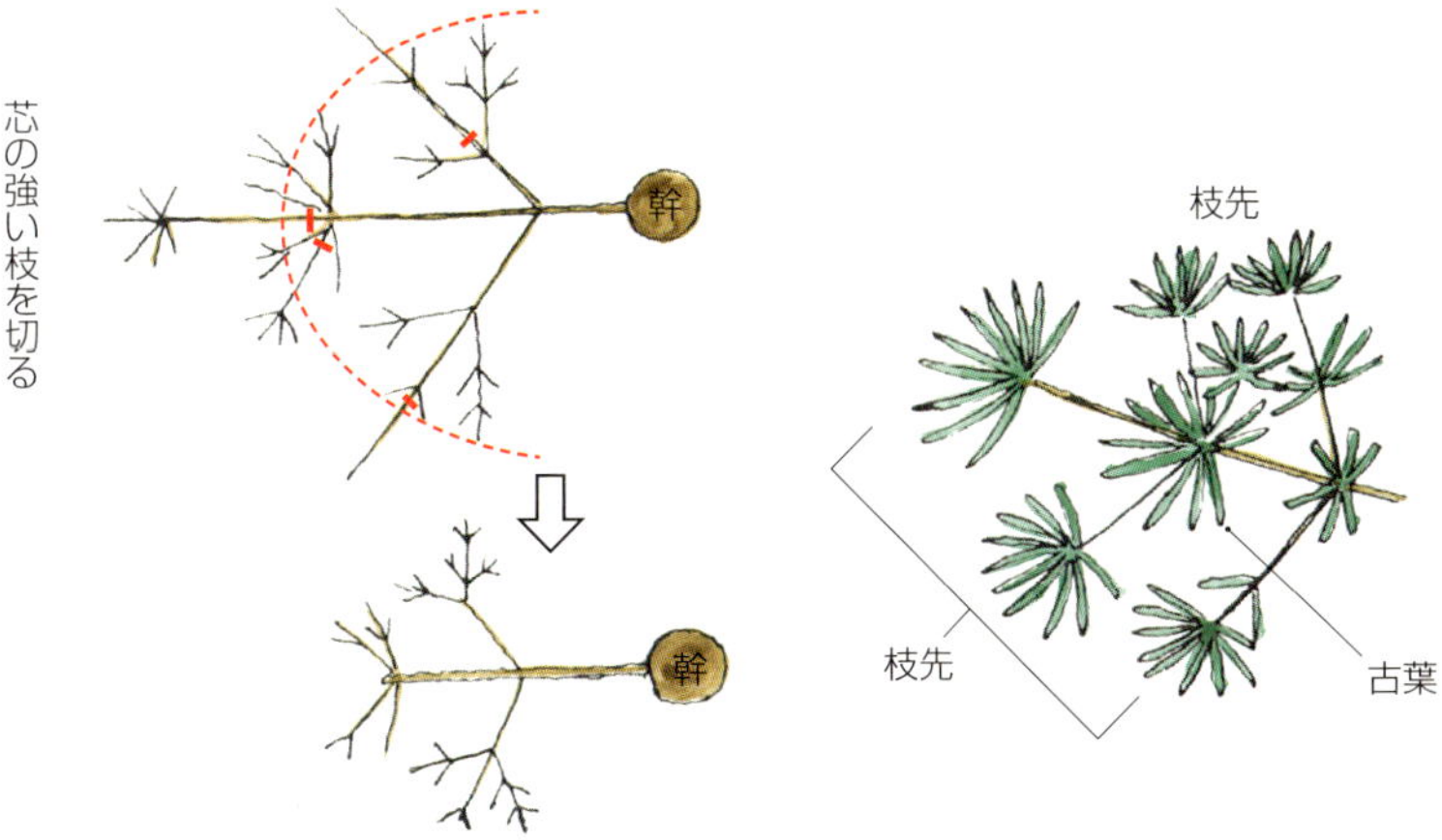
芯の強い枝を切る
幹
幹
枝先
枝先
古葉

図 64　剪定・整枝のやり方

樹形は、直幹で円錐形に仕上げるのがほとんどである。まれに、芯を止めて小さく仕上げることもある。このときも強い切りもどしができないために、やがては横幅が広くなりすぎて、枝があらくなって裏側がすけて見えるようになってくる。

したがって、丈を低く止めた仕立ては、コウヤマキの性質を生かしたやり方とはいえない。つまり、幼木のうちの眺めを楽しむだけにとどまり、長年月にわたって楽しめるやり方ではないのだ。

●そのほかの手入れ

剪定・整枝を好まない性質があるので、樹高・樹幅が相当に出ることを念頭において植え付けてやらなければならない。

枝すかしをするときは、5～6年生程度の枝を切ると、そこから新芽が吹いてくることは期待できない。切ったあとに脇枝を残して芽を吹いてくるかどうかを慎重に見定めることが大切だ。

それぞれの葉をもみあげることは、普通は行なわない。自然のままの落葉にまかせることだ。

特に葉の手入れを行なうとすれば、古葉を落として、当年生の葉だけを残してやる作業に限る。これによって、葉ずかしがなされる。マツでの葉のもみあげに近い作業である。葉のもみあげは、手でもみ落としてやるのが普通である。

枝先をすかしてやる際、同時に古葉のもみあげを行なう。その時期は、秋から初冬の手入れのときに輪郭線から飛び出した小枝先の切りつめと古葉取りとを行なう。

一方、枝の中ずかし、小ずかしは、普通は初夏に多く行なわれるようだ。

ヒマラヤシーダ

コツのコツ

持ち味である枝の芸をより以上に楽しむためには、ほかの樹種よりも十分に枝の間隔をとることが重要。これは日照をよくし枝を太らせるためで、枝配りには特に注意したい。長めの枝のときは枝間隔を広くし、短めのときは狭くするのが基本である。

1 木の性質

環境

原産地はインドの温帯地方、ヒマラヤ山脈の中腹地帯といわれている。一般にヒマラヤシーダと呼ばれる仲間には、2~3の種類がある。わが国で見られるのはヒマラヤ原産のものだが、ほかに、レバノンシーダと呼ばれるものもある。

ヒマラヤシーダは、別名ヒマラヤスギともいわれ、外見はスギに似ているがマツ科の樹木で、常緑の高木である。耐寒力は強く、わが国でも全国的に植栽されている。

大木になるため土層が深い土地を好むとされるが、土地に対する選択性はそれほどないようだ。しかし、配植の際は、広い場所へ植えてやるほうがよいだろう。

それは第一に、ヒマラヤシーダの性質として、丈は非常に高くなり、枝は長く張った形になるからである。

第二に、ほかの木との関係である。普通の木の場合は、周囲の木と影響しあって、その場所にふさわしい生育をとげていくものだ。ところが、ヒマラヤシーダは樹勢が強く、放任しておくと周囲におかまいなく育って、まわりの木を枯らしてしまうことがある。

第三に、ヒマラヤシーダは、大きな木にまで育てないと本来の樹形的なおもしろさが出てこないからである。

以上のことから、庭園よりも、むしろ広い公園に適していて、世界中で公園樹木として愛好されているわけである。しかし、ある程度の広さをもった庭なら、幅を切りつめた仕立てをすることによって、庭木に利用できる。

性質

剪定しても、切ったあとの萌芽力が強く、よく耐えることのできる丈夫な木である。どの程度までの剪定を行なえばよいかは、仕上がりの樹形によって加減する必要がある。木の幅を狭くしたいときほど、強い剪定が要求されるわけだ。

また、根がよく張る性質をもっているから、移植力もある。

なお、すす病などの病害が発生することもあるが、それほどはなはだしいものではない。

繁殖

実生が最もよく、樹勢も強く、素直な形の苗が得られやすい。しかし、わが国で育てる場合、種子ができないことがあるようである。仮にマツカサがついても、種皮だけでシイナの場合が多い。

挿し木も可能だが、この場合、枝は2方向にだけ出る苗しか得られない。これは、元の木の枝が、2方向の平らな枝ぶりになる性質をもっているためである。そのような苗が、正しく四方に枝を出すようになるまでに長い年月を必要とする。このために、実生苗とくらべて、挿し木苗は生育初期の下枝の様子が劣ってくる。また、寿命も短いようだ。

2 仕立ての実際

1 養成段階の注意

●生育を早める

ヒマラヤシーダの仕立ては、2.3m程度の実生の中苗を使うのが普通である。この状態の苗は、定植後の幹や枝の伸びが最もよく、樹勢が強いからである。

生育の初期は、木の幅も狭く、剪定・整枝の必要がない。しかし、上のほうで幹が2、3本に分かれたときは、主幹となる1本を残して、ほかの枝は早めに切り取ってしまうことが大切になる。

若木のうちは枝が密生しているが、ある程度の大きさに育つと弱い枝は負けて枯れ、理想どおりの枝間隔になってくる。大きくなった木でまだ枝が多いときは、元から切り取って、適当な間隔にしてやる。それゆえに若木のうちはなるべく枝・葉を多く保つことが、生育を早めるコツになってくる。それぞれの枝は、若木のうちは立ちぎみだが、生育につれて先が下がり、四方に広がるので心配はない。

●枝配りのやり方

ヒマラヤシーダの魅力は、下から上まで長く枝が張って、その先が垂れ下がっている雄大な姿にある。長大な枝を残すために、ほかの木にくらべて十分な枝間隔をとり、光がどの枝にもよく当たるように注意しなければならない。そのため、多少の枝の選択（枝配り）をする。

枝の間隔は、日照を第一の条件に考え、数を減らしていく。一本一本の枝が長いときは間隔を広く、切りつめられて短い枝になっているときは狭くしていけばよい。

また、枝を自然形に剪定するときでも整形に剪定するときでも、枝は途中の脇枝や小枝の位置まで切りもどされるのが普通になる。したがって、先枝や小枝が枯れ込まないだけの日照を与えるように、苗木を育てながら、下から枝数を順次減らしていく。このやり方は、放任して、自然に枯れ込み枝ができて枝間隔がつくやり方とくらべて、早く形よく仕上げる利点があることだ。

2 樹形の維持に二つの方法

ヒマラヤシーダの本来の美しさは、枝が長いほうがよいわけである。しかし、狭い庭に植えたときは、長い枝に仕上げるには余裕がない。そこで、幅をつめる必要が出てくるが、どの程度までつめるかは、自分の庭の広さを見て決めることになる。あとは定期的な剪定によって、その幅を維持していく。

なお、樹形を維持するうえで、一本一本の枝を切りつめるときに、そのやり方には二つの方法がある。それは自然の雄大な枝の形を重視する方法と、木の幅を狭く保つことを重視する方法である。

●自然形を生かす剪定

自然の枝の形を生かし、先の下がった雄大な姿に仕立てる場合である。これは大きくなりすぎた木で、主枝の元のほうを見ると、方向や形がよい脇枝が必ずある。そのような有効な脇枝を2～3本残して、主枝の先を切りもどすことによって、木の幅をつめるやり方になる。

残された脇枝は先を止めないでおく。すると、枝先が垂れ下がってきて、自然らしい形になるわけである。主枝はなるべく幹に近い位置で切って脇枝を残してやるほうが、切り口が目立たず自然になる。

このようなやり方で、一本一本の枝を切りつめていき、下枝は長く、上ほど短くして、鋭い円錐形の樹形に仕上げてやればよい。

剪定後1年もすれば、脇枝の先は止め

てないから、前と同じような自然らしい樹形にもどってくる。

●整形にする剪定

前に述べた自然形の仕立てと同様に、主枝の先は脇枝の位置まで切りもどしてやる。しかし、この整形にするときは、脇枝の先端も生き枝がある位置まで切りもどす。すなわち、主枝とともに脇枝も先を止めてしまうわけで、枝は整形にそろった形になる（図66）。

この方法は、剪定・整枝したあとがはっきりと残るが、自然形仕立てよりも幅が狭く鋭い形になる。こうして、整形の細長い樹形に仕上げない限り、狭い庭ではヒマラヤシーダを植える余裕はないだろう。

●剪定の時期

当年生の枝の伸びが止まった初夏が最的である。あるいは、冬に行なうのもよいだろう。また、秋に芽がかたまったころもよい時期といえる。

いずれの時期に行なうときでも、剪定をしたあとの1年間ぐらいは切り口の不自然さが残るが、2〜3年たてば自然らしい雄大な樹形にもどってくる。そして、木の幅が広くなりすぎる前に、再び剪定をして、幅を切りつめてやるわけである。

なお、剪定の際に残した脇枝は、数年間放任しておくと葉が茂ってきて、日照不足で枯れ上がってくる危険性がある。したがって、前の剪定で残した脇枝の元から出ている小枝が枯れ込まないうちに、次の剪定をしてやることが必要になる。そのためには、3年間隔で剪定することが理想で、長くても5〜6年のうちには次の剪定をしたいものである。

木の幅を一定に保つために、次の剪定の位置は、前の剪定の位置か、それに近いところまで切りもどすようにする。つまり、剪定の位置はいつでも同じところにすることが好ましくなる。

枝間隔は狭い
広い

自然形仕立て（右）では枝間隔は広く，整形仕立て（左）では狭くなる

図 65　枝配りのやり方

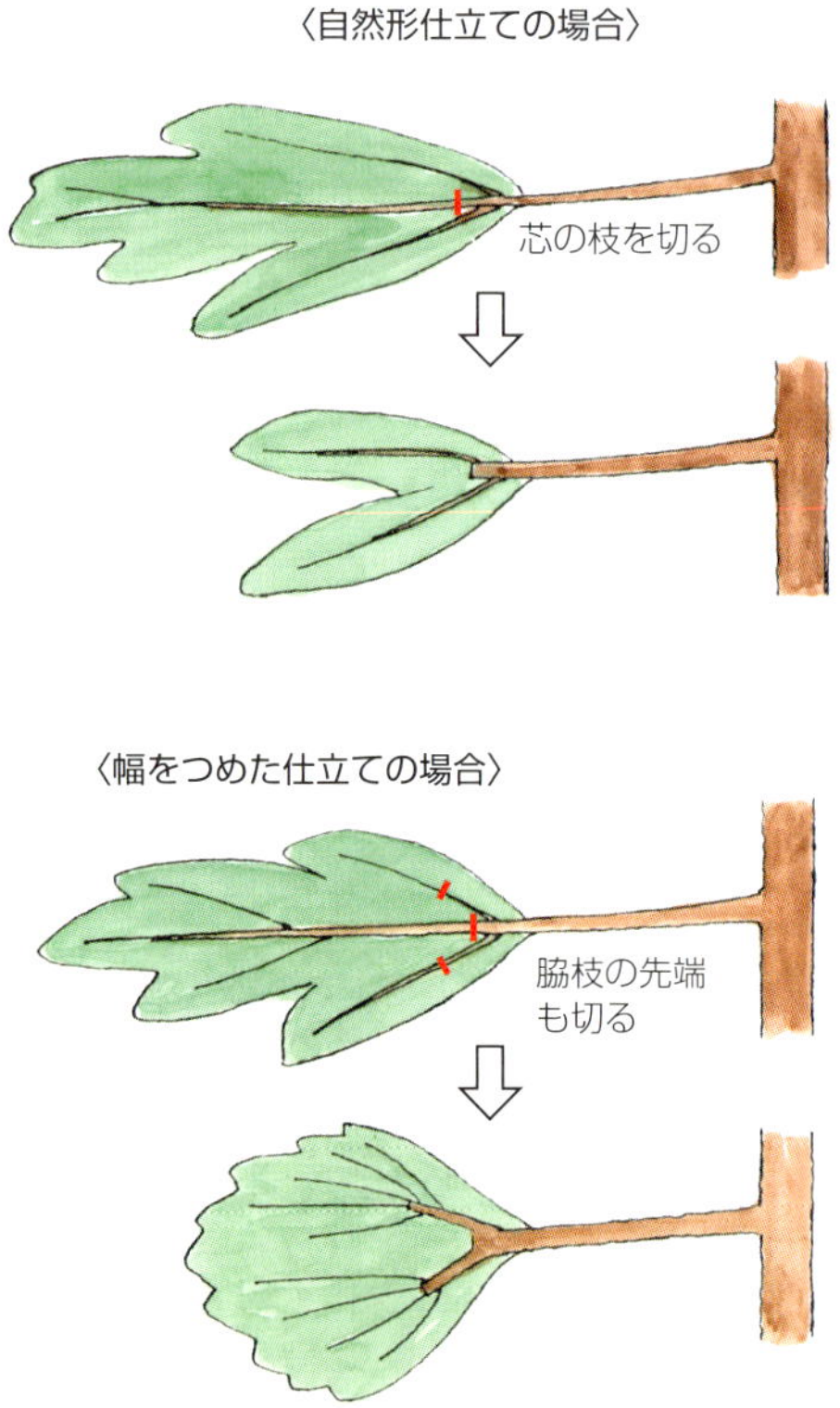
〈自然形仕立ての場合〉
芯の枝を切る
〈幅をつめた仕立ての場合〉
脇枝の先端も切る

図 66　枝の剪定のやり方

イトヒバ

コツのコツ

樹形づくりのポイントは主幹を先端にまで通すこと。木の芯づくりが重要になる樹種だが、目標の樹高にまで達したものは芯を止め、同時に周囲の枝先からも摘芯して小枝を放射状に吹かしていくことになる。枝数もある程度は制限すると樹芯周囲の乱れを防げる。

1 木の性質と樹形

イトヒバという名の由来は、枝の先端が垂れ下がる性質にもとづいている。同様に枝が垂れ下がる性質の木に、スイリュウヒバやヒヨクヒバがある。以上の3種の木は、庭ではほぼ同じ扱いがされている。

●環境

原産地ははっきりしていないが、わが国へは非常に古くから渡来しており、庭園樹としても広く用いられてきた。

陽樹で、日当たりがよい場所を好むが、やや日のかげる場所でも使えるようだ。日当たりのよいところでは、葉はやや黄緑色で細かく密生するが、日照不足になると、葉つきはあらくなり、色も緑が濃くなってくる。

●性質

生育は割合早く、樹高も20m程度にまで達する。幹の直径は1m近くなる。

剪定・整枝に耐える性質は強く、むしろ十分な剪定・整枝を行なわないと美しい樹形を維持できない。

その理由は、次のような枝の性質が根本的な原因とされている。

枝は垂れ下がる性質があるため、内部が日照不足で枯れ上がりやすく、外側の輪郭線のところだけに枝ができる。それとともに、枝先にたくさんの小枝が密生してくると、その重みでますます枝が垂れ下がってしまう。そのことが樹形の乱れにつながってくるわけだ。

また、芯からはたくさんの強い枝が出やすく、それを放置しておくと、主幹が途中から分かれてしまう。

幹吹き・胴吹きは、2～3年生までの枝にしか出ない。それ以上たった枝を切りもどすとき、葉が残らない形に棒状に切りもどすと、その枝は枯れ込んでしまう。

したがって、幅が出すぎた枝をつめるときは、必ず生き枝をつけて切りもどすことが必要である。

また、根は比較的あらいので、放任樹の移植がむずかしいもののひとつになる。根まわしをしたり、苗の養成のときからたびたび移植したりして、よく根鉢がつくようにしたものをていねいに移植することが大切になってくる。

なお、移植時には、幹巻きや枝の切りつめ・切りすかしを必ずして、水分のバランスをとることを怠らぬように。

●樹形

樹形は半球形ないし円筒形だが、老木になると形が幾分乱れてきて、部分的に枯れ上がってくる性質がある。これは、

細枝が垂れる

枝先が垂れ下がる性質のために古くなった枝は勢いが弱まり、上部の枝のほうが強くなりやすいからだ。

仕上がりの原則は、主幹は先端まで通すことだから、先端までいかないうちに、途中で主幹が分かれてしまうことはよくないわけである。

また、最近では、丈を低く仕立てるやり方も行なわれる。玉もの仕立てよりは幾分大きく、芯を止めて半球形に仕上げて、芝庭などで点景樹に用いる。しかし、これは理想的なイトヒバの使い方ではないのである。

理想的な使い方は、あくまでも主幹が立った形で、円筒形の上に半球形の頭をのせた形になる。

2 仕立ての実際

芯を1本に整理することによって、主幹は先端まで通してやる。目標の高さに達した木は、枝を分けて頭をつくる。

●枝配り

木の幅は剪定・整枝をくり返しながら、なるべくつめておく。ただし、主枝はなるべく先のほうまで誘引して、その先端から小枝が密生した状態にするのがよく、そうして全体の枝の長さは目標の幅に収めていく。

こんな形の枝ぶりに仕立てておけば、風や積雪に対する抵抗力が強まる効果も期待できる。

斜め上向きの枝は、主幹を負かすおそれがある。また、そのような枝は脇枝として残しておいても、先端の枝・葉の重さによって、元の部分からさけやすい性質がある。

したがって、幹に対して直角に近い状態で横に出ている枝を残して、ほかの上向きの枝は切り取っておくほうがよい。

●小枝ぶり

残された横向きの枝は、途中から分けることをせず、輪郭線の近いところまで伸ばしてやる。そこで芯をつんで、亀甲ずかしに小枝先を分けていくようにしたい。これは枝の途中から亀甲ずかしで分けていくと、ひとつひとつの枝が細くなって、枝・葉の重みに耐えきれず、著しく下垂したり折れたりする危険があるからである。そのために、なるべく太い枝で輪郭線の近くまで伸ばして芯を摘み、亀甲ずかしを2~3回くり返して小枝ぶりをつけ、そこから下垂した葉のつく形がよいことになる。

整形したものではなく、枝先が下垂した様子を眺める木だから、枝先は自然の

枝をバランスよく配し細枝が垂れると美しい

形にしておく。つまり、小枝先を摘む作業はいっさい行なわず、中ずかしに枝の数を減らすことによって形を整える。

放任しておくと木の幅が出るから、手入れによってその幅を狭く切りつめていくことが大切だ。

手入れは、普通、晩秋から初冬にかけて行なう。また、初夏に剪定をすると幅が出すぎる心配もなく、密な枝・葉ができる。

●頭のつくり方

主幹の芯を止めれば、そこからの枝の芯を切って放射状に小枝を吹かせる。

このとき、枝数を減らしながら枝配りをつけるが、これを行なわないと、からみ枝やさかさ枝になって、頭の乱れが出てくるので注意する。

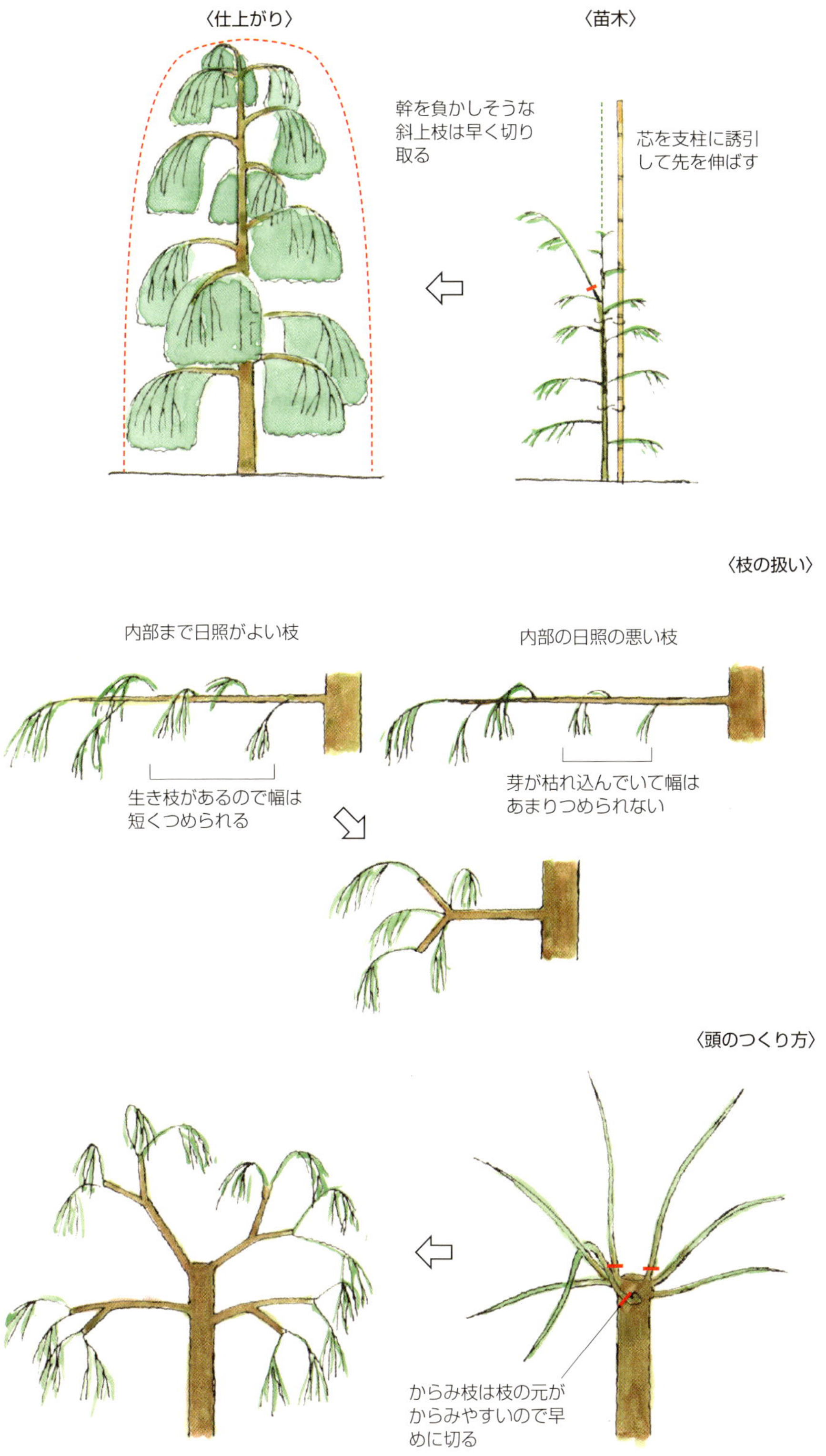
〈仕上がり〉
〈苗木〉
幹を負かしそうな斜上枝は早く切り取る
芯を支柱に誘引して先を伸ばす
〈枝の扱い〉
内部まで日照がよい枝
内部の日照の悪い枝
生き枝があるので幅は短くつめられる
芽が枯れ込んでいて幅はあまりつめられない
〈頭のつくり方〉
からみ枝は枝の元がからみやすいので早めに切る

図 67　樹形と剪定・整姿のやり方

シイ

コツのコツ

樹高を大きくし、幹を早く太らせるポイントは、夏の剪定を避け、冬に剪定を行なうこと。夏に剪定を行なうと新しく吹いてきた新枝に養分がまわり、木全体の生長が遅れてしまう。夏は十分に枝葉を働かすことが、目的の大きさにまで木を生長させる近道になる。

1 木の性質と樹形

●環境

本州・四国・九州に分布する。元来の自生地は関西以西で、関東にはなかったといわれる。気温は高めのほうがよく、特に気温の高いところと低いところで比較すると、葉の光沢に違いが見られる。

肥沃な土層が深いところでよく育つ。日照は多いほうが生育にもよく、日陰でも葉はよく茂る。したがって、生垣用樹や植えつぶしの目隠し用として多く植えられている。

●性質

放任樹の形は半球形に近く、幅も広くなる。木の内部は光線不足のために枯れ上がり、光のよく当たる半球形の輪郭線の表面にだけ葉がついた形になっている。このような木では風や積雪で枝が折れやすく、部分的に枝が欠損して形が悪くなりがちである。

しかし、シイは萌芽力が強く、枝が折れても新しい芽が吹いてくる。この性質はシイの仕立てで、整枝・剪定を行なっていくうえで有利な条件である。すなわち剪定を行なうときに、針葉樹では生きている小枝を残してやるのが原則となるが、シイでは枝を残さずに切っても芽を吹く可能性が大きいのである。ただし、実際には安全を考え、生きている小枝を残して切ることが普通である。

そのようにシイは萌芽性の強い木だから、太い枝を切りつめたところから出てきた小枝を剪定・整枝し、さらに、前に残した小枝を切りつめて形を整える方法（寸胴切り）が行なえるわけだ。そうして、幹が大きくなった古木を庭木に利用する。

●樹形

庭木としてのシイの樹形には、次のような形を考えることができる。

まず、自然の樹形を生かして半球形に近い姿に仕上げる場合で、幅を狭くし、輪郭線の美しさが出るようにする。

次に、屋敷の目隠し用樹や、暴風・防火用樹として、高生垣の形に垣根にそって1～2列に植えられる場合である。このときは、相当に大きな木になるために庭全体が暗くなりがちである。したがって、目隠しや暴風の目的をもたせながら幅をつめ、日照・通風を調節できるようにして、しかも美しさを出すように手入れする。

枝を美しく整えたシイの古木

② 実生と山掘り

1 実生で苗つくり

シイは土層の深い壌土質の土地を好むので、それに近い条件の土地なら、どんなところでも播種できる。特に粘土質の土地以外ならば、畑や庭の片隅にまいておけばよい。最も無難な方法は、晩秋から初冬にかけて、シイの実のカラを割って水を吸いやすい状態にしてから、それをすぐにとりまきしてやることである。とりまきをしないときは、シイの実は多少の水分を含んだ砂といっしょに箱やカメの中に貯蔵して、それを春にまく。

まき方は、すじまきとし、まず第一に丈を伸ばすようにする。シイには、どこからでも割合枝が出やすい性質があるため、一定の丈に達するまでは芯を止めたり移植したりせずに丈を伸ばすだけだ。そして、移植してから芯を止めれば脇枝がよく出てくる。

2 自生の山掘り

山掘りする際には、その木を半球形に仕上げたいか、円筒状に仕上げたいかを頭において、それによって必要な幅に枝を切りつめていく必要がある。

ここで注意したいのは、幹肌がまだ割れはじめないような若木の場合には、深く切り込んでも半球形にすることができるが、古木では、一度切り込むと半球形にもどすのに年数がかかり、実際上できなくなることである。

また、枝の切りつめをあとでするときは、枝をしおってやる。「しおる」というのは、枝を1枝ずつ折れないように巻き上げてやり、掘り取り作業がしやすいようにすることをいう。

枝の切りつめ、あるいは、しおりの終わったシイの木は、軸根（ゴボウ根）を切って、掘り取り作業が行なわれる。

その理由は、山に自生しているシイの木は、軸根が非常に強いかわりに横へ出る根は弱い傾向がある。軸根を残したシイの木は、軸根による吸収だけにたよるため、十分な根ができない欠点がある。すなわち、軸根を切ることによって、脇の細根や強い横根がよく育つようにするわけだ。

いままでに移植されたことのないシイの大木を掘り取るときは、太い根が遠くまで伸びていて根元に細い根がないことが多いので、あらかじめ根まわしを行ない、1～2年後に掘り取るようにする。

根まわしのやり方は、幹の根元の直径の4倍程度の溝を掘り、細い根は切り取り、太い根は皮だけをむいておけばよい。太い横根が出てくる深さまで溝を掘ったら、次に溝を埋めもどす。

溝の埋めもどしに用いる土は養分が多い黒土がよく、やせた土地のときには、この土に肥料分を混ぜてやる。このとき特に水を嫌う種類以外は、水ぎめ法を行なう。この方法では掘り上げるときに根鉢がくずれずに便利である。また、鉢がくずれやすいものでは、この上からムシロを巻いて、根鉢をナワでしめてから埋めもどせばよい。埋めもどしたあとは、1～2年で細かいヒゲ根がたくさん生えてくる。

掘り取るときは、根まわしをした位置の外側を掘り下げて、根鉢を決めるように。つまり、鉢の大きさに地下部が切りつめられることになるから、地上部も3分の2程度切りつめて地下部とのバランスをとることだ。

地上部の切りつめは、次のような考えで行なう。

一般に庭木では、せっかく伸びた丈を切りつめることはもったいないと考える。そこで、丈を維持して地下部とのバランスを保つ方法として、枝や葉を減らすことによって木の勢いをおさえるやり方がとられる。

軸根を切って掘り取る際に、地下部は3分の1以上が切りつめられている。特に、大木を掘り取るときは、3分の2以上もの根がつめられることもある。したがって、地下部の状態に合わせて、地上部の蒸散量をおさえてやることが必要になる。こうして枝を切りつめて植え付けられた木は、葉の面積は制限された状態になるが、これだけではまだ乾燥や夏の

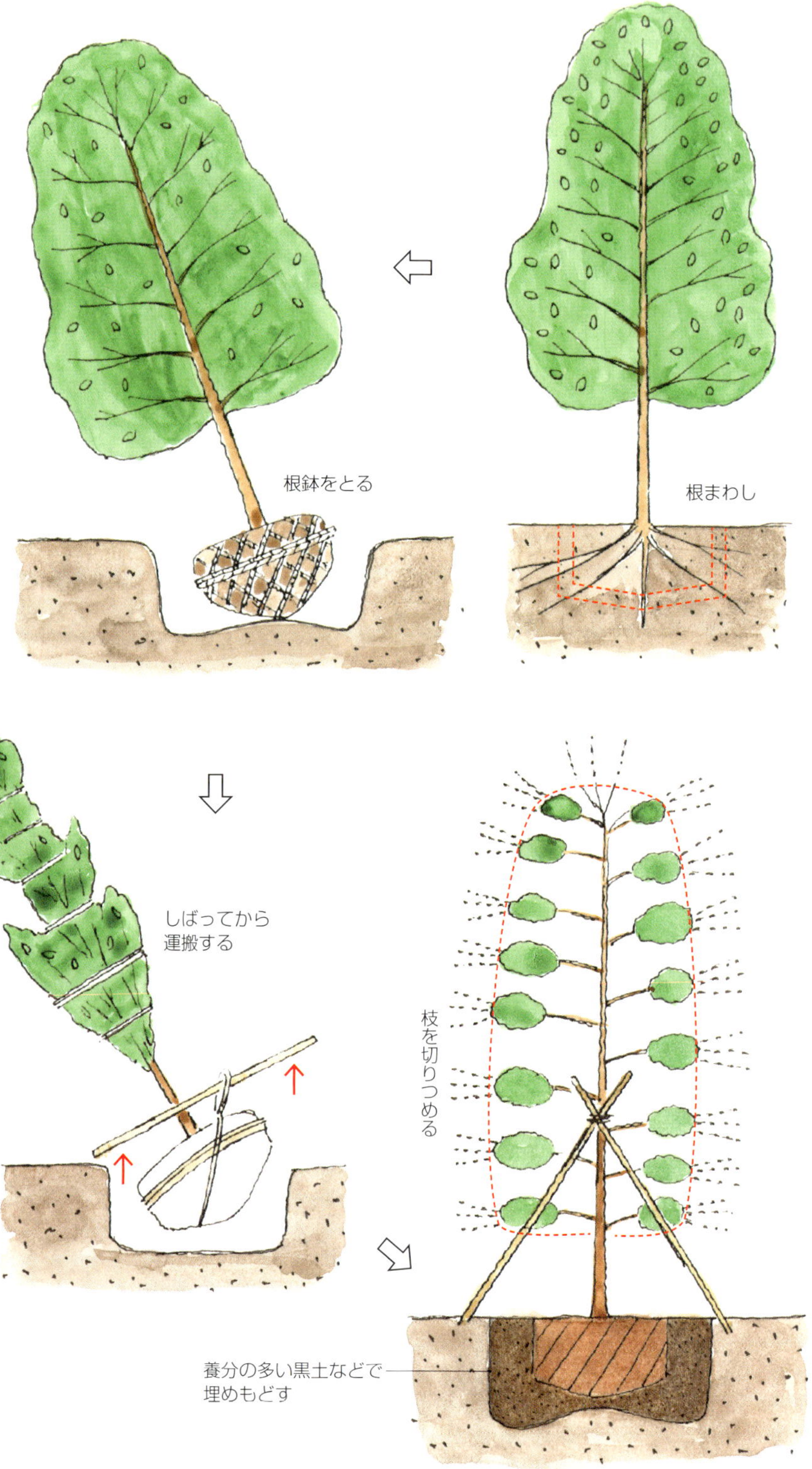

根まわし
根鉢をとる
しばってから
運搬する
枝を切りつめる
養分の多い黒土などで
埋めもどす

図68　山掘り・移植のやり方

暑さ・冬の寒さに耐えられない。そこで植え付け後は、すぐに幹巻きをしてやることも忘れてはいけない作業である。

なお、移植に最もよい時期は、3～4月の新芽が展開する前である。次によい時期は、梅雨の後半で、新芽も展開して葉先がかたまった時期になる。あるいは秋の9～10月初旬ごろもよいときといえる。しかし、梅雨明け時期や秋の移植の場合、いずれもただちに乾燥期を迎え、しかも夏の猛暑や冬の酷寒に木をさらすことになり、あとの生育にとっては都合が悪い面があるから、それらに対する注意が必要である。

このようなときの幹巻きは、幹を乾燥から守る方法として、忘れてはならない作業だ。普通は幹にワラを巻き、ナワでしばる方法をとるが、ワラがないときは、新聞紙を二～三重に巻いても効果がある。

さらに、山掘りして庭に植え付けた木は、風で倒されないように支柱を立ててやることが必要である。大きい木では3本の丸太で支えるが、高垣根として1列にならべて植えたものでは、1本の支柱を横にわたしてしばりつけるヌノガケという方法をとる。若い木のときは、そえ竹を立てて、それに幹をしばりつけるだけの方法ですむこともある。

3 仕立ての手順

実生の若木を入手したら、目的の丈にまで早く育てることが第一となる。

山で育った若木のときは、多数の木に囲まれて日照を制限されて育ったものが、庭の日当たりのよい環境に移されると急激に横へ伸び出そうとするものである。すると、丈が伸びる早さより幅の広がる勢いのほうが強くなる。

したがって、小苗を山掘りしたときは、幹が曲がらないように支柱か風よけをつけ、はじめの1年はそのまま畑で育てたほうがよいだろう。そして、翌春の芽の出る前に、幹に近いところで枝を切って横幅をつめる。

なお、目標の丈に達するまでの間は、葉は養分の生産工場だから、葉が重なりあって日陰をつくらない程度に、なるべく多めに葉も保つほうがよい。

枝の切りつめ方は、最初は幹に近いところで切るようにするのが原則である。その位置から枝分かれが始まり、そこで2本に分かれ、さらに2本に分かれるようにして、自分のねらいの樹幅になるまで枝を分けていくことになる。

その結果、樹形が円筒形になるように注意しなければならない。すなわち、最初の枝の切りつめは、幹に近いところから始まり、その後は何回かの剪定を重ねて、自分がねらいとする樹形に仕上げていくわけである。

また、この間には夏は放置して冬に剪定を行なうようにする。この意味は、夏は養分の損失を防ぐようにしたいことにある。つまり、夏に切りもどしを行なうのは、せっかく伸びた枝を切り取ることによって、新しい枝を吹かし直すことにたくさんの養分が費される。

したがって、冬の剪定のあとで、春から出る枝をそのまま伸ばし、夏に大きな葉をつくり、それを十分に活動させることは、養分の生産工場としての働きをさせて、丈を大きくし幹を早く太らせることにつながってくる。

なお、幹や枝を太らせるには、大きく伸ばしては切りつめる作業をくり返すことが必要である。

また、一定の高さのある木を山掘りしてきたときには、木の上下の枝ぶりをそろえることを第一に考える。シイの上下の勢いをそろえて、枝や葉を平均に保つには、上のほうの勢いを弱めてやらなければならない。

これはシイには頂部優勢の性質があるからである。そして上の勢いを制限するためには、葉数を少なくしてやればよいのである。また強い下枝があるとき、下枝は、上にくらべて幾分葉が多くなるように剪定する。

最も問題になるのは、下枝が弱いときだが、マツの場合のような枝を上げる作業は、シイでは実際に行なえない。そこ

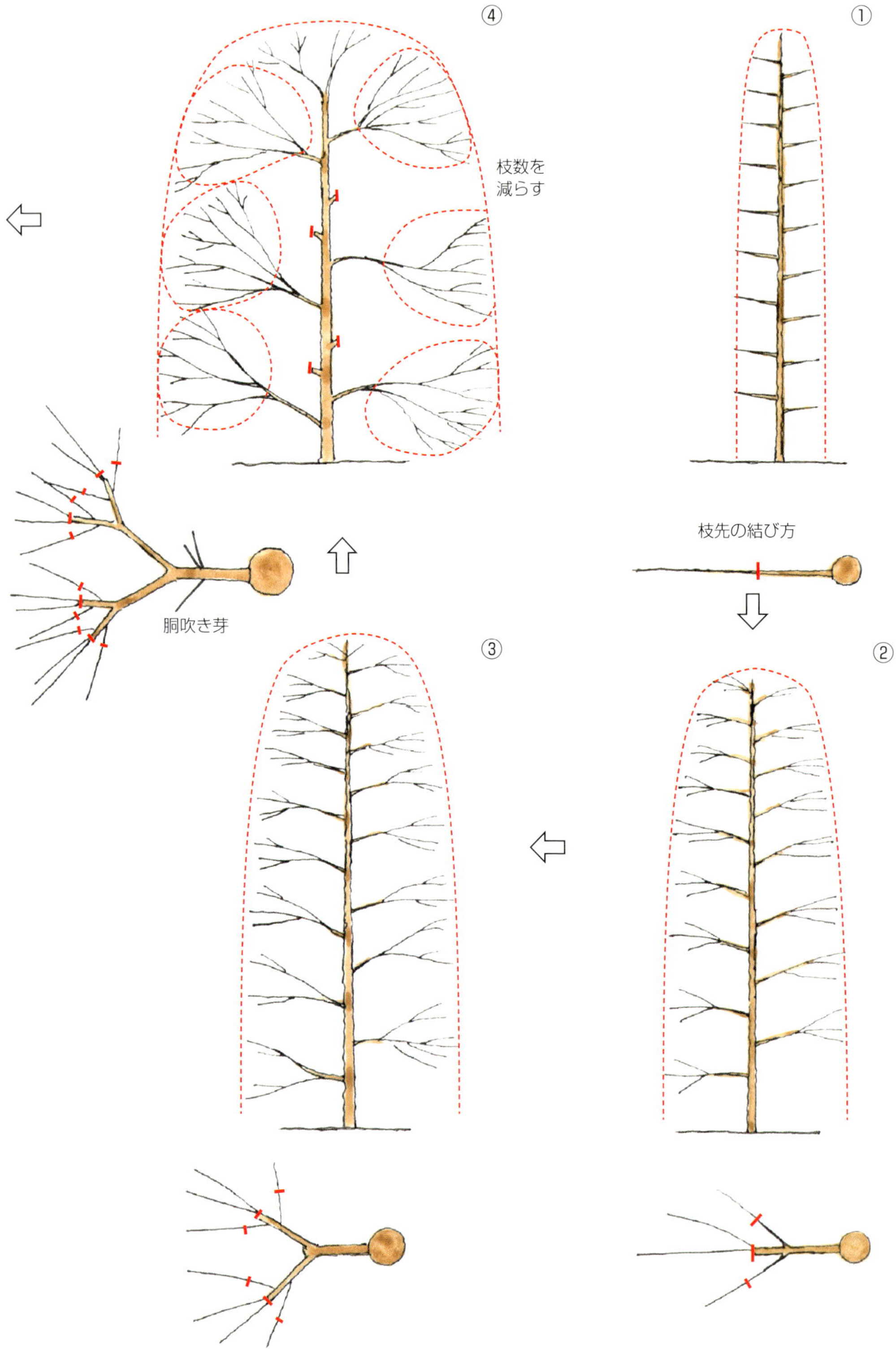

で、シイの場合は、強く切りもどすことで枝を太く強くする方法をとる。強く切りもどしをしたところから勢いの強い徒長枝が出てくるから、これを長く自由に伸ばして太くしたあと、再び短く切りつめる。そのあとで枝を分けていくわけである。

このときには、これ以上強くしたくない枝は、しだいに細くなっていくように枝を分ける。逆に、強くしたい枝は、伸ばしては切りもどし、伸ばしては切りもどしてやるのである。このようにして全体の枝の強さをそろえる。

植え付け後の手入れは、あとで述べる幹枝の扱いに準じる。

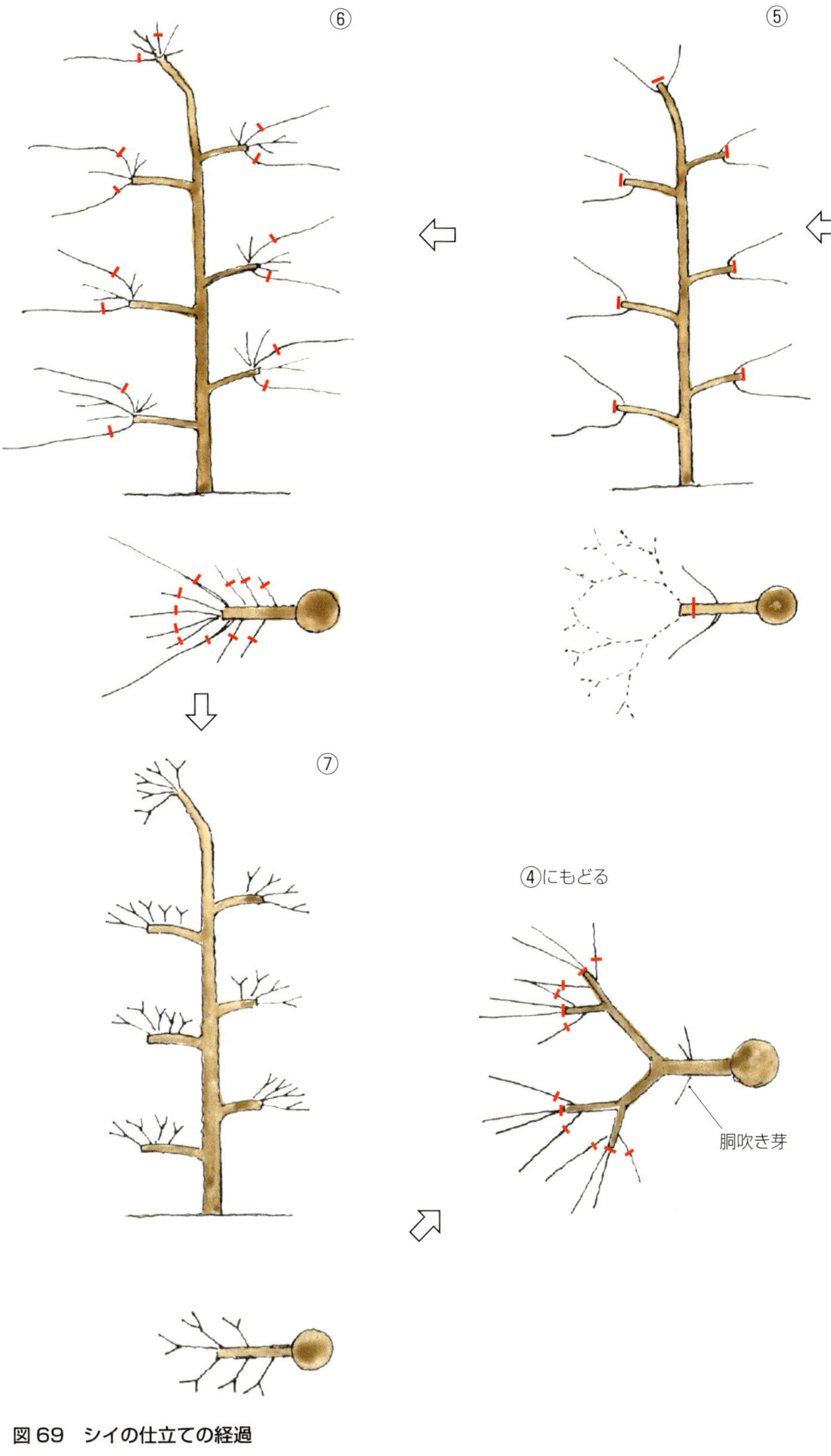

図 69　シイの仕立ての経過

4 半球形仕立て

この樹形は、枝先を自由に伸ばすのではなく、常に同じ大きさと形を維持することが大切である。

幹の太くなった古木でも、枝をすかしてあらさをだし、光が十分に平均して当たるようにする。このためには、中ずかし・小ずかしをしながら切り込んで輪郭線をつくり、それぞれの枝先は、二〜三葉がけにしていく。

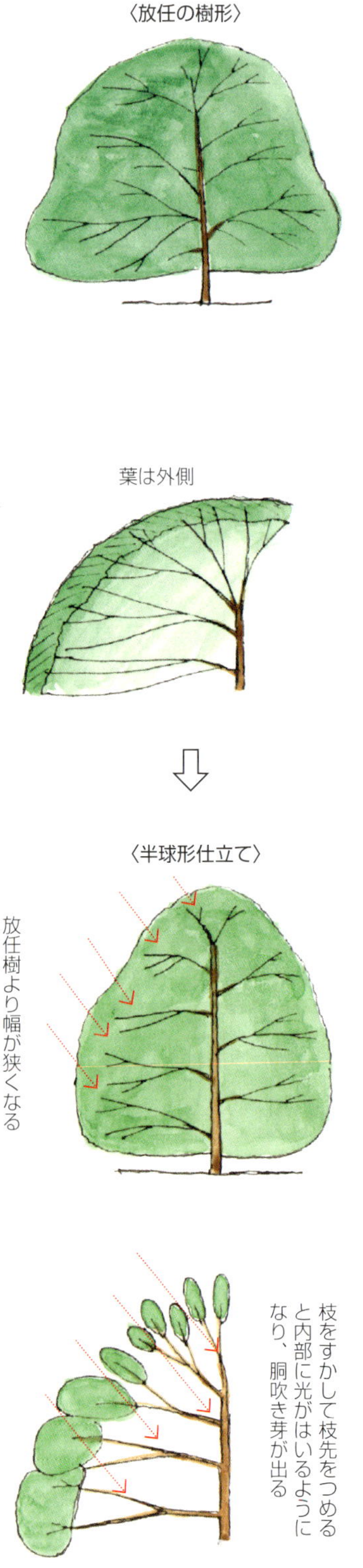
〈放任の樹形〉
葉は外側
〈半球形仕立て〉
放任樹より幅が狭くなる
枝をすかして枝先をつめると内部に光がはいるようになり、胴吹き芽が出る

図 71　半球形仕立て

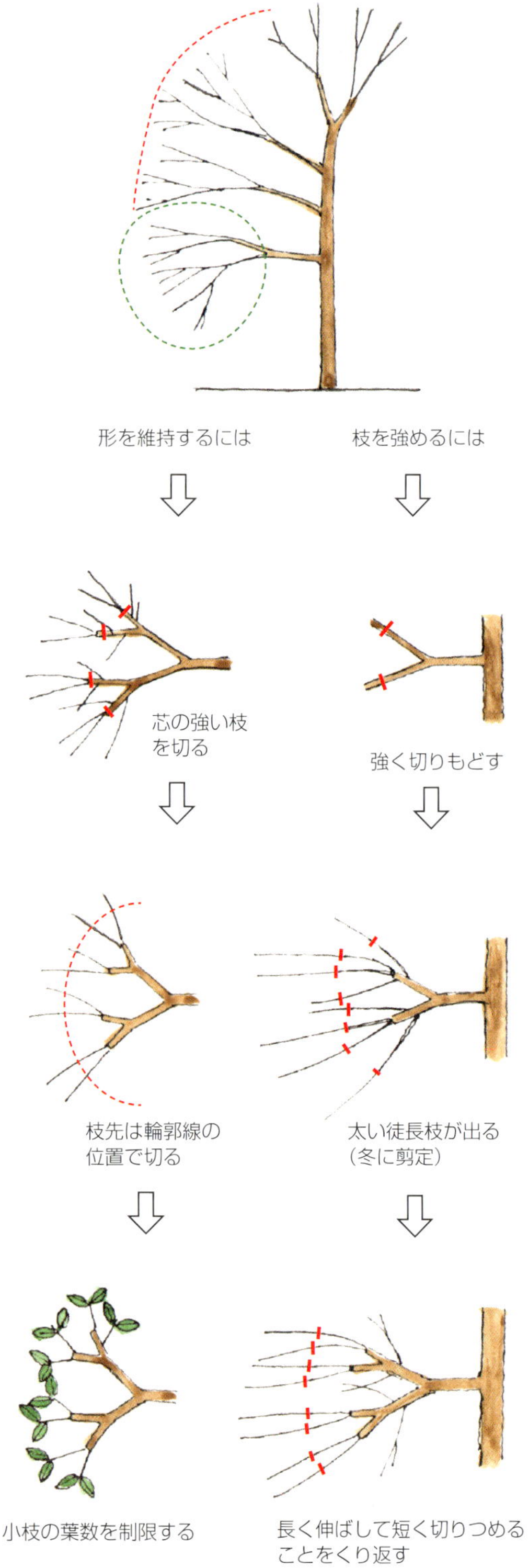
形を維持するには
枝を強めるには
芯の強い枝を切る
強く切りもどす
枝先は輪郭線の位置で切る
太い徒長枝が出る（冬に剪定）
小枝の葉数を制限する
長く伸ばして短く切りつめることをくり返す

図 70　剪定の２つのやり方

5 高生垣仕立て

屋敷の目隠しや防風、防火の目的で植えられる。このときは、たがいの木の枝がからみあったり幅が広くなりすぎると困るので、丈をそろえて円筒形に仕立てる。それぞれの枝先は亀甲ずかしに切りつめて、小枝先は二～三葉がけに手入れをしておき、若木の段階を過ごす。

木が古くなってくると、円筒形の樹形を維持できなくなる。それぞれの枝を見ると、一枚一枚の葉は小さくなるが、いくつにも枝分かれして、小枝先は葉が密生した状態になってくる。その密度が高くなれば通風・日照の面で障害が生じてくるから、枝の間隔が散るように間引いてやる。まず、幹から出ている枝の数を減らしていく。

残す枝は、目隠し・防風の役割りをはたすように適当な間隔で、四方へ平均して広がり、しかも枝をあらく大ずかしに整理する。こうして枝数を減らしたあとで、残った枝は元のほうの脇枝の位置まで切りもどし、そこから葉がついている小枝先まで次つぎに枝を分けていき、枝の幅を短くしてやる。すると、木は段づくりに近い樹形になっていくことになる。そして、この形を維持するには、毎年の枝先の手入れで、小ずかしに切りつめていけばよい。また、木がさらに古くなると、小枝先が再び幹から離れてくるから、これを短く切りもどす作業が必要になる。この際、日照・通風がよいように十分な手入れと管理がなされてきたシイでは、幹に近いところから胴吹き芽が多く出ているだろう。幹の近くに胴吹き芽があるときは、それを残して、先を切りつめる。

胴吹き芽がないときは、一番元の脇枝を残して、春の発芽直前に先を切りつめる。こうすると、切った年のうちに、切り口の部分からたくさんの小枝が出てくる。そこで小枝先を止めて形をつくり、ひとつの枝ぶりをつくってやる。いっせいに小枝が吹いてきたあとで、前に小枝を出させるために残した胴吹き芽や脇枝は、全体の形を見ていらなくなったものを切り落とす。

幹吹き芽を利用するときは、幹吹きの伸びている方向に枝ぶりを仕上げ、古くなった枝のほうは元から切り取る。

以上の経過を経て、高生垣にしたシイの樹形はかわっていく。若木の段階は円筒形で幹からたくさんの枝が出た姿だが、次の段階では枝数を減らされて段づくりに近い形になってくる。その後、幅が広くなってきたら主枝を切りつめて寸胴切りの状態にし、幹の近くまで枝ぶりを切りもどす。この段階になると、たがいの小枝ぶりの間隔が離れて、それぞれの小枝先は美しい状態になってくるはずだ。

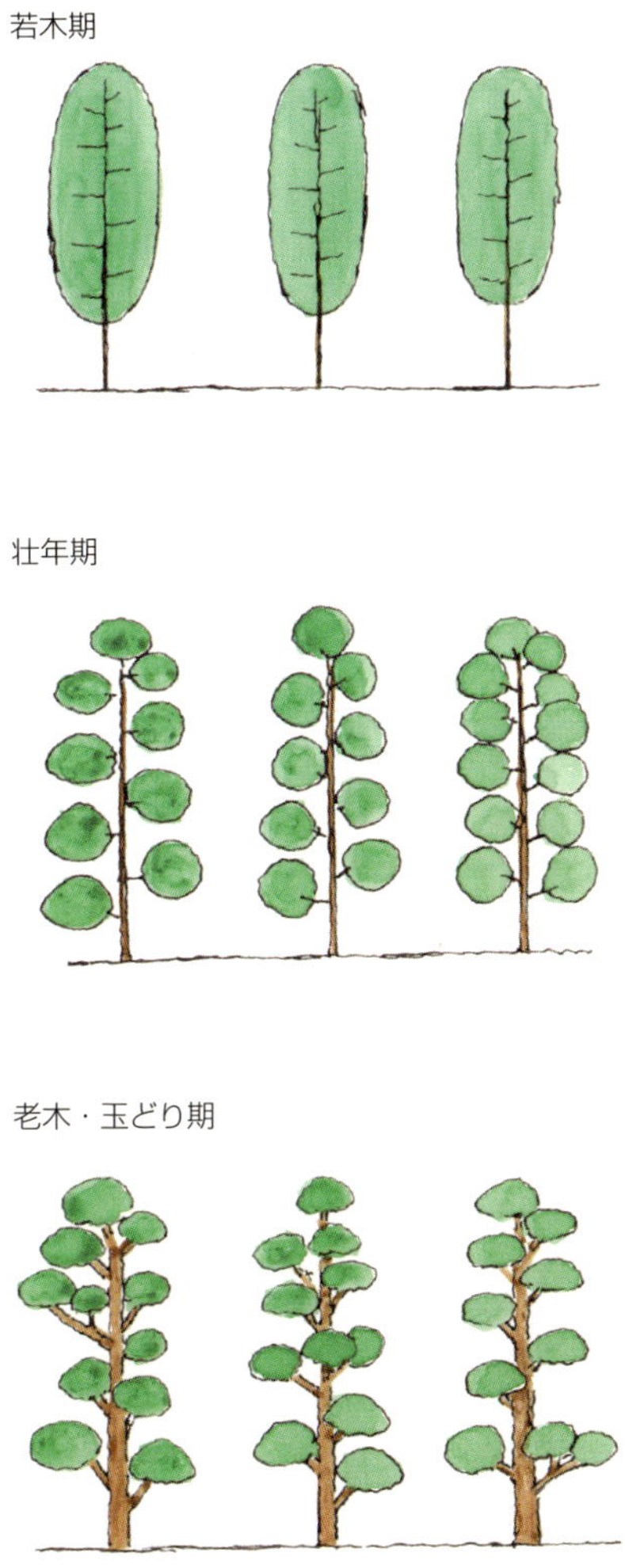

図72　高生垣の移り変わり

6 枝・葉の扱い

1 車枝の扱い

シイの枝は車状に四方へ出る性質がある。したがって、シイの樹齢は、車枝の段の数を読めばわかるだろう。

前述したように小苗から仕立てるとき、目標の高さに達するまでは丈を伸ばすことを第一に考える。どの程度の高さを目標とし、枝配りはどうしたらよいかという点は、シイの用途によって違ってくる。

高生垣などに用いるときは、3～3.5m程度の高さにする。この高さになるまでの間に、一度の手入れも行なわずにおくと下枝が枯れ上がるおそれがあるから、実生後3～4年たったら軸根を切り、枝数を減らして移植する。これは、上向きの車枝をしっかり整理して木の上下のバランスが保たれるようにすることで、芯が負ける心配もなくなるからである。

車枝を放任しておくと、シイの場合は頂部優勢が強いために幹はまっすぐに立つ性質があるが、途中から幹が分かれてしまうことが多い。これは上向きの車枝のために主幹が負けてしまうわけである。

車枝の処理の基本は、仕上がりの木の形を考え、その形に合わせて四方に枝が残るようにすることだろう。

なお、枝が車状につくといっても、車枝状になっているのは先端部分だけで、ほかは幾分段がついているのが普通である。これは、葉腋にある芽が伸びて枝になる性質にもとづいているわけである。つまり、そこでは完全に1段にならないように、幾分高さの違いがつくように枝を残しながら、四方に枝の出た状態にすればよい。シイでは、マツのような1段3本にする極端な枝の制限は行なわないのである。

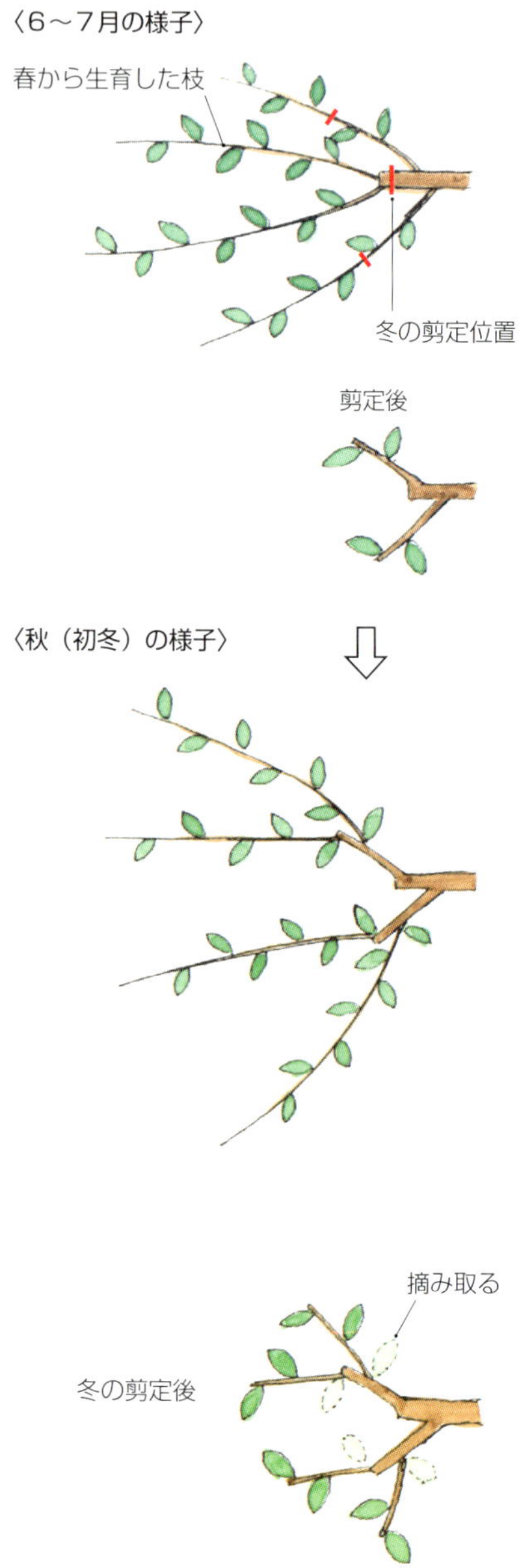
〈6～7月の様子〉
春から生育した枝
冬の剪定位置
剪定後
〈秋（初冬）の様子〉
摘み取る
冬の剪定後

図73　枝先の剪定

2 枝先の扱い

枝先の扱いには、三つの方法がある。ひとつは手入れ回数が少なくてすむ方法で、毎年1回の手入れで形を維持しようとするときである。これは、6月下旬から7月にかけての、梅雨明けのころに枝すかしをして小枝数を減らすというものである。

その方法はまず、主枝の元のほうから出た脇枝を必要な数だけ残し、先は切りつめる。そして、それぞれの小枝先には春から育ってきた葉がついているが、これを二～三葉がけに切りつめる。つまり、枝数を減らす作業と枝の長さを切りつめる作業とを一度に行なうわけである。

これだと年内に短い小枝が出て数枚の葉がつけば生長が止まり、その姿で冬を迎えることになり、冬の間のシイの姿は、切りつめた感じのない自然な形で葉ぶりが眺められることになる。ただし、十分に手入れされた姿で正月を迎えることはできないのが難点になる。

これに対して、1年に2回手入れをする方法は、1回目の手入れを第一の場合と同様に6～7月に行なう。ただし、このとき、枝すかしと小枝先を二葉がけに切りつめる作業とをする必要がある。冬になってから行なう2回目の手入れでは、夏から伸びた小枝先を二～三葉がけにつめる。繁茂しすぎている場合には、必要に応じて枝すかし（小～中ずかし）をする。この方法だと、正月は手入れされた美しい姿で過ごすことができる。

そして最後は、冬の手入れだけの1回ですませる方法である。これは秋の10月以降に前年に伸びた枝を小～中ずかしに切りつめ、二～三葉がけに小枝を残すというものである。この場合では、冬の眺めは美しいかわりに、夏は過繁茂でむさくるしい形になるのが難点といえるだろう。

理想的には、2回の手入れをする方法がよいのだが、労力が多くかかる欠点がある。そこで、2回の手入れが不可能なとき、あるいは人を頼んで手入れしてもらうときなどでは、梅雨明けに1回の手入れですませる方法が多くとられるのが実情のようだ。

3 徒長枝の扱い

徒長枝のような強い枝が出やすい若木の場合は、徒長枝を上手に利用して、木の形をつけるうえに役立てていく考えで手入れをするとよい。一方、年数を経た木では、部分的に徒長枝が出ると、それ以外の枝が弱められるので、切り取るか切りつめるかすることになる。

徒長枝は、葉の大きさでもわかるだろう。ほかの部分の葉より大きな葉が出てきたときに、その枝は徒長枝の可能性がある。このときは、早めに切り取るか二～三葉がけに枝先を止めて、強くなりすぎるのを防ぐ。

4 寸胴切りの切り方

寸胴切りとは、幹から近いところで主枝を切った形で、切り口から新しく小枝を吹かせる場合をいう。切り口は上向きの水平面にならないよう斜めに切る。これは、切り口からの腐り込みを防ぐためで、切り口に水をためないようにするのがポイントである。

庭木の場合は「ウロになって味が出る」という見方もあるが、これは、材質のかたい、腐り込みにくい種類に限られる。

幹や枝を切り落としたときは、切り口にカルスが巻いて傷口を覆う速さと、切り口から腐っていく速さとの競争があるわけである。シイは材質のかたい木で、腐りが遅いので切り口をそのままにしておいても心配はない。

その点、サクラなどは、カルスの巻きよりも腐りの速い木だから、切り口には防腐効果のあるコールタールなどを塗って保護することになる。なお、切り口が観賞する正面を向かないように注意して植え付けたいものである。

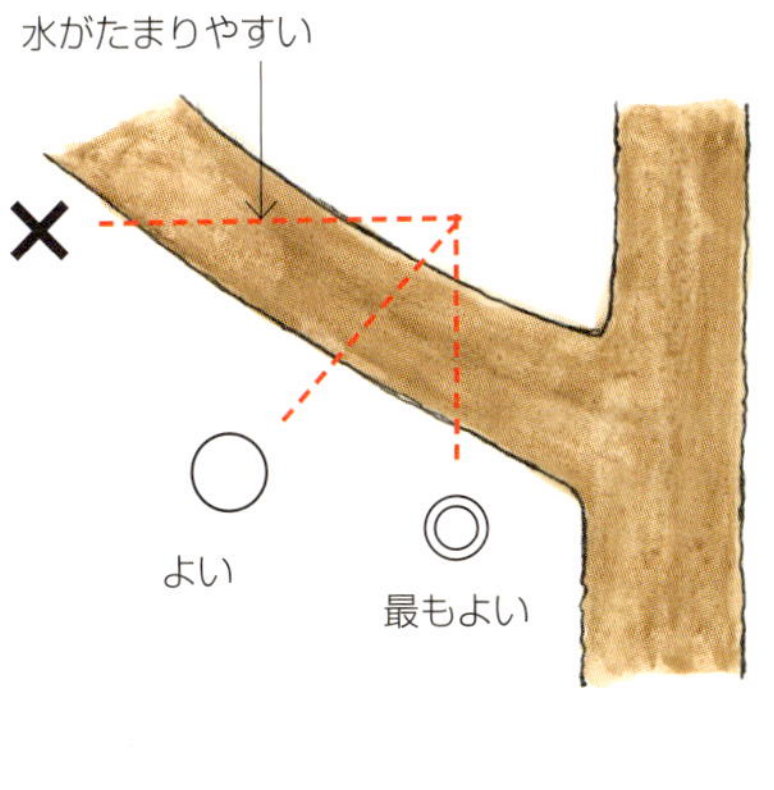

図 74　寸胴切りの切り口

モチノキ

コツのコツ

枝の切りつめは、中ずかしと小ずかしで行ない、葉は二葉がけ、三葉がけに切りつめるのが基本となる。これは木の内部の日照と通風をよくするための処置で、とりわけ通風が悪くなるとモチノキではカイガラムシ、すす病などの病害虫が発生するので要注意。

モチノキとして庭木に使われるものには、モチノキとクロガネモチとがある。これらはいずれもモチノキ科に属し、葉の形を見て区別される。葉柄が紫紅色をおび、葉がやや内側に巻いて丸みのあるほうがクロガネモチである。このほかにカナメモチと呼ばれる木はバラ科の庭木で、性質はいくらか異なる。また、ネズミモチはモクセイ科の木で、黒い実をつけ、葉も小型で濃緑色をしている。

1 木の性質

環境

本州中南部のやや暖地に自生していて、モチノキは関東あたりまで、クロガネモチは静岡以南に分布するとされている。しかし、植栽されたものでは、これよりも北のほうまで広がっている。

陰樹だから、日陰でもよく生育する。また、土性は、やや湿潤で肥えた土のほうがよく生育するが、土地に対する適正は広いほうである。

性質

モチノキは常緑広葉の高木で、モッコクとともに古くから庭園に植えられてきた。

生育はやや遅く、大木では高さ15m、直径50cmくらいになる。著者が実見したうちで最も大きいものは、二宮尊徳が水田の改修記念に植えられたというもので、根元の直径が50cmほどはあった。

強い剪定をしても、あとの萌芽力が非常に強く、庭木として仕立てやすいという優れた性質をもっている。また、大木でも移植ができることも利点のひとつである。このため、モチノキは庭木として広い用途があり、幹もの、植えつぶし、生垣などに使われている。

欠点はカイガラムシやすす病がつきやすいことで、これらの病害虫の供給源になるほどである。したがって、モチノキにカイガラムシやすす病が発生したら、ただちに退治してやることが大切で、これを怠れば庭全体に広がってしまう危険

クロガネモチの枝葉と実

モチノキの枝葉と実

性がある。
苗木は山掘りのものを仕立てに用いるのが普通だが、実生や挿し木による繁殖も可能である。

2 仕立ての注意

●シイとの違い

シイと違う点は次のとおりである。

成木になって幅の出たシイでは、寸胴切りによって小枝ぶりの位置が幹に近くなるようにもどして、幅をつめたり形を整えたりする作業を行なうことがある。

一方、モチノキの場合、成木になってから小枝は玉にしても、全体として円筒形の樹形を維持するようにする。これはシイより生長が遅いことによる。また、モチノキは樹形を維持するために中ずかしを行なって、いつまでも同じ位置に小枝ぶり・葉ぶりがあるように管理する。

枝は中ずかしに、葉は二葉がけ・三葉がけに切りつめる。これは、日照を平均に与えること、内部が蒸れないように通風をよくすることなどのためである。特にモチノキは、手入れが不十分なものは、濃い緑のかたまりの葉ぶりになってくる。しかも、通風が悪いとカイガラムシが発生しやすくなり、そのためにすす病が発生して、葉は黒く汚れた色になりやすい。

●枝の切りつめは中ずかしと小ずかし

冬芽の状態から春いっせいに枝が伸び出してくるが、特に枝先の芽は強く、中心の枝と数本の枝が伸びてくる。これをくり返して枝先が幹から離れていく。

このため、剪定・整枝では、まず、中ずかしをして重なり枝や混み合った枝数を減らし、幹に近づけるように切りもどす。これをくり返して、亀甲ずかしのような形に枝を分けていく。

小枝先は葉脈から必ず枝が伸びるし、中ずかしにしても萌芽力が強く枝を吹くので、部分的にハゲる心配はない。

こうして、全体の形が円筒形に仕上が

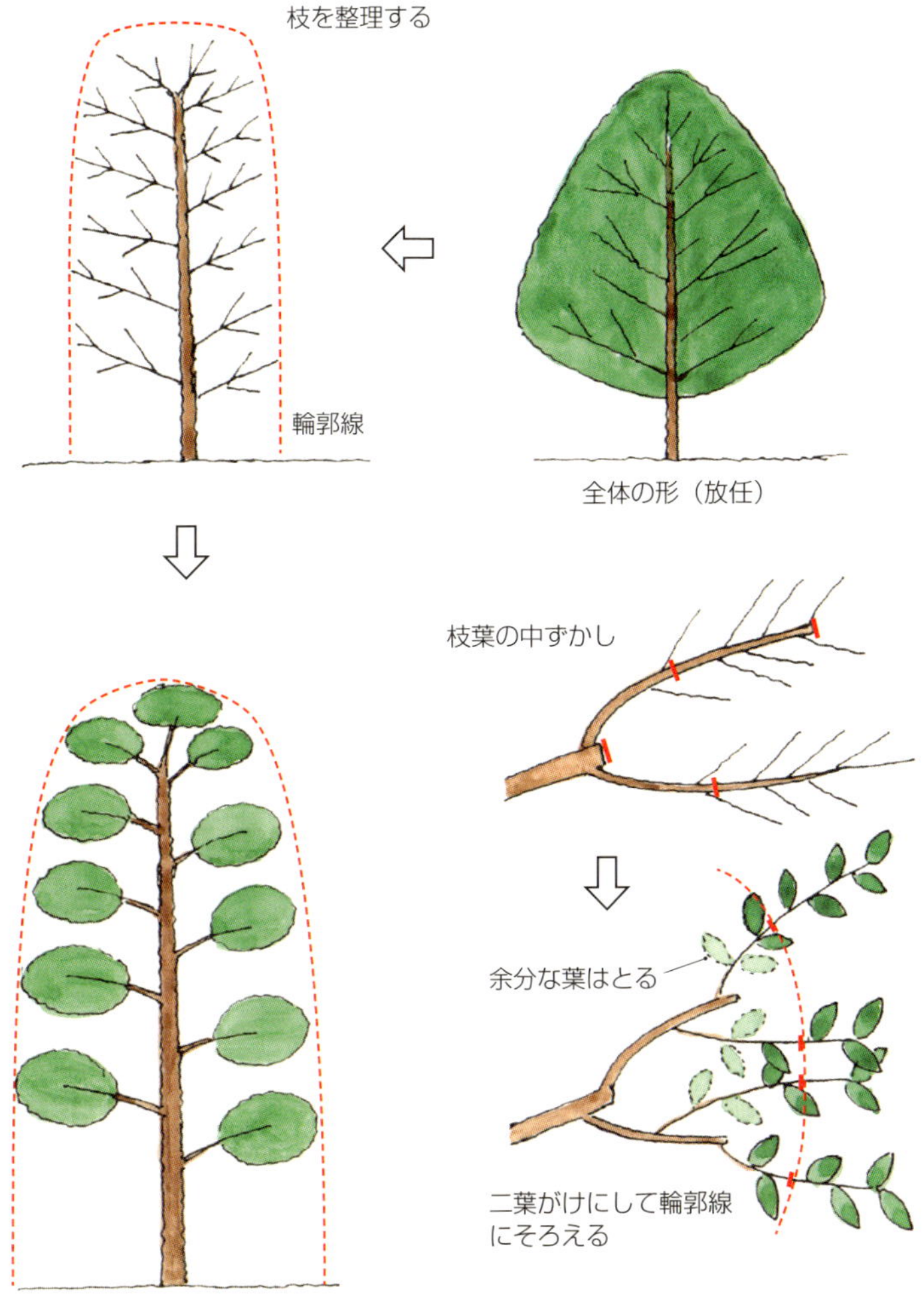

図 75　モチノキの仕立て方

るようにしていくのである。これらの手入れの時期や回数は、シイとほぼ同様でよいわけだ。

モチノキは、幹を直立しているから、背枝・腹枝の関係がない。大きくなった木では、枝の元が多少ふくらんだり、うねりがついたりしているが、これはあとからついたものだから、枝を分ける際には関係がない。

●日照・通風を十分に

幹から分かれた枝の占める空間が重ならないようにするには、その枝の方向と下の枝の方向とがなるべくずれるように注意したい。

マツの場合には1段3本の枝配りが基本だったが、モチノキは段がはっきりしないため、すぐ下の枝の方向と重ならないようにする。そのような注意をして、空間を上手に利用しながら枝ぶり・葉ぶりをつけ、全体として円筒形になるように仕立てていくことになる。このとき小枝と葉がひとつにかたまった状態になるが、それぞれのかたまりの間には、すき間をつくるようにする。このすき間は、木の内部の、奥まで光を透過させる効果と、通風を十分に与える効果とがある。

すき間を通して奥まで光がはいれば、奥のほうからも新しい枝を吹いてくる可能性がある。つまり、新しく出てきた枝を、すき間からはいる光が育てるわけである。したがって、外側の葉の層を薄くしてすき間をつくってやることは、木の形を維持するために重要である。

内部が太い枝だけで棒状になっている場合に中ずかし・大ずかしで切りもどしたときは、切り口の近くから小枝が出て樹形が整うまで2年くらいかかる。しかし、日照・通風がよいときには、枝の形があまり乱れず早く回復する。

モチノキの玉散らし仕立て

3 同じやり方で手入れできる樹種

シイやモチノキとほぼ同様な考えで剪定・整枝されるものには、クロガネモチやカナメモチ、ヤマモモなどをはじめ、多くの常緑樹がある。これらは、いずれも萌芽力が強く、剪定・整枝に耐えるために樹形がつくりやすく維持しやすいものである。逆説的にいえば、そのような性質が強いものを選んで、庭木として用いているといってもよいだろう。

クロガネモチは、モチノキよりも生育が遅く、樹形が維持しやすいので、需要が増えている。特に関西方面に多い木である。

カナメモチは半球形に刈り込んだものと、円筒状に仕立てるものと、二つの形がある。萌芽力が強いので、いずれの場合も、一定の輪郭線を刈り込みバサミで刈ることによって、外形を維持できる。ただし、交差した枝だけは、1本ずつ木バサミで摘み取るように。

モッコク

コツのコツ

葉を中途で切ると切り口が醜い茶色になり、そこから枯れ込む危険があるので葉の刈り込みは避ける。樹形の維持はもっぱら小枝先の切りもどしや小ずかしによるが、徒長した上向き枝は、からみ枝になりやすいので早めに切りつめていく。

1 木の性質

●環境

モッコクはツバキ科の木で、本州の中南部から四国、九州の近海地方に分布し、暖地系の木に属する。したがって温度が大切な条件になり、日当たりがよく肥沃な壌土質の土地を好む。日当たりのよいほうが勢いは旺盛だが、葉の生育に適する程度の気温さえあれば、半日陰でも生育は可能である。放任したモッコクの葉はシイと同様に日の当たる部分にだけ茂り、中のほうは枯れ上がってくる。

●性質

木の生長は遅く、大きくなるのに時間がかかる。そのために大きなモッコクは珍重され、立派な樹形は庭木としてよく使われている。

自然に整った端正な姿の木になり、放任した木は、下幅のほうが広い半球形になって大きなコンモリした樹形を呈する。大きな木では高さ7～15m、幹の直径1mを超えるものもある。

十分に萌芽力があり、強い剪定をすると上向き枝がたくさん出てくる。上向き枝は樹形を不自然にさせるため、モッコクでは強い剪定が嫌われている。

移植に耐え、ていねいに根まわしをすれば、相当に大きな木でも、らくに移植できる。

わが国では昔からモッコク、モチ、モクセイは「三モ」と呼ばれ、重要な庭木とされてきた。いずれも常緑樹で、十分に剪定ができる木だからである。

いいかえれば、これらを使った庭はいつでも緑が眺められ、木に萌芽力があるため失敗が少なくてすむ。そのなかでもモッコクは端正な姿で、最も優れた木といえる。

●繁殖

実生と挿し木とが可能だが、実生が一般的なやり方である。通常、秋に成熟した種子をとりまきする方法がとられる。

種子は、冬の貯蔵期間中に温度を高くしたり、低くしたりをくり返してやると、発芽力がよくなる。樹勢の旺盛な木には種子ができにくい性質があり、一方やや疲れた木でC－N率が高くなった木にはたくさんの種子がつく。そのように樹勢の弱い木ほど種子をつけやすく、また、種子を残せばいっそう木が弱められるため、しばしば種子をとりさってしまうことが行なわれる。

モッコクは一カ所から何本も枝が出やすい

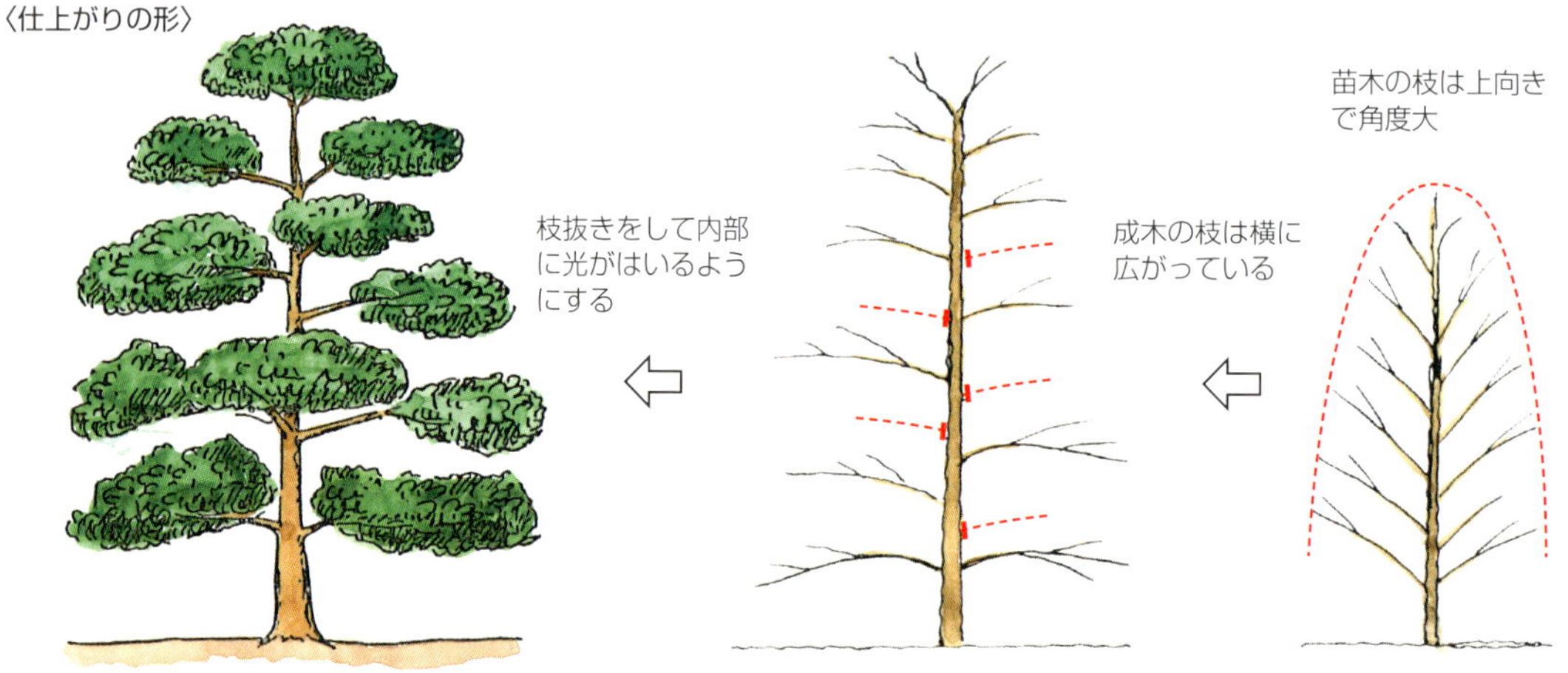

図76　枝の配り方

2 仕立ての実際

以前からモッコクは、大きなものが珍重されてきたため、小庭には大きすぎて適さないと考えられていた。

しかし、最近では小庭の中でも1m前後のモッコクを入手して、玉もののように利用する場合が多くなってきた。それは苗木の育ちが遅いこと、したがって業者の間で取引されるモッコクが大きな木ばかりではなくなったことなどが原因になっている。

1 仕立ての注意

1m前後になったモッコクの苗木の姿は、若木の特徴としてたくさんの枝があり、それぞれの枝先は上を向いている。木が老成するにつれ、枝はしだいに下を向くようになる。

大きなモッコクに育てたい場合、下のほうから主幹が分かれてしまったものは生長後、形が悪くなるから、主幹を1本に決めておくことが大切である。若木のうちの脇枝の剪定・整枝はあまり行なわず、自由に伸ばしてやる。

木が2～3m程度に育ったとき、枝抜きをして基本の枝配りをつける。枝配りがすんだ木は、あとは枝先の手入れをしていけばよい。

●葉数の制限

モッコクは、光の当たる部分にだけ葉が茂る性質がある。だから、外側の1列だけに葉がついて、中のほうは普通枯れ枝になっている。また脇枝は枯れ込むか、あるいはヒョロヒョロと細長くなるかしている。

したがって生育中は、木の内部まで十分な日照が得られるように枝や葉をすかしてやる必要がある。モッコクは葉だけを眺めるのではなく、中の幹ぶりや枝ぶりも観賞のポイントになるのだから、葉を少なく保つことがよけい必要になってくる。

放任樹では、まず枝抜きをして葉数を減らすことができる。その結果、木の内部まで光が当たるようになり、枝の元のほうから葉が吹いてくるわけだ。

この際に注意することは、大きな枝を切り落とすと、たくさんの上向き枝が出て強大な枝に徒長し、からみ枝になることである。

そこで、次に上向き枝やからみ枝の整理が大切になってくる。

上向き枝の扱い

上向き枝は、そこに枝・葉がほしいとき、なおかつある程度の光が当たって、残せば小枝が出る可能性のある場所にだけ残す。

これ以外の上向き枝は必ず切っておかなければならない。からみ枝は必ず切るようにする。

上向き枝を残すときは、元を短く残して切りつめ、そこに葉ぶりをつくる。

ただし、上向き枝を残した場合、常に注意して手入れをしていくことが肝心で、怠ると親枝の先のほうが弱る危険がある。これが樹形の乱れの大きな原因になっているのだ。

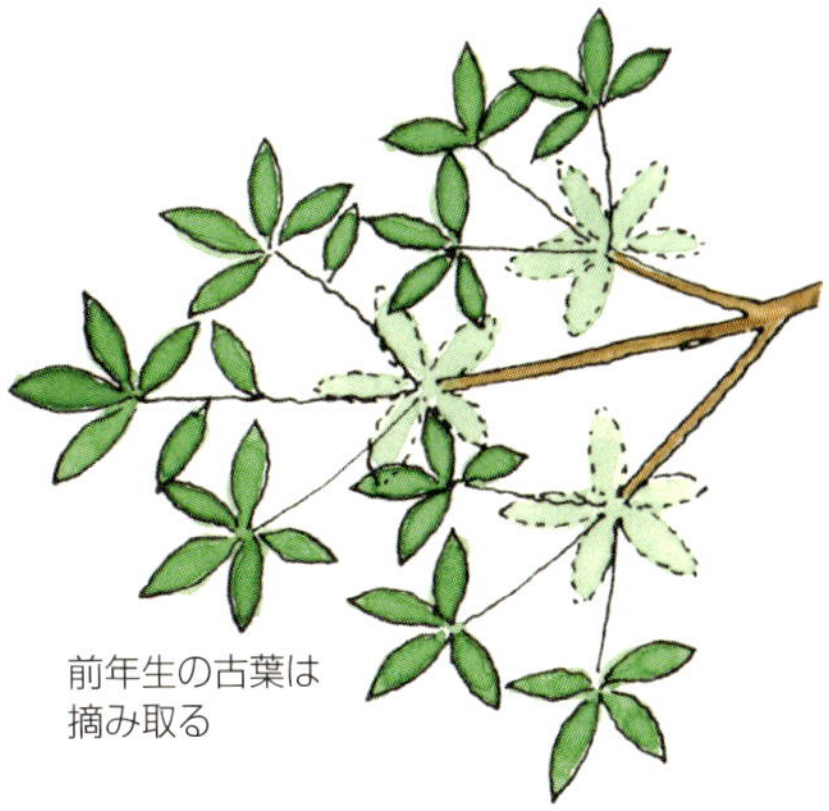
前年生の古葉は
摘み取る

2 樹形の維持

モッコクの葉を途中から切ると、切り口が茶色になって醜いうえ、そこから枯れ込む危険が出てくる。そのために葉の刈り込みは行なわず、小枝先の切りもどしや小ずかしなどの方法によって樹形を維持する。残される葉にはキズをつけないような注意が特に肝心。

小枝の様子を見ると、先端で輪状に葉が展開していて、その下は段状に何枚かの葉がついた形になっている。輪状の葉はいずれも当年生だが、段状の葉のうちで元のほうの2～3段（普通2段）が前年生の古葉で、ほかに当年生の葉が数枚程度ついている。

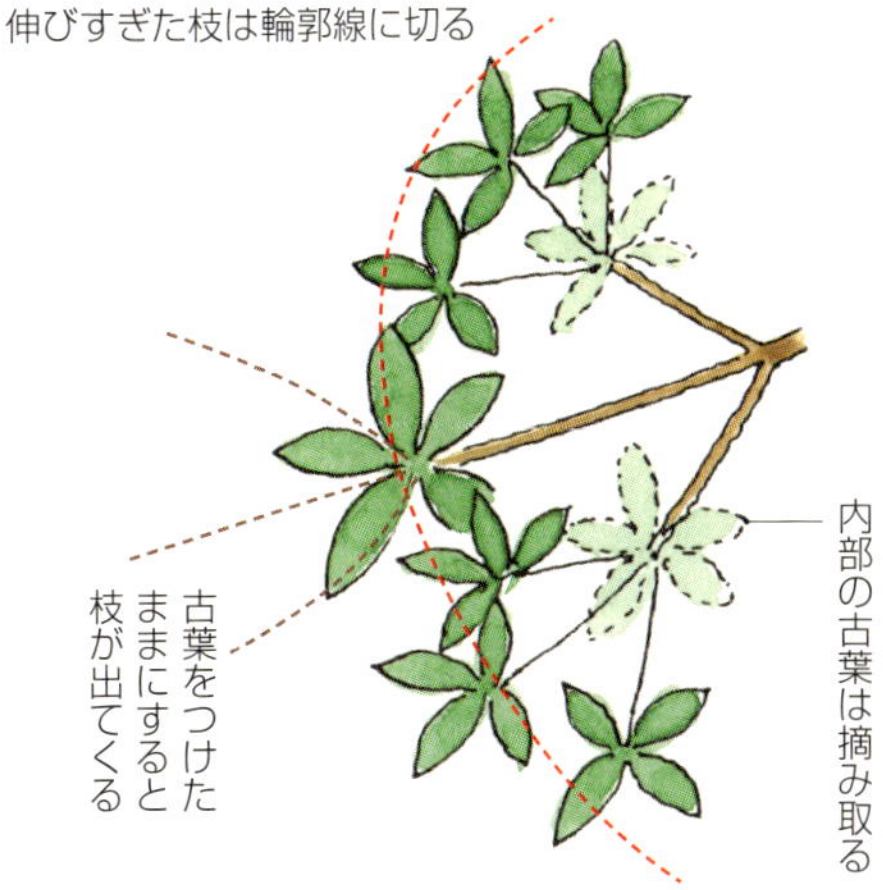
伸びすぎた枝は輪郭線に切る
内部の古葉は摘み取る
古葉をつけたままにすると枝が出てくる

図 77　枝の切りもどし

つまり、小枝の元のほうの2～3段が前年生の葉で、それから上は全部当年生の葉である。

モッコクは1年間に伸びる枝の量が少ないために、葉の間隔（節間）がきわめて短く、先端の当年生の葉が輪状に見える。下の段状の部分でも、わずかに節間がわかる程度である。そこで、小枝先の扱いは、切りもどす位置をどこまでとするかによって、次の三つの方法に分けることができる。

①当年生の葉は残し、前年生の葉だけを摘み取る方法
②当年生の枝・葉の部分を切り取る（前年生の葉の位置まで切りもどす）方法
③小ずかしで枝を元から切り取る方法

①は、木の大きさや幅をさらに出したい場合の方法である。先端の当年生の葉は切りつめずに残して、前年生の葉のほうを刈り取ってやる。すると、当年生の葉だけに葉数を減らすことができ、その位置に輪郭線がそろうわけだ。木が目標の大きさに達するまでは、この方法で行なうのがよいだろう。

②は、目標のサイズに達したところで、その大きさを維持する場合に使う方法。ただし、これを1～2年続けていくうちに、切りもどした位置からは芽が出にくくなる。しかし、モッコクの場合、

小枝先を切りもどせば、小枝の元のほうからたくさんの芽が吹いてくるから心配いらない。先端から芽が出なくなった枝は、枝づきの位置まで切りもどして、枝吹き芽に切り替えてやる。これによって同じ位置に同じ程度の小枝ぶり、葉ぶりが維持できる。

③は、その場所の枝数が多い場合の方法である。また、当年生の枝が何本も出てきた場合は、当年生の枝を1本残し、ほかは切り取る。小ずかしで枝数を減らすことによって、全体に葉が少なくなるわけである。

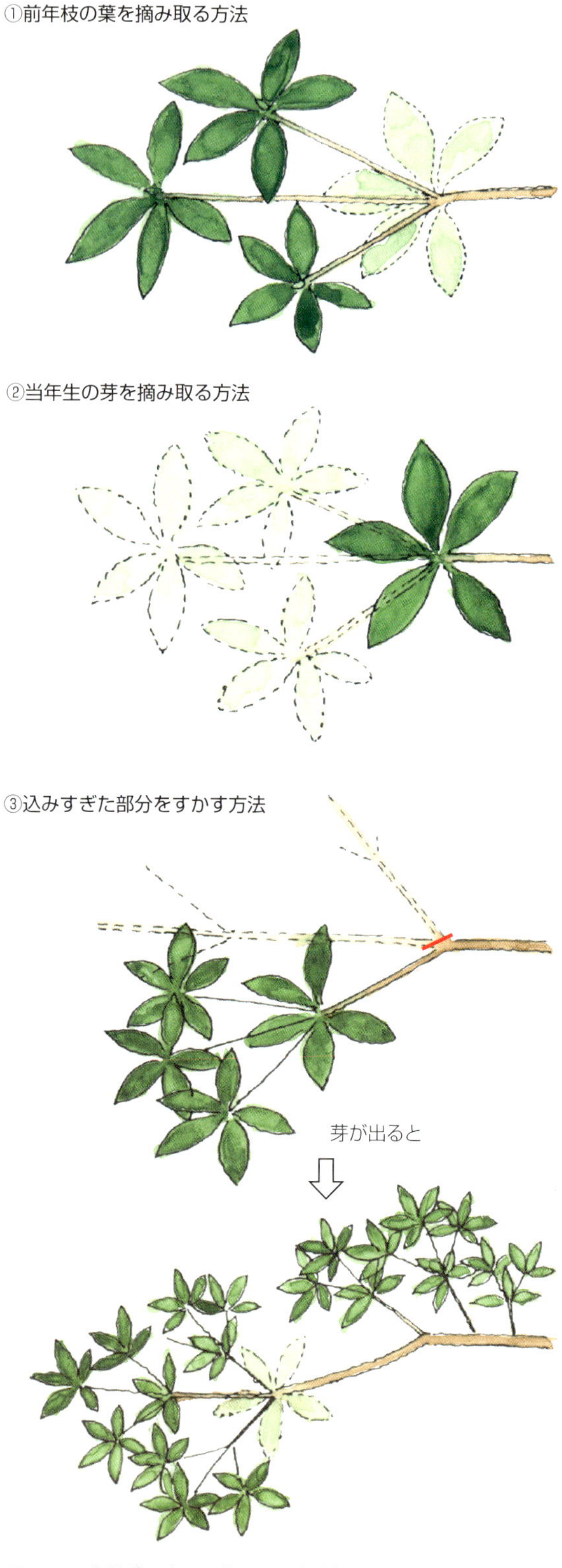
①前年枝の葉を摘み取る方法
②当年生の芽を摘み取る方法
③込みすぎた部分をすかす方法
芽が出ると
図 78　小枝先の扱い（3つの方法）

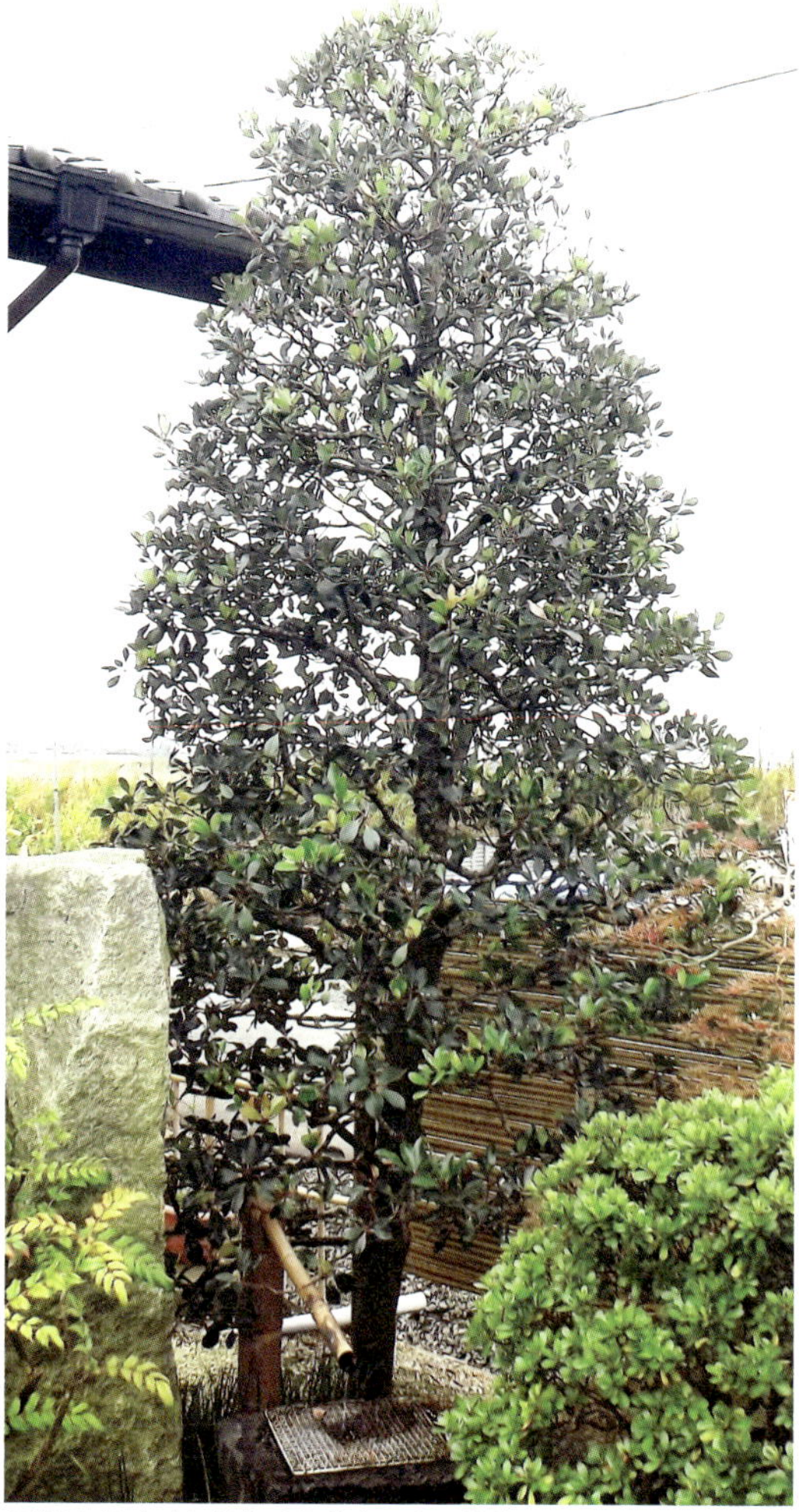
目標のサイズを維持する剪定により整枝

モクセイ

コツのコツ

勢いの弱い小枝の先に開花する性質があるので、花を楽しむには剪定のときに小枝を残すことに注意する。若木の時代に幅の狭い樹形に整えてしまうと小枝が出にくいので、木の幅は広く保つようなゆとりをもった樹形づくりがポイントになる。

1 木の性質

庭木として用いられるモクセイは、キンモクセイとギンモクセイの2種がある。キンモクセイは黄色の花、ギンモクセイは白い花が咲き、区別ができる。

●環境

モクセイは中国から渡来した木だという説と、九州にも自生しているという説とがあるが、はっきりしたことはわかっていない。

土性に対する適応性は広く、どんな土地でもよく育つ。ただし、日当たりがよい土地のほうが、生育はよくなる。

●性質

モクセイは常緑の高木で、主幹が途中から分かれてくる性質がある。放任しても自然に円筒状の整った形になり、下枝から枯れ上がってくれれば半球形の樹形になる。しかし、庭木としては、下枝までそろった円筒形のほうがよい。

生育は遅いほうで、丈は5m程度にまでなるが、そこまで達するのに相当の年数を要する。

庭木としてのモクセイには、次のような観賞のポイントがある。

第一は、秋（10月ごろ）に咲く花の香りを楽しむ場合である。第二は、枝先を切りそろえて、半球形に整えた樹形を眺める場合である。

よくモクセイは剪定ができない木だといわれるが、それは不注意な剪定をすれば花が咲かなくなることをいましめる言葉で、必ずしも剪定できない木ということではない。

モクセイの花は勢いの強い太枝には咲かず、細く垂れ下がるような弱い枝に咲く。花の香りを楽しみたいなら、小枝先に開花する性質があるので、枝先の剪定は避けなければならない。また、強い剪定をすれば強い徒長枝などが吹くので、やはり花は咲かなくなる。

キンモクセイの花

ギンモクセイの花

このように剪定・整枝をくり返したものは花つきが悪くなる性質があるが、この際にたくさんの小枝が残るように注意してやれば、開花が十分に期待できる。花を楽しみたいときは、小枝を残してやることが剪定のコツなのである。また、この注意さえ守れば、花とともに整形に刈りそろえた木の形を楽しむことが十分にできる。

●繁殖

実生、挿し木、取り木、接ぎ木などが行なわれるが、普通は挿し木苗を用いる。

挿し木の場合、活着力はきわめて悪く、特定の短い期間にしかできない。年によって違いはあるが、挿し木の適期は、7〜8月にかけての特に高温になる時期に、1週間程度あるだけなのだ。高温期が近づくと、集中的にたくさんの挿し穂を挿して、そのどれかが活着するという方法で挿し木が行なわれる。

2 仕立ての注意

モクセイは生長が遅く、花の咲く細枝が出るまでに長い年月がかかる。たとえば、あまり日当たりのよくない庭の例では、2年生の苗を植えてから8年後でようやく花が咲きはじめ、10年目でどうやら香りが楽しめるようになるのが一般的である。

若木のうちから幅の狭い形に整えてしまうと、花の咲くような小枝が出ないばかりか、何年たっても花が咲いてこない。花の香りを楽しむためには、ある程度の小枝が出るような状態に木の幅を広く保つことが大切である。

苗木の段階で強い上向き枝が出て、主幹が分かれてくる。本来モクセイは、主幹が分かれたほうがよいので、先端から出た上向き枝はそのまま育てていく。

ただし、ほかの上向き枝・徒長枝や、からみ枝など、必要のない枝だけは整理しておく。そして幹から四方にすなおな形で出てくる枝を段がうかない状態で残す。この枝は、十分な長さに達するまで自由に伸ばしてやる。

木が目標の大きさにほぼ達したところで、まず枯れ枝を整理してやり、同時にからみ枝や上向き枝なども切り取っておく。あとは毎年、晩秋から初冬にかけて、刈り込みバサミで輪郭線を刈りそろえればよい。

毎年の刈り込みによって、葉は輪郭線にそって密生した状態になってくる。さらにたくさんの小枝も密生して、小枝先が輪郭線にそってびっしりと張りめぐらされた状態になれば、仕上がりである。密な輪郭線ができれば、当然木の内部は日照不足に陥り、その結果、内部に枯れ枝が発生してくる。

また、輪郭線にそって密生している小枝のうちで、混み入った部分の不要な枝は自然に枯れてくる。

したがって、毎年の刈り込み作業のときには、このような枯れ枝を取り除いてやる必要が出てくる。からみ枝や徒長枝があれば、その際同時に切り取ってやる。

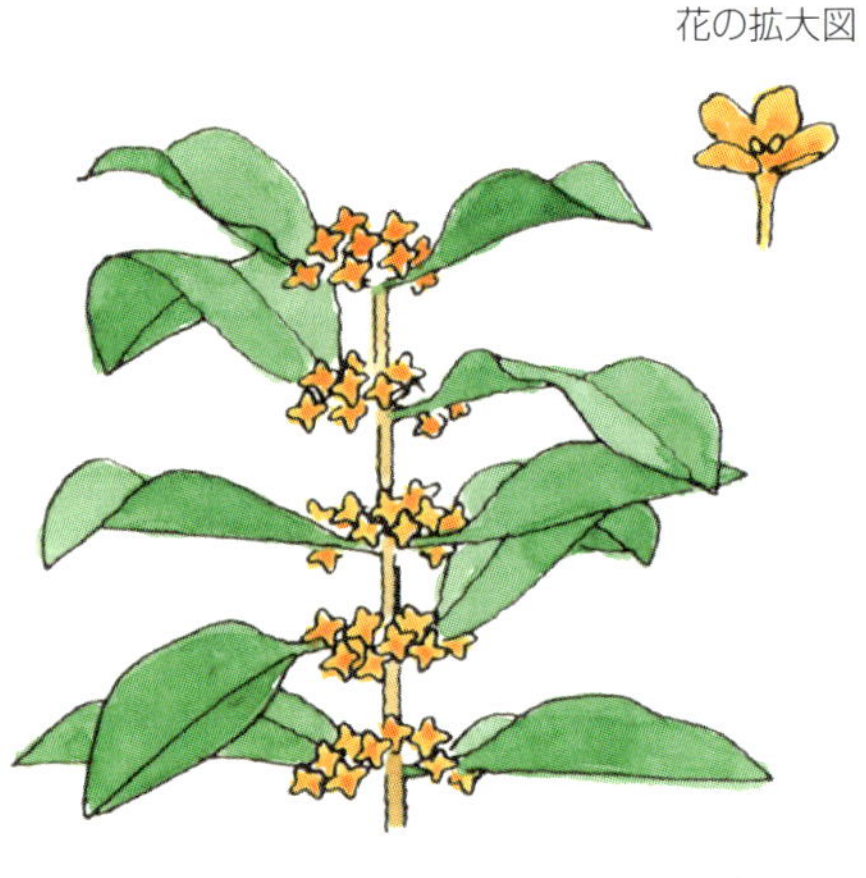

図79　花のつき方

球状仕立て

円筒形仕立ての例

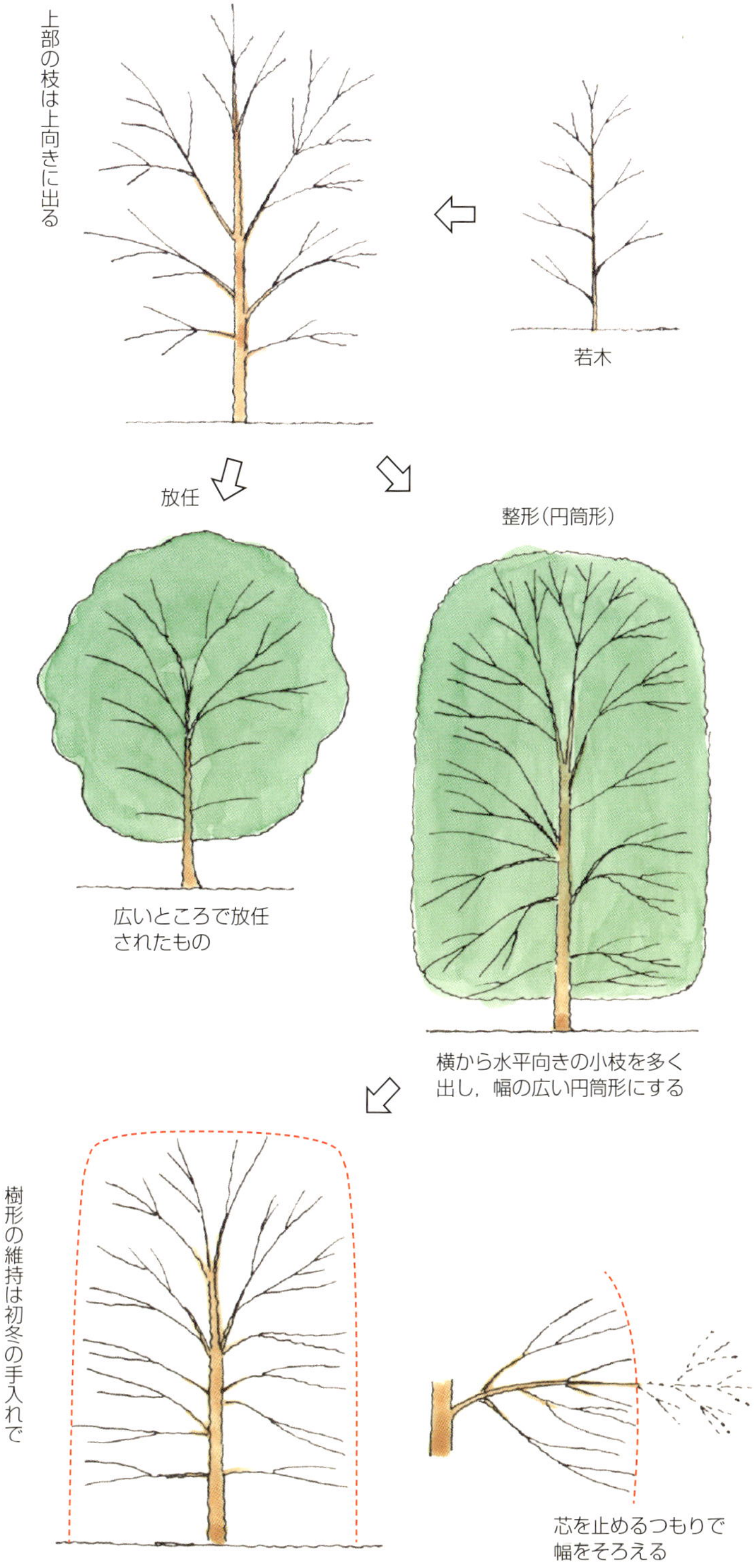

図 80　モクセイの仕立ての経過

イヌツゲ

コツのコツ

樹形を整えやすい樹種で、玉どり、玉もの、などのほかに動物の姿を模した「図案」などのいろいろな形が楽しめる。ただし、古木になると曲づけがむずかしくなるので、若木のうちに基本的な骨格づくりを行なうことがすすめられる。

1 木の性質と樹形

イヌツゲは植木商の間でツゲと呼ばれることが多いが、本来ツゲというのは別の植物である。この区別をはっきりさせよう。イヌツゲはモチノキの仲間だが、ツゲはツゲ科の植物で本ツゲとも呼ばれる。イヌツゲの葉は、本ツゲより幾分小さく濃い緑色だが、形はよく似ている。小枝の断面を見ると、イヌツゲは丸く、本ツゲは四角いのが特徴である。

環境

北海道以南のほとんど日本全域に自生しているが、どちらかというと暖い地方を好むようだ。土地は湿気のあるよく肥えた土を好む。しかし、適応性は広く、広範囲に植えることができる。生長が遅く、実生では10年程度たたないと庭木の仕立ての材料にならない。

立性と開張性

枝の出方に二つのタイプがあり、幹との角度が小さい立性と、角度が大きく水平に枝の出る開張性とに分かれる。立性の木は枝先が立ち上がるので、放任された状態ではかたい感じがする。基本の枝配りをしてから強く枝を引かなくてはならず、手間がよけいにかかる。枝の勢いはもともと立ち上がるくらいに強いので小枝がよく育ち、刈り込みによって密なよい枝ぶりになる。

これに対して開張性の木は枝が横に出るので、いったん枝配りをつければ、あとは枝を引く手間が少なく形がつけやすい。小枝は強く立ち上がるものが少なく、あとの手入れもらくだが、樹勢がやや弱い感じになる。全体の感じはやわらかな丸みをもっている。

性質

生育は遅いほうだが、萌芽力が強く、切ったあとでたくさんの不定芽を発生させる。枝を曲げたり切ったりしてもよく小枝ができ、いろいろな形が自由にできるので用途が広く、庭木の主要な樹種のひとつとされている。

樹形ができたものは、年に2回程度刈り込むだけで容易に形が維持できるので、素人でも手入れができる。また、幹吹きやヒコバエなどは、早めに切り取れば、樹形もあまり乱れない。

刈り込み作業は、春から伸びた新芽の先がかたまった6月ころに1回行なう。土用芽を吹かせて、小枝の数を多くし、

イヌツゲの品種「マメツゲ」は，株立ち状になるので特に玉ものに仕立てやすい

密な形にする。秋から初冬にかけて再度刈り込み、春までの姿を整えてやる。

●樹形

形は整えやすく、いろいろに仕上げることができる。萌芽力が強いので、刈り込み方によってはマツのような玉どりもでき、半球形の玉ものや生垣仕立てにも多く使われる。また「鶴・亀」のような図案木にもできる。

これらの樹形は二つの系統に大別される。

第一はマツのような玉どりに仕立てる場合、直幹で仕立てることが多いが、ときには幹に曲がりをつけることもある。一本一本の枝は、葉ぶりを刈りそろえて形をつける。第二は萌芽力の強さを利用して、象徴的な刈り込みを行なう場合である。半球形や円錐形などに仕立てるほか、鶴・亀や宝船などの図案木につくることもある。

2 仕立ての手順

木を選定する場合、なるべく葉が細かく小枝がよく張った開張性の株のほうが、手入れがしやすい。したがって、性質のよい苗を確実に入手するには、小葉で開張性の親株から種子をとって育苗する方法がよく、これはすでに一部で行なわれている。

挿し木は、ほとんど株分けに近い方法が用いられる。つまり、生育が遅いので新芽を穂木として小さく摘んで挿すのではなく、根元から出たヒコバエなどを利用して畑に挿していく。

1本のイヌツゲが、玉どりした形に仕上がるまでの手順を追ってみよう。

通常、山の木を庭木にする場合、軸根を切って根が浅くなるように植える。1年間はそのまま放任して枝葉を自由に伸ばさせ、木の活力をつける。

次は実際に枝を決めて形を整える。このときに考えることは、幹の太さや木の大きさが庭木の素材として十分に満たされているかどうかである。

木の生長や幹の太りは、枝数を減らして枝を曲げたりひねったりしたあとでは遅くなる。植物にとって葉は養分の生産工場であるから、よく光に当たり活躍している葉は多いほうが生育も早くなる。つまり、幹が細いうちに枝をひねって形をつけたものは、形は早くできるが、こぢんまりとした姿で太さ、大きさに欠けて、年代を感じさせない。したがって、大きさや幹の太さがたりない苗は、数年間は放任状態で生育させるほうがよいだろう。

そして、幹から出た残すべきよい枝が枯れ上がらないために枝すかしなどの手入れだけは行ない、幹の太りを待つ。

太さも大きさも目標に達したならば、庭木としての形を整える段どりにはいる。まず、その木を素材にして、どのような形に仕上げればよいかを想定してみる。大切なことは、仕上がりの姿を勝手に決めるのではなく、木の素質をよく見ぬいてやることである。

ここには次のような考えが基準になる。

はじめに幹の数は何本がよいかを判断する。放任状態のイヌツゲでは、根元から何本も幹が立っているか、現在の幹数、その強弱、1本ごとの幹からの枝の出ぐあいを見て決定する。

幹の数は一般に単幹が最も多く、次に2本立ちの双幹である。単幹では、1本の幹から出た枝の方向を見るだけでよいが、双幹以上の場合は、それぞれの幹から出ている枝が広がって占めるであろう大きさ（空間）まで想定しなければならない。

幹の数が決まったら、次に基本の枝配りをつける。枝配りは、残すべき枝が重ならないように方向を見ながら、下枝のほうから順に枝数を減らしていく。上方の枝を基準に決めていくと、下方に至って必要な枝がない場合に足元がすけて見苦しい姿になるおそれがあるからだ。

逆に下から上へと枝を決めていけば、上部の枝はまだ若いので育つ可能性があり、あとからでも樹形を整えることができるのである。車枝やカンヌキ枝などは、クロマツのやり方に準じて整理していく。

枝配りが終わったら枝の手入れをする。全体の手入れは枝配りとは逆に上から下へと行なうほうが有利である。手入れの際に枝や葉をむしり取ったり刈り

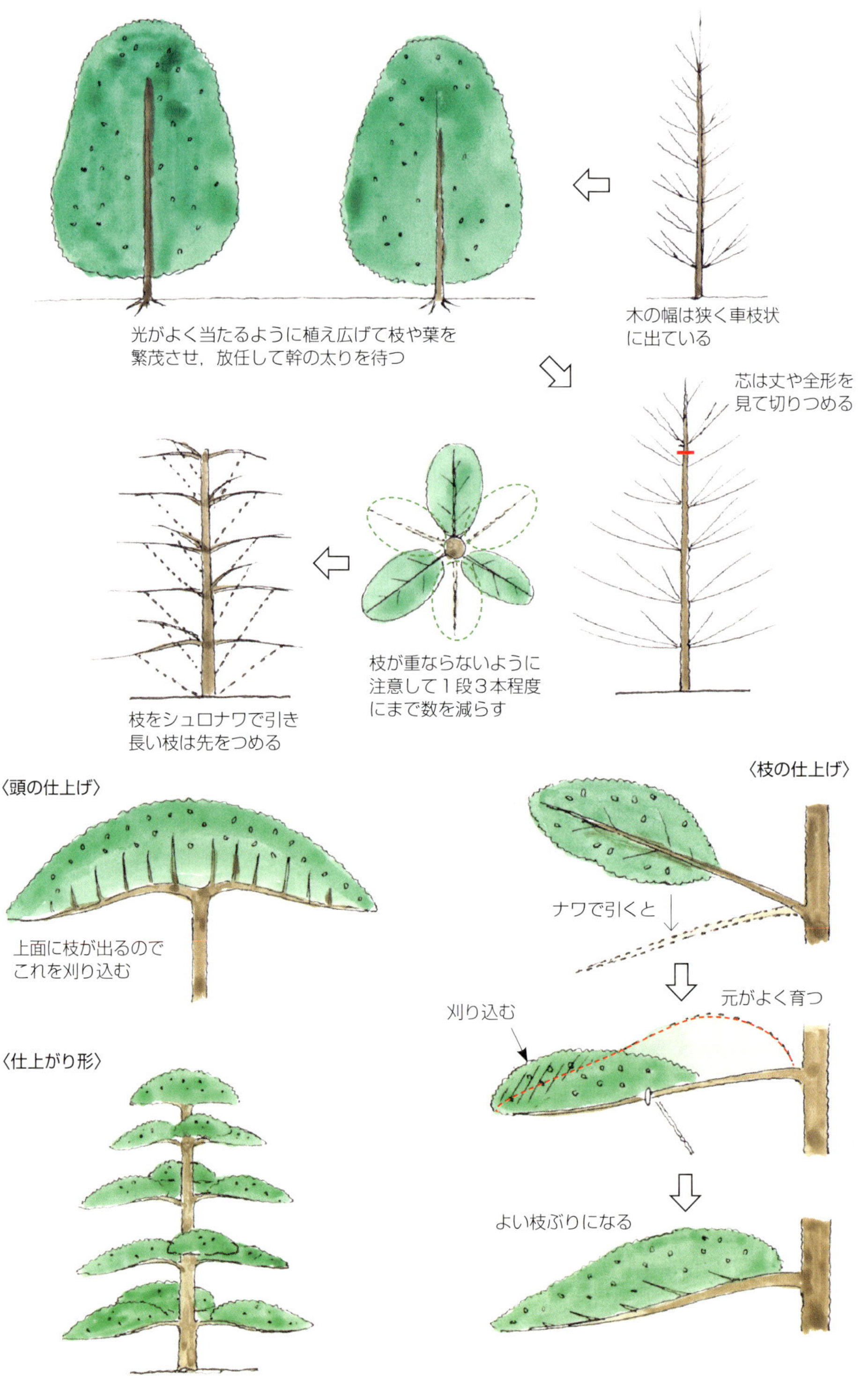

木の幅は狭く車枝状
に出ている
光がよく当たるように植え広げて枝や葉を
繁茂させ，放任して幹の太りを待つ
芯は丈や全形を
見て切りつめる
枝が重ならないように
注意して１段３本程度
にまで数を減らす
枝をシュロナワで引き
長い枝は先をつめる
〈頭の仕上げ〉
上面に枝が出るので
これを刈り込む
〈仕上がり形〉
〈枝の仕上げ〉
ナワで引くと
刈り込む
元がよく育つ
よい枝ぶりになる

図８１　仕上がりまでの経過

取ったりするが、上から行なえばゴミが残らず、あとの掃除がらくなのだ。

最後には頭の部分をつくる。頭だけは、3本の枝をさらに二つ分けにして、こんもりとした形に仕上げる。早仕立てでは幹の先端を車枝のところで切り、全部の枝を下に強く引いて上面に芽を吹かせるようにする。

手入れのすんだ枝は、一本一本の状態を見て、形が整うようにナワをかけて必要な角度になるまで下へ引く。先が強く元の弱い枝は、枝先を水平より幾分下げて元のほうを強くし、全体の枝ぶりが整うようにする。整った木は、小枝が厚くならないように、刈り込みバサミで毎年2回程度刈っていく。

イヌツゲは極端に枝先を垂らすことを嫌うので、マツのように乱れ枝にして空間を埋めることはしない。この木は萌芽力が強いので、かなり古くても日照を十分に与えれば、幹吹きの出る可能性が大きい。したがって、出てきた幹吹きを利用して、その場所に枝を出していく。

枝を曲げたあとで年数がたつと、それぞれの枝に強弱が出てくる。一般に葉を多く残した枝は強くなる。また曲げる以前の枝の角度が、元来斜め上向きのほうが、水平の枝よりも強くなる。

3 玉どり仕立て

1 畑で形づけ

イヌツゲの原木の状態をよく眺める。必要な幹の太りや樹高がまだ不足する場合には、そのまま畑に植え、日照・通風を十分に与えて太さと樹高を出してやる。畑に放任状態で植え込んでおけば、枝や葉がよく茂り、幹の太さや樹高が早くできることになる。ただし、植え付けるときに、将来は幹を1本にするか、2~3本立てるのかをよく決めておく。残したい幹の生育を妨げるようなヒコバエなど、よけいな幹は早めに切り取るのが大切。そして、必要な幹の太さ、樹高に達するまで待つ。

幹が必要な大きさになったら、次に形づけをする。畑に移植して養成したので根の状態はよく、枝も旺盛に茂っている。これを形づけるときは多くの枝を切り落とすことになるが、ここには萌芽力が強いというイヌツゲの長所が生きてくる。いろいろな方向にたくさんの枝が出ているため、自由に枝がとれるわけだ。

枝を決めるとき第一に考えることは、幹を何本残すかである。畑に移植した際にも残すべき幹の数を決めたわけだが、それが正しかったかを確認する必要がある。次は下から枝配りをつけていく。枝の出ている元の部分にいくらかの高低がついているが、強い枝が出ているところでは状態は車枝に近い。そのような枝になるべく高低をつけ、重なり枝にしないように注意して四方に分けてやる。ほかに枝がないため、どうしても車枝状に残さなければならないときは、マツと同様に一カ所3本程度に制限する。

イヌツゲは普通幹に曲がりをつけないが、幹の模様をつけて仕立てたい場合は、マツと同様に背枝・腹枝の関係が問題にされる。これさえ注意していけば、あとで形を乱す心配はあまりない。直幹仕立てでは背・腹の関係はないが、曲幹

曲幹仕立て

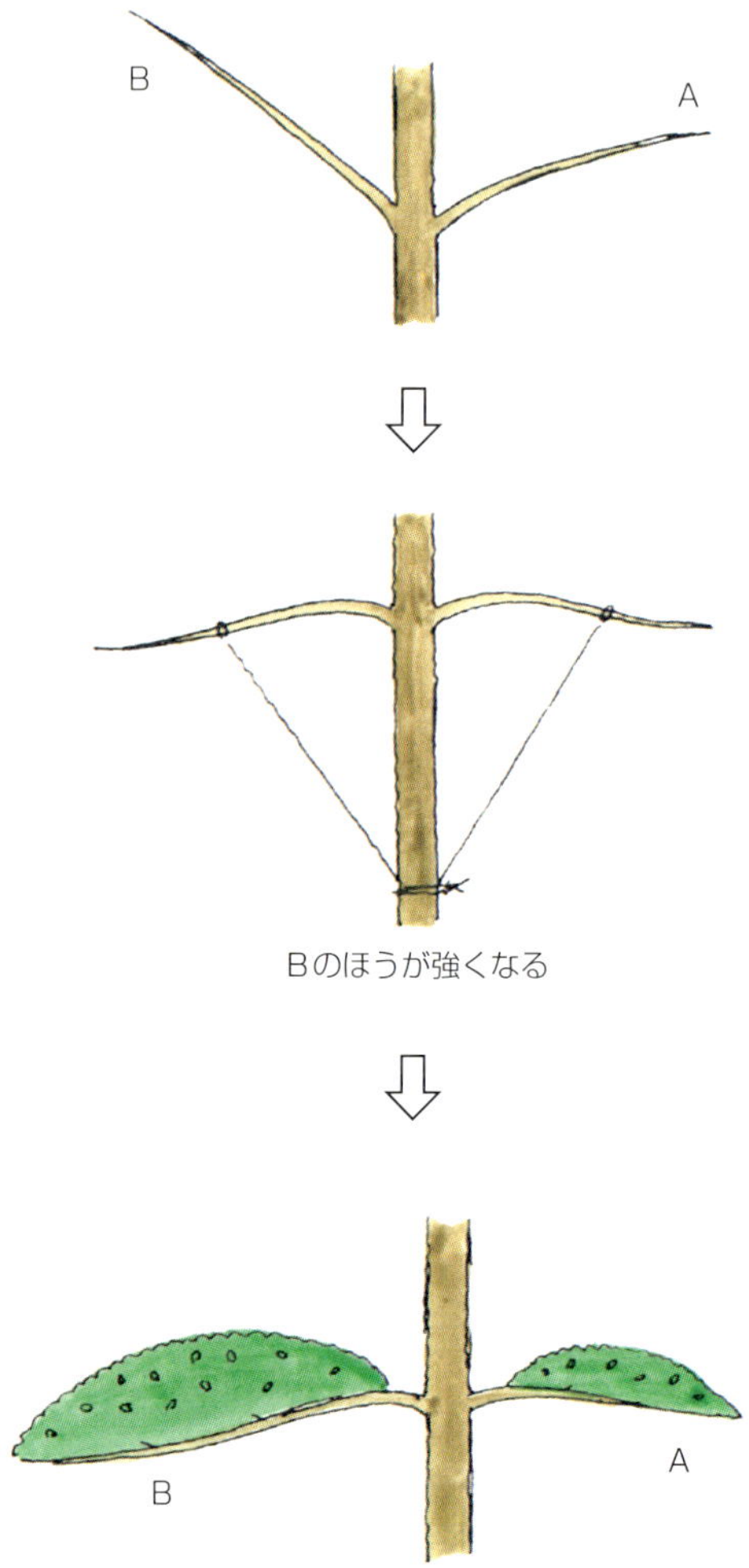

図82　斜上枝は強くなる

にした場合は、木の姿をよく見てさし枝や強い枝が背枝になるように注意して幹をつくっている。

2 枝の間隔・枝配り

これは木の高さや枝の大きさ・厚さによってかわる。またイヌツゲの枝のつくり方は、それぞれの地方によって好みが違い、関東地方では枝ぶりの薄いものを上等品としている。枝ぶりの厚いものを嫌い、山盛りの茶碗飯のような姿をしたものはアカ抜けしない形だとされる。枝ぶりが厚くなると内部の小枝が枯れたり、枝分かれしないで表面だけ小枝が張るようになったりして、形が乱れやすいためと考えられる。

枝はそれぞれの光をよく受けるような間隔にして、弱くなったり枯れ込んだりしないことを基準にする。下枝に上の枝の影が落ちても、横からの反射光線がよくはいれば、下の枝でも十分な生育をする。したがって、大きな枝や厚い小枝ぶりの枝では、必然的に間隔が広くなってくる。普通2〜2.5m程度の木を目標にする場合は、頭を含めて5段くらいの枝配りをつけるから、枝間隔は50〜60cmほどになるだろう。

ひとつの玉は、幹から伸びた1本の枝（主枝）からつくるのが基本である。何本もの枝をまとめて刈り込んで、ひとつの玉をつくることはしない。同じ玉の中の枝に勢いの強弱がついて形が乱れたり、枯れ込んだりする原因になるからである。1本の枝を育ててひとつの玉にするのが原則だが、まれに1本の枝が途中から分かれて二つの玉につくられることもある。このやり方は、ほかに枝がないためにやむをえない場合に限られる。

主幹は頭まで1本に通す。頭の仕立ては、幹の芯を切って、そこから出てきた枝を刈り込んで丸くつくる。マツのような3本の枝を残して亀甲にすかしていく厳密なやり方は行なわれない。

幹から斜め上に出ている枝と横向きに出ている枝に対して、それぞれ同じ角度になるようにナワで引くと、枝の勢いはどちらが強くなるかくらべてみよう。

はじめ斜め上に立っていた枝を横に引いたほうが、勢いは普通強い。したがって、同じ1本の木のなかで横向きの枝と斜めの枝の両方を残して枝ぶりをつくった場合は、斜めのものを引いてつくった枝の勢いがしだいに強くなってくる。

枝の強弱を考えるときには、このような性質も十分注意しなければならない。大きな枝がほしい場合は、同じ木のなかの枝から斜上枝を下へ引いて仕立てるほうが効果的で合理的である。

開張性の木では、立ち枝が出た場合の扱いはむずかしくなる。木のバランスが乱れないように、立ち枝は先を強く引いてやるが、横枝はあまり引かないようにする。あるいは強くなるべき立ち枝を生かして、その立ち枝が残るような枝配りを行なう。強い立ち枝を横に引いてさし枝にした形を考え、これを念頭において左右の枝のバランスを整える。車状に枝が出ているときには、芯を負かしそうな立ち枝は切り取って、次に強い斜上枝を残す。

3 ナワカケ

基本の枝配りが決まったイヌツゲは、次に小枝がよく出るように、ナワで引いて枝の方向や角度を変えてやる。開張性のイヌツゲでは、枝先をほんの少し引くだけで十分だが、立性のものは相当に強く引かなければならない。

●若木

枝をナワで引く角度は、先がやや下がる程度でよい。先を下げた枝は元のほうにたくさんの芽が吹いて、きれいな枝ぶり・葉ぶりに整えられる。

ナワで枝を引いたときに先を著しく下げたため、どの枝先もダラリと下がった形をよく見かける。こんなイヌツゲは、品が悪いとされて好まれない。

一本一本の枝の厚さも関東地方では嫌われる。厚くても形がよければいいと考えられるが、著しく厚いものは、手入れが十分に行なわれなかった証拠ともいえる。すなわち途中の手入れが悪かったために葉が厚くなり、その結果、内部が蒸れて刈り込みもできない状態になっているわけだ。いいかえれば、十分な手入れを示すには、枝ぶりは薄い状態のほうがよいわけである。

ナワで枝を引くときは、常に下枝のほうから順に行なう。逆に上枝から引いていくと、下枝はまだ立ったままの状態なので作業はやりにくくなる。

一本一本の方向を見ながら、シュロナワで下枝から引いてやる。ナワをはずしたあとにできる樹形こそが大切なのだか

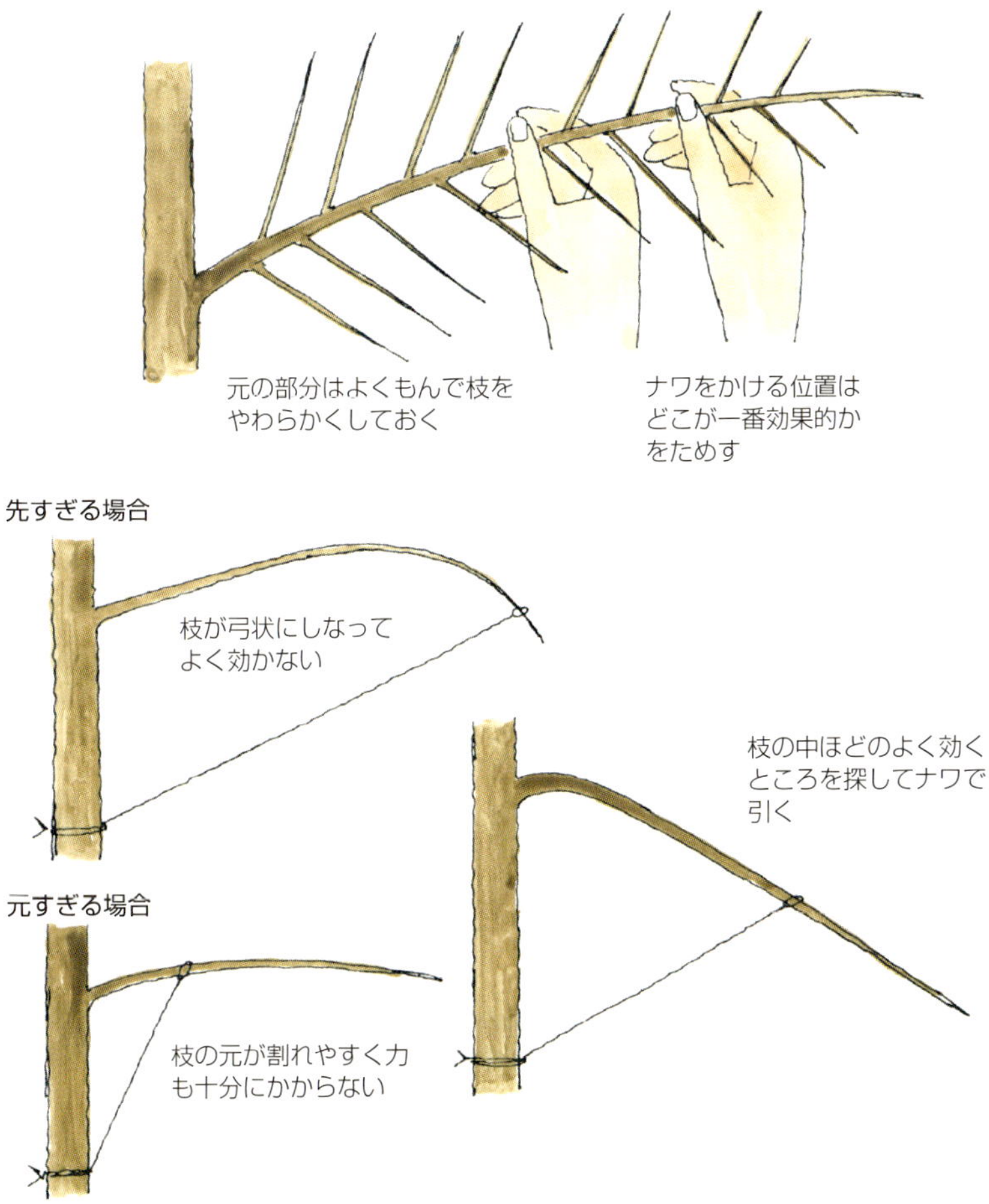

元の部分はよくもんで枝をやわらかくしておく
ナワをかける位置はどこが一番効果的かをためす
先すぎる場合
枝が弓状にしなってよく効かない
枝の中ほどのよく効くところを探してナワで引く
元すぎる場合
枝の元が割れやすく力も十分にかからない

図83　枝の曲げ方

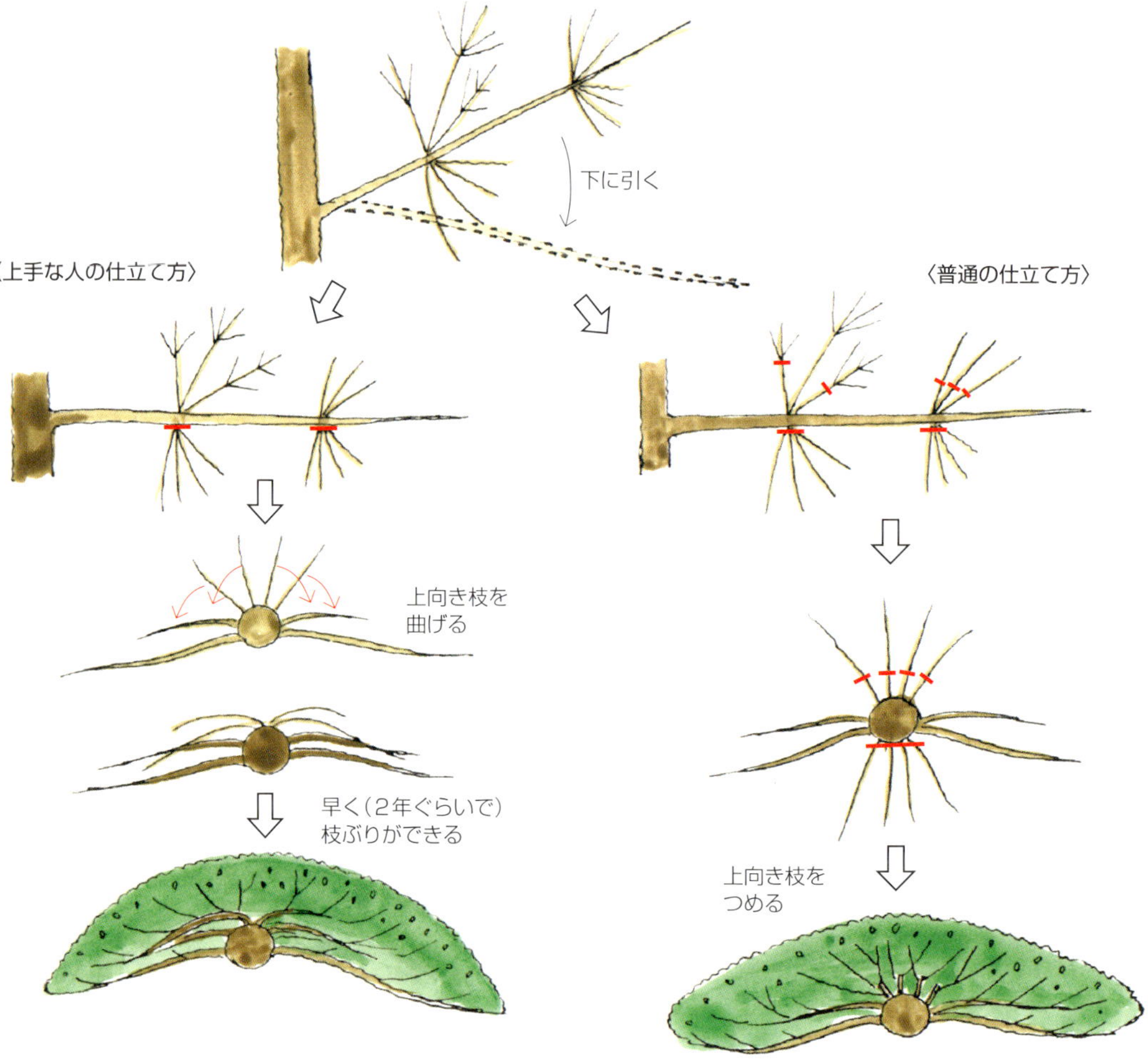

図 84　枝の仕立て方

ら、枝を曲げる方向、角度をよく見定めて理想的な枝配りを行ない、その状態を維持することが肝心である。それぞれの枝の状態によって、ナワをかけるかかけないか、強く引くか弱く引くかなどの加減をする。

枝を引く際に、そのまま下へ引くと元から割れる危険があるから、枝はよくもんでやわらかくし、元をおさえながら曲げていく。ナワは枝のあまり先のほうにかけると、元の太い部分を曲げられないし、先が垂れ下がった悪い形にしてしまう。逆に元に近すぎる位置では、力ばかりかかって十分にはきかない。指で枝を引いてみて、どの位置にかけた場合が最も形よい状態になるかを調べ、そこにナワをかける。

古木

ひねったり、曲げたりすることは、枝が大きくなったイヌツゲではあまり行なわれない。枝の大きな古木では、当然樹勢が衰えてきて萌芽力も弱まってくる。

また、形を整えて年数を経た木に幹吹きの徒長枝を出して形をつけても、バランスはとれない。いったん形をつけた木を手直しするには、多少左右に引いて空間を埋めることが必要になってくる。本当に古い木ではあまり行なわれないが、樹皮がまだあれていない木ならば、太枝が折れることを防ぐためにワラなどを巻き、そえ竹を使って引く。

この作業は何回にも分けて、ゆっくり引いていくことが大切である。一度曲げた枝はかたくなっているので、相当に危険がともなうからだ。

枝の元を割って引く方法は、そこから腐る心配はほとんどないが、傷口のなおりが遅いために普通は行なわない。むしろ、イヌツゲの場合、萌芽力の強い若木のうちに自分が希望する方向に必要な数の枝を残していく方法が、枝ぶり・葉ぶりを整える際の重点になる。

4 枝ぶりのつくり方

放任樹は通常、ほぼ車状に枝分かれをしている。それらの枝数を整理し、横やや下に引いたあとで、いよいよ枝ぶりを整える段階にはいる。

水平方向に引いた枝の上面の小枝を切りつめ、下面の小枝を切り取ると、あとは横に出ている脇枝が残る。これが強い上向き枝になっている場合は、元の部分をわずかに残すだけにして、ほかは切り取って吹かし直しを行なう。

枝から出ている上向き枝は、枝を厚くしないために短く刈り込み、芽を吹かし直してやることが必要である。刈り込みには刈り込みバサミを用いる。枝の下面に出ている弱いムダ枝も切り取る。

高い技術をもつ人は、枝から出た上向き枝も切りつめず、横に引いて枝ぶりの幅を利用して早仕立てしていくが、それは初心者にはややむずかしい。希望の長さ・幅よりも大きすぎる枝は、先をハサミで切りつめながら形を整えていく。あとは伸びてきた枝をハサミで切り取って形を整えていけばよい。

刈り込みは最低でも年2回行なう。1回目は梅雨明けから土用にかけて、2回目は刈り込みあとから芽が出なくなった時期の10月以後に行なう。さらにていねいなやり方は3回の刈り込みで、夏の終わりごろにも行なうが、普通2回で十分に形が維持できる。整形の段階にはいった枝は、一応観賞できる形になるまで2～3年、密な枝ぶり・葉ぶりに完成するまで4～5年かかるのが普通である。

5 大苗を使った場合

大きな苗木の丈を切りつめて仕立てていくには、頭の形がつけやすいように、最上部には車状の枝を残して芯を切る。残した車状の枝は、それぞれの勢いがそろうように刈り込んでやる。

立ちすぎた枝は、先が下向きになるようにナワで引くと元の部分から胴吹き芽が出てきて、頭の形が早くできる。

4 双幹・多幹仕立て

双幹仕立ては、夫婦になぞらえて1本を大きくするのが普通で、木の勢いの違いで大小をつけるようにする。それ以上は3、5、7…というように奇数を基本にする。2本（双幹）だけを例外に偶数を嫌うのが、日本的な数の数え方なのである。

一般的にいえば、大きな木以外は単幹が普通で、特に多幹ものは特殊な場合といえよう。幹の数が多くなると、それぞれの幹から出る枝の方向は互いに重なり

双幹風仕立て

合うことがある。

　そこで、1本ごとの幹について枝数の多少をつけ、多幹としてのバランスを保つが、それぞれの枝が重なり合わないように、方向と高さを見ながら枝を配る。幹ごとに四方に枝をつけると、たがいの幹の間にふところ枝や重なり枝が出て交差するので、それを避ける。

　これ以外は、単幹の場合と考え方の基本は同じ。ただ幹数が多くなっているだけにむずかしさが出てくる。

　一方、幹と幹のつながりがまったくなく、別の木のように見える場合は、次のようにする。

　たとえば、左の幹の枝を右のほうへ曲げ、右の幹からは左の幹へ枝を曲げてやり、それぞれの幹から出た枝の先が、隣の幹をそっとかくすようにしてやればよい。こんな形の枝が2～3本あれば、たがいの幹の関連を強調して、あたかも1本の木のような美しさを表わすことができる。

玉もの仕立て

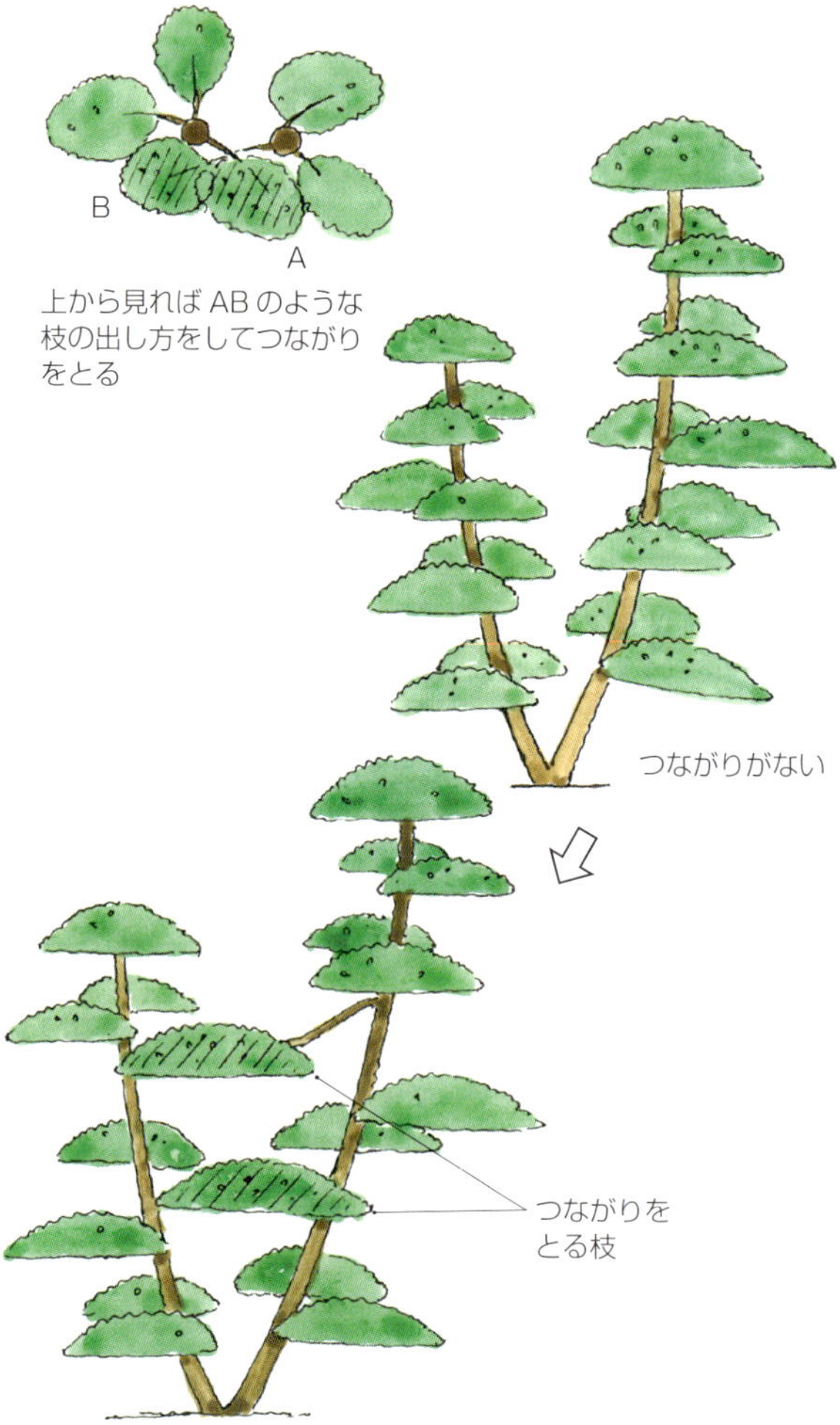
B
A
上から見ればABのような枝の出し方をしてつながりをとる
つながりがない
つながりをとる枝
図85　双幹は互いの関連が大切

5 玉もの仕立て

●玉もの

　日照さえ十分であれば、刈り込みバサミで容易に形が維持できる。

　イヌツゲの玉ものは、葉が緻密で濃緑色であることからよく用いられる。仕立て方は、以前は1本の木を基にして大きな玉にしていた。これが正しいやり方だが、年数がかかることから、最近では2～3本の苗木を寄せ植えしてつくる場合が多くなった。

　刈り込む際には、半球形のひとつの玉に仕立てる場合と、半球形でもそれに段をつける場合とがある。

　玉もの仕立てに用いる苗木は幅のある

ものを用いる。一定の高さまでまっすぐ幹が通っているものは、上で強い徒長枝が出るので、下から何回も刈り込みながら枝を分け、高さをだして玉もの仕立てに使う。

最初に枝分かれした位置で脇枝を残して芯を切り、脇枝の芯を止めて、その小枝を生かす。これをくり返して、玉ものの枝ぶりと骨格をつけていく。

切り込むたびに立ち枝の数は多くなるが、数多く何回も枝分かれしてくると、徒長枝の発生はしだいに少なくなる。樹形を乱すような強い立ち枝は出なくなり、刈り込みによってらくに形が維持できるようになってくる。

●円錐形仕立て

イヌツゲは、輪郭線をきれいな円錐形に整えることができる。使う苗木は、芯がまっすぐに通っている苗でも、2～3本に分かれている苗でもかまわない。葉ぶりの輪郭が円錐形になるように、刈り込みバサミでそろえるだけでよい。これは、おもに整形風の庭などに使われる。

6 刈り込みのやり方

輪郭線が美しく刈りそろえられたイヌツゲは、見てもすがすがしいものである。玉ものや玉どりしたものの上手な刈り方を考えてみよう。

玉どりしたイヌツゲでは、枝の幅をよく見て、その中央部を枝先から元のほうへ平らに刈り込んでいき、この線を基準とする。この高さに合わせて左側、次に右側と丸みをつけながら刈っていく。

最後は枝先の部分を斜めに刈り上げれば、1枝ができあがる。ここでは、左右対称となるようによくそろえてやることが大切だ。

玉ものの場合は、上部を平らに刈りはじめ、次に斜め角に相当する肩の部分を刈る。玉の大きさを考えて十字になるように基準の刈り込みをつけてから、間を刈るようにする。最後に周囲を円形に刈りそろえれば、仕上がりとなる。

生垣の刈り込みと違って、ヒモを張っ

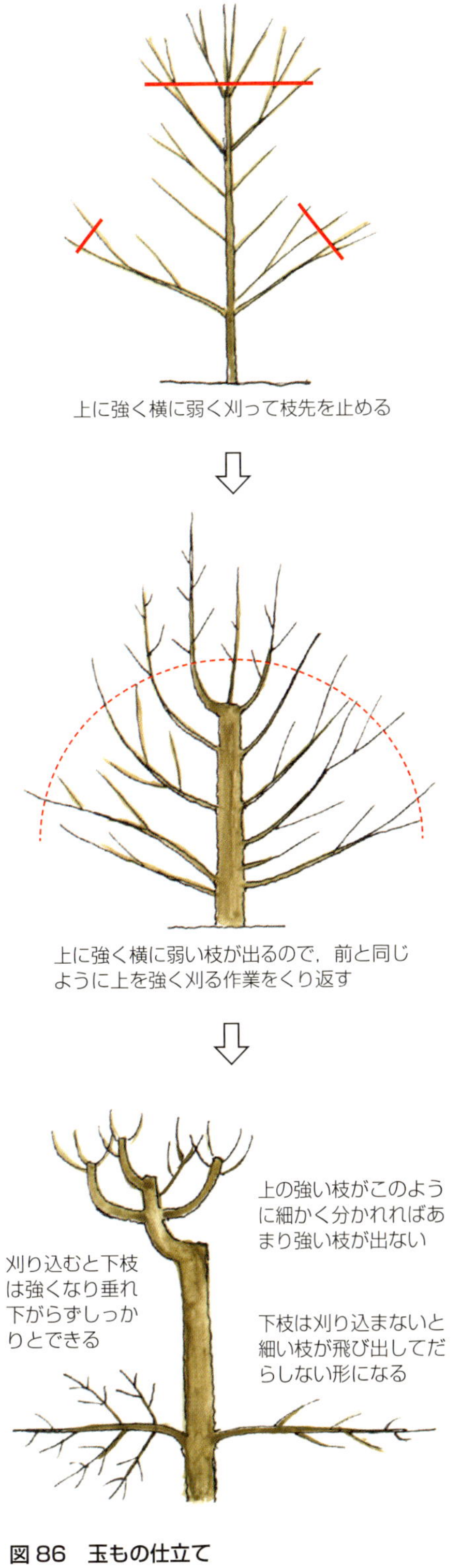

上に強く横に弱く刈って枝先を止める
上に強く横に弱い枝が出るので，前と同じように上を強く刈る作業をくり返す
上の強い枝がこのように細かく分かれればあまり強い枝が出ない
刈り込むと下枝は強くなり垂れ下がらずしっかりとできる
下枝は刈り込まないと細い枝が飛び出してだらしない形になる

図 86　玉もの仕立て

て基準にすることができないから、ハサミが上下に動かないよう、しっかりともってやらなければならない。左手でハサミの高さを支え、右手を動かして刈っていけば二度切りや三度切りにはならず、上手に刈ることができる。

7 鶴・亀などの図案木

芯を切って横枝を分けたときに、伸ばしていく芯の枝を決めることが重要である。ここで決めた芯に変わる枝が、ほかの枝より強くなるように切りつめをしないで自由に伸ばしてやる。

このような注意をして鶴の足に相当する強い上向き枝を出す。その先端を切って小枝を出させ、そこで剪定をくり返し、順次小枝を分けて鶴の胴をつくる。

以上に述べた剪定の原理をくり返せば、下のひとかたまりが亀になる。さらに、そこから上に伸びる枝は鶴の足に相当し、芯を切りつめた小枝が鶴の形になるように、胴体の小枝ぶりと首にあたる長さを出すようにする。

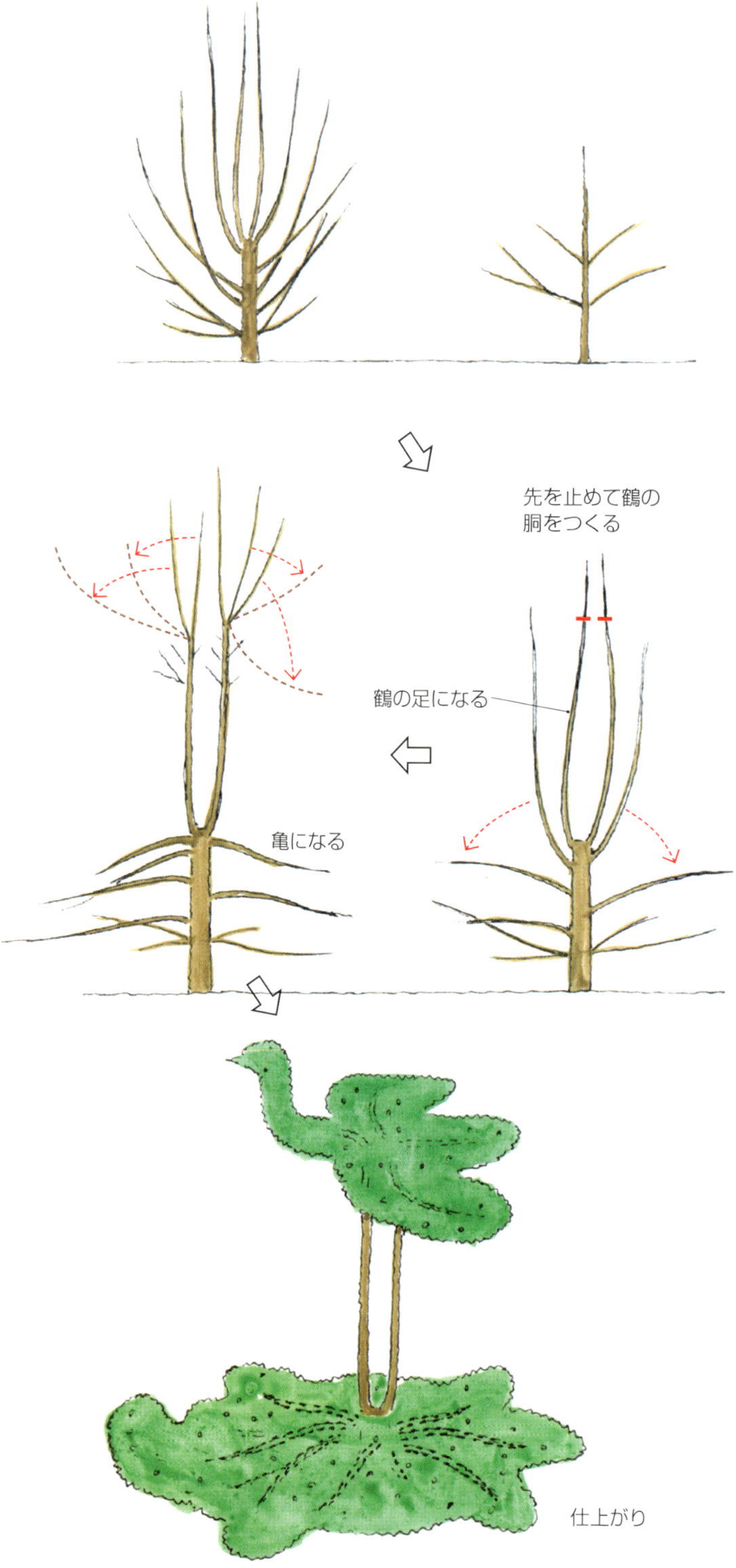

図 87　図案木の１例（鶴・亀）

ウメ

コツのコツ

剪定のくり返しが樹形づくりのポイントになる。萌芽力が強いので剪定後に新枝が吹きやすく、ウメほどに切り込みに耐えられる樹種も珍しい。また、花つきのよさを望むならば、夏場に乾燥するような水はけのよい土壌に植え込むとよい。

1 木の性質と樹形

●環境

原産地は日本とも中国ともいわれている。昔から美しいウメを描いた絵も多く、古くから仕立てられている木である。ウメは、元来日当たりのよいところで、砂利混じりの排水のよい土地を好むが、実際は土に対して相当に適応性があるようだ。

しかし、排水不良の土地では花つきに問題が出てくる。

●性質

庭木としてのウメは、独特な幹と枝の様子や早春に咲く花の美しさと香りなどに特徴がある。花ウメのうち野梅性《やばいしょう》のものは挿し木で、品種ものは接ぎ木で繁殖する。しかし、庭木のウメは、品種ものとして接ぎ木によるのが一般的である。

生長は割合早いほうだが、ある程度の高さにまで育った木は、以後あまり丈を伸ばさない。生育段階別にみると、幼苗期にはまず高さが出て、一定の高さになると、次に幹の太さが増す。

自然に放任したウメは、徒長枝が出てくの字形に曲がってくる。古い木で放任されたものは、くの字形を重ねて伸びていくうちに、弱い枝は枯れて曲がりの多いギクシャクした樹形になってくる。この形のおもしろさが庭木としてのウメの最大の観賞ポイントになる。

剪定に耐える力は強い。その後の枝の萌芽力は強く、よく枝が吹いてくる。また、剪定をたびたび強く行なうほうが花のつきはよく、昔から「サクラ切るバカ、ウメ切らぬバカ」といわれている。このように、ウメではかなり強い剪定を行なったほうが樹形はよく整い、花のつきもよい。

移植にはよく耐え、相当の古木でもていねいに根を扱えれば移植できる。

幹が部分的に枯れて腐り込んでウロ状になっても、養分が通る形成層さえつながっていれば、枯れてしまう心配はない。むしろ、このウロ状により古木の相が強調される。これは木質がかたいからできることで、人工的に樹皮をけずり、ウロをつくることもある。

2 観賞のポイント

●幹が第一

ウメの花は香りがよく美しいものだが、古木の感じを出すためには、幹が最大のポイントになる。

古くなった木の感じ（幹の年代観）を強調することが大切である。なるべく太い幹で、樹皮のザラザラした荒れや割れ、ウロ状に枯れ込んだ枝の切り口などを利用していく。ウメの場合は生き枝ばかりでなく、枯れ枝も古木の風格の表われとして観賞点となることが特徴である。したがって、ちょうどよい位置にある枯れ枝や徒長枝は、元を残して切り込んでやり、枯れ枝としての味を眺められるようにすればよいだろう。その徒長枝をわざわざ切り込んで枯れ枝につくりかえ、古木らしい味わいを出すこともある。

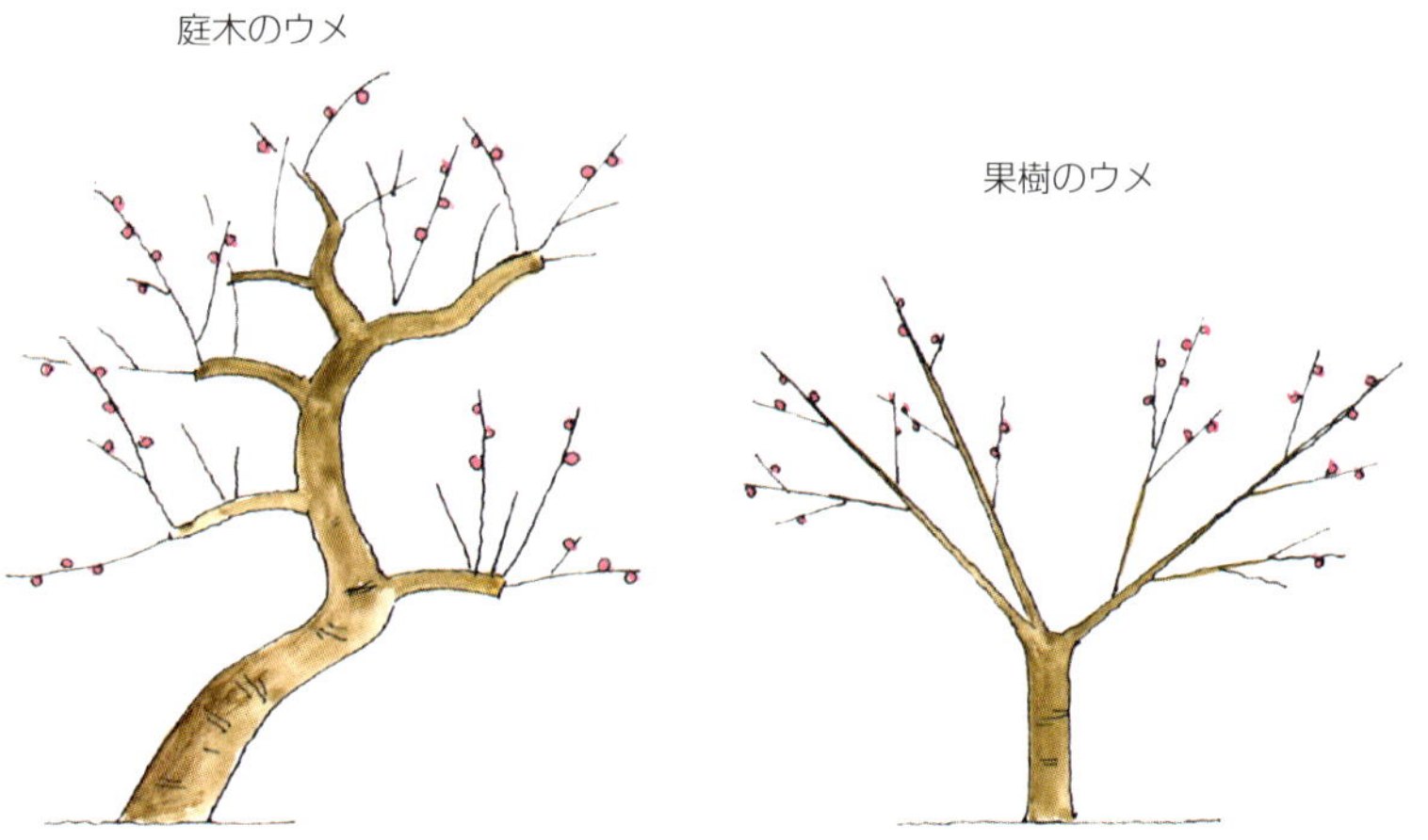

図88　庭木のウメと果樹のウメ

●花も観賞

庭に植えるウメは、果実よりも花が目的になる。そこで、花が美しい品種や香りの強い品種、芯（雄しべ）のきれいな品種など、たくさんの品種が育成されている。

花の色は白が最も好まれ、ほかにピンクから赤までいろいろな系統がある。紅梅と呼ばれるピンク・赤系統の品種では、なるべく色の濃いものがよく、それが珍重されている。また、野梅性のウメは、雄しべが美しく盛り上がって、花弁の白さにひとつひとつの雄しべやヤクの黄色が美しく映え、珍重されている。

3 仕立てのポイント

ウメの仕立てのむずかしさは、まずタテイレによっていかに形をつくるかにある。植え付けの際に、徒長枝が返し枝状にくの字に曲がって出る性質を十分に生かしてやらなければならない。第二は、いかに早く幹を太らせて古木の相をつくるか、第三は毎年の花つきをいかによくするか、という順である。

はじめに庭木に仕立てる花ウメと、果樹のウメとの違いをみよう。

果樹のウメでは、枝がくの字に曲がり部分的に枯れ枝になった姿は嫌われる。光が均一に当たるように枝を広げた形、サカズキ形にして管理作業をしやすくし、徒長枝は切り落とすのが普通だ。徒長枝は曲げておさえた形にするため、くの字曲がりにはならない。

一方、庭木のウメは割合丈を高くして、太い幹から細い枝がたくさん立ち上がった樹形に整え、花はそれぞれの小枝に咲くようにする。太枝と対照させる形でウメの風情を楽しむのである。したがって庭木のウメは、幹から太枝・中枝・小枝という連続的な分かれ方ではなく、太い幹と枝とから、いきなり細い枝が立ち上がった形になるのが一般的である。

接ぎ木は、一番多く行なわれるのが切り接ぎ法である。台木には野梅の挿し苗や実生苗が用いられる。

接ぎ木1年目の状態は、1本の幹だけが立った形である。これを冬に移植する。植え付けでは幹はまっすぐに立て、先端を切りつめておく。すると春には先端から強い徒長枝が出て、下のほうからも幹吹きの徒長枝が出てくる。それらの長さをつめながら数年育てて幹の太さをだす。この間、よく光に当たるように植え広げや枝すかしを合わせて行なっていく。

徒長枝のうちで、将来基本とする枝を見極める。ここでひとつのくの字曲がりがつくようにタテイレをかえていく。タテイレをかえるとは、それまでまっすぐに植えられていた木を幹の角度をつけて植え替え、枝芯を立てて樹形に変化をつけることをいう。それによって、その木の最も美しい安定した形を発見し、生かしていくわけだ。

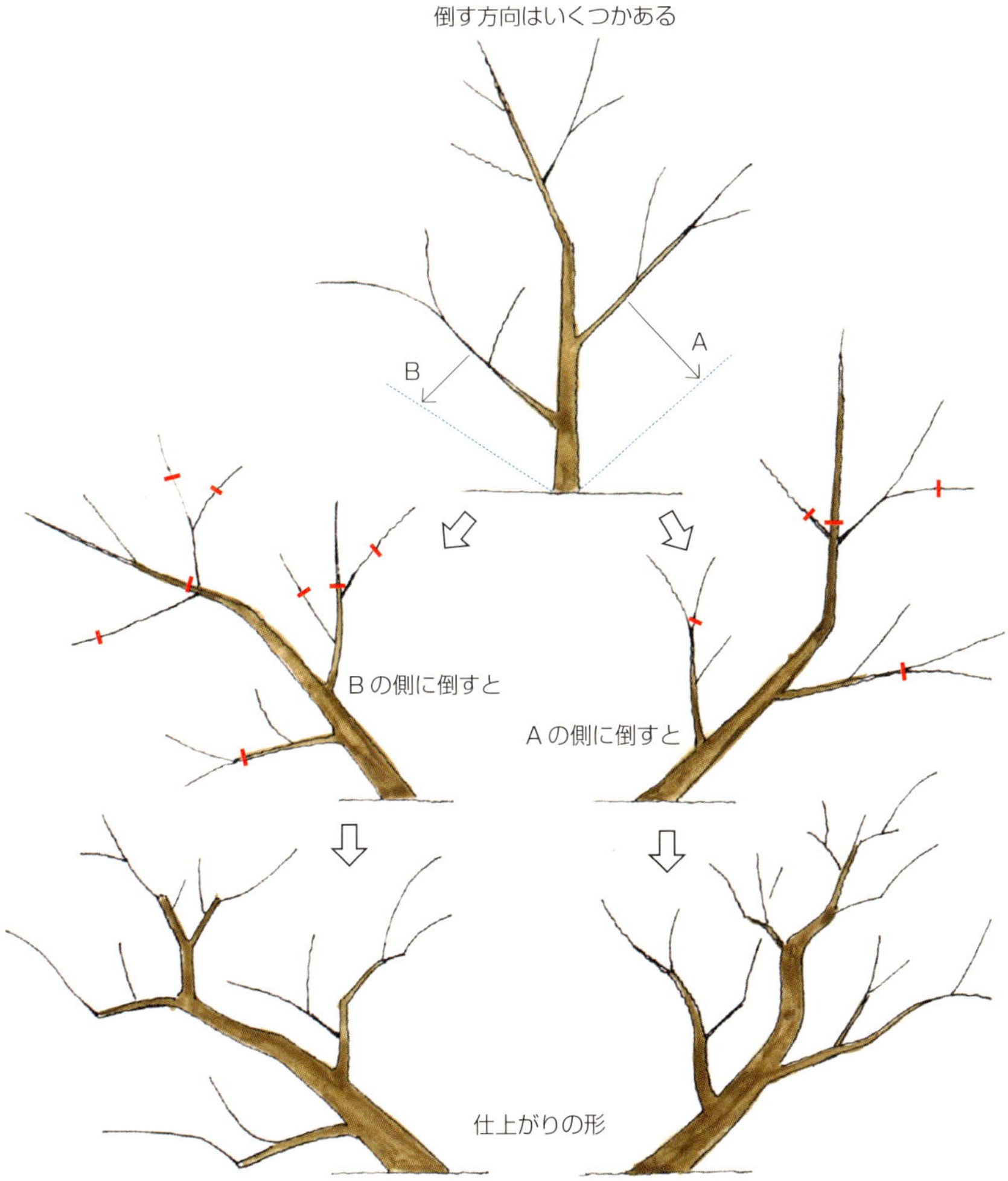

図89　タテイレのかえ方

くの字の曲がりを早くつけるには、強い徒長枝が出るような苗木の育て方を心がける。日照・通風がよく、肥料も十分に施して、生育条件をよくすることが大切である。特に若木のうちは、花をつけることより木の形を整えるほうが重要である。タテイレをかえたあとも、木の高さや幅を早く出すために徒長枝が出るような肥料条件で管理する。切りつめや切りもどしをくり返しながら、美しいウメの形に整形していく。

肥料は普通即効性のものを与える。果樹のウメは、一カ所に長年植えておくのでたくさんの有機物を投与する。だが、庭木の花ウメはすぐに移植され、タテイレのときや樹形がとれたところで定植される。したがって、油かすや鶏ふんのような分解が早い有機質肥料で、その年度内に分解・吸収されるものを与えるほうがよい。

木の形が整ったあとは、花をたくさんつける段階にはいる。夏季、チッソ過多で水が多い状態にすると、花つきが悪くなり徒長枝も多くなるので注意を要する。夏の間は、むしろチッソが切れる状態にしてやることが、よい花を咲かせるコツである。しかし、徒長枝を出したい若木のうちは、夏の間でもチッソを切らさず育てるのがよいだろう。

4 若木時代の仕立て

1 植え方のくふう

ウメの幼苗の段階からの仕立てを見ていこう。最初は、苗をまっすぐに立てて植えてやり、丈を伸ばしていく。仮に斜めに植える場合も、幾分傾いた程度にとどめる。

こうした養成中の苗木には、何本かの上向きの強い枝が分かれていく。しばらくたつと、枝の間で強弱の違いができてくるが、これがくの字の曲がりのスタートになるのである。

ウメは幹から分かれた枝がどの方向へ伸びていくかの予想がしにくい。だから、苗の養成期間はほぼまっすぐ立った状態で植え付けておき、太枝の形が決まったら、どの枝を芯に立てていくかを考える。移植する際に幹を傾けて、芯に立てるべき枝がほどよい角度になるようにタテイレをかえてやる。

まっすぐに植えられていたときの最も強い枝が、芯になるとは限らない。根元から幹へかけての模様のおもしろさ、芯に立てた枝の強さ、脇に寝かされる枝の形など、全体のバランスを考えてタテイレをかえていくわけだ。そうして芯を入れ替えたり斜めに傾けて植えたりして、形を整えていく。

中苗程度まで育ったウメは、タテイレをかえて植え付け、およその幹の形と太枝の基本の形とを決める。

2 徒長枝の扱い

樹高と幹や太枝の形とが決まったら、その段階でそれ以後に出てくる徒長枝の扱いが重要になってくる。ウメの枝の形は、太枝から細かな枝がたくさん出ている状態が一般的である。ところが徒長枝は、小枝の間を縫うように幹や太枝から出てくる。しかも、太く強い枝である場合が多く、そのために樹形が変わる危険もある。

徒長枝を切り取るか残すかの判断は、全体の木の形を見て決める。タテイレのためとか、枝がたりないとかの理由で、ほしい場所に出た徒長枝は残す。それを切りつめる位置は、そこから小枝が吹いて枝ぶりが整った状態を予想して、長さを決める。

また徒長枝を小枝の親（元木）に使っていくやり方もある。この場合は、比較的短く10cm程度までの長さに切りつめる。すると、切り口に近い上のほうから再び強い枝が吹いてくるが、その下のほうからも小枝が出てくる。切りつめた枝から新しく吹いてきた枝が上向き枝であ

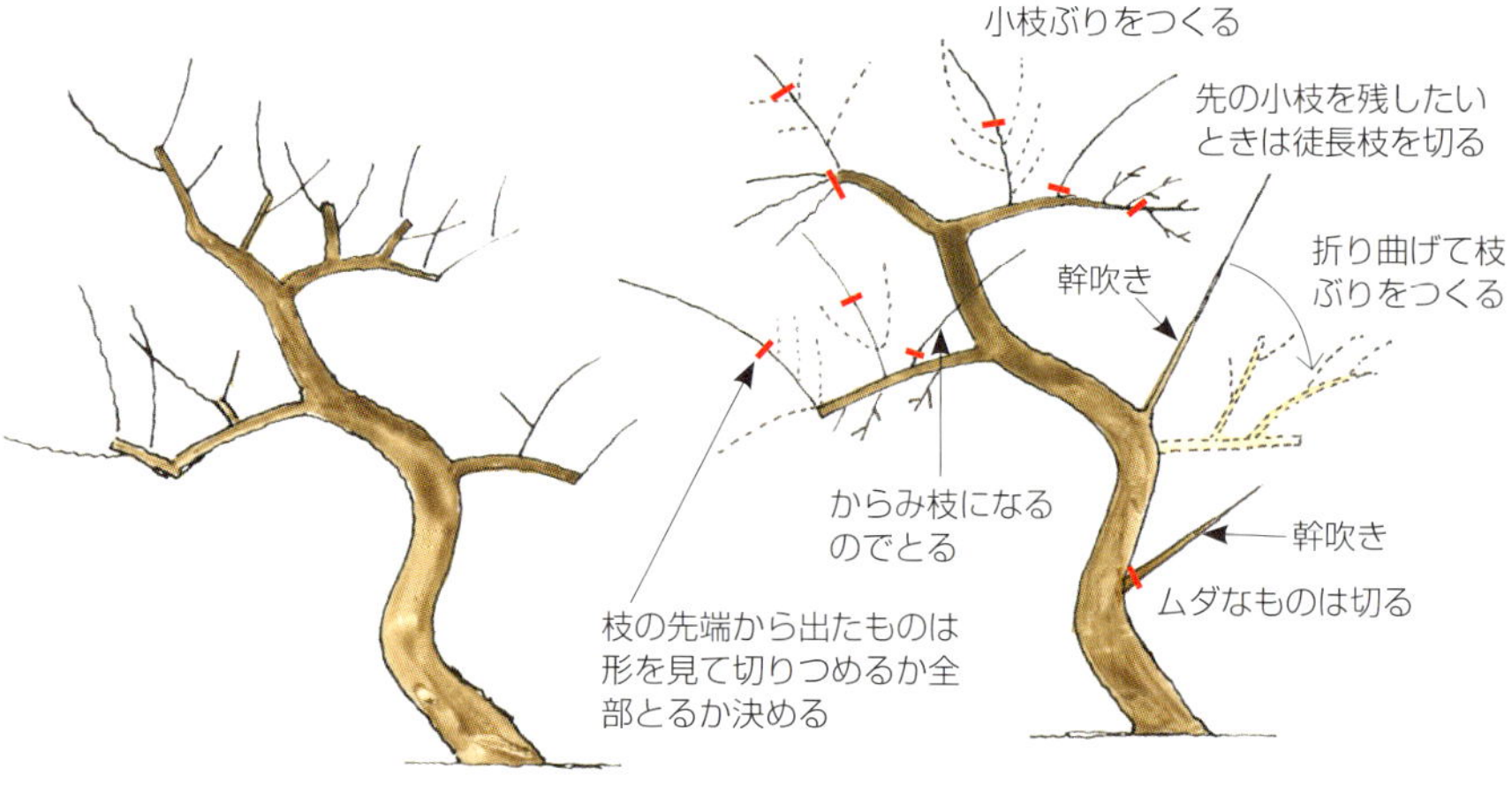

図90　徒長枝を生かした樹形づくり

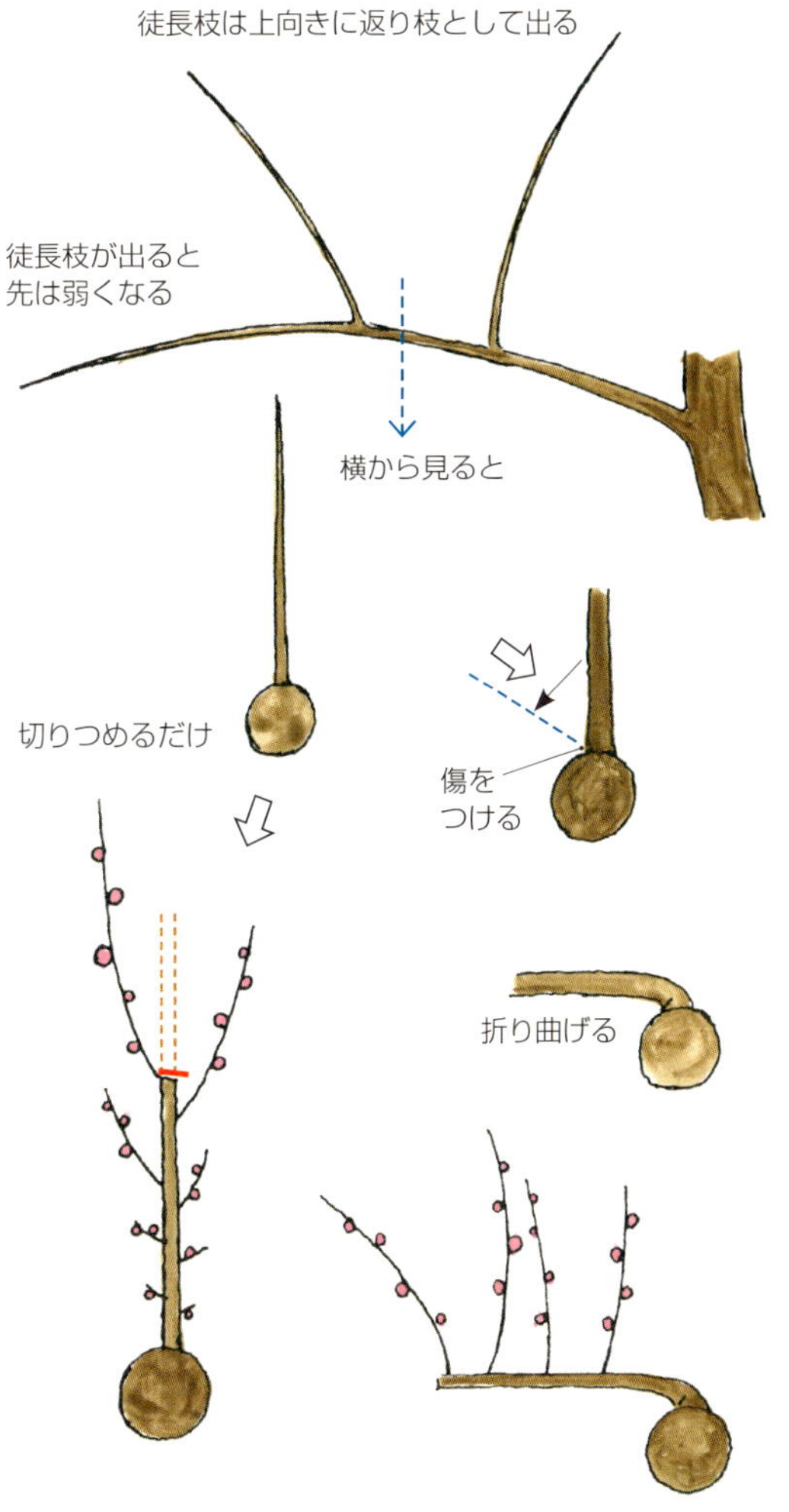
徒長枝は上向きに返り枝として出る
徒長枝が出ると
先は弱くなる
横から見ると
切りつめるだけ
傷を
つける
折り曲げる

図91　枝の曲げ方

ると、それはさらに強くなるから、弱めるために折り曲げたり、切り取ったりする。つまり、かたく腐り込みにくいウメの木質を利用していくわけだ。枝を曲げたい方向の内側を、ハサミで半分程度切りつけて、枝をくじくように折り曲げる。こうすれば上向き枝は強くなくなり、枝の元からは翌年、花芽のつく枝が吹いてくる。また、ある部分がハゲている場合は、そこにほかの枝を誘引してくれば十分な小枝ぶりがつくれる。

以上のような用途がなく、役に立たない徒長枝は、元から全部切り落とす。

徒長枝によって形が乱れる理由は、次のように考えられる。

ウメの徒長枝は普通、上向き枝として、しかも親枝に対して返り枝として伸びてくる。上向き枝は親枝よりも強くなる原則があるから、親枝が弱まるのが第一の理由。また、出た上向き枝の先端に新しい枝ぶりができ、下枝は日照不足をおこして弱まる。これが樹形を乱す第二の原因である。

3　タテイレをかえる時期

ほとんどの落葉樹に共通するが、ウメの木にも萌芽力の強い性質がある。密植状態のままで苗木をおいても、幹さえ太れば、枝はあとからでも吹かせられる。ただし、庭木として早く利用したいならば、植栽間隔はある程度広くして、日光に十分当たるようにすることが早く幹を太らせるコツである。

タテイレをかえる時期は、接ぎ木後1年の苗を植え付けたあとで、多くは5〜6年過ぎたころ、10年くらいまでに行なうのが一般的である。タテイレを早くかえたウメは、基本の枝がまだ十分にかたまっていないため、徒長枝が発生して形がかわることがある。

5　成木時代の手入れ

1　剪定の時期と方法

枝の剪定・整枝の時期は、ほかの落葉樹と同様、秋の落葉後に枝がかたまった11月下旬から12月ごろに行なう。ここでできなかった場合には、春に根が吸水活動を始める2月ごろに行なう。

強くなりそうな徒長枝を整理するため、夏に剪定することもある。これには梅雨明けころに行なうのが基本である。

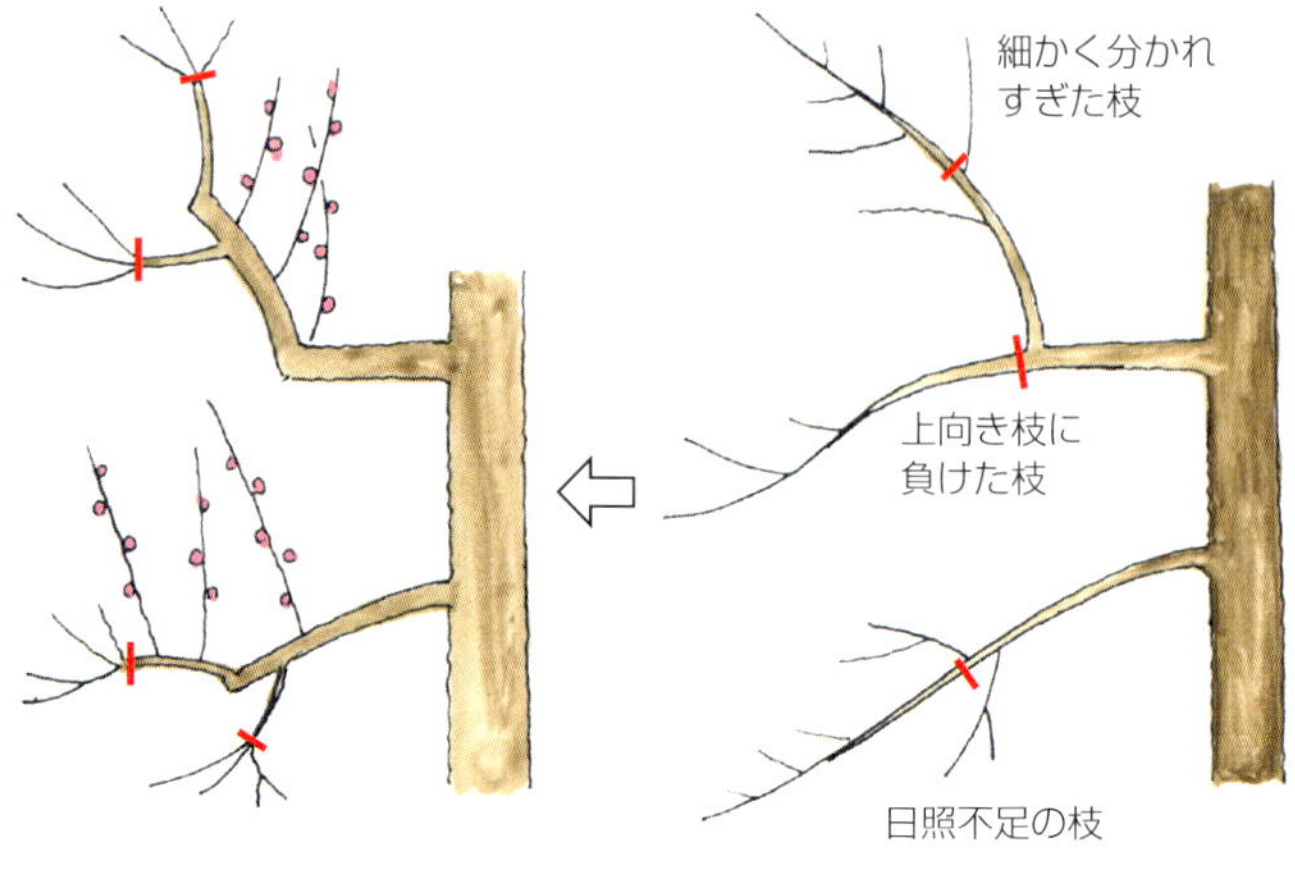
細かく分かれすぎた枝
上向き枝に負けた枝
日照不足の枝

図92　枝先の剪定のやり方

8～9月にかけて剪定すると、切り口から枝が伸びず、仮に出たとしても不十分な軟弱な枝で冬を迎えるため、冬の剪定でその切りもどしが必要になる。

ヒコバエや不要な胴吹き芽・幹吹き芽は、なるべく早めに夏や冬の剪定のときに切り落とす。冬の剪定で切り忘れると翌年からの生育で大きくなってしまうので、気がついたときに切り払うことが肝心。ただし、形が乱れた木や枝数の少ない木では、胴吹き芽や幹吹き芽のなかから形を整えるうえで大切な枝となるものも出てくる。

そのような場合には、全体の樹形を十分に見たうえで、胴吹き芽や幹吹き芽が伸びていく方向を確かめ、必要なら残して不要なものをとるようにする。

2　小枝先の手入れ

よく日光に当ててやれば、必ず小枝に花が咲く。ところが、日照が不足したり元から強い枝が出たために、養分不足をおこした小枝などには、花芽がつかない。そこで枝数を減らしたり、強く切りもどす剪定を行なったりする。枝数を少なくし、強い枝を吹かし直してやるわけである。すると、翌年には開花の期待も出てくる。細い枝を切り込んでも芽が吹き直してくるから、枯れ枝の美しさは得られない。大きな枝を切り落とすと枯れ枝になるのである。

普通の庭木なら、太枝を切り落とす際に枝の元を残さず、幹の線にそろえて切り込むのが原則だった。しかし、ウメでそれを枯れ枝にしたい場合は、元の部分をいくらか残して切りつめる。すると残された部分が枯れ込みはじめて、いろいろな形の枯れ込み・樹皮の剥がれが出てくる。

さらに、コケや着生植物などが付着すれば、時代を経た古木の相が得られる。

3　花つきが悪い場合

ウメで花つきが悪い木を見てみると、枝の切りすかしが不十分で混み合っているため、日照不足をおこしたことが、第一の原因として考えられる。また、この際、日照不足とともに通風不良もおきる。植え場所が悪くて日照不足になっている木も花つきは悪くなる。

逆に花つきがよくなる状況をみると、盆栽でも同様だが、夏の間に乾燥ぎみになった木にはよく花が咲く。盆栽のウメの場合は、夏の灌水を控えてカラカラにすると、C－N率の向上によってチッソ過多による軟弱な生育がおさえられて花つきがよくなるわけだ。

したがって、ウメを植える場合には、なるべく日当たりがよい場所で、排水がよくて夏に乾燥しやすい土壌を選ぶ。さらに、木の間隔を十分にあけて、重なり枝にならないような剪定をし、どの枝にも十分な日照が当たるように。

これでも花がつかないときは、よほどの肥料不足か、樹皮の下にはいり込んだ害虫のためで、樹皮のところどころからヤニが出ているような状態だろう。

サルスベリ

長期間花が咲いているので、百日紅《ひゃくじっこう》ともいう。名の由来は、7月ごろから開花しはじめ、長期間にわたって次つぎと開花してくるところからきている。花はそれぞれの枝先に咲き、枝の元のほうから順に先へ向かって咲いていく。

また、サルスベリという名の由来は、そのツルツルした幹のなめらかな美しさを、猿も登れないことにたとえているわけである。

コツのコツ

樹形を楽しむだけなら、からみ枝などの不要枝を剪定するだけの自然形仕立てで十分だが、百日紅の名にふさわしい花をより以上に楽しむのなら剪定重視の仕立て方がベター。強い切りもどし剪定を行ない、当年枝を出させて花芽をもたせるという仕立て方である。

1 木の性質と樹形

環境

原産地は中国南部である。そこはかなり乾燥した土地だといわれている。しかし、わが国で庭木として植える場合は、長い年月の適応の結果か、土性に対しての適応性は広く、土質を選ばずよく育つようである。

性質

生育は比較的早いほうで、樹高も7m程度にまでなる。しかし、一般的な庭木に仕立てる場合は、3～5m程度で丈を止めるのが通例だ。

幹の太りも早く、寺社の境内で放任された木では、直径30cm以上にも達したものが眺められることもある。

枝は剪定に強く、切ったあとに芽がよく吹いてくる。

幹は黄褐色でツルツルと光沢がよく、ウメのようにタテイレ（まっすぐ植えられていた木の幹を角度をつけて植えかえ、樹形に変化をつけること）をかえると曲がる性質がある。しかし、その曲がり方は非常に滑らか。また、幹のコブの表面もなめらかで、樹皮の一部は割れて剥がれることがある。

サルスベリの花芽は、前年生の枝ではなく、当年生の枝の先端につく性質がある。強い枝ほどいつまでもたくさんの花を咲かせ、一方、弱い枝は花つきが悪くなる。

したがって、毎年の冬の剪定で十分に形を整え、春から伸びた枝の先に花が咲くようにすることが肝心である。

繁殖

ほとんどの繁殖法が行なえる。実生、挿し木、取り木、枝分けなど、どれもが可能だ。

株分けは、根元から出たヒコバエを分ける形で行なわれる。

樹形

幹がよく太ったサルスベリは、庭園のなかで、幹ものの主木としてよく、近景で幹を強調して用いることができる。また、遠景効果のなかに入れることもでき、その用途は広い。

古木で幹の太った木は、曲がりのおもしろさと幹の美しさが十分観賞できるところで育てるのが、一番木の性質を生かせるだろう。

2 仕立ての実際

1 幹ぶり

直幹にするか、斜幹にするかは、それぞれの好みによる。しかし、花を強調したい場合は、幹が斜めに傾けられることが多いようだ。一方、幹ぶり・小枝ぶりを強調する場合には、直幹と斜幹のいずれもが行なわれる。

直径4～5㎝ぐらいになった幹をタテイレをかえて傾けて植えた場合、徒長枝はある程度吹いてくる。ところが、直径4～5㎝以下の幹では、徒長枝の出方が著しく、幹が負けてしまう危険がある。

したがって、苗木のときやタテイレをかえる前には、徒長枝が出るような勢いの強い育て方をして、早く木を大きく太くしてやる。

いったん木を斜めにして幹や全体の形をつけてからは、徒長枝は枝の先端の花をつけるものだけを残してほかは早く切り取り、樹形を乱さないように。

幹は徐々に表皮が剥がれてなめらかになる

庭つくりの際に、サルスベリを池の上へ斜めに張り出させたい場合は、次のようにする。

まず木の大きさをつくっておき、幹がある程度の太さに達したところで植え替えて斜めに幹を倒し、池の上に張り出した形にする。こうしないと、幹の太りは不十分になってしまう。しかも、若木のうちから倒して育てると、幹吹きの徒長枝が多く出やすくなるから、よけいな手間がかかる。

そこで、10年生程度までは直立させて育て、幹の直径が4～5㎝以上に太ったものを倒して植えてやる。

2 自然形仕立て

サルスベリの剪定・仕立てのやり方には、大きく分けると二つある。すなわち、自然の形を尊重したやり方と、剪定を重視したやり方との2通りである。

自然の形を尊重する方法は、幹から出た枝先は細かく分かれて、小枝ぶりまですっかり眺められる形にする。これは自然の形をそのまま利用していく。

自然に伸ばしたサルスベリでは、それぞれの小枝先から強い当年生の枝が出ない。短い細い枝になり、花は十分に眺められない。

自然形の剪定では、強い徒長枝が出ると形が乱れることから、からみ枝、内向き枝、ヒコバエ、幹吹きなどのような枝は切って、その形を維持するための剪定を行なう。

枝数を減らすために小ずかし・中ずかしをするが、それぞれの小枝先は切りつめずに、そのまま伸ばしていく。

3 剪定重視の仕立て

花を強調して眺めたい場合は、強い切りもどし剪定を行なう。すると、切り口から長く勢いのよい当年生の枝が出て、そこにたくさんの花がつく。

剪定を重視する方法の意義は、花が十分に眺められるところにある。前にも述べたように、強く切りもどすと勢いのよい当年生の枝が出て、花がよく咲く性質を生かしたやり方なのである。

花を強調する剪定では、毎年同じ位置で切りもどしをする。つまり、その先から伸びた前年生の枝は全部切り落として、毎年同じ場所から強い枝を吹かせてやる。

　このように、毎年切りもどす位置が決まっていると、そこにはニギリコブシ状のコブができてくる。しかし、このコブはほかの木のようなゴツゴツしたものではなく、割合なめらかな形だから見苦しくはならない。剪定のやり方によっては、コブをさらに目立たなくすることもできる。切りもどす位置を年によって少しずつ先のほうへ移し、数年たったところで元に強く切りもどせば、コブにならずに

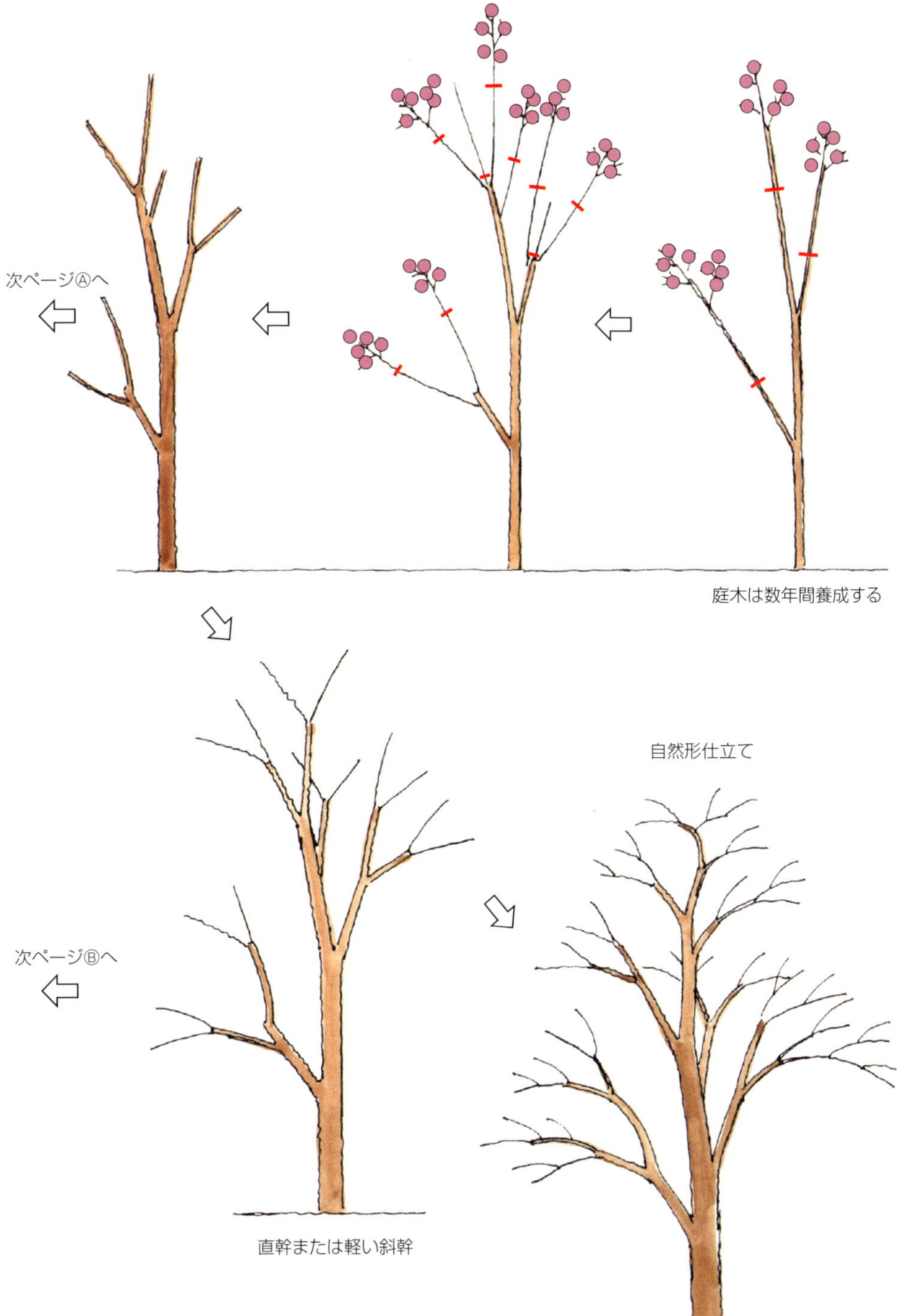

図 93　サルスベリの仕立ての経過

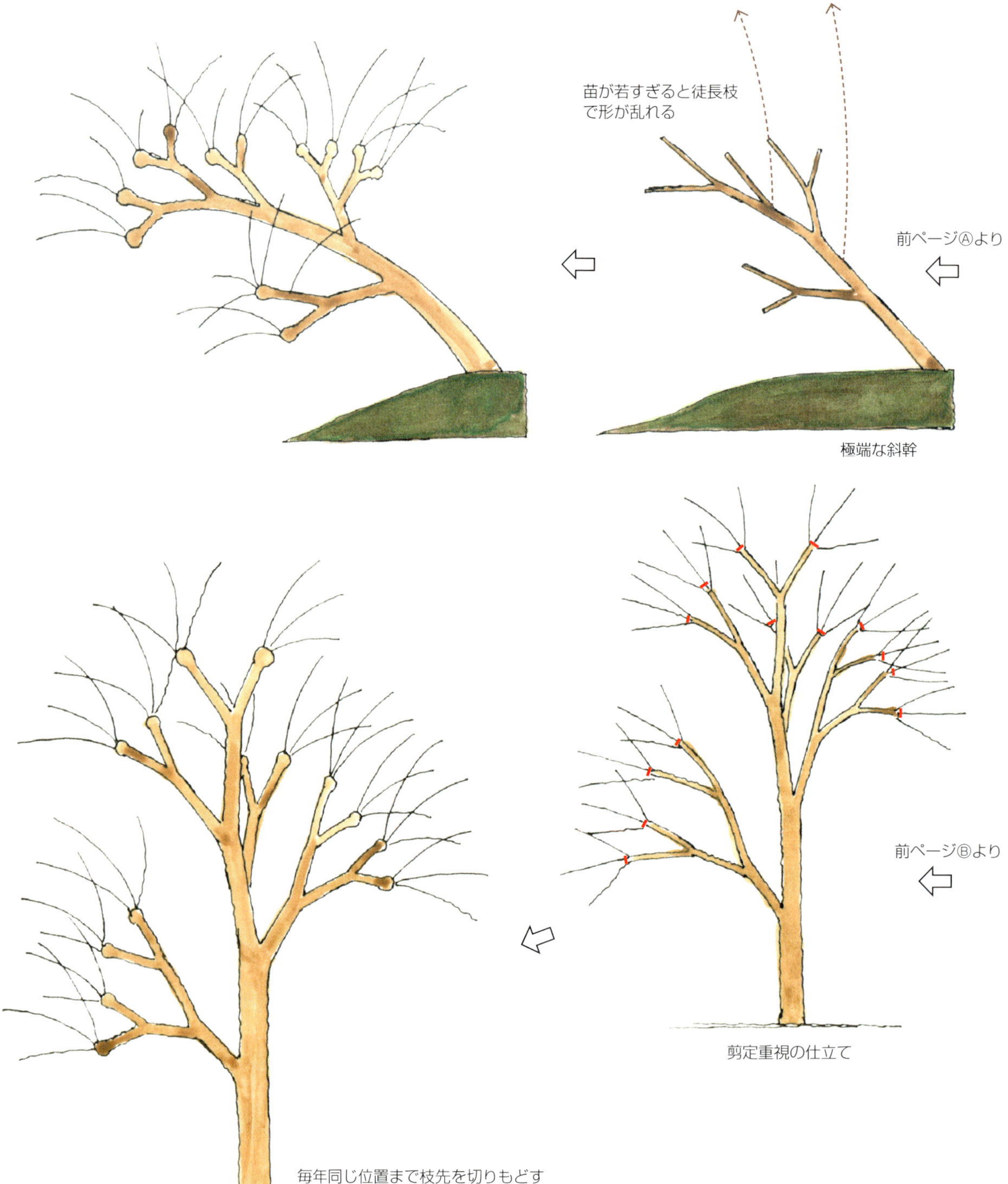

サルスベリの仕立ての経過

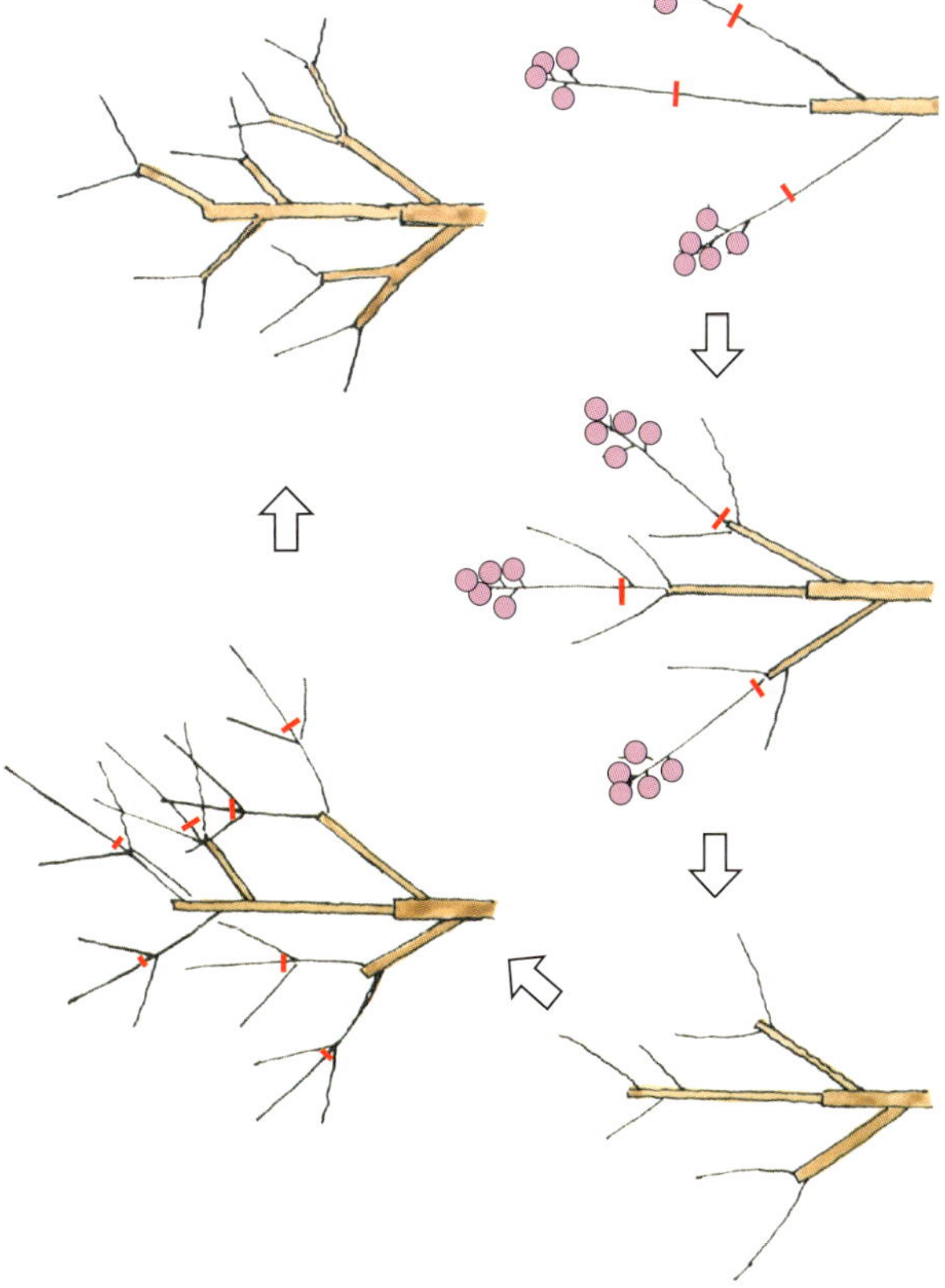

図 94　枝先の扱い（自然形仕立て）

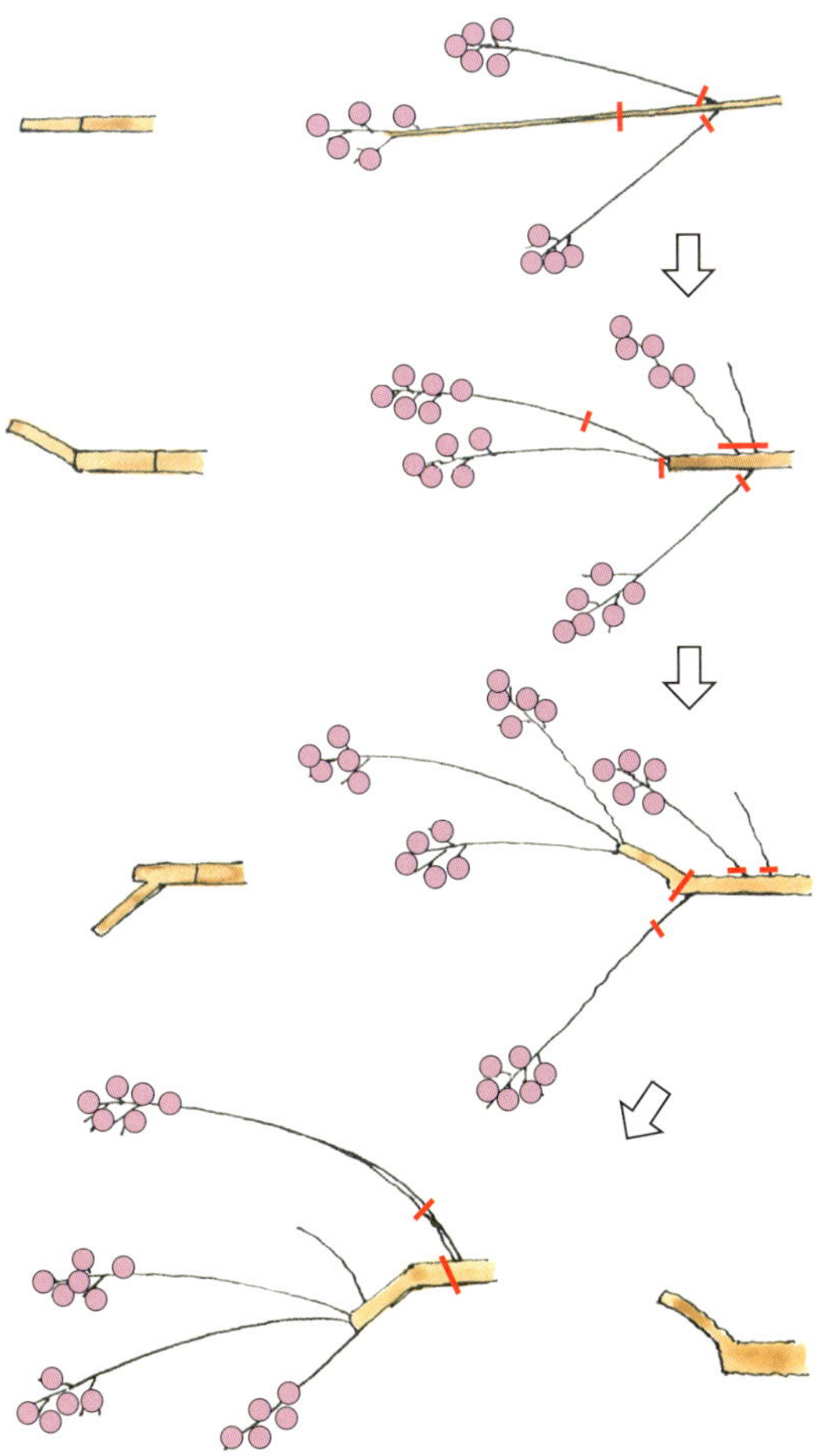

図 95　枝先の扱い（剪定重視の仕立て）

すむわけだ。

　剪定の時期は冬の間に行なうのが原則である。サルスベリは落葉樹で、当年生の枝に花が咲く性質のあることから、冬に行なうのがよい。

　花を強調したい場合には、前年切った同じ位置で、冬の間に全部切り払うわけだ。このとき、花が咲き終わって落葉を待つばかりになった10月下旬ころから剪定を始めて、当年生の枝を全部切り払っても木にはあまり影響がないようだ。また、冬の眺めもさっぱりとする。

　花を強調するとき、最初の切りもどしはいつ行なったらよいだろうか。

　まず、幹と太枝の位置とを見る。切りもどすときに、枝のほしい位置に太い枝がない場合には、切りもどしておいても自然に負けてしまう。だから、全体の枝の分かれぐあいで、上向き枝や脇枝の配置を見て行なう。できることなら、徒長

毎年同じ位置まで
枝を切りもどす

枝ぎみの強い当年生の枝で、花をたくさん咲かせたような枝の元で切りもどしてやれば、翌年からは毎年勢いの強い枝が吹いてくる。

　幹の先端で切って、そこから花を咲かせる枝を吹かせることはない。幹からいったん枝を出して数本に分け、その枝を毎年切りもどす。これは全体の形のよさからきている。

当年枝が残った状態の未剪定の木

　木を大きくさせるために放任すると、一定の高さまで生育したあと、必ず幹が分かれてくる。こんな形になる幹の性質を有限幹型という。ほとんどの落葉樹は有限幹型である。針葉樹のような無限幹型、すなわち主幹がまっすぐに1本に決まることは、サルスベリの場合はないわけだ。したがって、サルスベリは放任しておいても、2～3m程度の高さになると、幹の先が自然に分かれてくる。

　幹が分かれた枝の先を切りつめるか、あるいはその枝から、さらに枝を分けて切りつめるかをする。

4 病虫害

　一番問題になる病気は、うどんこ病である。この病気は、通風が悪いときに多く発生する。また発生時期は、梅雨明けころに多くなる。

　つまり、春に吹いた当年生の枝が順調に生育してきて蕾がふくらみはじめるころ、葉から蕾にかけて軟弱な枝などにまで白い粉をふき、開花が妨げられる。そこで大切なことは、サルスベリは通風がよく日当たりのよいところへ植え付けてやることである。

　また、防除のために硫黄剤などの薬剤散布も重要である。

　サルスベリでは、シンクイムシの害にも注意しなければならない。当年生の枝が完全に伸びきらないうちに、枝先にシンクイムシが侵入する。すると、そこから枝分かれしてしまい、せっかく強い勢いで伸びてきた枝が細かな弱い枝に分かれてしまうのだ。当然、花はつかなくなる。

　花が咲かない原因として考えられることがらは、したがって次のとおり。

　開花させるべく強い切りもどし剪定をしているにもかかわらず、花が咲かないのは、うどんこ病やシンクイムシなどによる害が考えられる。

　自然形を生かして小枝ぶりを眺めるような仕立てを行なっている場合は、それぞれの小枝が弱いため、花のつきは十分ではない。これは切りずかし(小ずかし、中ずかし)によって改善される。

ザクロ

コツのコツ

徒長枝が出やすい樹種なので、早めの処置が樹形づくりのポイント。とりわけ根元から発生するヒコバエには注意する。花や実を楽しむためには肥料不足、日照不足、また、根の活動が旺盛すぎる場合などがあるので日ごろから心を配りたい。

1 木の性質と樹形

●**環境**

原産地は西アジアといわれている。わが国で庭木に仕立てる場合は、あまり土質を選ばず、適応性が広いようである。しかし、ザクロの原産地である西アジア地方は、日当たりがよく、排水がよい砂質壌土のところであるから、ザクロは日照・排水が大切だといわれる。実際にそのような土地で育てると、花つき・実つきがよくなる。

●**性質**

強い徒長枝が出やすく、剪定のあとの萌芽力が強く、枯れ込みが少ない木である。放任すると、根元からきわめて強いヒコバエが出てくる。したがって、ヒコバエと徒長枝の扱いが、剪定・整枝のポイントになる。また移植力もある。

●**繁殖**

繁殖は実生で行なうことは少なく、ほとんどが挿し木、取り木、ヒコバエの株分けで増やす。

甘ザクロでは接ぎ木が確実である。ほかの繁殖方法とくらべて、接ぎ木したものはあとの生育がよいようだ。

●**観賞**

ザクロの観賞ポイントはどこにあるのだろうか。そのひとつは幹ものとして幹ぶり・枝ぶりを眺める場合である。もうひとつは花と実を眺める場合である。

幹にはミズミチといわれる縦のヒダがはいり、それがよじれるように上へ昇っていくところが、ザクロの幹のおもしろさである。つまり、全体にあれた幹の姿になっていてゴツゴツしているが、その点はウメとサルスベリの中間という感じである。

ザクロの花は、6月ころから開花しはじめ、長期間にわたってオレンジ色の花が眺められる。もともと夏は花に乏しいため、この時期に花が眺められることは貴重なのである。また早咲きの花は実をつけて、秋の結実も眺められる。果実が割れて、紅の実が見える新鮮さもポイントだ。

なお食用を目的とすれば、果実が甘いものと酸味の強いものとがあるので、甘ザクロのほうがよいわけだ。

2 仕立ての実際

●**ヒコバエ**

ヒコバエは早めに切り取ってやる。

もしヒコバエを繁殖に用いたいときには、元の部分に盛り土をしておくと、土の中に根が張ってくる。冬の間に多少の傷をつけて盛り土をしておけば、根の発生はいっそうよくなる。

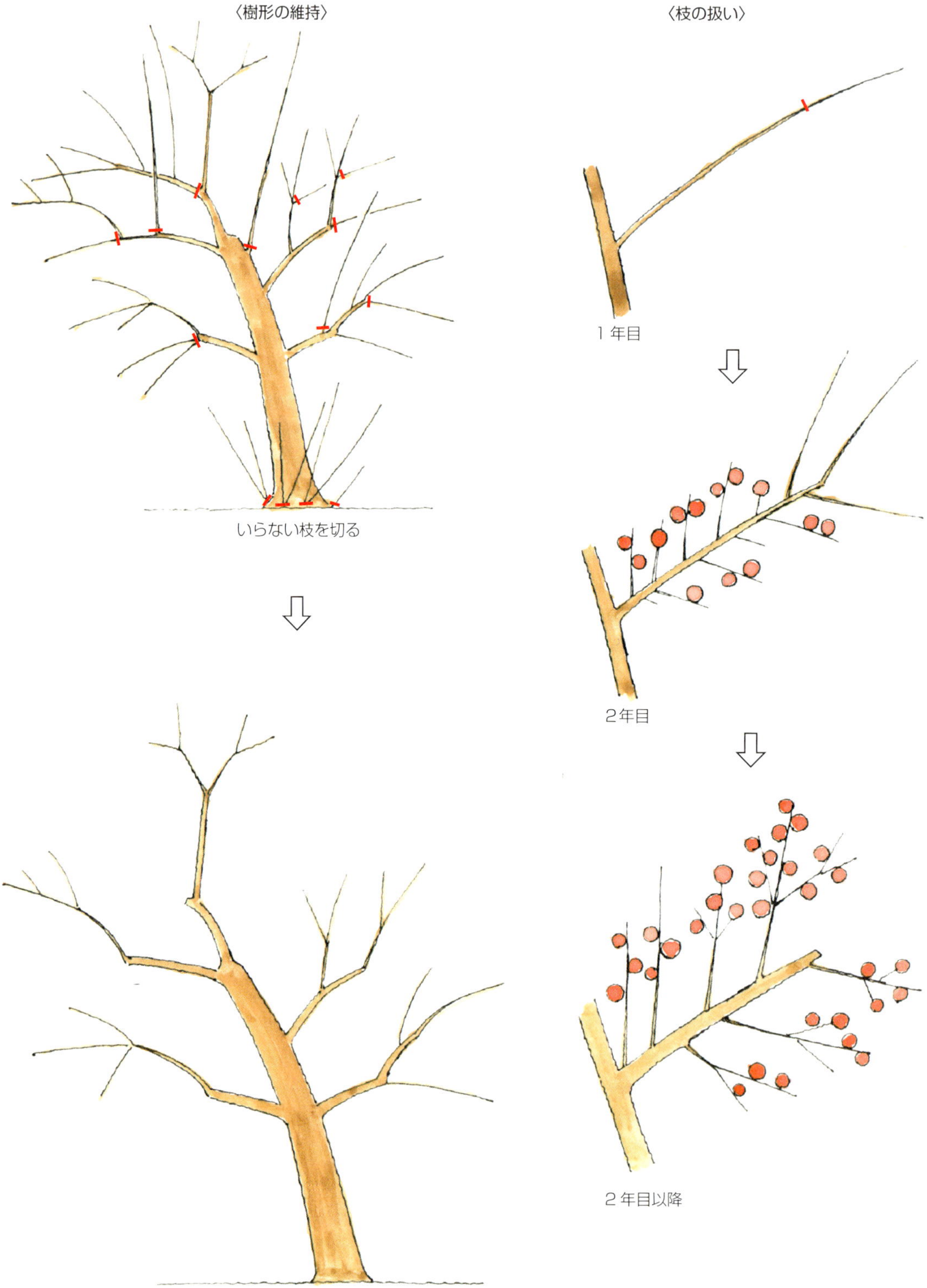

図96　ザクロの剪定・整姿のやり方

●花つき

徒長枝の発生とザクロの花つきの関係が、花つきをよくしたい場合に問題になる。

ザクロの花は当年生の強い枝には咲かない。花芽は当年生の枝に分化してくるが、強い枝から分かれた2年日の小枝の先に咲く性質がある。

徒長枝は、樹形を整えるうえで特に残したいもの以外は切り取ってやる。この剪定は、夏の間に行なうのがよい。夏にできなかった場合は、落葉後に木の形をよく見て剪定することが、樹形を乱さないうえで重要である。

樹形を整えるために徒長枝を残したい場合は、自分が残したい長さをよく考え先を切り取る。切った徒長枝の先端から強い枝が吹き直してくることがあるが、これは切り取ったり、切りつめたりすればよいわけである。多くの場合は、翌年そこから細い小枝が出て、そこに開花の

実と若葉

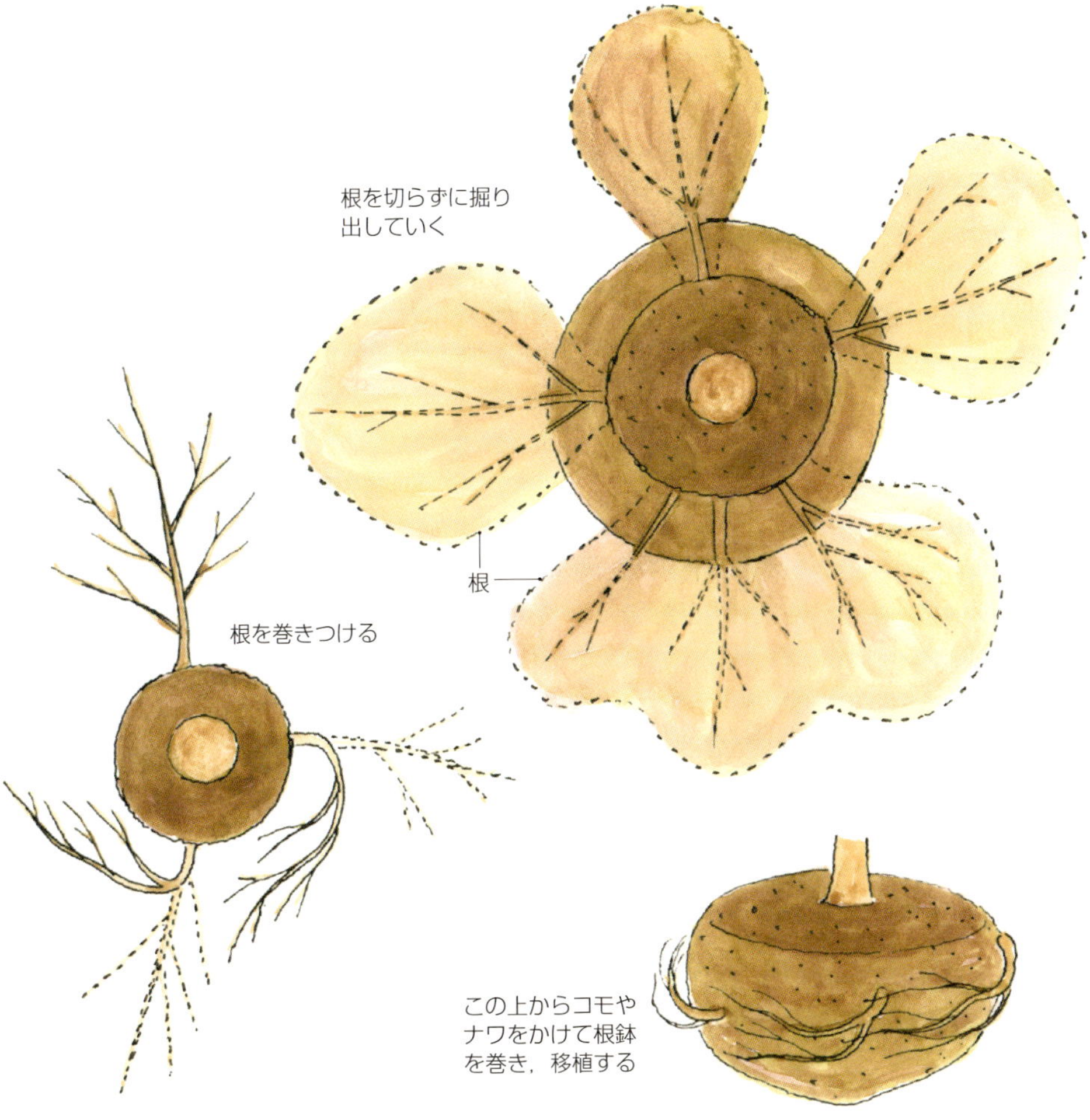

根を切らずに掘り出していく
根
根を巻きつける
この上からコモやナワをかけて根鉢を巻き，移植する

図 97　追い掘りのやり方

期待がかけられる。

　ザクロの花が咲かない原因は、多くの場合、肥料や日照の不足と、根の活動が強すぎることが考えられる。

　まず日照不足の問題は、植え場所を考えてやることによって解決する。

　肥料不足の問題は、夏の花が咲き終わったころに、お礼肥として分解が早い有機質の肥料を与える。ザクロは結実させることも大切だから、夏の間の施肥は大きな意義があるわけだ。つまり果実の発育と、翌年に強い枝を出させるための力をつけてやる。さらに冬に寒肥を施してやれば、栄養的に花がつかなくなる心配は避けられる。

　枝の生育が非常によく、徒長枝が発生するほどなのに花が咲かないということもある。これは木の勢いが強すぎるために花芽がつかない現象である。つまり、わが国の土壌は原産地とくらべて地味がよく、水分も多い環境にあるから、育ちすぎが原因と思われる。

　したがって、この場合は根を切ってやる。根を切って養分・水分の吸収をおさえてやれば、一時的にC-N率が向上して花つきがよくなる。ただし、根を切ったあとは、風に対する抵抗性が弱くなるから、倒伏しないように支柱をそえる。

　全部の根を一度に切ると樹勢が衰えすぎる心配のある場合は、根幹を決めるときのやり方で幹の直径の4〜6倍のところを掘って、一部の太根だけを切る。あるいは追い掘りのようにして根の先まで掘り、その根を根幹に巻きつけて、再び植え直しておく。こうすれば、一時的に木の活動が衰えるので、樹勢が強すぎて花がつかないことはなくなる。

　年を経た古木では、根を切ってしまうと再生力が弱くなるために、追い掘りのほうがよい。

ザクロはヒコバエや徒長枝が出やすい

　また、以上のような鉢をつくっておくことは、次回の移植が必要な際に、よい根幹ができる利点もある。
　花つきには、カリ肥料の施肥が特に有効である。したがって、埋めもどすときには、土にカリ肥料を加えたいものだ。
　根をいじる時期は、新芽が伸び出さないうちに、冬の間に行なっておく。ところで、ザクロの葉はしおれやすいので、夏の間に根をいじると枯れ込みの心配が出てくる。したがって、春の発芽前に行なっておくことが肝心である。冬季にできなかったときには、新芽の立つとき以外の葉がかたまりはじめたころを選ぶ。摘葉して丸坊主にして植え替え、水ぎめ法で十分に水を吸わせ、たびたび灌水すると移植ができる。

●枝の扱い

　ザクロの樹皮は、ウメとくらべて明るい色である。しかし、幹にヒダができてゴツゴツした形になり、厳しい感じのくねり方をする。この点はウメの剪定・整枝のやり方を応用して、樹形を整えていくことができる。

　ウメやサルスベリと同様に、返り枝が出てくるから、この形を生かしていくのがよいわけである。

モミジ・カエデ類

コツのコツ

紅葉の美しさが特筆される樹種だが、落葉時の枝先のこまやかさも観賞価値が高い。枝先をこまやかに仕立てるためには、たんねんな剪定をくり返し、徒長枝などは特に必要なもの以外は早めに切除していく。品種ごとに仕立てのポイントが異なるので注意したい。

1 木の性質

●環境

モミジやカエデはカエデ科の樹木で、あとで述べるようなたくさんの種類・品種がある。暖地から寒地まで、それぞれの地域に適した種類が山野に自生している。モミジ・カエデの仲間は、日本中いたるところで見られるといってもよい。

木の本来の適正はやや湿りぎみで、土層が深い壌土質の土地を好む。陰陽樹であるから日陰でも生育は可能で、庭木としての利用範囲が広い樹種である。

●種類と観賞

モミジ・カエデの仲間は、葉の切れ込みが浅いほうをカエデ、深いほうをモミジと区別する。つまりカエデは、カエルの手のような形をしているところから名づけられたわけだ。

モミジ・カエデ類にはたくさんの種類があり、ヤマモミジのような野生種と、特殊な品種のものとに大別される。一般に用いられるのはヤマモミジだが、それぞれの美しさのねらいによって使い分けされているようである。つまり、種類・品種ごとに特徴があって、観賞のポイントも違ってくるからだ。

これらの観賞のポイントは、まず葉の美しさと幹や枝のおもしろさとに分けて考えることができる。

一般にモミジ・カエデ類の葉は、秋になると紅葉してくる。秋に日照時間が短くなると紅葉するといわれるが、赤や黄に色づいた葉はモミジ・カエデならではの美しさである。そこで葉の性質のほうからみた観賞のポイントは、次の五つの場合に分けて考えればよいだろう。

①春の芽だちの色が美しいもの（ショウジョウ、サンゴカク）

②秋の紅葉が美しいもの（ハウチワカエデ、アサヒカエデ、ミツデカエデ）

③春の芽だち、秋の紅葉ともに美しいもの（ヤマモミジ）

④春から秋まで、赤系統、あるいは鮮緑色の葉の色を保ち、美しいもの（ノムラ、ベニシダレ）

⑤葉の形が美しいもの（イタヤカエデ、マイクジャク）

また、幹や枝も観賞のポイントになる。一般的なモミジやカエデの場合、落葉後の眺めも大切な意味をもっているわけだが、これは仕立ての実際で述べることにする。網目状に小枝が張った形が理想とされる。

幹の太くなった木は、近景を強調する目的で利用することもできる。

このほかに特殊な品種として、幹・枝の形や色がかわったものがある。これは次の二つに分けることができる。

①枝がシダレ性の品種　ベニシダレやアオシダレのように、シダレた形のおもしろさを眺める場合である。

②幹や枝の色が特殊な品種　サンゴカクのように、春の萌芽前に根が吸水活動を開始するころ、幹がサンゴ色になる

品種で、これは幹や枝の色が観賞のポイントになる。

●性質

非常に生長が早く、丈は10~15m程度まで達する。野生種のヤマモミジやトウカエデなどでは、特に生長が早いようだ。一方、改良された品種もののなかには、生長の遅いタイプがかなりある。

剪定に対して、トウカエデなどは特に強いようだ。葉の元には腋芽があって、剪定後にはこれが伸び出してくる。特に太枝を切り落とした場合を除けば、一応の萌芽力をもっているわけである。ただし、不定芽はでにくく、幹も腐り込みやすい性質があるから、剪定の際には注意が必要である。

移植力はあるほうで、夏を避ければいつでも移植が可能である。ただし、ほかの木より芽吹きが早いので、春の移植は時期の判定が大切である。2月になればすでに木は活動を開始していて、木を切ってみると、切り口に水がにじんでくる。根のほうは、もっと早くから活動しているわけである。したがってモミジ・カエデ類の移植は、通常の落葉樹の移植適期である3月ではすでに遅く、2月初旬に移植するのが無難なのである。

秋の移植は、関東地方を例にすると、10月にはいれば葉が残っているうちでも可能である。移植後間もなく冬を迎えることになるから、寒さや乾燥を防ぐ意味で十分な幹巻きと葉刈りをしてやる必要がある。

大きくなった木は、夏の移植を避けなければならない。移植のときには幹や枝を切る作業が行なわれるわけだが、それを夏にすると枯れ込みの危険が大きくなる。また、切り口からテッポウムシなどが侵入するおそれも出てくる。

2 仕立ての実際

1 ヤマモミジの仕立て方

モミジ・カエデ類を美しい樹形に仕立て上げるためには、どんな注意が必要か、ヤマモミジを例に述べていこう。

葉が茂っている夏の期間は、葉で幹や枝がかくされ、緑の木の姿を眺めることになる。しかし、落葉後は枝ぶり・小枝ぶりが観賞価値になるわけで、そこでは細かな枝が網目状に張った形を理想とする。

ヤマモミジの仕立ては、幹が十分な太さに達した大きな木を山掘りして、庭木に仕立てていくのが一般的である。山掘り・移植をする際には枝を切りつめて、木の幅を狭くしてやらなければならない。

枝の切りもどしは、密になったところで芯の枝を切り、脇枝の先は切りつめず自然な形にするのを原則とする。

狭いところに植えるために幅をつめなければならないときは、同じように芯の枝を切って脇の小枝に切り替えていくが、小枝先は残るようにして、玉どりにならないように注意する。この作業を順次行ない、枝の長さを切りつめていく。

幹の太くなった木は、相当に老成した木であるから、枝を切りもどしても徒長枝は出にくくなっているはずである。ただし、まだ樹勢が強い木では、移植と同時に枝の切りもどしを行なうと、徒長枝を吹いてくることがある。徒長枝は、枝がほしい位置に出たものだけを残し、それ以外は早めに切り取る。

毎年の手入れも同様にして、中ずかしをくり返すことによって、必要な幅に切りつめてやる。しかし、必要以上に剪定をすると、網目状の小枝先がくずされてしまう心配が生じてくる。

また、樹形の側から見ると、切り口が

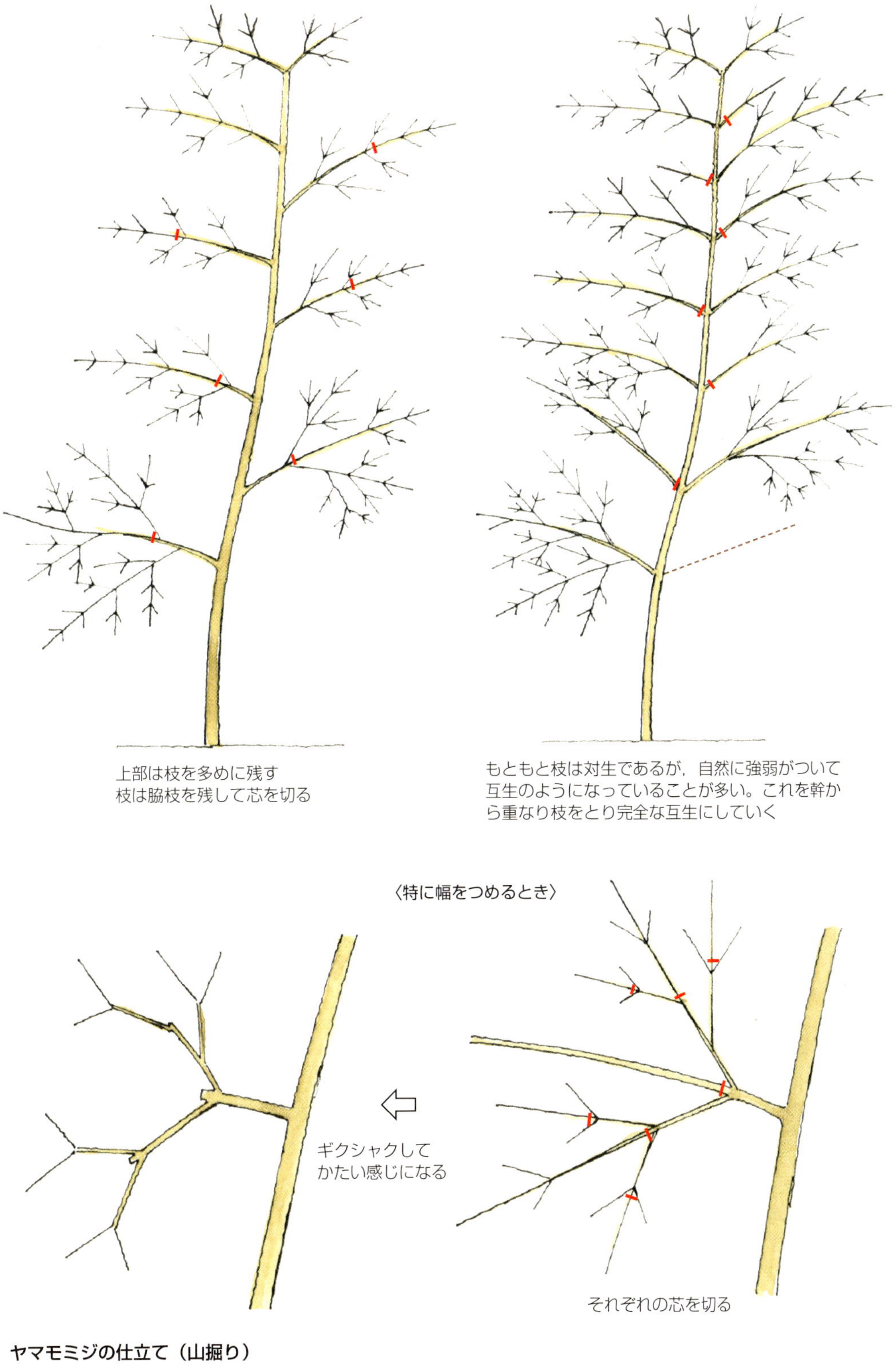

上部は枝を多めに残す
枝は脇枝を残して芯を切る
もともと枝は対生であるが，自然に強弱がついて
互生のようになっていることが多い。これを幹か
ら重なり枝をとり完全な互生にしていく
〈特に幅をつめるとき〉
ギクシャクして
かたい感じになる
それぞれの芯を切る

図 98　ヤマモミジの仕立て（山掘り）

ナマナマしく目立つ形は、その木の欠点になってしまうわけだ。つまり、その対策として、大きな枝は切り落とさないほうがよく、剪定のあともなるべく残らないように注意することが、仕立てのコツだといえる。

先へ長く伸びすぎてしまった枝は、亀甲ずかしの形に切りもどしてやるが、そのほかに胴吹き芽と切り替えてやることもできる。これは枝の元のほうに胴吹き芽が出ている場合で、その位置まで芯を切りもどせばよい。

2 品種ものの仕立て方

品種もののモミジ・カエデ類の仕立ては、小苗を植えるのが一般的である。なお、ヤマモミジなどの野生のモミジやカエデでも、小苗を山掘りしてきて仕立て

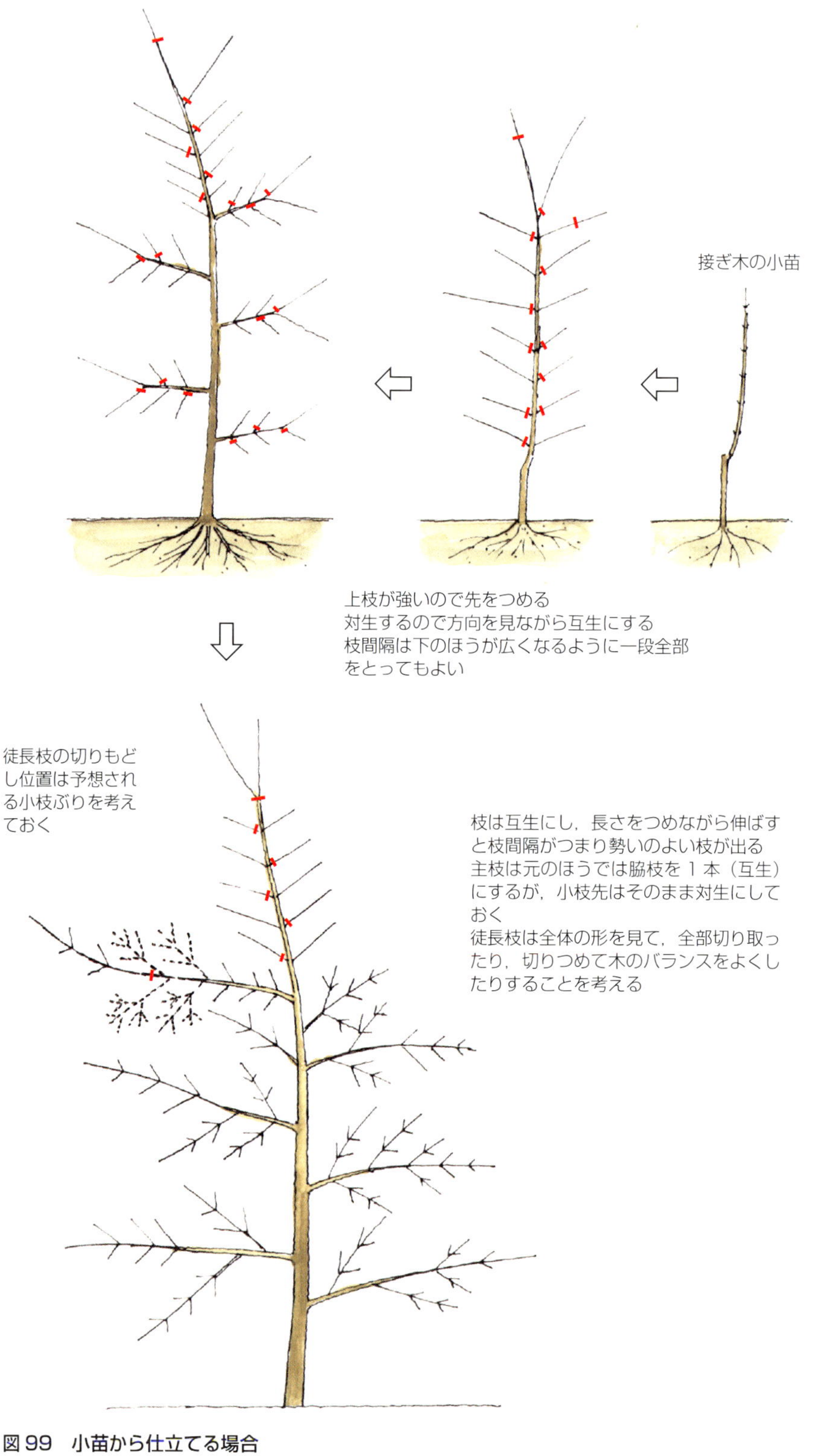
接ぎ木の小苗
上枝が強いので先をつめる
対生するので方向を見ながら互生にする
枝間隔は下のほうが広くなるように一段全部
をとってもよい
徒長枝の切りもどし位置は予想される小枝ぶりを考えておく
枝は互生にし，長さをつめながら伸ばすと枝間隔がつまり勢いのよい枝が出る
主枝は元のほうでは脇枝を１本（互生）にするが，小枝先はそのまま対生にしておく
徒長枝は全体の形を見て，全部切り取ったり，切りつめて木のバランスをよくしたりすることを考える

図 99　小苗から仕立てる場合

る場合は、品種ものに準じた手入れをする。

品種ものモミジは、ヤマモミジを台木にして接ぎ木された苗がほとんどである。そこで、入手した苗は、接ぎ木部分が剥がれないように注意しなければならない。

苗のうちは放任して自由に育て、丈を伸ばすことを第一に考える。この期間中は、徒長枝や枯れ枝が発生したときに、切り取ってやる程度の手入れをする。徒長枝の扱いは、その位置に枝がほしいときにだけ残す。

徒長枝が出るとそこに勢いが集中しやすく、樹形は乱れがちになる。徒長枝を残すときは、全体の樹形をよく見て、慎重な扱いをする必要がある。できることなら最上部から徒長枝が出て、丈が高くなるようにしたいものである。

枝の間隔は、枯れ枝を除いてやる程度でよく、特別な注意はない。木が植えられた場所で自由に育っていけば、この間に日照・通風や周囲の帰途の関係で枯れ枝が発生し、自然に枝間隔がついてくるので、人工的に枝を整理する必要はあまりない。大きくなってから幅を切りつめる必要が出た木は、ヤマモミジの方法に準じて切りもどしてやり、亀甲ずかしで枝を分けていく。

3 盆栽の仕立て

これまでに述べた仕立て方は、自然らしい形につくる場合の手順である。このやり方では一本一本の枝が長く、小枝ぶり・葉ぶりがあらい形に仕上がる。これが気にいらないという方は、盆栽のモミジと同じ仕立て方をすればよいだろう。

春に新芽が伸び出して葉が開きはじめたころ、希望する枝の長さ（葉数）を確かめて、芯のまだ開かない芽の先を摘み取ってしまえば、新芽は残された葉数や枝の長さに制限されてしまう。

この作業は木の勢いが強い若木の時期に適した方法で、老木になれば新芽の伸びが悪くなるので実際には必要がなくなる。このやり方によって、大型の盆栽が庭にあるような眺めになる。

4 管理の注意

紅葉を美しく

都会では最近、モミジ・カエデを育てても、美しい紅葉を見ることができなくなった。その最大の原因は街灯が完備されたためだといわれている。

紅葉とは、葉が秋の短日・低温に感応しておこる現象である。日照期間が短くなることによって木は冬の訪れを知り、冬に備えて養分を貯蔵する。落葉前に葉でつくられた養分を枝や幹のほうへ移動させるわけである。

ところが、このとき秋の低温にあうと養分の移動が妨げられ、かなりの養分が葉に残されてしまう。こうして集積した養分が、紅葉を引きおこす原因になるのだ。

以上の反応（変化）が順調に行なわれたときに、美しい紅葉が期待できるわけである。

都会では夜間照明の設備が発達したため、短日の効果がうばわれてしまった。光の季節変化がなくなり、木は冬の訪れを知ることが困難になった。冬の準備をするひまもなく、いきなり寒さを迎えて落葉してしまうのだ。したがって、美しい紅葉を期待するなら、街灯が完備しているところは、木のためによい条件とはいえない。

ミノムシの防除

秋の落葉後にモミジの枝を見ると、たくさんのミノムシがぶら下がっていることがある。ミノムシの害は非常に大きく、1本の枝の葉を食べつくしたときは、落葉期の前にその枝が枯れ込む原因になる。不自然な枝間隔がつく結果になるから、ミノムシを発見したら早めにとって除かなければならない。

クヌギ・ソロ類

コツのコツ

樹幅をつめる仕立てと、自然形の仕立てが考えられる。樹幅をつめる仕立てでは枝先を切りつめる剪定などを行ない現状の維持につとめ、自然形の仕立てではこまめな剪定は行なわず、大ずかし・中ずかしによって枝先に自然らしさが残るように仕立てる。

1 木の性質

この仲間の木は、ほかにナラ、コナラ、ブナなどたくさんの種類がある。いずれも落葉樹で、雑木林の感じをつくる目的で植えられる。

●環境

本州・四国・九州の全域にわたって分布し、平地から低山帯にかけて多いようだ。日照のよい土地を好む。

●性質

生長は比較的早く、丈が15mぐらいまで達する。

実生や苗木から仕立てることは少なく、山野に自生している木を掘ってきて仕立てるのが一般的である。市販されているクヌギなどは、山野に自生していた木を山掘りして、圃場で庭木としての根づくりをしたものである。

山掘りの木は移植に強いほうではないが、以前に移植された経験のある木なら相当に耐える。山掘り・移植は通常、落葉期間中に行なう。特に早春の芽だち前は活着がよく、移植には最適である。

落葉樹に剪定を行なうと、不定芽の発生が旺盛になり、放任すれば樹形の乱れの原因となる。これは落葉樹に一般にいえる性質である。

2 仕立ての注意

通常クヌギ・ソロ類の仕立ては、庭木として十分な大きさに達した木を山掘りして移植したものを剪定・整枝によって形を整えていく。剪定・整枝の考えは、次の二つに大別できる。

①なるべく自然を生かす場合

②庭が狭く、木の幅を切りつめなければならない場合

●樹幅をつめる仕立て

狭い庭では、木の幅を切りつめた仕立て方が要求される。まず枝間隔を見て、下のほうからいらない枝を切り落としていく。それぞれの枝先は芯を切って小枝に分け、葉ぶりをつけてやる。小枝先は春の発芽期以降は自由に伸ばす。

冬の剪定では枝数を減らしたり、枝先を止めたりして、前の年と同じような葉ぶりや枝数を保つ。このようにしたものは、剪定をした位置で枝が曲がりギクシャクした感じになることはいなめない。

元のほうから胴吹き芽が出た場合は、そこまで切りもどすことができる。

クヌギ・ソロ類の盆栽では、新芽が吹きはじめてから木がやわらかいうちに芯を止めることで、枝の曲がりを目立たなくさせている。

しかし、庭木では、全部の枝先でこの作業を行なうことはできない。

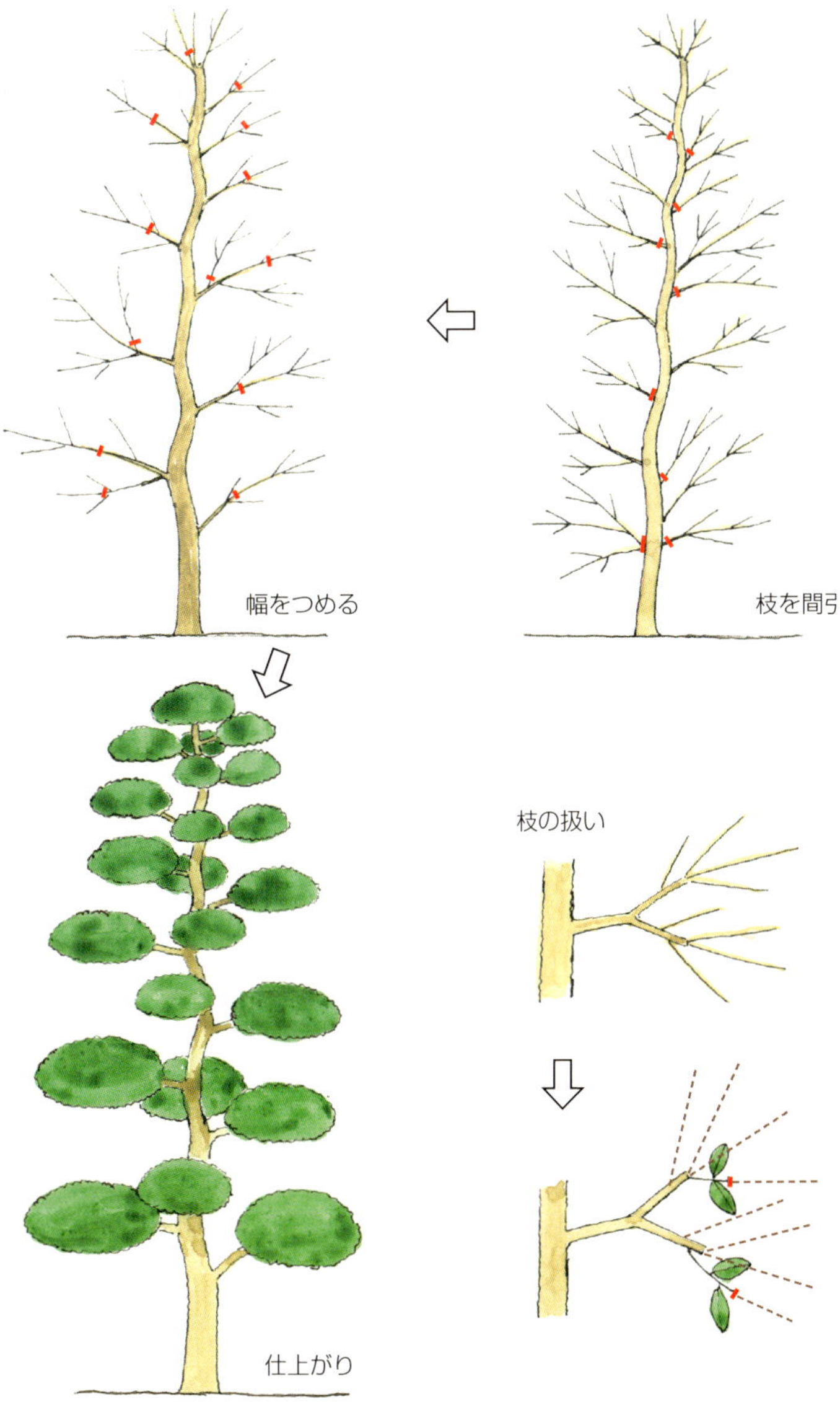

図 100　幅をつめた仕立て方

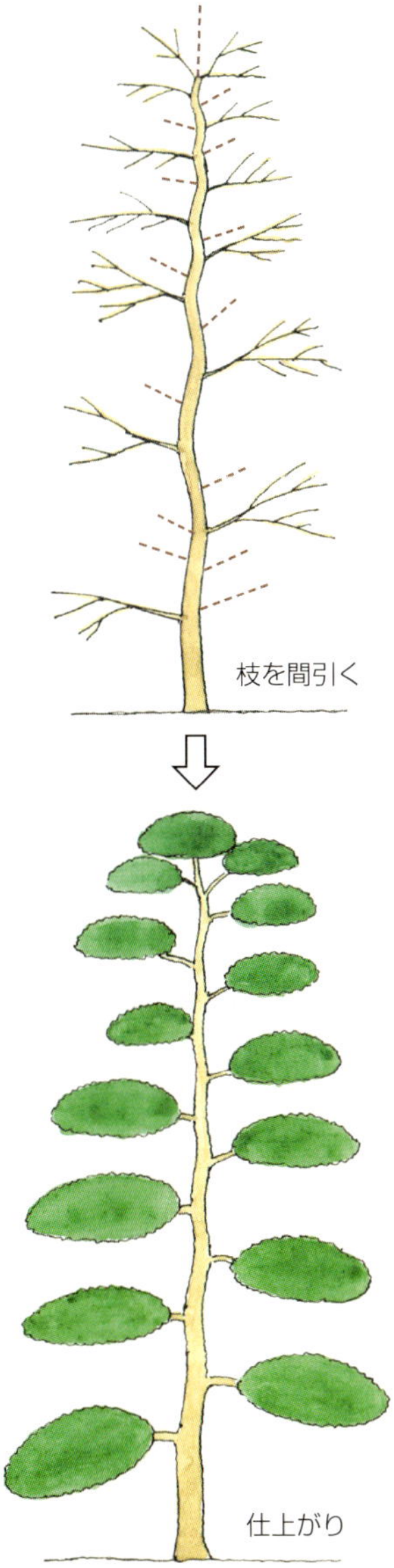

図 101　自然形仕立て

このやり方を応用した例として、新芽が伸びてかたまりかけた梅雨明け期に、葉数を少なく切りつめる方法がある。この際、二～三葉がけに切りつめれば、年内にそこから短い枝が吹いてくる。

こうして春の芽だちの美しさを見て土用前に剪定したものは、冬の剪定のときのようなかたい感じの曲がりではなく、いくらか不自然さが救われる。

自然形の仕立て

自然の形を観賞するやり方で、庭の広さが放任樹をそのまま育てるだけの余裕がある場合に行なう。

枝先は剪定しないのが原則である。そして、長く伸びすぎた枝は大ずかし、中ずかしによって芯を止め、脇枝のほうを残してやる。

こうして全体の木の幅を切りつめてやり、小枝先が残された自然らしい姿に整えていく。

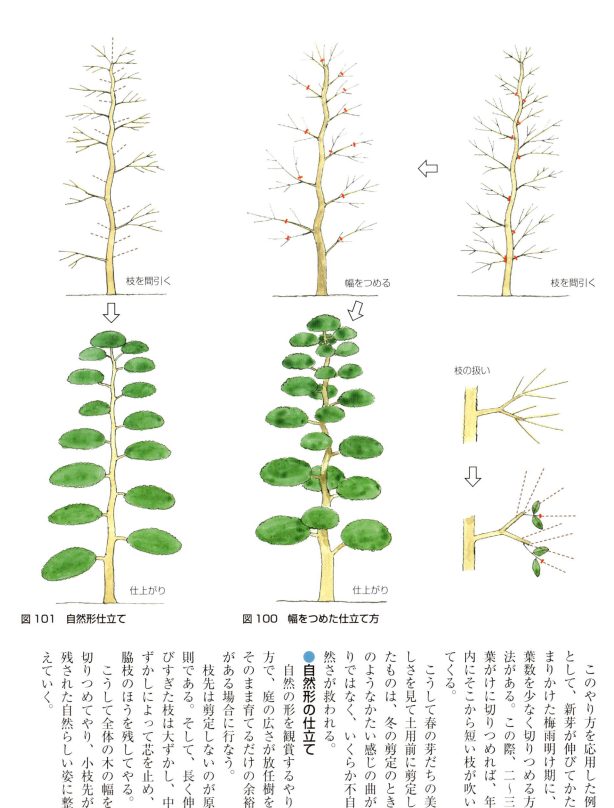

ケヤキ

コツのコツ

根元から小枝先まで、おおらかな樹形につくっていくのが仕立て方のポイント。剪定の基本は枝元から切り取る大ずかしで、弧を描くような枝は残し、直線的な枝をはずすようにしたい。樹形はホウキ立ちが一般的だが、幹立ちのすなおなものを選ぶ。

1 木の性質

●環境

わが国の原産で本州・四国・九州に産する。北海道には自生のケヤキは見られない。雄大・壮重な樹木で、わが国の田園風景のなかになくてはならない要素として親しまれてきた木である。特に関東地方では、武蔵野の代表的な木のひとつとして愛されている。

ケヤキは肥沃な土層の深い土地を好む。あれだけ雄大な地上部を支えるためには、それにみあった根が深く張っていなければならないからである。そうしてみると、火山灰土壌で土層が深い関東地方に形のよいケヤキが多いわけがわかる。反対に土層の浅いところや地下水位の高いところでは根が浅くなり、雄大な自然形のホウキ立ちの樹冠では、風圧がかかりすぎて維持しにくいことになる。

●性質

生長は非常に早く、樹高や幹の直径ともに大きくなる。自然に放任したケヤキは、ホウキを逆さに立てたような形になる。

きわめて萌芽力が強く、剪定によく耐える。著しい場合には、枝を丸坊主に切り落としても、幹から枝を吹いてくる。しかし、幹を途中から切り落としたり、大枝を落としたりすると樹形が乱れ、元にもどるまでに長い年月を要するから、避けたほうがよいだろう。

地下部は直根が強く深くまで張っている。そのために風に対して強く、関東地方の屋敷防風林には必ずケヤキが植栽されているほどである。

幹の直径が1mにも達する大きな木でも移植は可能である。根鉢を深めにとって十分な根巻きをしたケヤキは、相当な古木でも移植できる。落葉樹なので、若木を冬の間に移植するときには、根鉢をとらないでもよいくらい丈夫な性質をもつが、安全のために大きくしっかりとした根巻きをするわけである。

●繁殖

実生でよく繁殖する。自然の放任した木からたくさんの種子が落ちて発芽してくる。そのような苗木を入手して、庭木に育てていくのが一般的である。

挿し木や取り木で繁殖もできるが、庭園用樹としては適さず、おもに盆栽用の苗に使われる。

●樹形

ホウキ立ちに枝がよく張ったケヤキは、庭の中で単植で利用される。これがケヤキの形の特徴を最大に生かした方法である。一方、屋敷林や街道すじのケヤキ並木に利用されたものは、相当密植状態になっているため、それぞれの木の幅は狭く、スラリと立った形のものが多いようだ。このようなものでは、枝が混み合っているところを切りずかしたりするから、その結果、普通段づくりのような形になっている。

段づくりのケヤキは庭木として利用さ

れることがほとんどなく、あまり好まれない形である。やはり雄大な枝を空いっぱいに大きく広げた形に魅力がある木といえよう。

2 仕立ての実際

1 ホウキ立ち仕立て

単植のケヤキを放任すると、自然にホウキ状に枝分かれしてくる。いったん幹から枝分かれが始まれば、あとは細かなたくさんの枝に分かれて、これが幹だとわかる1本の主幹がなくなる。こうして幹から小枝先まで順次分かれていき、梢を結んだ線は半球形になってくるわけである。

ケヤキの観賞のポイントは、根元から小枝先までのびのびと育ったおおらかな姿にある。したがって、その特徴をそこなわないような手入れをしなければならない。ケヤキの枝分かれの性質を生かした仕立てをしながら、ホウキ立ちした形を維持していくことが大切である。

苗木のうちは幹がまっすぐに立つようにする。密植されていたために、幹がやわらかく曲がりやすいものには支柱をする。幹の曲がりができると、上向き枝として徒長枝が出て樹形が乱れるので、それを防ぐためである。

幹が直幹になるように正しく立っていれば、あとはほとんど放任してもよいだろう。

幹の分かれ目の高さ(直幹部分の高さ)は、樹高の3分の1程度までとされている。大きな木に育てたいときでも、2mくらいから幹を分けはじめるのが一般的だ。この幹の分かれめでは、枝がからみやすいので、方向のよい枝を残すように枝配りに注意する。また、細かく分かれていて勢いが悪い枝しかないときには、上を切りもどして肥料も多くし、強い徒長枝が数多く出るようにする方法もとられることがある。

ケヤキは直幹で仕上げるのが原則である。風などで幹が傾いた場合は、なるべく早くまっすぐに直してやることが、その美しさを維持するうえで重要である。

2 剪定・整枝のやり方

ホウキ立ちに仕立てたケヤキは、年がたつにつれて幅を増し、丈も高くなる。そして、ときには枝の混みすぎが問題になってくる。そのような状態になった木は、剪定・整枝によって樹形を整えてやる必要がある。

●基本は大ずかし

樹形を整える場合、それぞれの枝先を切りつめたりすると、ケヤキのおおらかさを消す心配が出てくる。だから、枝は大ずかしで元から切ることを原則にし、枝先は止めないでやることが最も大切な注意点になる。

まず重なり枝や交差枝、混みすぎた部分の枝などを整理してやる。

ケヤキで特に注意する点は、直線状に伸びた枝は切り落とし、弧を描くような形にゆるく曲がって伸びた枝のほうを残してやることである。弧を描いた枝のほうが、やわらかくのびのびした感じが得られるからである。また、ほかの枝が弧線を描いて伸びているところに直線状の枝が1本あると、その枝は交差枝にもなるわけである。この作業を大ずかしの最初に行なう。

●幅の切りつめ方

幹から分かれた枝を、なるべく切り口が目立たないよう、大ずかしに切りもどす。2〜3本の短い枝を残して芯の長い枝を切りもどすわけである。この作業をそれぞれの枝ごとに行なえば、残された枝の輪郭線まで幅が切りつめられたことになる。

この際、寸胴切りの形に太枝の元だけを残して切りつめると、いつまでも切り口がなおらず、あとの形も乱れてしまう。


したがって、スラリと伸びた芯の枝よりも短い枝を2～3本残し、芯の長い枝のほうを止めることが大切である。そうして、切り口はなるべく目立たないように配慮しながら切りもどしていく。

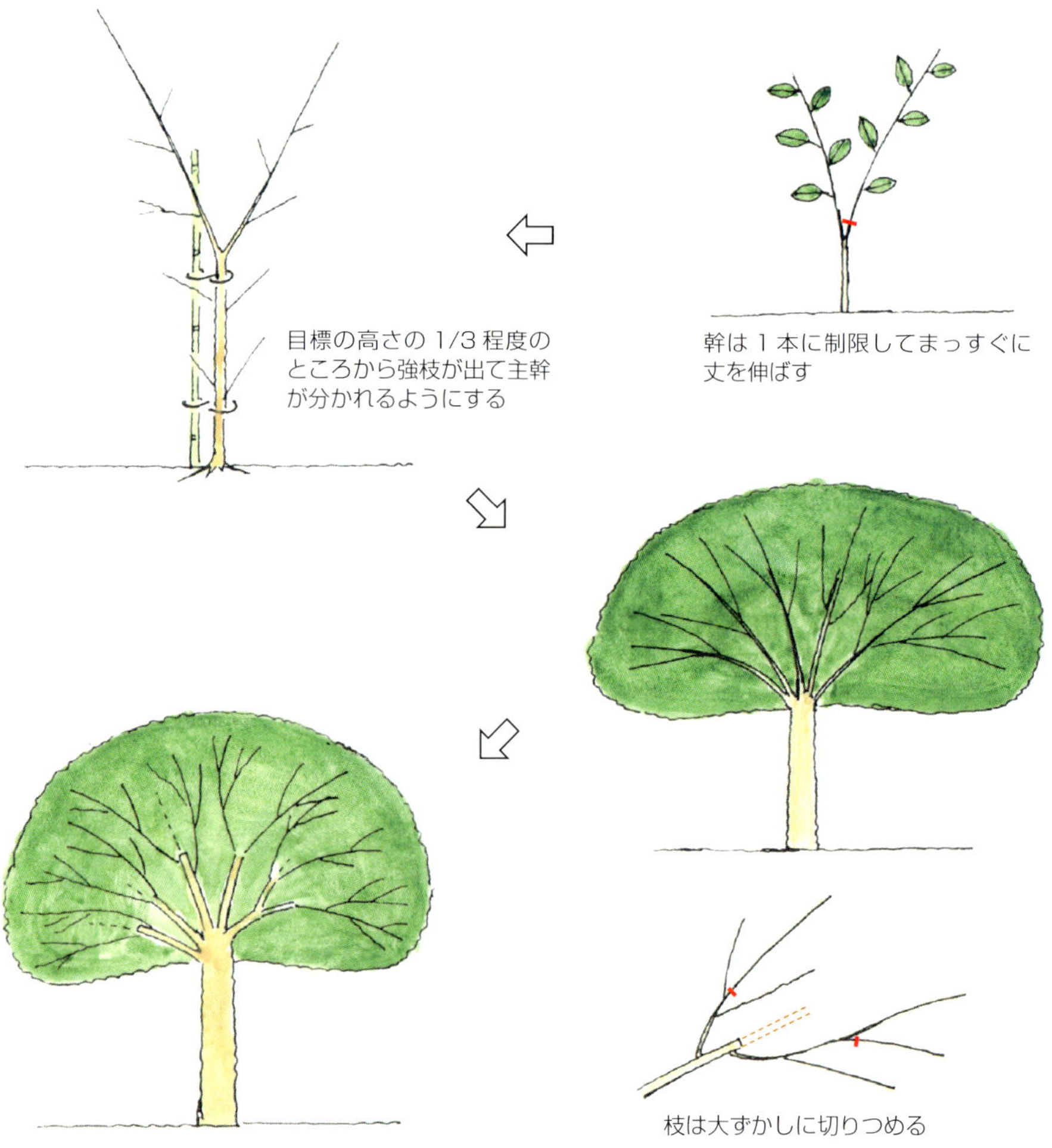
幹は 1 本に制限してまっすぐに丈を伸ばす
目標の高さの 1/3 程度のところから強枝が出て主幹が分かれるようにする
枝は大ずかしに切りつめる

図 102　ケヤキの仕立ての経過（ホウキ仕立て）

3 イカダ吹き仕立て

ケヤキは、特殊な仕立ての例として、寄せ植えやイカダ吹き・武者立ちに仕立てることがある。

ほかの木の場合、株立ちさせてイカダ吹きに仕立てても、小さくこぢんまりした印象しか受けない。しかし、ケヤキの場合は、根元のイカダになった部分のおもしろさとともに、幹ぶりにも観賞のポイントがある。しかも幹から出る枝は萎縮せず、スラリとすなおに伸びた形で趣のあるものだ。

イカダ吹きに仕立てる場合、一本一本の幹は通常のホウキ立ちの状態につくることができない。ほかの庭木の仕立てと同様に、必要な高さまで主幹を通してやり、枝は下から順に分けていかなければならない。イカダ吹きの特徴を出すためには、主幹をまっすぐ通して仕立てる必要があるわけだ。

枝の配り方は、全体にどう枝を散らしていくかが問題にされる。そして、重なり枝や交差枝にならないように注意する。

剪定の際に自然らしさを生かしていく点は、ホウキ立ちの場合と同じ考え方になる。すなわち、イカダ吹きでも枝先は切りつめないのが原則だが、大ずかしだ

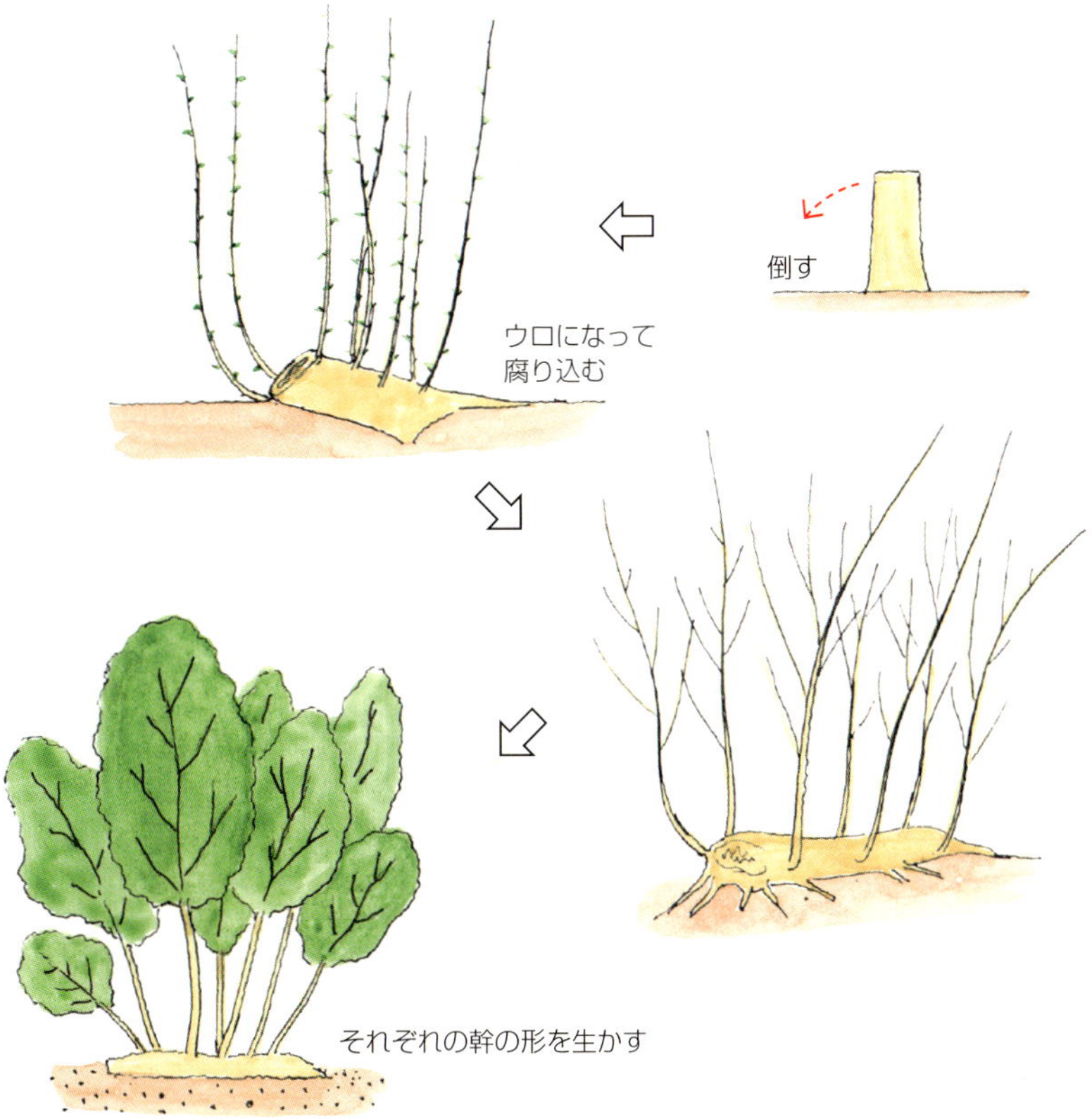
倒す
ウロになって
腐り込む
それぞれの幹の形を生かす

図 103　イカダ吹き仕立て

ひとつのまとまりはあるが
幹数が多い

図 104　武者立ち仕立て

けではなく、中ずかしや小ずかしの技術も併用していく必要がある。

●武者立ち

切り株から吹いた芽が立ち上がった形が基本で、数本の幹がまとまって一カ所から出た形にする。全体の形は、外側に向かって枝や葉が広がり、中心の幹は上向きに枝を伸ばす。

どちらかといえば、植え込みのなかではなく、単植に1株だけ武者立ちのものを植える形になるだろう。

●寄せ植え

数本のケヤキを使って雑木林の感じを生かすことに作業と観賞のポイントが移る。本数が多いときには数本ずつの群にまとめて植え込まれることになる。

このときは、片枝のものや幹ぶりが悪いものでも利用はできる。一本一本が単植で眺められるものを利用すると、結局は枝を落とさなければならないので、かえってムダになる。寄せ植え用の苗には、割合密植しておいて、勢いが強くなりすぎないようにしたものが使われることが多いようだ。

段づくりに仕立てる場合は、脇枝を切り払っていく。残された幹が太くなると同時に、新しい枝が吹いてきて段状になり、幹のまっすぐ立ち上がった姿が眺められる。

サクラ

コツのコツ

極端に切り込みに弱い樹種なので、剪定はできるだけ避けるようにしたい。とりわけ切り込み位置における切り落とす枝の和が、残される枝以上の場合は絶対に禁物。ホウキ状に立ち上がる、自然形を生かすような軽めの剪定で樹形づくりを行なう。

1 種類と性質

サクラの仲間には、一般に八重ザクラといわれるサトザクラの類や、ヤマザクラ、ヒガンザクラ、ヒカンザクラなど、たくさんの種類がある。なかでも日本を代表する花木としてソメイヨシノは有名である。

ソメイヨシノは自然に野生していたものではなく、交雑によってできた品種である。その性質は比較的短命で、30～40年程度でほとんど樹勢が下り坂になっていく。

繁殖はヤマザクラなどでは実生が行なわれるが、種子のできない種類も多く、ソメイヨシノは接ぎ木にするのが一般的である。

これらのサクラをみると、ヤマザクラや八重ザクラのように開花前に葉が展開するタイプと、ソメイヨシノのように花が先に開く種類とに分けられる。

一般に移植には非常に弱く、苗木の時代以外は移植後の活着が悪いようだ。

またサクラは剪定を嫌う木である。昔から「サクラ切るバカ」といわれているが、それは切り口のなおりよりも腐り込むほうが早いからである。剪定後に枝を吹いても、樹形は乱れてきて自然らしさが失われる。

ただし、ソメイヨシノは比較的枝吹きがよく、その後の生育も旺盛なので、樹形がもどりやすいといえる。一方、ヤマザクラなどは、樹形がもどりにくい種類である。

それぞれの種類によって土に対する適性は幾分違うが、一般に土層が深い肥沃な土地を好む。

2 仕立ての注意

●自然形を生かす

サクラの魅力は、花はもちろんだが、自然にホウキ状に立った樹形にもある。つまり放任したサクラの樹形は、輪郭線が扁平な半球形になってくる。

また枝を切らずにおくと、上部からは立ち枝が多く出てくるが、下部の枝はその重さで自然に垂れ下がってくる。

主幹はいったん枝分かれを始めると、次つぎと分かれていく。したがって、先端まで主幹が通ることはない。比較的低い位置から枝分かれしてくる。

サクラの仕立ては、自然形を乱さないように注意しながら手入れをしていくことが大切である。

自然形を維持するには、木の性質を生かして大きな切り口をつくらないように注意することである。必ず脇枝を残して芯を止めるようにし、脇枝の先端が輪郭線まで伸びた状態にする。

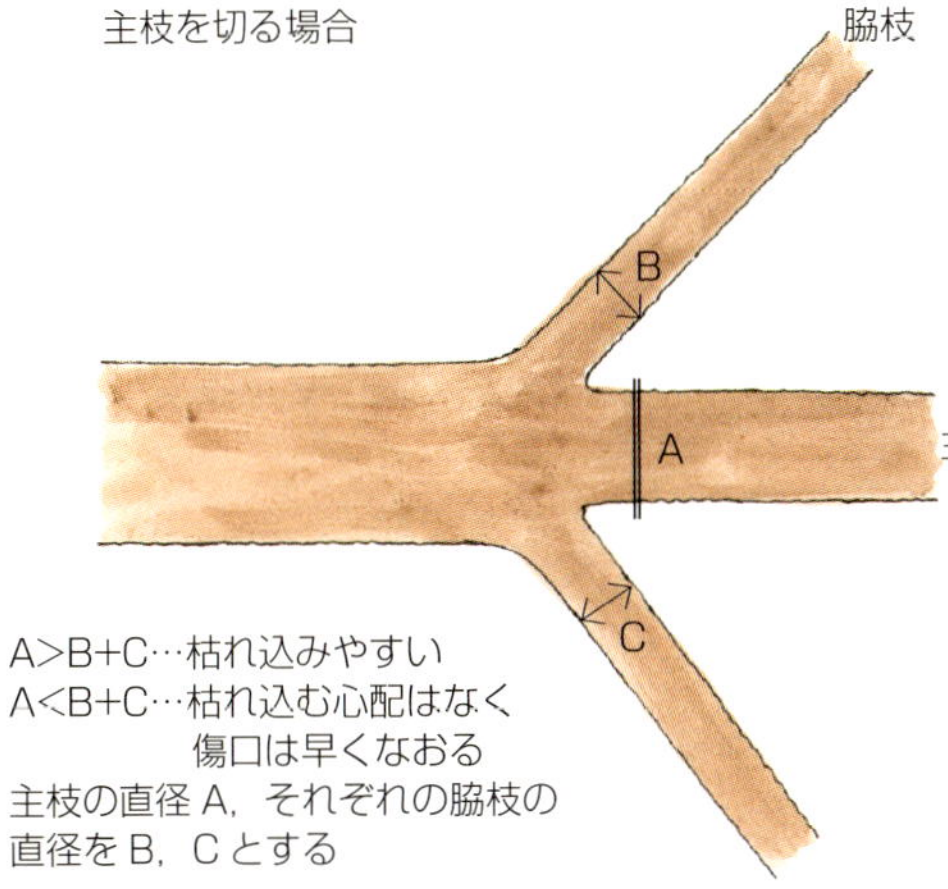
主枝を切る場合
脇枝
B
A
主枝
C
A>B+C…枯れ込みやすい
A<B+C…枯れ込む心配はなく
傷口は早くなおる
主枝の直径 A，それぞれの脇枝の
直径を B，C とする

図 106　切る枝の直径に注意

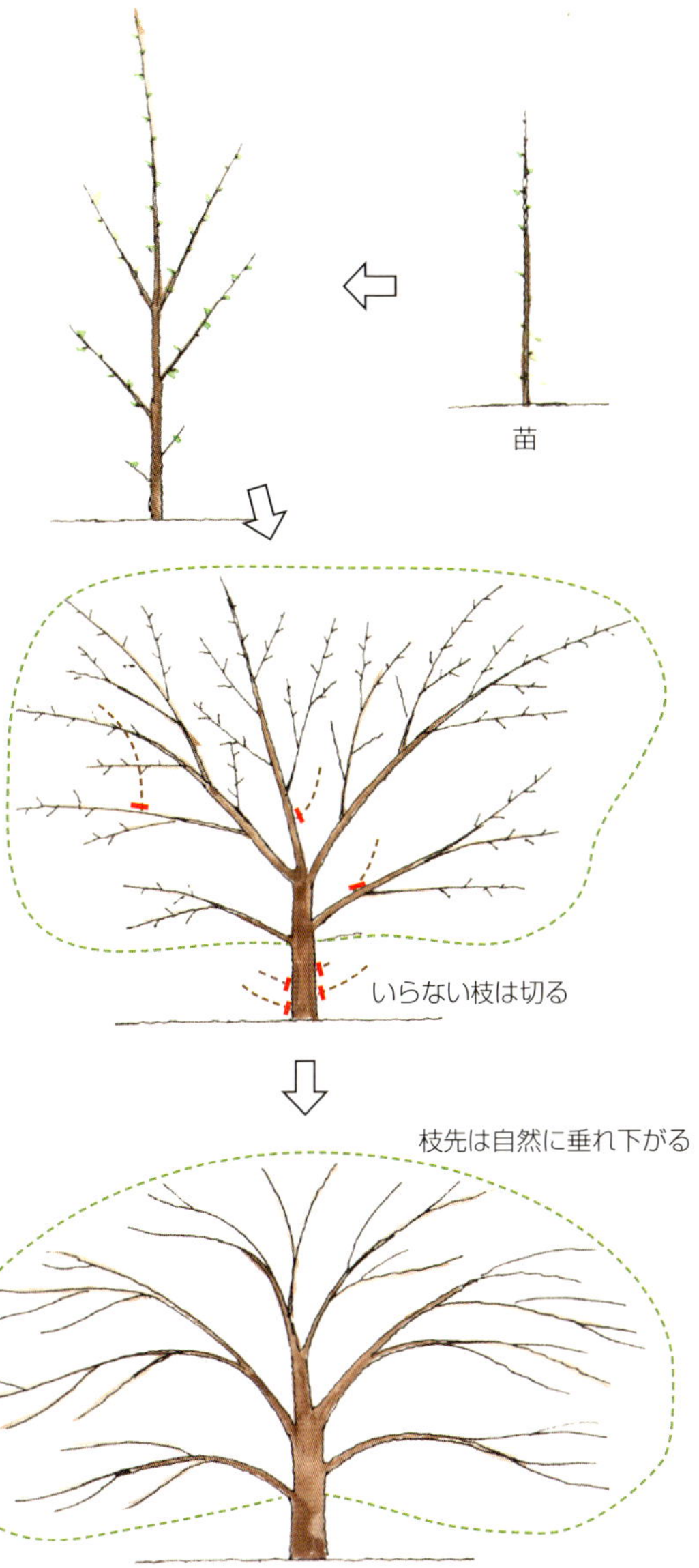
苗
いらない枝は切る
枝先は自然に垂れ下がる

図 105　サクラ仕立ての経過

脇枝の先は切ってはならない。こうした注意をすることで、雄大でやわらかな感じの樹形ができるのだ。

　交差枝、からみ枝や、樹形を乱す心配がある徒長枝は、早めに切り取る。また胴吹き芽、幹吹き芽などは、必要のないものをとってやる。これらの注意はほかの庭木の場合と同じである。

大枝の剪定は禁物

　サクラは、剪定をしたあとで傷口がなおりにくく、そこから枯れ込みやすい性質をもっている。特に次のような場合は枯れ込みがはなはだしくなる。

　その理由を図106に示した。枝を切る位置で、切り落とす枝の直径と残される枝の直径の和とをくらべてみる。このとき、残される枝の直径の和に対して切る枝の直径のほうが大きいと、残される枝が負けてしまうわけである。

　そして切り口がなおるよりも、切り口からの腐り込みのほうが早くなり、そこから枯れ込むおそれが大きくなるのだ。

　一方、切る枝の直径が残される枝の直径の和より小さい場合は、枯れ込む危険は少なくなる。

　したがって、枝を切り落とす際には、太さをよく確かめてやる必要がある。

てんぐ巣病に注意

　てんぐ巣病の発生には注意しなければならない。なかでもソメイヨシノはてんぐ巣病に弱い木で、枝先が密生した状態になったら、早めに切り取ることが大切である。特に病原菌の胞子が飛び出す5～6月以前に切り取ってしまうことが、木のためにはよい。

シダレもの

コツのコツ

シダレものでは、若木のうちは必ず支柱を立てて樹形の骨格づくりを行なう。枝は下垂するため古枝は自然に弱りがちなので間引きを行なって樹形の維持・調節をする。上向き枝は当初は見苦しいが、そのままにして自然の下垂を待つほうが得策。

1 共通の性質

代表的なシダレ性の樹木としては、シダレザクラ、シダレウメ、シダレモモ、シダレヤナギなどがある。このほかにも前に述べたシダレモミジや一部の地方にあるといわれるシダレケヤキなど、いくつかのシダレ性の品種が知られている。

ここでは代表的なシダレものを例にあげ、それらに共通する性質と管理の考え方とを述べることにしよう。

1 木の生理

●枝の出方

シダレものの特徴は、枝先が垂れ下がった姿にある。ところで、枝の出方をみると一定の法則性がある。新しく出る枝は、常にもとの枝（親枝）から上向き枝として出てくるという性質である。

パイプ論にもとづいて考えてみよう。シダレものの枝は、元のほうから弓型にしなって先端が著しく垂れ下がった形である。すると、濃厚な養分は枝先まで流れていかず、弓型にしなった枝の一番高い部分に集積してくる。したがって、その部分の勢いが強くなってきわめて強い上向き枝を出すようになる。当然親枝のほうは、上向き枝のために弱められてしまう結果となるわけである。一方、上向き枝として出てきた新しい枝は、自然に枝先が垂れ下がってくるから、これも上向き枝を出すようになる。

以上の原理で、次つぎと新しい枝が出てくるわけだ。そのたびに親枝に相当する枝は弱められ、上向き枝のほうに勢いが集中してしまうのである。こうしてシダレもの独特のやわらかさが、自然の法則によってできてくる。

ところで上向き枝を切ってしまえば、親枝のほうを長く強く保つことができるだろうか。

親枝は枝先が垂れているためにもともと強くならない。しかも曲がりがあるために、木の勢いは曲がりの弓なりにしなった部分に集中して、常にその位置から上向き枝を出す可能性をもっているのだ。これは当然の木の生理なのである。

したがって上向き枝を切り取っても、親枝のほうはいっこうに強くならない。しかも、切り取ったあとから、再び上向き枝が出てくる可能性が大きいわけで、ムダな作業となるのである。

シダレものの整枝・剪定枝の間引きが一般的に行なわれるやり方である。

●生長の様子

シダレものの苗木は、どんな状態で生長していくのだろうか。この場合も一定の法則があり、先に述べた枝の出方の原理とあわせて考えてみることにしよう。

一般の木の場合、幹はまっすぐ上へ伸びていき、丈を高くしていく。つまり前年に伸びきった幹の先端から、当年生の幹が伸び出す。

ところが、シダレものでは小苗のうち

から幹の先端が垂れ下がる性質をもっている。はじめのうちは幹はまっすぐに伸びるが、ある程度の高さに達すると、先端が下を向いてくる。すると翌年に伸び出す新芽は、幹の先端が垂れ下がっているために、弓なりになった幹の一番高い位置から出ることになる。この性質は枝の場合と同じだが、幹になる新芽の場合はまっすぐ上向きに出てくる。そして、ある程度上に伸びたあとは、枝の重みで先端が下を向く。

勢いが強い若木のうちは、幹はまっすぐに伸びては先端が下を向く状態をくり返して、丈を高くしていく。しかし、ある程度の年数がたつと、上への伸びが止まってしまう。

シダレものは、放任して育てると、枝先が垂れ下がる性質のために、庭木として十分な高さにならないのが通常である。低い形のうちに伸びが止まってしまうので、高くしたい場合は支柱を立ててやらなければならない。

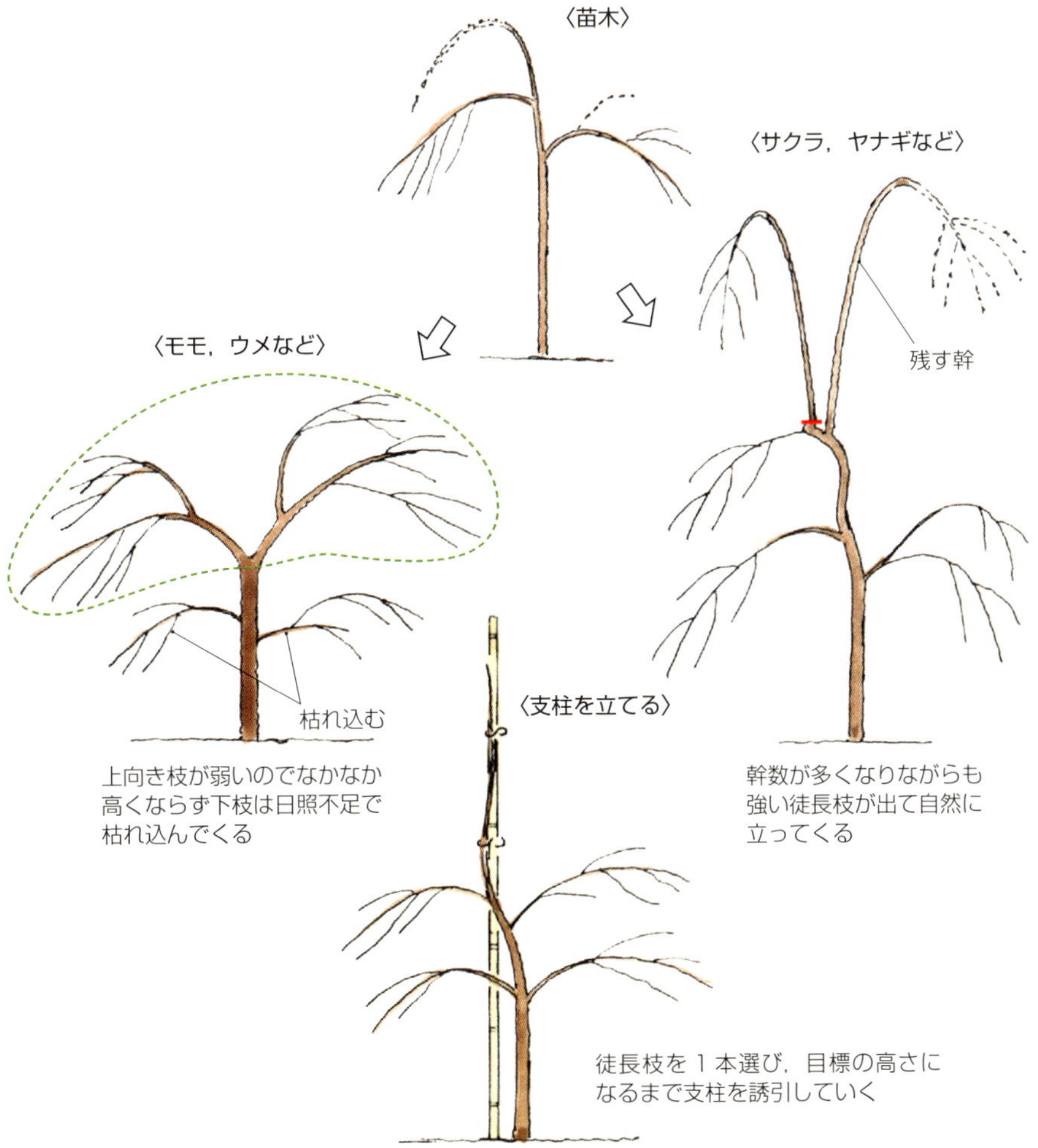
〈苗木〉
〈サクラ，ヤナギなど〉
残す幹
幹数が多くなりながらも
強い徒長枝が出て自然に
立ってくる
〈モモ，ウメなど〉
枯れ込む
上向き枝が弱いのでなかなか
高くならず下枝は日照不足で
枯れ込んでくる
〈支柱を立てる〉
徒長枝を１本選び，目標の高さに
なるまで支柱を誘引していく

図 107　シダレものの生長の様子

2 種類と性質

放任しても割合に高さの出るものとして、シダレザクラ、シダレヤナギがある。これは最初は1本の枝がまっすぐに立って、途中から曲がる。次にその枝に対して背枝となる上向き枝が上へ伸び出し、ある程度の高さになったのち、これも先が垂れ下がってくる。これをくり返しながら高さがついてくるわけである。その性質のために、支柱をしなくてもある程度の高さまでは到達するのだ。

シダレザクラなどを放任した場合は、10年もたてば木が相当に老成してくるから、まっすぐに上へ立つ徒長枝が伸びてこなくなる。そして、全部の枝がシダレてくるので、樹高は4～5m程度にしか達しない。

一方、支柱を立てるほうが主幹は早く高くすることができ、しかも形よくまとめることができる。

シダレものでは通常、主幹にしたい枝に支柱を立ててやるのが原則である。シダレウメ、シダレモモではあまり丈が出ずに、下のほうから枝分かれしてしまう。したがって、まず主幹がねらいとする高さに達するまで支柱を立て、毎年出る枝を支柱に誘引してまっすぐに伸ばす。樹勢をその枝に集中し、それを主幹としてつくるわけである。こうしていくと、まっすぐに立てられた枝が伸びていき、必要な高さ・太さに早く達する。

支柱を立てずに主幹を立てる方法をとるとすれば、次のようにする。

当年生の強い枝は、はじめ上方に向かって伸び出すが、やがて先のほうで曲がって垂れ下がってくる。曲がる前の上方に立った位置で、毎年の冬の剪定を行なっていけば、毎年出てくる強い枝が先の曲がったところで切り取られるために、芯はまっすぐに立った形になって主幹の通った木に育つわけである。ただし、これは能率的なやり方とはいえない。

2 仕立ての注意

シダレものに共通の性質を考えれば、苗の段階は必ず支柱を立てて育てていくことが大切である。目標の高さに達するまで、垂れ下がってくる幹の先端を支柱に誘引して育てる。

この間の手入れは、幹を負かしそうな強い徒長枝は切り取って樹勢を芯に集中させ、脇枝は幹から遠く離れてしまわないよう軽く切りつめる程度にして、あとは放任する。

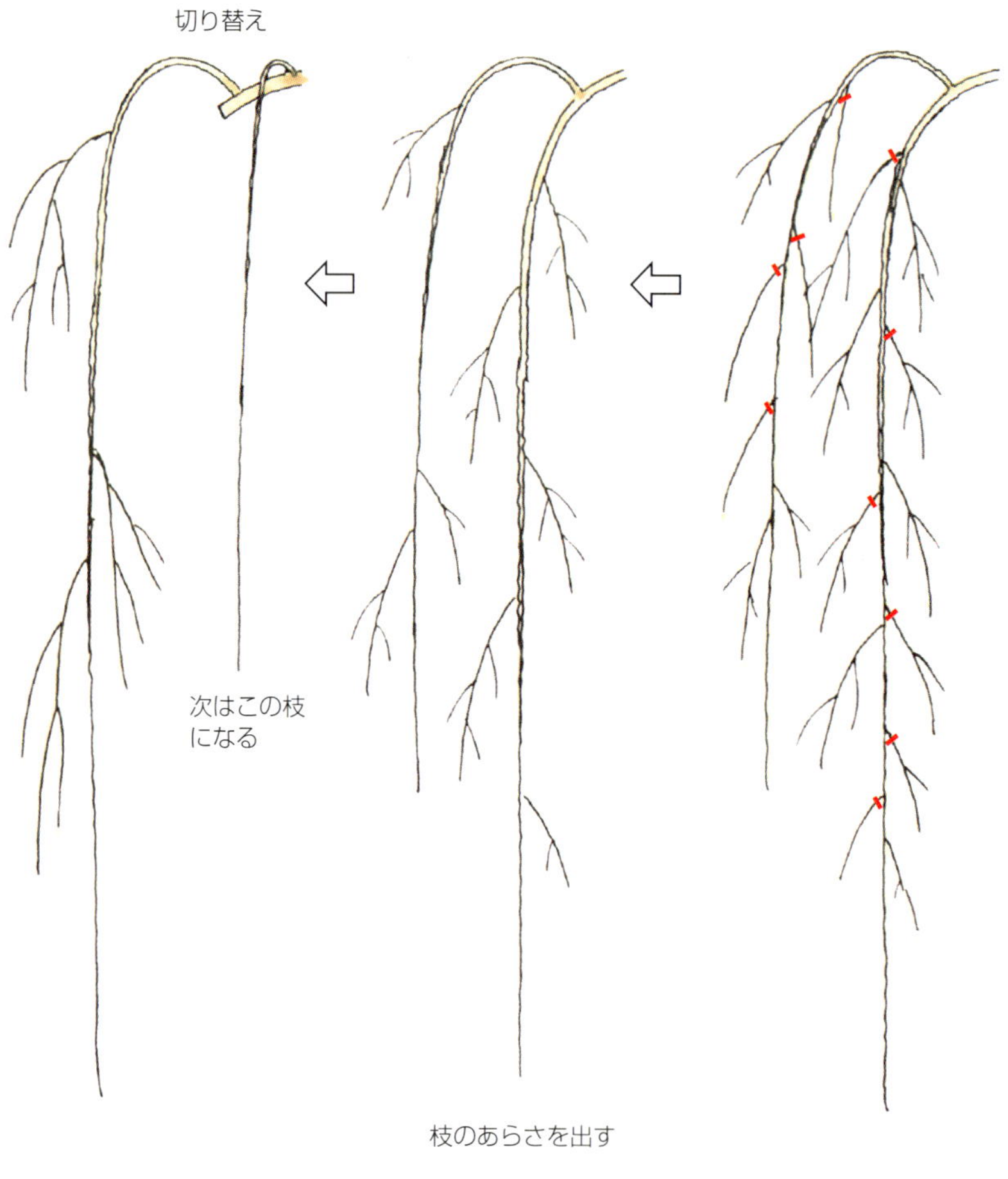

切り替え
次はこの枝
になる
枝のあらさを出す

図 108　シダレヤナギの枝の扱い

必要な大きさになった木の毎年の管理は、全体の樹形を見て、枝数の多いところで弱くなった枝の間引きを行なっていく。日照・通風を考えて枝の間隔は十分にあけてやり、しかも形よく仕上げていかなければならない。

　また、シダレものは枝先が垂れ下がる性質のために、古枝は自然に弱くなったり、枯れ込んだりしている。したがって間引き（剪定）の作業は、それらの古枝を切り取ることが中心になるわけだ。

　古枝は数年もたてばどうしても弱くなってくるが、その程度は樹種によって違いがある。また花が咲く種類では、枝が弱くなれば開花率は悪くなるため、問題にされる。ではシダレヤナギを例にして、剪定のやり方を述べてみよう。

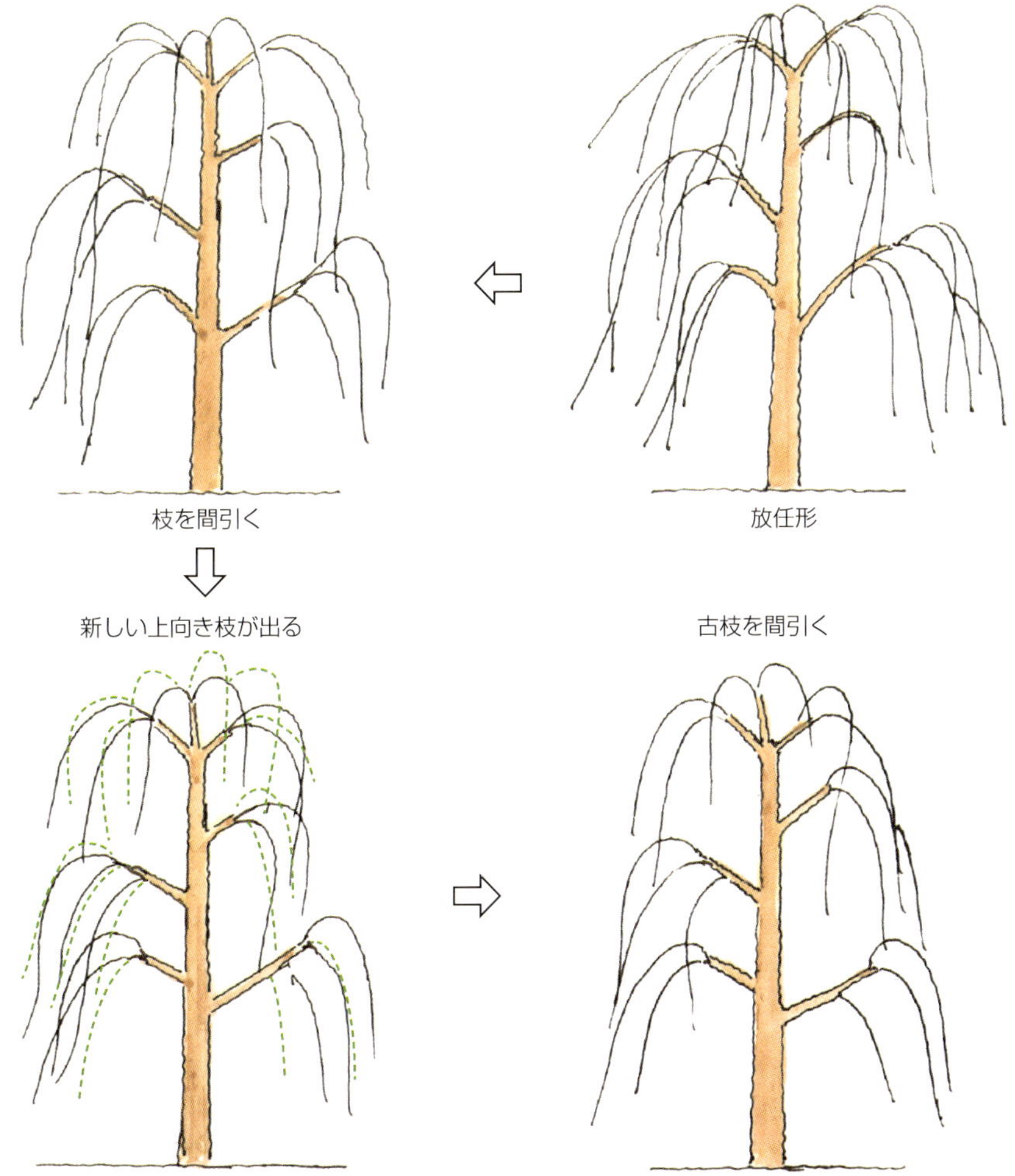

放任形
枝を間引く
新しい上向き枝が出る
古枝を間引く

図 109　シダレヤナギの樹形の移り変わり

●シダレヤナギ

　枝の性質は特に強く、毎年強大な枝を出す。剪定の際に太枝を元まで切って幹を丸坊主にしても、その年の秋までには長い枝を吹いてくるほどである。そんな強い剪定をしても、枯れ上がる心配が少ない木である。

　一般にシダレものでは、幹だけの丸坊主の姿や、枝が立ち上がっただけの姿は不自然である。特にシダレヤナギは、長く垂れ下がった枝に淡い緑の新芽が吹いて、それが風に吹かれてそよぐさまに風情があるものだ。したがって、冬の剪定の際に、何本かの細い枝を残しておくことが大切である。

　シダレヤナギのような丈夫な木でも強い剪定をした場合は、当年生の枝が伸びてきて先が垂れ下がってくるまでの期間は、眺めが悪くなるという欠点がある。丸坊主にすることはせず、何本かの細い枝をよく残しておかなければならない。

　落葉期に行なう剪定は、前年に残して太くなった枝を元から切り、当年生の枝は強すぎるものを切って細い枝のほうを何本か残す。

　剪定のあとを残さないシダレヤナギの

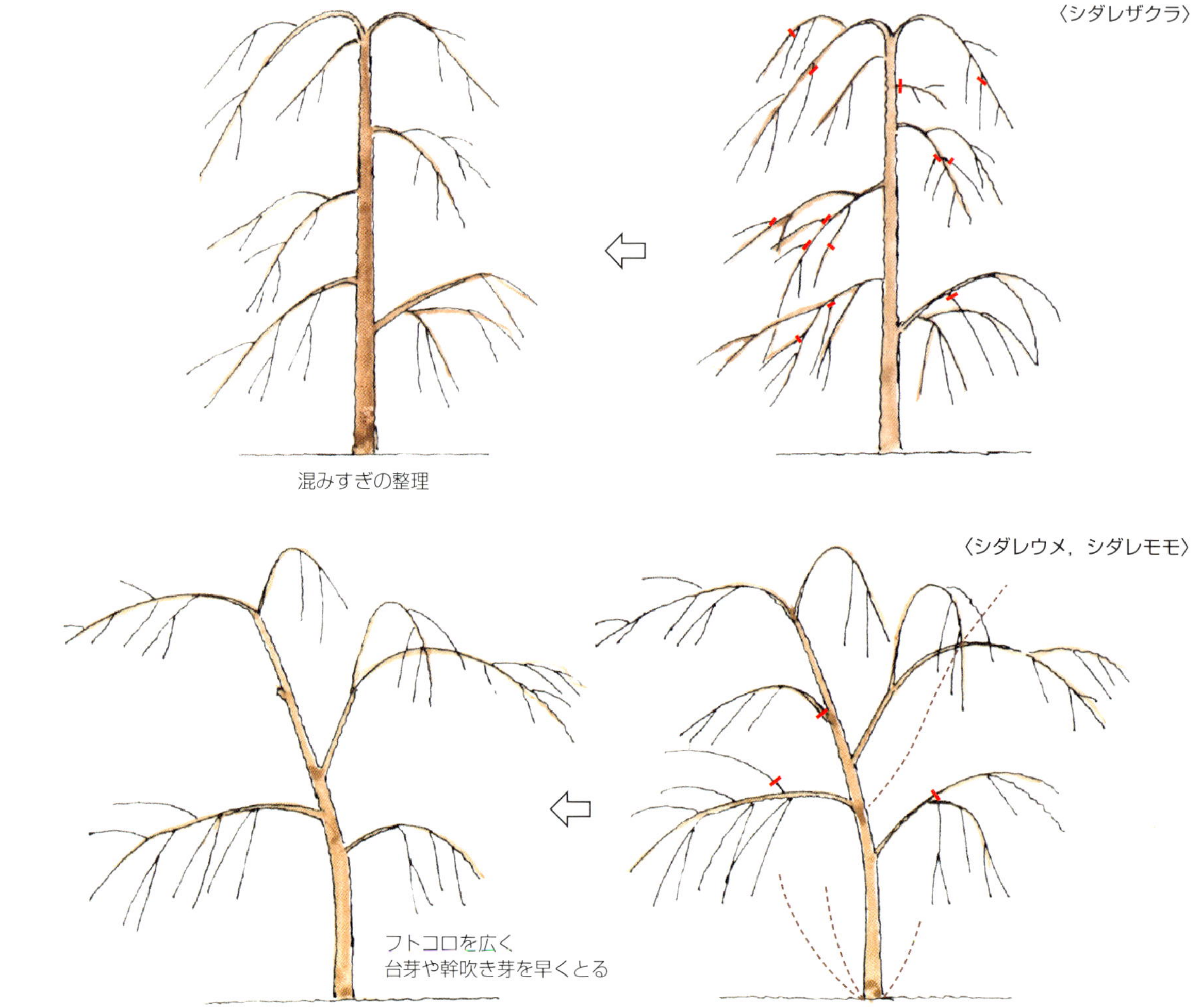

図 110　剪定・整枝のやり方

仕立て方は、次のようにする。

1本の枝にたくさん張っている脇枝・小枝のなかから間隔をおくように、それらを間引いてやる。これによって、上部から下部まで、部分的な葉の茂りの濃淡がない姿に仕立てられる。こうして1年生から2年生までのシダレた枝が、間隔も姿もよく散らばった形の美しいシダレものに仕上がっていく。

シダレザクラ

かなりの年数を経た古枝でも花は咲くので、古枝は残しておいてもよいだろう。

枝はよく垂れ下がって、いったん形ができると乱れにくい利点がある。ただし若木のときに芯が分かれて途中から幹数が多くなりやすいので、主幹ははっきりと早く決めて立てていくことが大切である。そのほかは、枝が混みすぎたところを小ずかしにしてやる程度の手入れで十分である。

シダレモモ、シダレウメ

古枝の傷みがシダレザクラとくらべて大きく、2~3年もたつと花つきが悪くなる。そこで、2~3年ごとに若枝に更新してやる必要がある。

また、日照不足による枯れ込みが激しいので、枝の密度と重なり枝（段枝）の間隔は広くあらくする。

玉イブキ

コツのコツ

強く伸び出した芯の枝を摘んで玉づくりの樹形に仕立てていく。ハサミを用いると切り口が赤茶色に枯れ込むので、枝芯になる強い芽は手で摘み取るのがポイント。太根が走りがちなので十分な根まわしを行なって細根を発生させていくように。

玉イブキとは、ビャクシンを玉に刈り込んだものをいう。ビャクシンとイブキは同じものだが、この仲間には、ほかにたくさんの種類がある。そこで、ほかのビャクシンの仲間の木を玉に刈り込んだ場合も、玉イブキと呼ぶことがある。

1 木の性質

環境

自然のビャクシン（イブキ）の分布は東北地方の中部以南で、おもに海岸沿いに多いようである。強い日照と暖かな気候とを好み、どちらかといえば暖地系の木ということができる。

日陰で育った木は、玉の状態があらくなって、部分的に割れがはいる。著しく日照が不足したものは十分な生育ができず、植え込んだときの太枝のままの姿でとどまる場合もある。

土性は乾燥ぎみの砂壌土を好む。

実際に庭で育てていく場合には、特に湿った土地でない限り、砂壌土以外の土でも生育が可能である。一方、粘土質の土地では生育が遅くなるから、排水をよくするために盛り土をしてやる必要がある。

種類

ビャクシン（イブキ）の仲間には、ほふく性（横に這《は》う性質）のものや直立性のもの、暖地性のものから寒地性・高山性のものまで、たくさんの種類がある。それでは玉イブキに仕立てられるいくつかの種類を見ていくことにしよう。

地方によってはクロイブキも用いられるが、関西地方ではカイヅカイブキの玉ものが一般的である。カイヅカイブキの玉もののほうが葉の密度の高い美しい形に仕上がり、玉が割れ込むおそれも少ないようだ。

関東地方では、カイヅカイブキを玉ものに仕立てる場合と、クロイブキ、シンパクなどを玉ものに仕立てる場合とでは、多少の性質の違いがあるようだ。

盆栽で用いられるシンパクは、ミヤマビャクシンの変種といわれている。この性質は、普通の玉イブキに使われるものにくらべて、枝の出方や伸びに違いが認められるようである。

このようにビャクシンの仲間にはたくさんの種類があり、それぞれの地域に自生している種類を上手に利用していけば、東北・北海道のような寒冷地でも玉イブキが植栽できる可能性がある。

性質

幹を1本に決めて育てた場合、木の生長は早いほうである。しかし、玉ものに仕立てるには芯を摘んでしまうので、生育が遅くなる。また、剪定には強い木である。

大きくなった玉イブキは、根まわしを十分に行なってやれば、植え傷みの心配がなく移植できる。何回も移植されて根鉢が十分にできあがっているものは移植によく耐える。

一方、定植後に長い年月がたったものは、太根が遠くまで走った状態になっているから、十分な根まわしをして細根を発生させておくことが大切である。

繁殖法は実生と挿し木とがあるが、通常は挿し木によって苗木をとる。

2 仕立ての実際

1 枝の分け方

玉イブキの仕立ては、芯を立てないために仕上がりまでの年数が長くかかる。つまり強く伸び出した芯の枝をつまんでしまうため、生育が遅くなるわけである。

●原則はつまずかし

春になると、前年に整えた輪郭線から芽が伸び出てくる。このとき、中心にある芽は強く長くヒモ状に伸びてくるが、脇の芽のほうはあまり長く伸びない。

そこでヒモ状になっている芽を手で摘み取ってやれば、脇の芽のほうへ養分が分散するわけで、脇の芽は長さを増してくる。

その結果、十分に密生した小枝が分かれてくるのである。

つまずかしは枝から芯の芽だけを引き抜く作業であるから、芽が途中で切り込まれたときのように、そこから枯れ込んでいく心配はない。

これに対して刈り込みバサミを用いた場合は、新芽は途中から切り取られるために、その節が枯れ込んで切り口は赤茶色になって目立ってくるわけである。

かたく美しい玉に仕立てるには、ハサミは使わず、つまずかしで大きさを出していくのが理想である。

つまずかし作業は、最低でも年に2〜3回行なう必要がある。ヒマをみて回数を多く行なってやるほど、葉ぶりの密生した形のよい玉ができる。

小さな木の中で芽が輪郭線から伸び出てくるたびに、何回もくり返して行なっていくことが、上質の玉イブキに仕上げるコツである。ただし年数は長くかかる。

一方、つまずかしをたびたび行なわずに育てたものは、何本かの強い枝が発生してくる。それを切りもどすと元のほうから枝分かれをして、その先に細かな小枝ぶりができる。

しかし、このようにしたものは積雪などの不良環境にあうと、小枝ぶりの重さを支えきれずに、玉割れをおこす危険が大きくなるようだ。

石組みと組み合わせた例

2 樹形の維持

一定の大きさに仕立てて庭園内に植えられた玉イブキは、強いつまずかしをくり返していくことで形・大きさを維持する。しかも枝先に不自然さがなく、いつでも自然な形で眺められる。

つまずかしは、生育期間中ならいつでも春から秋まで行なえる。芯がヒモ状に長く伸びてきたら、そのつど行なうことが望ましい。

しかし、大きくなった玉イブキは、つまずかしによって形を維持していくのにたいへんな労力を要する。このように大きくなった木の場合には、刈り込みバサミを用いることもやむをえないだろう。

ただし、切り口は茶色に枯れ込んで、その後の枝分かれがあらくなって、かたく美しい玉の姿がそこなわれる欠点はある。

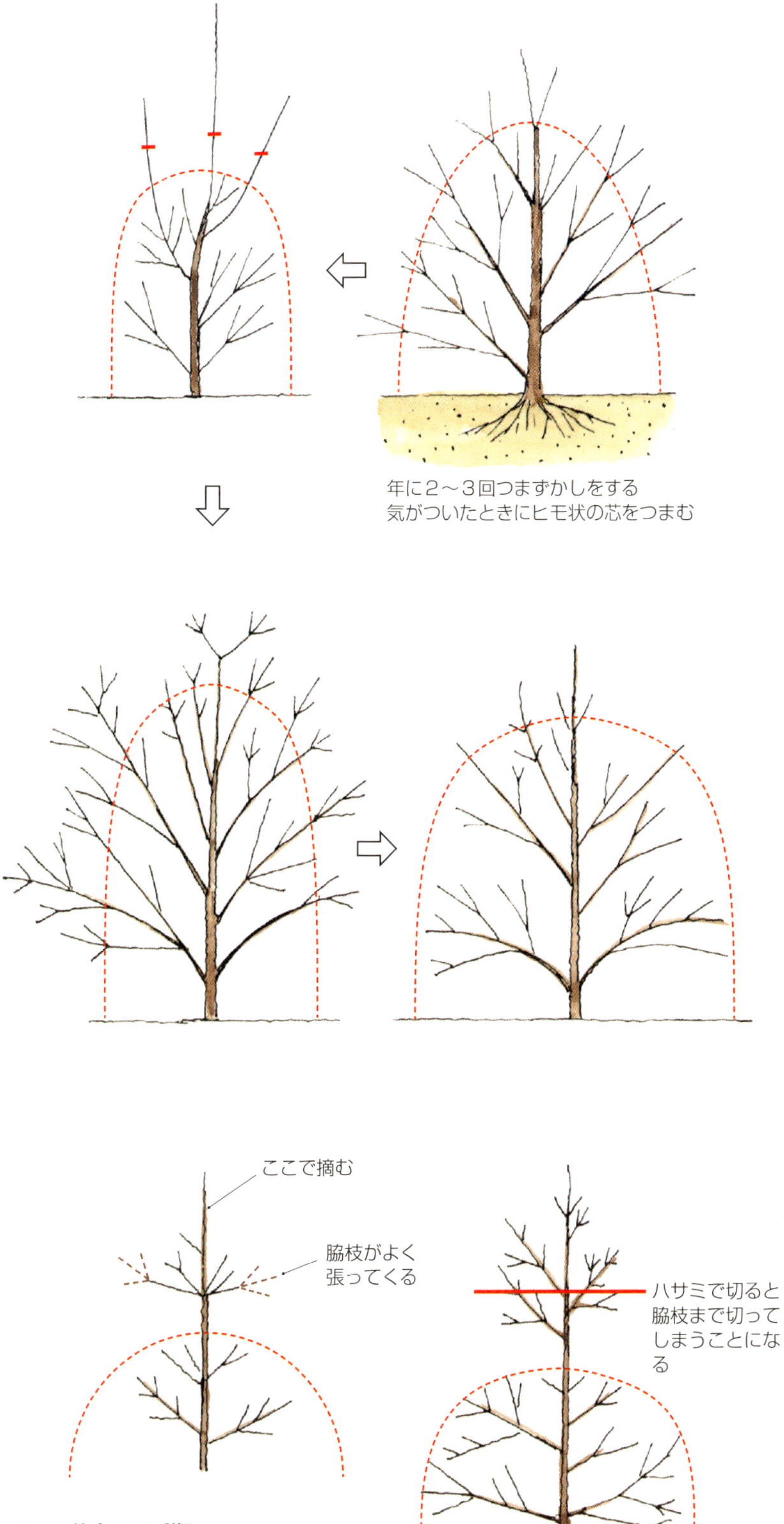

年に2〜3回つまずかしをする
気がついたときにヒモ状の芯をつまむ
ここで摘む
脇枝がよく
張ってくる
ハサミで切ると
脇枝まで切って
しまうことにな
る

図 111　仕立ての手順

アスナロ

コツのコツ

移植に弱い木なので、芽摘みをくり返して樹形を整えていく。本来は幹が立つ性質をもつ樹種だが、たんねんに芽先を摘んで玉づくりにしていくのが一般的。太枝を切りもどすと枯れ込みがちなので、先端の成長点を手で摘み取るつまずかしで樹形を維持させる。

1 木の性質

環境

アスナロはわが国の原産で本州・九州に自生している。

水気が多く肥沃な土地を好み、典型的な陰樹であるから日陰でよく生育する。したがって、乾燥地や日照の強い場所は避けて植え付けてやることが肝心である。この点は玉イブキとは逆である。

今後のビルの谷間の都会生活ではますます庭が狭く、陰樹しか植えられない条件になっていくだろう。そうなれば、アスナロも造園樹木として、さらに価値が出るかもしれない。

性質

アスナロは、きわめて生育の遅い木である。しかも萌芽力が弱く、剪定に耐える力はない。太枝を切ると枯れ込みがはなはだしく、ほとんどの場合、そのまま枯れてしまう。したがって、刈り込みは行なわないほうがよく、新芽のつまずかしだけが唯一の仕立てになっている。

移植に対しても弱く、特に大きくなった木では困難である。そこで定植の際には、将来の仕上がりの大きさや形をよく見定めて場所を選び、植え付けてやることが大切である。

幹はまっすぐに立つ性質があるが、玉ものでは、小さい苗のときから摘まれるので分かれてくる。

繁殖

繁殖は実生と挿し木とが行なえる。実生苗のほうが木の勢いが強いために好まれる。種子が入手しにくいときは、挿し木も行なわれる。

樹形

生育が遅い性質のために、玉ものとして仕立てられる場合が最も一般的である。幹を立てて仕立てるやり方は、ほとんど行なわれていない。

陰樹の性質を生かして、日陰地の根じめものとして使われる。

アスナロは葉が大きく、仕上がりもあらい形になる。そこで、玉のかたさや葉のきめ細かさを眺めたい場合は、ほかの木を仕立てたほうがよいだろう。

アスナロの葉によく似たものにニオイヒバがある

ただし、針葉樹の葉の感じを強調したい場合は適切な木である。

また、アスナロは典型的な陰樹ということから、特に日照条件の悪い庭では、その利用価値を無視できない。日本庭園では古くから使われてきた樹種のひとつである。

2 仕立ての注意

アスナロは、きわめて移植に弱い木である。30年生の木を3本移植したことがあるが、ほとんど枯らしてしまった。これは根が悪いことに原因がある。つまり根が悪いために、地上部とのバランスを考えて切りもどしを強くやりがちで、その結果、木を枯らしてしまうのである。

だから、いったん庭に植え付けたら、その場所から動かさず、芽先を摘む手入れをくり返して、形を整えていくのが最も賢明なやり方である。

●玉のつくり方

アスナロを放任しておけば、幹が立ってくる。しかし、玉ものに仕上がった形は、先まで幹を立てることはない。

苗木は、仕上がった大きさを見積って庭に定植してやる。あとは木を育てながら、そのつど芽先を摘んでいけばよい。そんな簡単な手入れだけで、長い年月の間に玉はどんどんふくらんで、自然に幅が出てくる。

大枝を切りもどした場合は、枯れる危険が大きくなる。

そこで強い枝の扱いは、先端の成長点を手で摘み取ってやる方法(つまずかし)で行なう。

ハサミは、ほかの枝まで切ってしまうおそれがあるため、使わないのが原則である。仕上がった輪郭線はあらくなるが、ハサミを使えないのでやむをえない。また、葉が大きいことも、あらい感じを受ける原因のひとつである。

●つまずかし

新芽の摘み取りさえたんねんに行なっていれば、生育が遅いために形が乱れる心配はない。

つまずかしのやり方は、毎年伸び出してくる新芽のうちで、中心にある一番強い芽を摘んでやればよい。芯の芽を摘み取ると、脇の芽のほうに勢いが集中する。そこで脇の芽は輪郭線の位置まで伸びてきて、ひとつの玉ができあがるわけだ。

輪郭線までに達した枝は、放置しておけば翌年に先端から新芽を吹いてくる。そうしてつまずかしを毎年くり返していけば、樹形は維持できる。

アスナロの場合、軽く弱く摘んでやることが大切である。強いつまずかしを行なうと、枯れ込みがひどくなる。

先を止めると↑のように
新枝が多くなる
芯の芽は芽先が伸びてい
るうちに摘み取る
昨年の枝先

図112 アスナロの仕立て方

コノテガシワ

コツのコツ

刈り込みをしても強く枯れ込む心配はないが、枝葉に乱れが生じ樹形がくずれやすい。樹勢の強い枝の芯を摘み、脇枝の勢いを強くさせて樹形を維持させていく。若木のうちはハサミを用いず、ある程度の大きさになるまで待つのが仕立ての原則である。

1 木の性質

環境

原産地は中国といわれるが、詳しいことは不明である。わが国には古くから渡来して、造園樹としても使われてきた。

土質に対する適応性は広い木である。陽樹だから日当たりがよい土地を好み、玉イブキと同様の用途がある。

直立性とわい性

コノテガシワは、元来直立性の木である。このうち庭で玉ものとして仕立てられるものは、センジュ（千手）と呼ばれるわい性で、幹が数多く分かれる品種である。

センジュは、枝分かれが強い性質をもっているから、玉ものに適しているのである。

性質

その名のとおり、枝は必ず2方向に出て、手のひらを重ねて立てたような状態で伸びてくる。ひとつひとつの枝から四方に小枝や葉が広がることはない。そうして全体としてひとつの玉を形成するわけだ。

小苗のうちは生長が早く、下のほうからたくさんの枝が分かれてくる。しかし放任しておくと玉の形が割れて乱れやすいので、剪定の必要が生じる。

直立性のものもわい性のものも、刈り込みには強い性質をもっている。しかし、わい性のセンジュの場合は、玉に仕上げるために枝先の強い刈り込みは行なわず、芽先の刈り込みだけで玉の形を維持していく。直立性のものは芯が立つから、それぞれの枝は強く切りもどし剪定する。

若木のうちは移植できるが、大きくなった木は移植に弱くなる。

繁殖

繁殖法には実生と挿し木とがある。実生苗のほうが生育はよいのだが、一般的には挿し木苗を用いている。玉ものに仕立てる場合は、芽先を摘み取ってしまうため、種子ができにくいからである。

2 仕立ての注意

苗を植え付けたあと、根が張るまでの1～2年間の生育はゆっくりだが、その後は急速に伸び出す。そのまま放任すると、長い楕円形の樹形になる。

木の大きさが出るまでの期間は、ハサミを用いないのが原則である。目標とする一定の大きさになった木は、ハサミで刈り込んでも、それによって枯れ込んでいく心配は少なくなる。ただし、強く刈り込んだ場合は、平らな枝・葉に乱れが生じ、その特徴のある樹形がくずれる。

そのやり方は、アスナロ、玉イブキな

どと同様に、強い枝の芯を摘んで脇枝のほうへ勢いを分散させる方法がとられる。

大きくなった木は移植に弱くなる。したがって、大きくなりすぎたものは、剪定によって小さく切りつめるか、あるいは小さな苗木を植え替えてやるかの必要が生じてくる。

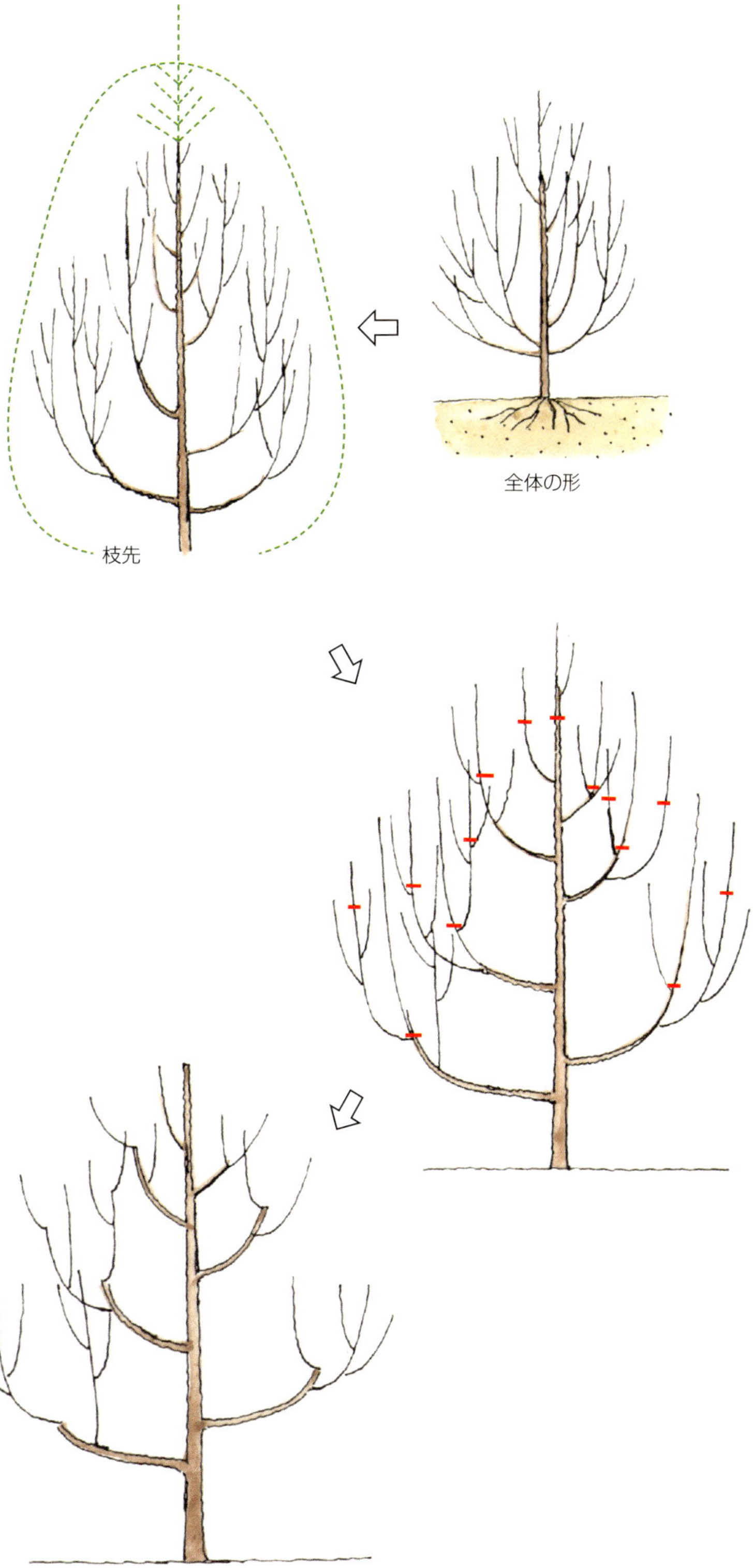

図113　コノテガシワの仕立て方

ドウダンツツジ

コツのコツ

萌芽力が強く、強い刈り込みにも耐えられるので玉づくり、段づくりなどの樹形づくりが比較的に容易である。生長したものは根があらくなりがちなので、ときには移植や根まわしを行なって、しっかりとした根づくりが必要になる。

1 木の性質

●環境

本州中部以南の山野に産する。その自生地は蛇紋岩地帯に多いといわれる。ただし、庭木として植える場合は、土性を選ばない。どんな土でも生育するが、一般に粘土地帯では生育が遅れるようだ。

陽樹だから日陰では枝があらくなり、刈り込んだあとも枝の発生が悪くなる。しかし、落葉樹であることから、葉のついている生育期間中の日照さえ十分ならよいわけである。

●性質

落葉性の低木で、主幹や枝は直立する性質がある。

実際に庭木として使われる際には、どんな形にも仕立てられ、用いられている。

関東地方で仕立てられる場合は、ほとんどが玉ものとしてつくられる。一部の地方では、割合に木を高く伸ばして、何段にも枝分かれした形につくっている例がある。あるいは大刈り込みなどで、頭を平らに切りそろえて、角形に仕立てる場合もある。

このようにいろいろな形に仕立てられるわけは、ドウダンツツジが萌芽力の強い性質をもっているからである。

1m以上にも大きくなったドウダンツツジは、根があらくなってくる。そこで移植や根まわしをしばしば行なって、根をしっかりつくっておかなければならない。

●繁殖

繁殖は、おもに挿し木で行なう。挿し木の時期には二つの説がある。つまり、当年生の新芽が伸びきって枝がかたまった初夏がよいという説と、まだ新芽が伸びきらない状態で葉の開いているやわらかい枝がよいという説である。

どちらの場合も穂木は、必ず前年生の枝といっしょに切り取って、挿してやることが大切である。

挿し方は、当年生の枝の元の部分が土の中にはいった状態にしなければならない。

その理由は、前年生の枝と当年生の枝との境の部分から多く発根してくること

玉もの仕立て

による。

●**観賞**　整形に刈り込まれた樹形の美しさが観賞のポイントになる。夏の間は緑の葉の色、秋になると真っ赤に紅葉した色の鮮やかさが魅力である。紅葉が第一のポイントになる。

また、冬の落葉後の細かな小枝が密集した様子にも風情がある。

2 仕立ての注意

1 玉もの

挿し木したあとで放任しておけば、幹は直立してくる。枝は車枝状に四方に分かれてくる特徴がある。したがって、ドウダンツツジの仕立ては、しばしば刈り込んでやることがコツになる。

芯を止めてやれば、車枝のほうがどんどん強く育ってくる。冬芽の状態ではなく、ほかの時期に途中で切ったとしても葉腋の芽がよく伸びてくる。

したがって、刈り込みをたびたびくり返していけば、丈を上へ伸ばさずに横幅をつけてやることができる。

土性が軽い場合は、1年間に伸びる量が多くなる。この状態では、横幅に対して高さのほうが長い（縦長）形になりやすいので、刈り込みバサミで刈り込んで丈を調節する。

刈り込まれた位置では、葉腋からの芽が伸び出してきて、短い枝に育ったところで冬を迎える状態になる。そして翌春、それぞれの小枝の先端からは車枝が吹いてくる。こうして枝が密生してかたい感じの玉ができあがる。

刈り込みは、春から秋までの生育期間中に何回にも分けて行なう。

観賞の中心が秋の紅葉にあるわけだから、秋の剪定は樹形の乱れを直す程度にとどめ、必ず葉を残しておくことが肝心である。

春に新芽が伸びはじめる5～6月ごろと夏とにそれぞれ1回ずつ、計2回程度の剪定を中心にする。あとは紅葉前に乱れを直すぐらいの整枝を行なう。こうして2～3回の整枝・剪定を行なっていれば、生育と樹形の維持は十分にできる。

また、花が咲き終わってから剪定することもある。

大きめの玉につくりたいときには、若木のうちから強い刈り込みをしていくと、高さが出るまでに年数がかかる。そこで、高くなるまでの期間は、円筒形に近い形につくっておく。そうして希望の高さになったら、先端は強く切るように刈り、横は弱く切り込んで、木の幅を出していく。

枝分かれの様子が、幹からいったん横へ出て、そこから立ち枝が吹いて高さが出てくる場合、中心の太い幹が眺められなくなる。

そこで、はじめに芯を立ててやり、そこから枝分かれさせる形のほうが、落葉期の幹ぶりはよく見えるわけだ。

2 段づくり

これはドウダンツツジは幹が直立性であるという性質を生かしていくやり方で、幹の途中から出てきた枝を段に刈り込んでいく。この際に下枝まで日照・通風が十分にいきわたれば、枝が枯れ上がる心配はない。

基本の枝配りは、直立した幹から分かれた主枝をひとつのかたまりにつくり、これが段になっていく形に仕立てる。

基本の枝の扱いは冬の間に行なう。ただし、大きな枝を切り落とすと、そこから枯れ込んで形が乱れる場合がある。

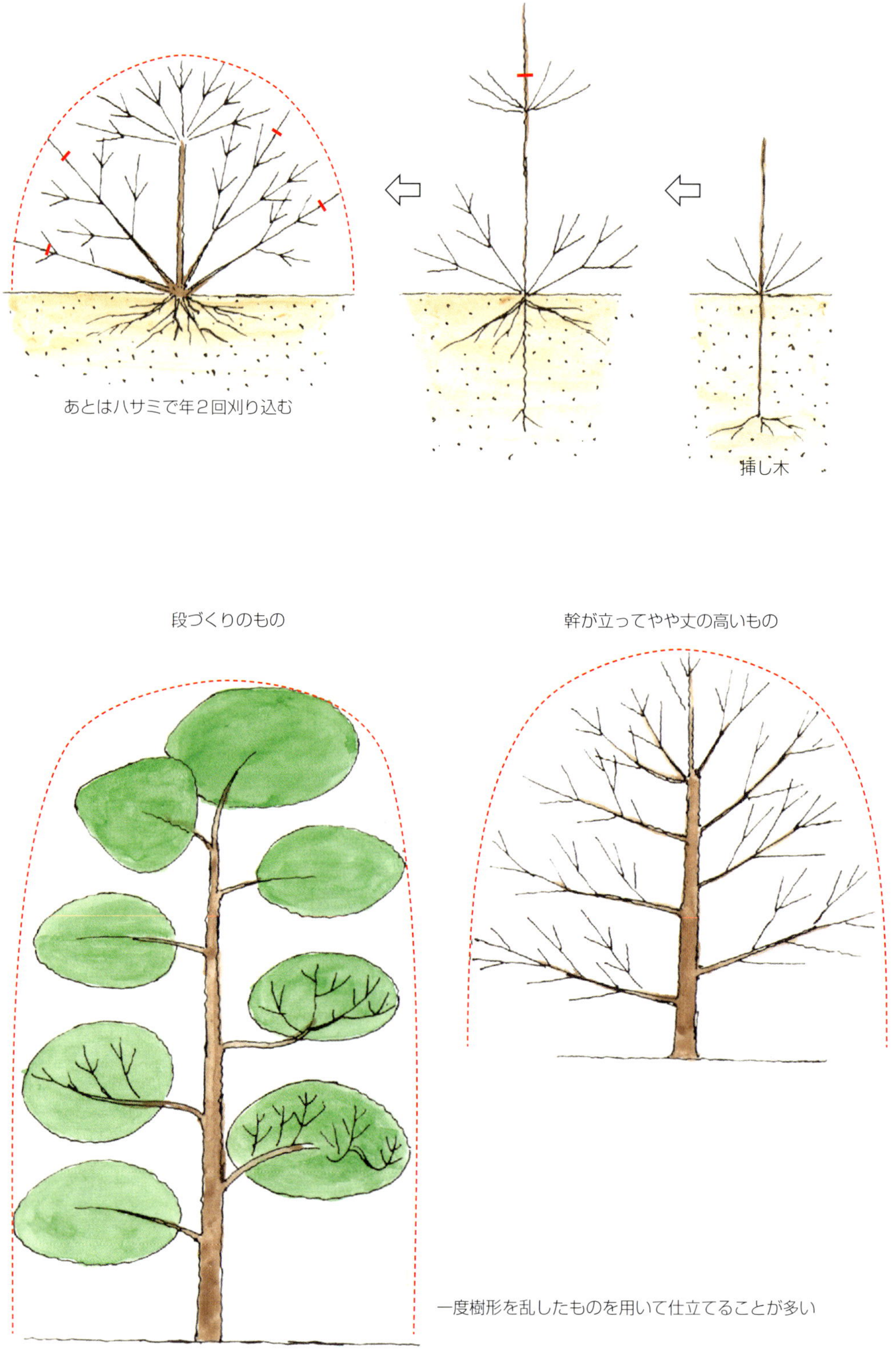
あとはハサミで年２回刈り込む
挿し木
段づくりのもの
幹が立ってやや丈の高いもの
一度樹形を乱したものを用いて仕立てることが多い

図 114　ドウダンツツジの仕立てと樹形

サツキ

コツのコツ

小枝が繁茂する樹種なので、徒長枝の一定の輪郭線を保つようにこまめな剪定が樹形維持のポイント。上枝よりも下枝に勢いをもち、徒長枝も下部に集中するので注意したい。若木のうちは年2回程度の刈り込みを行ない、枝づくりを最優先させる。

1 木の性質

●環境

サツキは、わが国の原産でツツジよりは開花期が遅く、5月下旬から6月にかけて咲く。

庭に植え付ける際、粘土質の土地から砂地まで土に対する適応力はかなりある。土質はあまり選ばないほうである。しかし、粘土質で排水の悪い土地では生育が遅く、根の伸びも悪くなる。

その半面、枝・葉が密につんで、形の美しい玉に仕上がる点についていえば、粘土質の土地のほうが勝っているといえる。山土のような粘土質の排水がよい土地で育てると、非常に美しい玉に仕上がる。軽い土より重い粘土質の土のほうが1年間に生育する量が少なく、したがって、刈り込みで形をつける場合に乱れが少なくなることによる。

土質の違いによって生育の仕方はかわってくるが、適した仕立て・管理をしていけば、庭園樹として十分に利用できる。京都では砂混じりの粘土質の土地でも美しく刈り込まれたサツキが仕立てられている。日当りはよいほうがよく育つが、日陰に植え込んで利用することも十分にできる。

●品種

玉もののサツキとして最も多く用いられるのは、大盃（オオサカヅキ）という品種である。

サツキの用途は、玉に仕立てられ、根じめものとして植栽される場合が多いようだ。そのために、枝は高く立たずに横へ這う性質（開張性）が好まれる。さらに小葉の品種のほうがよいわけである。それらの性質をもっともよく備えているのが大盃なのである。

なお、最近になって多く見られる新花ものの品種は、鉢植えとして眺めるための品種改良という意味が強く、西洋ツツジ（アザレア）との交雑種が多い。これらのなかには耐寒性などが弱いものがある。どんなに花が美しくても耐寒性のない品種は庭木には不適格である。

しかし、新花ものの品種のうちには、開張性の枝で葉は細かく、庭園用に適する品種もある。暖地の庭ではそんな品種を選んで利用するのもよいだろう。

●性質

萌芽力は非常に強く、どこで切ってもよく芽を吹く。移植に対しても強い木である。ただし、根が細かいために、植え付けは土ぎめ法（土を埋めもどすとき、水を入れず、土をつきかためながら植える）で根をかためることが肝心である。つまり水ぎめ法（土を埋めもどすとき、水をたっぷり入れながら植える）を行なうと、細かな根がかたまって粘土の中で窒息状態に陥り、著しいときは枯れてしまう。だから、土ぎめ法で土をついてかためていき、最後に溝を掘って灌水することが大切である

根の状態は太根ができずに細かな根が

つながる形で、根群はしっかりして根鉢がくずれにくく、移植のしやすい木である。

●観賞

サツキの観賞のポイントは、以前は夏の緑と初冬の紅葉とがおもで、花は度外視されていた。しかし、今日ではその美しい花も観賞のポイントとして考えるべきであろう。

サツキの用途には、玉ものと大刈り込みとの二つがある。玉もののうちには、根じめ用として低い形に刈り込まれたものもある。

玉ものはなるべく丈を低くして、地を這うような形につくることが大切である。

大刈り込みに用いるには、ほかの庭木と同じ高さにして密植状態に混植されるから、幹が長くなってしまった木を用いるとよいだろう。これは、横よりは上部の光がよく当たるところにだけ、枝が密生してくるからである。

2 仕立ての注意

●徒長枝の扱い

繁殖は、挿し木で行なうのが普通である。発根は2~3年生の枝がよく、4年生以上の枝になると発根率が落ちる。したがって、2~3年生の大きめの芽を挿すのが原則である。

生長は非常に早く、放任したものではすぐ50cm程度の丈になる。ただし、玉もの・根じめものとして利用する場合は、高さよりも幅のほうが必要になる。このときには、上へ立ってくる徒長枝の先を切りつめて、高さを出さないように注意していく。

大盃の例でみれば、若木のときには、輪郭線から飛び抜けて強い徒長枝が出てくる。その徒長枝を1年間放任して伸ばせば、2年目の春になって先端からさらに小枝が分かれてくる。これを5月から7月中旬までの間に切り取って、挿し穂として利用していく。徒長枝を挿し穂として切り取るときは、挿し穂を取る意味と、徒長枝を輪郭線まで切りもどして玉の形を維持する意味とがあるわけだ。

ただし、苗木の育成の段階では、花を咲かせることより株張りを早く出すことのほうが重要であるから、徒長枝を挿し穂に利用することができなくなる。

この場合は、1年2回程度の刈り込みをすれば密生したよい株張りができ、木の直径も大きくなる。

●樹形の維持

形が整ったあとの管理は、輪郭線にそろえて切っていけばよい。

このときには、サツキの花芽は、すでに前年の7~8月に分化していることを念頭におく必要がある。花も観賞していこうとするなら、花芽が分化したあとは刈り込まないことが原則である。

開花期が終わったあとですぐに刈り込んでやり、その後吹き直した枝に花芽が分化して、力をつけて冬を迎える形の周年管理を行なうようにする。

冬の間は輪郭線から飛び出した枝先だけをつめる。したがって、整枝や刈り込み時期の花のあとがよく、冬は乱れを直す程度にとどめる。

古くなった木では枝先が細かく分かれ、徒長枝も出にくくなり、刈り込みの必要性も少なくなる。

このように細い弱い枝が混み合った状態になってくれば、開花率は衰えてくる。この場合は、小ずかし中ずかしを併用して、混み合った部分の枝を切りもどし枝の若返りをはかれる。

枝をすかしてやる際には、よくといだスコップで根を3~4カ所切ってやり、肥料を混ぜた土を埋めもどしておく。

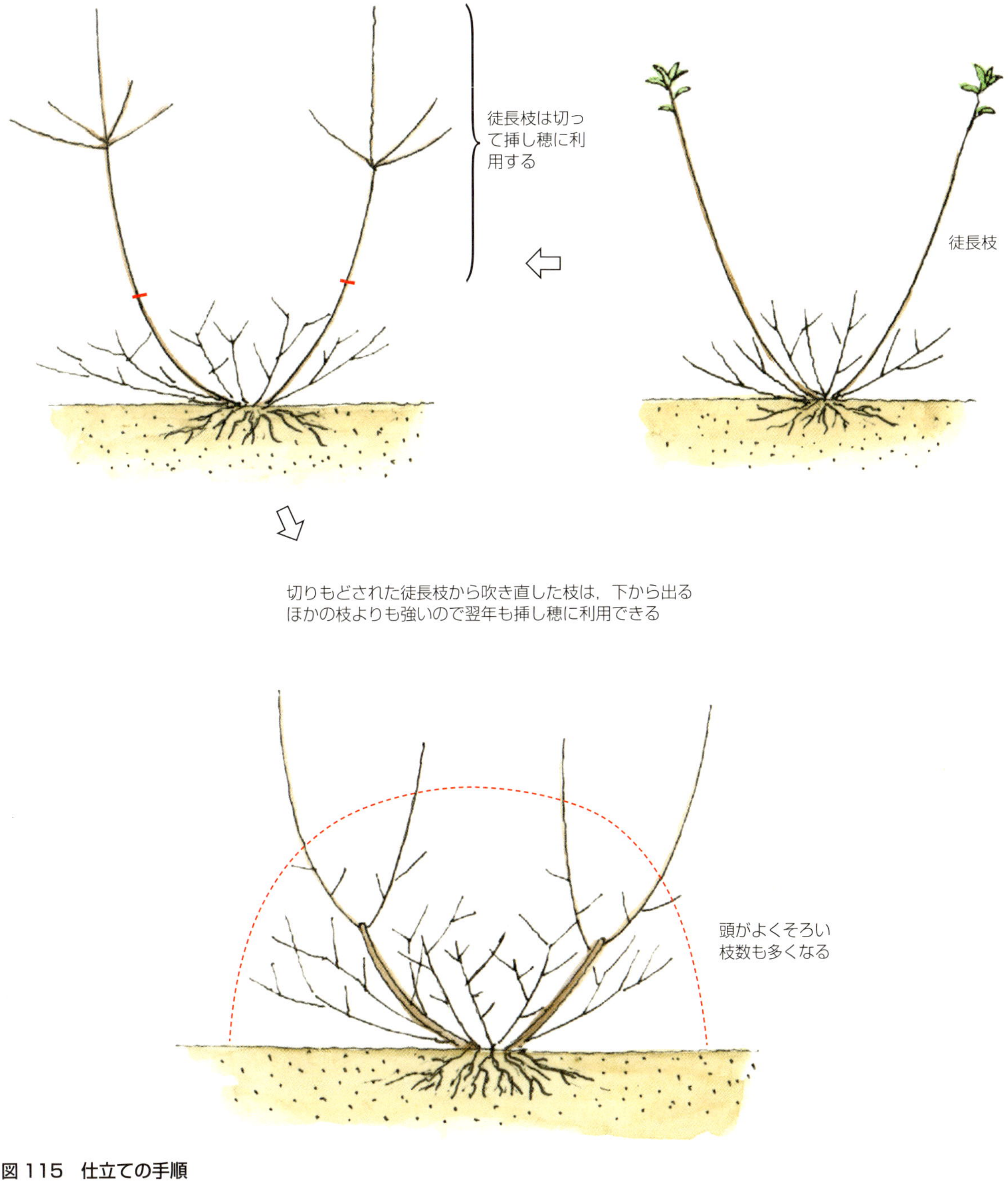
徒長枝は切って挿し穂に利用する
徒長枝
切りもどされた徒長枝から吹き直した枝は，下から出るほかの枝よりも強いので翌年も挿し穂に利用できる
頭がよくそろい枝数も多くなる

図 115　仕立ての手順

庭木の繁殖法

庭木の繁殖法には、実生、挿し木、接ぎ木、取り木などがある。このうちで特に多く行なわれているのは挿し木と実生で、次に接ぎ木・取り木ということになる。

接ぎ木が行なわれるのは、①挿し木ではつかない種類、②ツバキ、サツキ、バラなどの品種もので、台木に別な種類を使って早く眺められるようにするとき、などが考えられる。

1 挿し木のやり方

●成功のポイント

挿し木をしたとき、穂木が活着するかしないかはどこで決まるだろうか。このポイントをおさえていれば、8～9分どおり成功したといえる。

挿し木で第一に大切な点は、切った部分から根を出させるわけだから、挿すときに穂木に養分・水分の貯蔵がどのくらいあるかということだ。これによって根が早く出るか枯れるかが決まる。

次に大切な点は、根を出しやすい条件をつくることと、穂木のもっている養分・水分を減らさないようにすることである。

では、挿し木したとき根はどうやって出るのかというと、切り口の傷がなおりカルスができてから、その周囲から出てくる。そこで、傷口が早くなおるようによく切れる薄刃の刃物で切ることが大切だ。また、カルスは形成層でよく発達し、木質部や皮の部分では、よくできない。根を多く出させるには、この形成層の面が多く露出するように、斜めに切るとか斜め切り返しをやるとか、縦に引きさいたりするとかの方法をとる。

●挿し木の適期

地温が15～20度でしかも湿度もある時期を選ぶことと、穂木の養分・水分が十分にあるときが挿し木の適期になる。

貯蔵養分の多い時期は冬の間だが、冬は低温で条件が悪いので、春先の温度が上がってきたときがよいだろう。春に根が活動を始め、水分を吸収し、枝を切ったときいくらかやわらかみがあるようになれば養分・水分ともに富んだ状態になったときで、このときが第一の適期である。

次によい時期は、春伸びた枝の先が止まってやわらかい葉が充実してかたくなり、2回目の枝が伸びはじめる直前の5月下旬～6月で、この時期も養分・水分の充実したときといえる。

第三の時期は、9～10月ころの落葉直前で、冬に備える貯蔵養分が十分に蓄積されているので挿し木に適している。しかし、秋は地温がだんだん冷えていくので、根の発育が不十分なうちに冬を迎えることになり、霜よけなどの防寒設備が必要である。

夏はたとえ枝が充実していても、温度が高すぎ、水分の蒸散量が多く呼吸作用も盛んで養分・水分の消耗の激しいときだから、特に高温を好む熱帯性のもの以外は避けたほうがよいだろう。

●挿し床土

挿し床に用いる土は、特に紋羽病などの病菌がいない土なら、黒土でも赤土でもよくつく。

挿し土の水分は十分にあることが必要だが、あまり多すぎてもよくない。たとえば、水田のようなところは水分が多すぎるので好ましくなく、水分は十分にあるのだが過湿ではない状態の場所が好適である。つまり、地表が常に湿っているような畑や庭木の下のようなところを選べば十分につく。

●穂木の準備

穂木の大きさは木の種類によっていろいろだが、ツツジなどの玉もののように

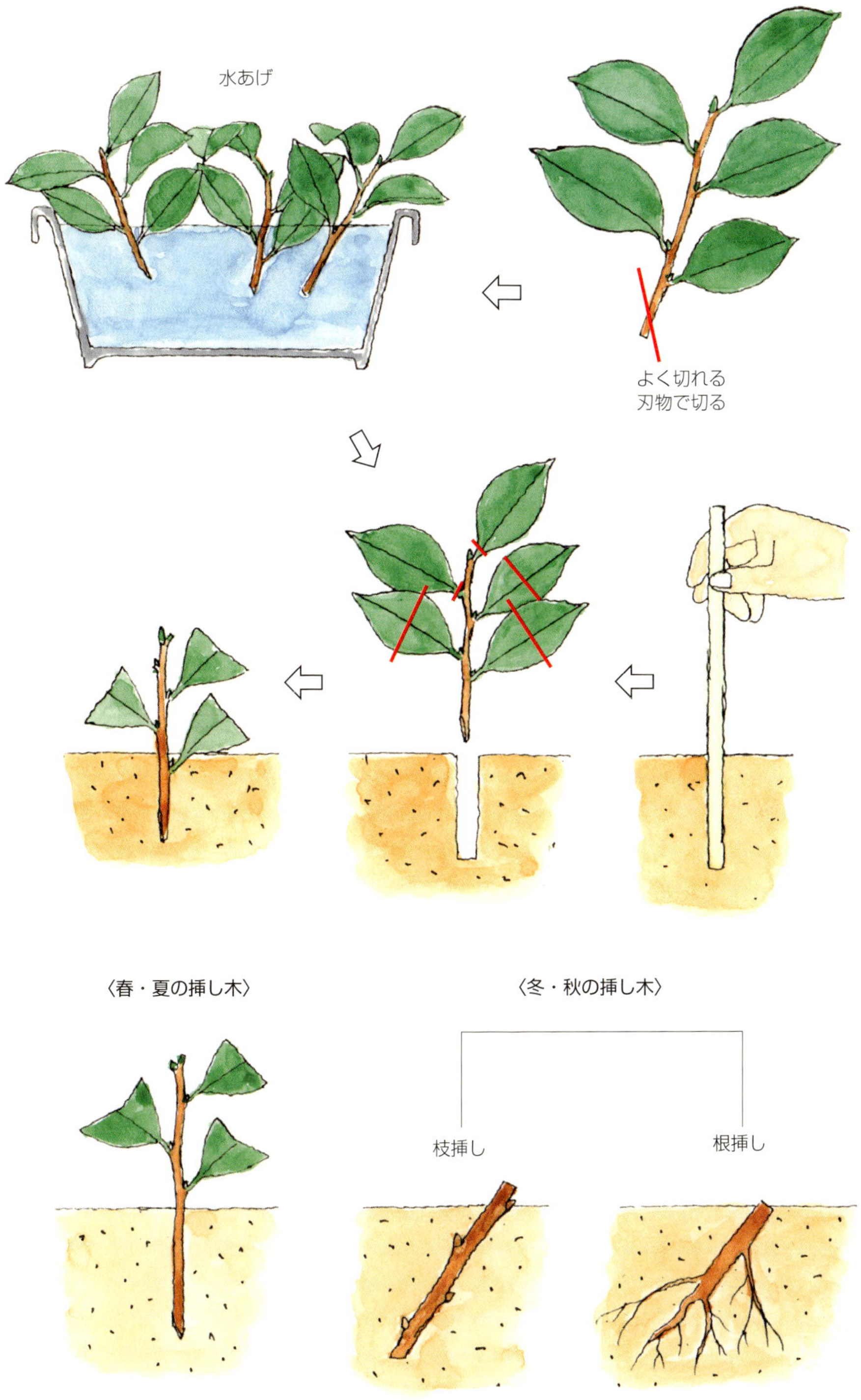

水あげ
よく切れる
刃物で切る
〈春・夏の挿し木〉
〈冬・秋の挿し木〉
枝挿し
根挿し

図 116　挿し木のやり方

下のほうから枝があるものは15㎝以下で、枝をあまり落とさず、小さい穂木を浅く挿す。普通は20～30㎝のものを半分くらいまで挿せばよい。落葉樹の発芽前の挿し木では、15～30㎝のものを上を少し出すだけにして、ほとんどもぐるように深く挿す。

穂木のとり方で注意することは、ヒマラヤスギのようなまっすぐに立つ木では横向きの枝を使わないこと。横になっている枝には表裏があって、それを立てて挿すと2方向からしか枝が出ないので、正常に四方へ形よく出るようになるまでに相当の年数がかかる。このような理由で上向きになった枝をとる必要があるのである。ただし、低木状のものや落葉樹はどこからとっても問題はない

切り取った穂木には、十分に水分を吸収させることが必要である。切ったあと半日～1日くらいは水につけて吸わせるが、あまり長くつけておくと切り口から腐ることがあり、かえって害が出るから注意しよう。

このほか、人為的に発根を補ってやる方法としては、メネデールとかルートンなどのホルモン剤を利用する方法がある。

ホルモン剤の使い方には2通りあって、水を吸わせたあとでホルモンの粉を切り口につけて挿す方法と、ホルモン液をつくって中に浸して、水を吸い上げさせるかわりにホルモン液を吸収させてから挿す方法とである。

●管理と活着の判定

サワラ、マサキのようなつきやすいものを春挿しにすれば、梅雨の間に完全に活着するので夏の日よけはいらないが、そのほかのものは木の下の半日陰のところに置いたり、日よけをしたりすることが必要である。

日よけで注意しなければならないのは、まったく日陰にしないことだ。日が当たらないと、光合成によって自分で養分をつくることができなくなるからで、少し日がもれる程度のものがよい。

挿し木で問題になるのは、どういう状態になったら活着したと見てよいのか、その判定がむずかしいことである。

庭木の場合は、草花と違って木質部が多く貯蔵養分が多いために、水分さえあれば根が出ていなくても長い期間生きていて、緑の芽を出したりする。

落葉樹のような比較的つきやすい性質のものでも、挿したら1年間はそのままの状態でおくことが原則である。

一方、カイヅカイブキのようなものでは、苗木産地のような条件のよいところでも2年間は挿し床におくのだから、つきにくいものでは2～3年はがまんしていなければならない。

庭木の挿し木で失敗する最大の原因は、途中で待ちきれずに抜いてみたりすることだ。少なくとも1年間はじっとがまんして、夏の間は日よけをして冬は霜囲いをし、途中水分を切らさないように注意する。

確実に活着を判定するコツは、節間が伸びるかどうかを見ることだ。葉が1枚か2枚動きだしたからといって安心してはいけない。やはり節間が伸びはじめるまで待つ必要がある。

●挿し木の応用

自分の家で垣根用の苗を増やそうとするには、挿し木のしやすいサワラ、マサキ、サンゴジュなどを選ぶ。

まず、3～4年生の枝を1ｍ前後に切って穂木とし、下のほう30㎝くらいは小枝を残して全部切り取り、上の葉は半分くらい摘み取り、半日から1日くらい水を吸わせる。春挿しの場合は30～40㎝くらい挿し込み、秋挿しの場合は60㎝以上地中に挿し込む。深く挿さないと冬の低温にあって発根しないからだ。

春挿しのものは秋に、秋挿しのものは春には活着し、植え替えることができる。予定地に挿したものは、そのまま仕立てていけばよいわけである。

2 取り木のやり方

やっておもしろいのは取り木である。これはいろいろな方法があり、とること自体も楽しめる。取り木と挿し木の基本的な違いは、挿し木は親木と切り離した状態で発根させるのに対し、取り木は親木から養分・水分をもらいながら発根させることで、そのほかの条件は原理的には挿し木と同じである。

取り木には、高取り法と低取り法の二つのやり方がある。低取りするものは、地ぎわに近いところから枝が株立ち状に出るものに応用されている。盛り土に

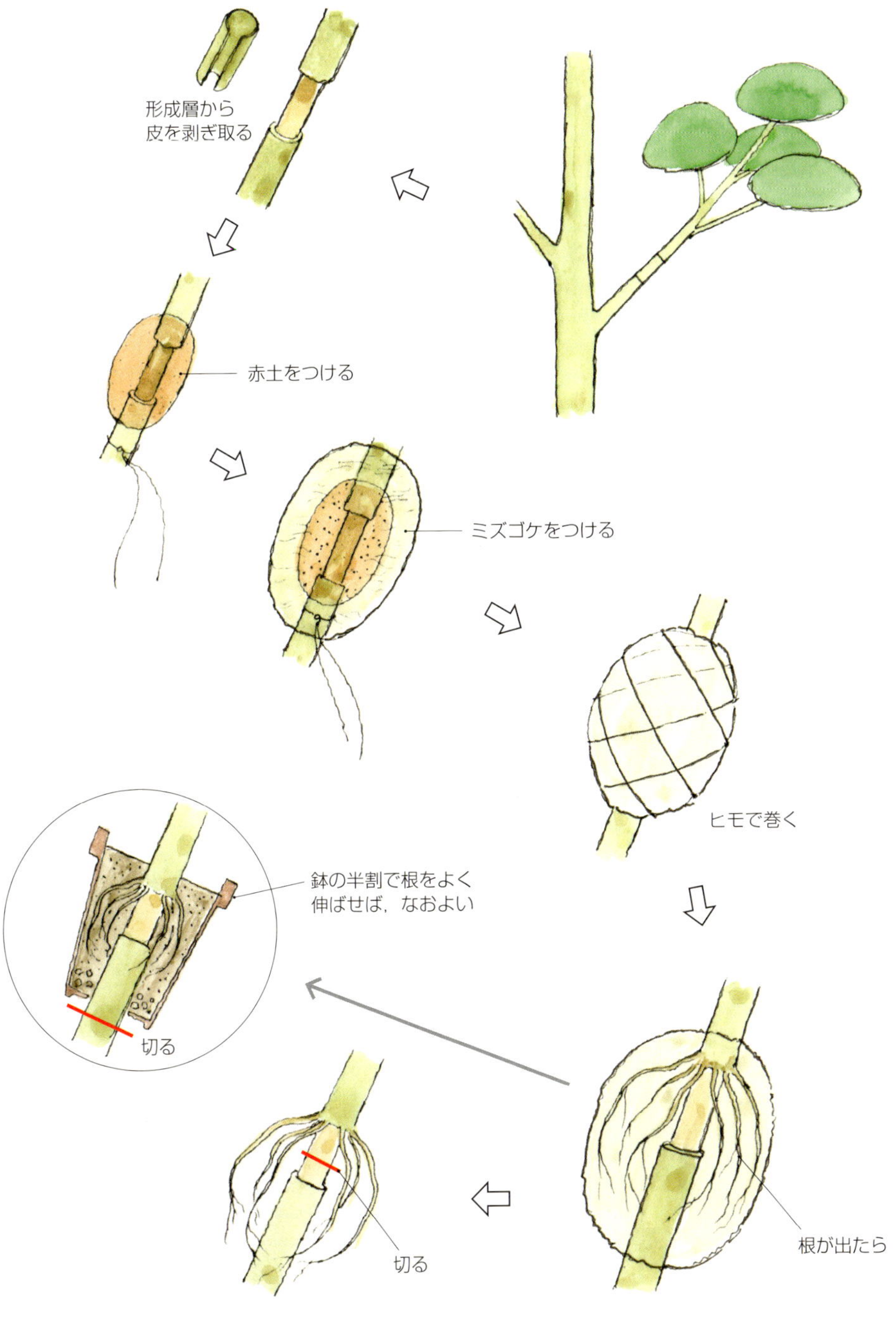

図 117　取り木のやり方

よって地表に近い枝の一部分を埋め、そこから根を出させるやり方が最も簡単である。根の出にくいものについては、1～2㎝環状剥皮《はくひ》をして、盛り土をしておけば発根する。

環状剥皮をするのは、こんな理由である。

普通、植物の養分の流れは、根から吸収した養分・水分は木質部の中を通るが、上でできた養分は形成層の外側を通って下へいく。皮を環状に剥《は》いでしまうと、その上の部分は、根からきた養分をもらう一方、上からきた養分は剥いだ部分の手前で止まり、そこから下に流れないので栄養がよくなり、剥いだ部分の手前から根が出ることになるわけだ。

根が出たら切り取って植え付ければよいのである。形成層の働きの活発なのは春と秋だから、発根のよいものでは、春に処理すれば秋には活着し、悪い場合でも翌年の春には切り取れるようになる。

高取りの場合は環状剥皮を応用し、ミズゴケや赤土の練ったものをつけ、植木鉢や竹筒を二つに割って幹の太さの穴をあけておさえたものや、ビニールなども使える。店でブドウの鉢物を売っているが、これは高取りによって取り木したものである。

なお、鉢にはときどき灌水してやる必要がある。

3 接ぎ木のやり方

成功のポイント

接ぎ木というのは、簡単にいえば二つの植物をひとつに合わせることである。それでは、最も多い切り接ぎ法について考えてみよう。

根付きの台木の上に、2芽をもっただけの短い枝（接ぎ穂）が接がれる。このとき、接ぎ穂は貯蔵養分や水分を消費しながら、台木のほうから水分がもらえる状態になるまでじっと待っているわけだ。接ぎ木がつくということは、接ぎ穂が貯蔵養分・水分を使いはたして乾燥し枯死するのが早いか、台木が形成層からカルスをどんどんつくって接ぎ穂とのすき間を埋め、水分を供給できるようになるのが早いかの競争である。

だから、よく活着させるためには、養分・水分の多い充実した枝を使い、よく切れる刃物で切って接ぎ穂と台木をすき間なくピッタリと密着させ、カルスのできる形成層と形成層とを合わせて早く養分・水分がとどくようにする。さらに、乾燥しないように盛り土やビニールトンネルをして湿度を保ち、カルスができやすいように保湿すれば最高だ。

接ぎ木の適期

接ぎ穂より台木の条件のほうが大切で、形成層の活動が活発でカルスがよくできる時期を選ぶ。普通、春の活動開始期と8月から9月上旬ころになる。

春は冬越ししてきた樹木の根が活動を始めて水を吸い上げはじめるころがよく、モミジ類などは早く1月下旬～2月上旬に、大部分のものは2月下旬～3月上旬になる。8～9月は幹が太る時期で形成層の働きは旺盛だが、切り接ぎより芽接ぎ・腹接ぎなどが多く行なわれる。これは温度が高くつきやすい時期だが、春の発芽前のような充実した接ぎ穂がとりにくいからだろう。

接ぎ木の準備

まず台木と接ぎ穂を選ぶ。接ぎ木をすればなんでもつくというのではなく、もともとよくなじんでつくという性質（接ぎ木親和性）のあるもの同士でなければいかに上手に作業してもつかないから、適した台木を選ぶのがポイントになる。

ナイフは、やや肉薄の切り出しで刃こぼれがないように十分に砥石《といし》をかけ仕上げておく。このほか、剪定バサミ、結束用にビニールやポリエチレンのフィルムを約2㎝くらいの幅に切ったものを用意する。

また、特に乾燥防止のためには低温でとける軟パラフィンや特に松脂（1）、蜜ろう（2）、豚脂（1）などを混ぜたものを用意する。

接ぎ方

まず接ぎ穂をけずる。注意点はけずった面が平らになるように、よく切れるナイフで一度よくけずり、けずり直すときも全面が平らになるようにする。

次いで反対側から切り返す。切り口が乾かないように口にくわえ（なめないこと）台木にかかる。数の多いときは、接ぎ穂を清潔な水を入れた湯のみに立てておく。

台木は、わずかに木質部にかかるようにナイフをあてる。ナイフをもつ手に力を入れると力がはいりすぎて手を切ることがあるので、台木を持った左手の親指をナイフの上にのせ、この押す力で切り込むようにすると安全だ。

切り口の形成層をよく見て接ぎ穂の形成層と合わせるが、台木と穂木の太さが違うので、両側を合わせることは困難だから片側だけをよく合わせる。しっかりと動かないように持ちながら、これをビニールテープで結ぶとできあがる。

さらに乾燥防止のためにパラフィンをかけるときは、鍋のパラフィンの中に接ぎ穂の部分を入れるが、接ぎ合わせた切り口の部分にパラフィンがはいるとつかないので注意が必要だ。

管理と活着の判定

このような作業を、台木を植えたままやる場合（居接ぎ）と、台木を掘り上げてやる場合（あげ接ぎ）とがある。

あげ接ぎの場合には、なるべく早く温度の十分にあるトンネルやフレーム内に植え込んでやる。切り口は、水がはいらないように注意し、土に湿気があれば灌水は控えておく。灌水するときは株間に水をやり、株にかけないように注意する。

こうして約10日たつと、活着したものは水分をもらって接ぎ穂の色に生気が出始め、やがて、発芽を始めるが、活着しないものはそのままで芽がふくらまず枯死する。

発芽し始めたものは、まだ活着が十分でないので、乾かないようだんだんに陽光にならしていくが、接ぎ木の部分から剥がれやすいので、ていねいに扱うように。また、台木から芽が出てくるので、接ぎ穂が負けないよう早めにかきとる。

接ぎ方としては、切り接ぎのほかには台木の頭の中心を切り込む割り接ぎ法、枝を切り離さずに接ぎ、活着後切り離す呼び接ぎ法、挿し穂のような枝を台木の腹をけずって挿し込む腹接ぎ法など、いろいろある。

施肥と灌水

●施肥

庭にはたくさんの木が植えられているため、一本一本の木に肥料を施すことはできない。普通は全面に散布し、ていねいにやるには表面の土と混ぜてやるようにする。

施す時期は、普通は寒肥といって、冬の間に施されている。理想的には鶏ふん、油かす、堆肥などの有機質の肥料のほうが肥効が長いので適している。

ウメなどのように春先芽が早く出るものや、春先に花の咲くものでは、寒肥では効かないので、前年の夏に、花や実のなったあとのお礼肥として施す。

一本一本に施すときは、どこに施すかというと、細根の多くあるところにやらなければならないので、根元近くではなく、枝のよく広がっているその下あたりに施すようにする。また、枝ぶりが片寄っているときは、枝が多く出ているほうに根も多く張っているので、そちらのほうに施すようにする。

●灌水

樹木は草花と違って根が深くはいっているので、普通は灌水しない。

ただし、移植後の活着が不完全なものについては灌水が必要である。

木は乾燥状態になれば、それに耐えるよう準備をする性質があるので、一度灌水したら雨が十分に降るまでは乾かないように灌水を続けなければ、かえって悪い結果に陥る。

表面がぬれるだけではなく深くしみ込むように時間をかけて十分にたっぷりと灌水する。

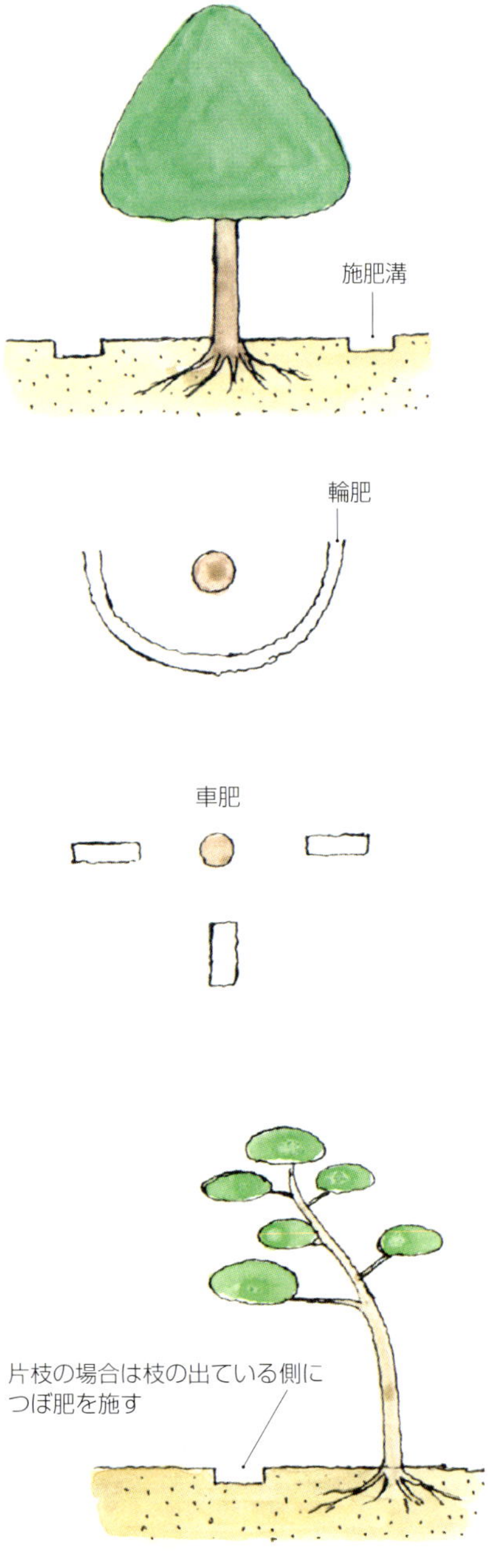

図 118　肥料の施し方

より高いレベルをめざして

病気と害虫の診断と防除

1 庭木病気・害虫の総合防除法

庭木類の栽培や庭園では、1種類の樹種のみを栽培することは少なく、多種類の木が混植されている場合がほとんどである。

したがって、発生する病害虫の種類はきわめて多くなり、各樹種に共通して発生する病害虫もあれば、ただ1種の樹種だけしかおかさない病害虫もある。

そして、概して栽培歴の浅い樹木畑や家では病害虫の発生は比較的少ないのだが、古くなるにつれて、いろいろと防除しにくい病害虫が発生するようになる。しかし、これらの病害虫の防除をひとつひとつの樹種について丹念に行なうことは、労力的にも不可能だろう。

そこで、以下に述べるような方法で年間の防除を行なえば、比較的多くの種類の病害虫を対象とした同時防除が可能となるはずである。

1 一般的な注意と対策

●伝染源を取り除く

樹木畑や庭での病害虫の発生程度は、畑や庭の内部や周囲で発生した病原菌や害虫の生息密度に左右される。病原菌が生息している場所では病葉・病枝・病幹・病根などでこれが伝染源になる。

また、一部の害虫類は、病害やそのほかの原因でできた枯死枝や落葉の中などのほか、樹幹の腐ったところ、雑草などを越冬場所としている。

したがって、枯死枝・病枝などは、年間を通じて剪定除去することが大切である。また、剪定した枝や落葉などは畑や庭の中に放置せず、すぐに集めて一般ゴミとして出すか、焼き捨てなければならない。また、除草も病気・害虫を防除するうえで大事な作業となる。

そして、サクラてんぐ巣病、マツこぶ病、ツツジ類のもち病、いろいろな木の枝枯病などの病害が発生したところも、おもな伝染源になるので、見つけしだい切り取って、一般ゴミとして出すか焼き捨てなければならない。

なお、根頭がんしゅ病、白紋羽病、紫紋羽病、ならたけ病などのような根がおかされる病害では、発病して枯死した木は、病根を土中に残さないように注意してていねいに掘り取り、集めて焼却する。

跡地にも病原菌が残っているから、クロールピクリン剤、ダゾメット剤、NCSなどで、適用登録された土壌消毒を行なう。

●中間寄主は近くに植えない

マツこぶ病やビャクシン類のさび病などの病原菌は、次のような性質をもっている。

これらの菌は、自分の生命を維持し続けるために、どうしても2種類の特定の樹種の間を規則的にいったりきたりして、交互に侵すことで、生存し続けている。つまり、マツこぶ病は、マツとナラ、クヌギ、カシワなどとの間を、さび病はカイヅカイブキなどのビャクシン類とボケ、ナシ、リンゴ、カイドウなどとの間を病原菌は季節を変えてそれぞれ交互に侵し続けている。

たとえば、最近の都市周辺のナシ園では、赤星病が多発して著しい被害を受けているが、これは、ナシ赤星病菌の中間寄主であるカイヅカイブキなどが庭木として、付近の住宅地に多く植栽されるようになったためである。

このような組み合わせのなかで、経済性の高いものを寄主（植物）、低いものを中間寄主（植物）と呼んでいる。

この場合、ナシ園の経営者から見ればカイヅカイブキが中間寄主になり、一方、カイヅカイブキを仕立てている人の側から見れば、自分の木がおかされるわけだから、ナシが中間寄主に相当するのである。このように、寄主植物、中間寄主植物という考えは、自分にとってどちらの植物の価値（経済性）が高いかによって、お互いに立場が入れ替わるのである。

ほかにモモアカアブラムシなどのアブラムシ類にも、このような中間寄主を必要とするものがある。

このような病原菌の胞子は風によってかなり遠くまで運ばれるので、寄主と中間寄主とは混植を避ければ安全である。

●健全苗を導入する

庭木類に発生する病害虫は、おもに被害苗といっしょに畑や庭に持ち込まれる。せっかく畑や庭の伝染源を十分に除去してやっても、病害虫におかされている苗を導入したのでは、いままでの努力がムダになってしまう。

苗木を導入する際には、根頭がんしゅ病、白紋羽病、紫紋羽病などの土壌伝染性の病害や、カイガラムシ類、カミキリムシ類などの害虫が、ついていないかどうかを十分に調べたうえで植え付けるように心がけたいものである。

このためには、各病害虫の特徴をよく知っておくことが必要になる。

もし、根の一部に白紋羽病が感染していた場合には、その部分を切り取ったり、けずり取ったりして、果樹類の苗木であればトップジンM水和剤の50倍液に根を10分間浸漬して、そのまま植え付ける。害虫がついていた場合は、直接殺したのちに定植すればよい。

●栽培環境を調整

これには次の三つの注意が大切になる。

①肥培管理につとめ、健全な苗を育成するか、植え付けること

庭木類は、生育状況の良否が病害虫の発生を左右するのが普通である。たとえば、胴枯病・がんしゅ病・カミキリムシ類などは、生育が悪い木やチッソを多く施用したために徒長した軟弱な木によく発生する。このような木は凍霜害も受けやすく、凍傷を受けた部分が病原菌やカミキリムシ類の侵入口となるからである。

②適切な時間に剪定・整枝を行なって日照・通風をよくすること

過繁茂になりすぎて通気や光線の透過が悪くなると、カイガラムシ類、アブラムシ類などの着生が多くなり、これにともなってすす病、こうやく病などが発病しやすくなる。また、日陰で湿ったところではツバキ類では白も病の発生が多くなる。

③冬の間は樹幹に巻きワラを行なうこと

巻きワラをする効果は凍害を防止するだけではない。マツカレハなどの越冬幼虫はワラの中にもぐって過ごすから、春に巻きワラといっしょに剥いで捕殺できる。

2 薬剤散布による防除

現在、市販されている農薬にはきわめて多くの種類があるが、庭木類の病害虫の防除に使われるおもな薬剤は、表1に示したとおりである。

では、次に時期別の散布ポイントを述べることにしよう。

表１　庭木類に使用できる薬剤と対照病害・害虫

	農薬名（商品名）	適用病害・害虫	備　考
殺菌剤	銅水和剤	各種病害	モモ，ウメ，スモモには薬害が出やすい
	石灰硫黄合剤	各種の病害，カイガラムシ，ハダニ	樹木の休眠期に使用
	ダイファー水和剤 ジマンダイセン水和剤 ダコニール１０００ トップジンM水和剤 オーソサイド水和剤	各種の病害	樹種，病害の種類によって散布濃度が異なるので，薬剤の使用法の説明書にしたがう
	サンヨール乳剤 トリフミン水和剤 ミラネシン水溶剤 モレスタン水和剤	うどんこ病	同上
	バシタック水和剤	ビャクシン類のさび病	３～４月に散布
殺虫剤	トレボン乳剤	アメリカシロヒトリ，チャドクガ，マイマイガ，マツカレハ，エダシャク類，コナジラミ，アブラムシ，シンクイムシ，ハマキムシなど	薬剤の使用法にしたがう
	スミチオン乳剤	アブラムシ，クワコナカイガラムシ，グンバイムシ，シンクイムシ，ハマキムシ，アメリカシロヒトリ	同上
	スプラサイド乳剤	アブラムシ，カイガラムシ，コナジラミ，ハマキムシ，シンクイムシ，ケムシ	劇物
	ディプテレックス乳剤	アメリカシロヒトリ，マツカレハ	劇物
	ＤＤＶＰ乳剤	アブラムシ，カイガラムシ，チャドクガ，ハマキムシ，シンクイムシ，アメリカシロヒトリ，カミキリムシ，ハダニ	劇物
	デナポン乳剤	アブラムシ，グンバイムシ，コナカイガラムシ，ハマキムシ，チャドクガ	薬剤の使用法にしたがう
	マシン油乳剤 95	カイガラムシ，ハダニ，サビダニ	冬季散布
	殺ダニ剤 アンチオ粒剤 オルトラン粒剤	ハダニ，サビダニなど種類は多数	薬剤の使用法にしたがう
	ダイシストン粒剤 エカチンＴＤ粒剤	アブラムシ，グンバイムシ，ハダニ	ダイシストン，エカチンＴＤは劇物
その他	トップジンMペースト	胴枯病、てんぐ巣病、傷口の癒合促進	塗布

注）1．適用病害虫は登録されたものだけを記したので，実際の効果はさらに広範囲の病害虫にわたるものが多い
2．使用倍数は各薬剤の使用説明書にしたがう

●冬季間の防除

この時期はカイガラムシ類は、おもに成虫のまま越冬し、ハダニ類は卵で越冬している。そこで、越冬中の密度を低下させるために、ゲッケイジュやツバキなどではマシン油乳剤製剤のエアータック乳剤、マシン油A乳剤の所定液（表1参照）を12～1月の間に散布しておけばよい。この時期に石灰硫黄合剤の所定液を散布し、越冬病原菌やカイガラムシ類などを防除する。

ナシ、ボケなどの赤星病菌の中間寄主であるビャクシン類には、4月上旬にさらにもう一度30倍液を散布するとよい。

●生育期の防除

4月から9月にかけての期間は、さまざまな病害虫の被害がもっとも多く現われる時期である。この期間には、原則として月に2～3回、病害防除のためにトップジンM水和剤とスミチオン乳剤などの殺虫剤との混合液を散布する。

つまり、表1の薬剤のほか、それぞれの樹木に使用適用されている殺虫あるいは殺菌剤を用いて防除する。この防除は、病害虫の発生の多い春（4～5月）と秋（8～9月）には必ず行なうように心がける。

カイガラムシ類がたくさん発生した樹木畑や庭では、カルホス、エアータック乳剤を6～7月にかけての期間散布を続ける。

また、うどんこ病の初発が見られたら、うどんこ病に有効なトップジンM水和剤、モレスタン水和剤を2～3回散布する。

なお、苗木に発生する

アブラムシやハダニ類に対しては、ダイシストン粒剤などの土壌施用殺虫剤を施用すれば残効が長く、きわめて省力的な防除ができる。

2 各樹種に共通の病害虫

1 おもな病害

根頭がんしゅ病

●**診断法と注意する樹種**

　この病気にかかったものは、おもに根や主幹の地ぎわ部に大きなコブ状のがんしゅ（ガン）を生じる。はじめは白色のコブだが、しだいに暗褐色にかわり、表面に細かいヒダができてザラザラした感じになってくる。接ぎ木苗では、接いだ部分に発生しやすい病気である。病気にかかった木は生育が悪くなり、しまいには枯死してしまう。

　病原菌は細菌（バクテリア）の一種で、非常に多くの植物をおかす。この病気にかからない植物は、イネ科植物と数種の針葉樹だけだといわれているほどである。特におかされやすい木は、ヤナギ類、カエデ類、ユウカリ、サクラ、ウメ、モモ、バラ、ボケ、フジなどがあげられる。

●**防除のポイント**

　この病気は、発病苗といっしょに畑や庭に持ち込まれるから、まず、病菌におかされていない苗木を植え付けることが大切になる。いったん畑に持ち込まれると、病原菌は土の中にすみついてしまうから注意したい。なお、苗畑で病気を発見したら、根を残さないように注意しながら、病気にかかった苗をていねいに掘り取って焼き捨てる。バラでは、移植または定植時に苗の根部をバクテローズ（拮抗微生物剤）の20～50倍液に1時間浸漬すると有効である。

てんぐ巣病

●**診断法と注意する樹種**

　症状は、きわめて特異的である。枝の一部からたくさんの細く弱い小枝が不規則に出て、これがホウキ（てんぐの巣）状の枝のかたまりをつくるようになる。

　この病気の原因には伝染性のものと非伝染性（遺伝性）のものとがある。モミ、トドマツ、アスナロ、カンバ、ハンノキ、アラカシ、ナラ、サクラ、ツツジ、タケなどのてんぐ巣病は伝染性のものだが、一方、カラマツ、マツ、ツガ、スギ、トウヒ、サワラなどのてんぐ巣病は遺伝的なもので伝染しない。これらのなかで最も普通に発生が見られ、被害の多いものがサクラてんぐ巣病である。

　なお、モミ、トドマツ、アスナロなどの場合は、さび病菌によっておこる病気である。

●**防除のポイント**

　伝染性のてんぐ巣病にはいろいろな病原があり、それぞれで違った対策が必要になる。

　普通には、冬季より早春にかけての菌の休眠期間中に、発病した枝を元から切り取り焼き捨てることが最も有効な方法である。さらに、切り口にはトップジンMペーストを塗って保護すればよい。

　ただし、4月以降では、病原菌が飛び散って、まわりの枝に伝染がおこるので効果が期待できない。

うどんこ病

●**診断法と注意する樹種**

　この病気はおもに葉に発生し、ときに若い新梢にも発生することがある。葉では、はじめに白色粉状の小さな斑点ができ、しだいに大きくなって、しまいには葉全体が白い粉をまぶしたようになる。

　発生の多いときには早期落葉をおこす。

　また、新梢に発生した場合は、葉がね

じれたり萎縮したりして、奇形になってくる。

普通、新梢の出る春と秋に発生しやすい病気である。病原菌は、うどんこ菌に属するカビのグループで、シイやカシ類、カエデ類、ヤナギ類、ケヤキ、サクラ、モモ、ウメ、サルスベリなどのほか、多くの広葉樹をおかす。

●防除のポイント

防除は、発生初期にサンヨール乳剤、トップジンM水和剤、モレスタン水和剤などのうどんこ病専用薬を、1週間おきに2〜3回散布する。

なお、病気にかかった葉を苗木畑におきざりにすると、これが翌年の伝染源になるので、冬季の間に落葉を集めて焼き捨てることも大切である。

すす病

●診断法と注意する樹種

葉に黒いススのような粉をつける病気で、被害のはなはだしいときには、葉全体が黒い粉をまぶしたようになる。このため、葉面の日照が悪くなり、葉における光合成作用が低下し、樹勢が衰えてくる。さらに外観が著しくそこなわれてしまうという病害である。

病原菌は、すす病菌類に属するカビのグループで、マツ類、サルスベリ、ヤナギ類、ナラ、シイ、モチノキ、モッコクなどのほか、ほとんどの樹種をおかす。

この病気がほかの病気と著しく異なる点は、アブラムシ類、カイガラムシ類、コナジラミ類などが寄生したあとでなければ発生しないことである。その理由は、すす病菌が、これらの昆虫の分泌液を養分として繁殖するからである。

●防除のポイント

この病気は通気の悪い場所や日陰の場所に発生しやすいので、このような場所での栽培を避けるか、または、しばしば剪定・整枝を行なうことが重要である。また、アブラムシ、カイガラムシ、コナジラミが発生したら、ただちに防除しなければならない。

チッソ肥料ばかりのかたよった施肥を続けていくと、この病気の発生を助長するから、カリやリン酸肥料なども十分に施用することが大切である。

枝枯病・胴枯病

●診断法と注意する樹種

病気で枝の一部や幹が枯れることがしばしばあるが、小さな枝が枯れる場合を枝枯病といい、大きな枝や幹が枯れる場合を胴枯病、腐らん病、がんしゅ病などという。はじめの症状は、枝や幹の一部が変色してややへこんでいるが、この変色部が枝や幹を1周すると、そこから先が枯れてしまう病気である。

枯死した枝の表面は、多数の小さな突起ができて、カサカサに荒れている。幹や大枝では変色部がややへこみ、そのまわりに「癒合組織」ができる。そして、枝の場合と同様、変色部の表面にたくさんの小さな突起ができ、雨の多いときにこの先端から巻きひげ状の粘ったかたまりを噴出するのが普通である。

これは胞子角といい、病原菌胞子のかたまりで、ちょうどチューブ入りの歯みがきが押し出される要領で小さな穴から噴出されたものである。

病原菌にはいろいろあるが、ほとんどがカビの仲間である。

枝枯病はマツ、アスナロ、ヒノキ、サワラ、イブキ類、ヤナギ類、カエデ、モモ、モチノキなどのほか、多くの樹種に発生する。

胴枯病（腐らん病、がんしゅ病）はトウヒ、ヤナギ類、カエデ類、サクラ、モモ、ウメ、そのほか多くの樹種に発生し被害が大きい病気である。

●防除のポイント

①凍害を受けると、その部分から病原菌が侵入しやすくなる。だから、凍害を受けないように、肥培管理につとめることが大切になる。

②枯死枝と幹などは、剪定の際に健全部をふくめて切り取ったり、けずりとったりする。切り口に必ずトップジンMペーストを塗って消毒し、切り口を保護しなければならない。この場合の剪定や整枝は、2月中旬から4月ごろが適期である。

③カミキリムシ類などのような食入性昆虫（シンクイムシ）が食い入った穴は病原菌の侵入口となるので、これらの昆虫は見つけしだい駆除する。

さび病

●病害の種類と菌の生態

さび菌類によっておこる病気をまとめてさび病という。日本には現在700種以上のさび病菌があり、種類によって症状も違う。そのため、普通にさび病と呼ばれているものでも、その症状の現われ方によって、表2にあげたようないろいろの呼び名がある。

また、さび菌類のなかには、ほかの病原菌と著しく違った性質のものがあり、ナシ、ボケなどに発生する赤星病やマツこぶ病などの病原菌がその代表的な例である。これらの病原菌は、一生を終えるためには二つの別の種に属する植物に寄生しなければならず、しかも、二つの樹種をおかすために、いくつかの異なった胞子型をもっている。

マツこぶ病菌はマツのコブから4〜5月に黄色い粉を飛び散らせる。この粉をサビ胞子といい、風によって運ばれ、カシワ、ナラ、クヌギ、クリなどの若葉につくと、これらに毛さび病をおこす。

夏の間はカシワなどの葉の裏に橙黄色の粉（夏胞子）を形成し、まわりのカシワなどに盛んに毛さび病をまん延させる。秋になれば夏胞子はできなくなり、これにかわって黒い毛のような冬胞子の集合したものができる。落葉後、雨にあうと冬胞子が発芽してさらに小生子という胞子をつくるが、これが再び風で運ばれ、マツに飛び移って侵入し、こぶ病をおこすことになるのである。

マツこぶ病菌は、マツからマツへ直接に伝染できず、必ずカシワなどを中間に必要とする。したがって、カシワなどのない場所ではマツのこぶ病菌は死に絶えてしまうわけで、この場合のカシワなどを中間寄主と呼ぶことは前述したとおりである。

なお、このように、寄主として2種の樹木を必要とし、これらの間を飛び移ることで生きていけるものを異種寄生菌という。

表2　さび病のいろいろ

病　名	被害樹種	被害のようす
さび病	ヤナギ類，サクラ，カエデ，ツツジ，ドウダンツツジ，その他多数の樹種	葉に橙黄色の病斑を生じ，のち黄色の粉を飛散する
さび病	イブキ類（ナシなどの赤星病の中間寄主）	3〜4月ころ，降雨後に葉の間に黄褐色の寒天状のかたまりを生じ，その上に黄色い粉を一面につける
葉さび病	アカマツ，クロマツ，チョウセンゴヨウ，その他	葉の上に黄色い膜状物が並んで形成され，のち破れて黄色い粉を飛散する
毛さび病	カシワ類，ナラ類，クヌギ，クリ（マツこぶ病の中間寄主）	春〜夏，葉の裏に橙黄色の粉を飛散するが，秋にその部分に黒色の毛状物ができる
こぶ病	アカマツ，クロマツ，その他	枝にコブを生じ，1〜2月，飴色の甘い粘液を出し，4〜5月に表面の樹皮がさけて黄色の粉を飛散する
赤星病	ナシ，ボケなどバラ科植物 ナシ属に属する庭木および果樹	4〜5月，葉に光沢のある橙黄色の丸い病斑をつくり，のち病斑の裏に灰褐色の毛状のヒゲが多数形成され，淡褐色の粉を飛散する
てんぐ巣病	アスナロ，ヒノキ，モミ，トドマツなど	小枝がたくさん茂っててんぐ巣状となる 春，クギ状に突起した部分の先端から黄色い粉を飛散する

ナシなどの赤星病菌も異種寄生菌で、イブキ、ビャクシンなどが中間寄主として必要である。なお、この菌には夏胞子がない。また、アスナロてんぐ巣病や、そのほか多くのさび病菌は中間寄主を必要とせず、1種類の樹木だけで生存を続けることができる。

●防除のポイント

中間寄主を必要とするさび病の場合は、中間寄主を除くことが最も有効な方法である。

また、薬剤散布を行なうことも大切である。ナシなどの赤星病に対しては、3月下旬～4月中旬にかけて中間寄主のビャクシン類に石灰硫黄合剤、またはバシタック水和剤を10日おきに2回散布してやる。さらにナシなどに対しては、萌芽期～開花2週間後ごろまでスコア顆粒水和剤、アンビルフロアブル、バイレトン水和剤を2～3回散布する。

また、発生を見たら治療効果の高いバイレトン水和剤を散布すれば病気の進行を抑制できる。

こうやく病

●診断法と注意する樹種

枝や幹に、灰色、褐色、黒色、あるいは暗褐色の、膏薬またはラシャでも貼りつけたような不定形の膜ができる。これは菌糸層で、多発すると生育が抑制される。

病原菌はいずれもカビの仲間だが単独で寄生することはなく、すす病と同様、カイガラムシ類が寄生したあとに発生する性質がある。つまり、病原菌は寄生しているカイガラムシの上にワタ状に繁殖したのち、まわりに広がって膏薬を貼りつけたような症状になるからである。

針葉樹ではあまり発生せず、モモ、ウメ、サクラなどの広葉樹に多く発生する病気といえる。

●防除のポイント

まず、カイガラムシ類を防除することが大切である。

病気を見つけしだい、タワシなどで菌層をかきとり、トップジンMペーストを湿布して傷口を保護する。

紋羽病

●種類と診断法

紋羽病には白紋羽病と紫紋羽病とがあり、いずれもカビによっておこる病気である。庭木や果樹にきわめて広く発生し、根がおかされ枯死にいたる。特に若苗でない限り、急激に枯死することは少なく、病気の進み方はきわめて遅く、慢性的に進行して数年で必ず枯れる。

地上部の病徴（病状）は非常に似ているので区別が困難だが、いずれの場合も葉が小型となり、正常なものより葉色が薄くなって黄化する特徴がある。また、芽の着生や枝の伸びが悪くなり、早期に落葉してしまう。年々樹勢が衰えて、しまいには枯死してしまうわけである。

また、地下部の病徴には、はっきりした違いが見られる。

白紋羽病の場合は、根の表面に白から淡いネズミ色をした糸のような菌糸が束状に付着している。これは普通、開墾年度の古い熟畑に発生しやすい病気である。

一方、紫紋羽病の場合は、根の表面に網目状の赤褐色の菌糸が、束状に付着している。また、発病した木は地ぎわ部にラシャまたはフェルトのような美しい紫色の膜（菌糸層）をつくり、6月ごろになると、この膜の表面に白色粉条の胞子が密生してくる。普通、桑畑や山林を開墾《かいこん》してから日の浅い畑に発生しやすい病気である。

●防除のポイント

苗木および土壌によって伝染する。

土壌消毒は根頭がんしゅ病に準じればよい。また、白紋羽病では発病の軽いときには、樹幹部周辺の土壌を掘り上げて根を露出させ、病患部をけずりとる。

フジワン粒剤を一部根部に塗りつけた

のち、残りを掘り上げた土壌に混和しながら埋めもどしておく。フジワン粒剤のかわりにペンレート水和剤を1㎡当たり30ℓの割合で灌注しても有効である。

2 おもな害虫

ハダニ類

●診断法と害虫の生態

ダニ類は昆虫ではなくクモと同じ仲間で、8本の脚をもっている。

庭木に害を与えるダニ類のうちで、最も被害の大きいものがハダニ類である。ハダニ類には多くの種類があるが、いずれもきわめて小さく、体長は0.2～0.8㎜くらいである。

体色は種類によってそれぞれの特徴があり、淡黄色から赤褐色までいろいろである。

いずれも葉に群生し、多発するとクモの巣状に糸をはって生活し、汁を吸うための口針を葉などの中にさし込み吸汁している。被害は、はじめ葉の緑色部に点てんとカスリ状に色の抜けた部分ができ、ひどくなると葉が褐変し、落葉してしまう。

越冬のしかたには、卵と雌成虫とがあるが、そのどちらでするかは種類によって一定している。翌春、ふ化した幼虫や越冬成虫が新葉に寄生し、成長してその後10世代以上をくり返す。世代数も種類によってほぼ一定していて、同じ種類でも暖地では多く、寒地では少ない傾向がある。

発生は梅雨明け後から初秋にかけて急激に多くなるのが一般的で、特に高温・乾燥の天候が続く年は激発するので注意が必要になる。

●防除のポイント

冬季（12～1月）にクワ、チャ、落葉果樹に適用されているマシン油乳剤（所定液）を散布し、越冬量を減らす。

アブラムシ類

●害虫の種類と生態

日本でアブラムシ（アリマキ）の寄生しない植物は、スギ・イチョウ・トクサ・ヒカゲノカズラなどごく一部のものだけといわれている。庭木類につくアブラムシの種類はきわめて多く、ウンカやカイガラムシなどと同じ半翅目というグループに属する昆虫である。

半翅目に属する昆虫の口器は、ほかの昆虫と著しく異なり、吸汁型のものである。この口器を植物の組織内にさし込んで汁液を吸うため植物の生育が悪くなったり、奇形葉を生じたりする。さらに、野菜や花、そのほかの農作物に発生するモザイク病は、これらの昆虫がなかだちとなって発病するものが多い。

アブラムシ類の生活のしかたや生態は、種類によっては複雑なものが多いので、2種のアブラムシを例として述べてみよう。

●モモアカアブラムシ

このアブラムシは、季節によって寄生する植物をかえる点が特徴である。

表３　殺ダニ剤

種類（系統）	農薬名	適用樹種など
テトラジオン系	テデオン乳剤	スギ，観葉植物
アミトラズ系	タイクーン乳剤	ツバキ類
ヘキシチアゾクス系	ニッソラン水和剤	観葉植物
フェンブタチオンオキシド系	オサダン水和剤	ウメ
ジエノクロル系	ペンタック水和剤	観葉植物，バラ
テブフェンピラド系	ピラニカ EV	観葉植物，モモ
ピリミジフェン系	マイトグリーン	カンキツ，モモ
エトキサゾール系	バロックフロアブル	観葉植物，スモモ
アセキノシル系	カネマイトフロアブル	観葉植物，モモ
ビフェナゼート系	マイトコーネフロアブル	バラ，モモ
シフルメトフェン系	ダニサラバフロアブル	モモ
スピロメシフェン系	ダニゲッターフロアブル	モモ
シエノピラフェン系	スターマイトフロアブル	モモ

モモ、ウメ、サクラなどのバラ科の樹木の芽がふくらみはじめる直前（2月下旬）に、越冬した卵からふ化した羽のない幼虫が蕾や芽のまわりに移動・寄生して、葉が広がったあとは葉の裏に移動して成熟し、胎生（親虫から子虫が直接生まれること）によって盛んに増殖するようになる。

5月下旬になると羽のはえた雌虫が現われ、中間寄主であるアブラナ科、ナス科、キク科などの1年生の野菜、花き、雑草に移動しはじめる。これらの中間寄主で秋まで寄生するが、この間にも、胎生によって盛んに増殖し続ける。

秋が深まってくると、羽のある雌虫が再びモモなどにもどり、そこで羽のない雌虫を産む。この雌虫は、雄虫と交尾したあと芽の近くや樹皮のしわの部分に産卵して、この卵で越冬するわけである。

このように寄主をかえるアブラムシは非常に多いが、庭木類に関係のあるものを、表4にあげておこう。

表4　寄主転換を行なうアブラムシ

アブラムシ名	冬季寄主	夏季寄主
ユキヤナギアブラムシ	ユキヤナギ，コデマリ	ナシ, ミカン, ビワ, カイドウ, リンゴ, カナメモチ
ニワトコヒゲナガアブラムシ	ニワトコ	コブシ，アセビ，ヤマモモ，サルスベリ，ナンテン，ミカン，アサガオ
モモコフキアブラムシ	モモ，ウメ，スモモなど	アシ，ヨシ
ハスクビレアブラムシ（クワイクビレアブラムシ）	モモ，スモモ，ウメ	ハス，クワイ，スイレン，ヒシ
ツツジアブラムシ	ツツジ類	イグサ類
サクラフシアブラムシ	サクラ	ヨモギ
ナシミドリオオアブラムシ	ビワ，シャリンバイ，アカネモチ，モッコク	ナシ

●モミジニタイケアブラムシ

このアブラムシは、年間を通じてカエデ類に寄生して、寄主をかえない。早春に卵からふ化した羽のない幼虫は、新芽が広がると同時に葉裏に寄生、成熟し、胎生によって秋まで盛んに増殖をくり返していく。寄生の多いときには、葉は萎縮し、早期落葉をおこすなどの被害がある。秋になると、羽のある雄虫と羽のない雌虫が現われ、交尾後、芽の基部に産卵し、この卵で越冬するわけである。

このように寄主転換を行なわないアブラムシについては、まだわからないことが多いのだが、次のような種類があげられる。サルスベリの葉や花に寄生するサルスベリヒゲマダラアブラムシ、マツ類に寄生する多くのアブラムシ、マキ類に寄生するマキシンハアブラムシ（マキアブラムシ）などである。

●防除のポイント

①春の発芽前（3～4月）にアクテリック、スミチオン乳剤、オルトラン水和剤などを散布し、ふ化幼虫を退治する。

②開花後、生育期間を通じて①と同様に薬剤で防除する必要がある。葉が広がって被害が現われるようになってからでは、薬剤がかかりにくいので早めに防除することが大切である。

③苗木では、オルトラン、ダイシストンの粒剤などの土壌施用殺虫剤を地ぎわに施用（1樹当たり2～10g）し、表土とよく混和しておけばよい。効果は、1回の施用で1～2カ月は続くが、ただし、成木の場合は効果が不十分である。

カイガラムシ類

●害虫の種類と生態

カイガラムシはアブラムシと同じ半翅目に属する昆虫で、非常に多くの種類があり、日本では約400種ほどが知られている。アブラムシと同様に、細い糸のような吸汁口を植物の組織内にさし込んで汁液を吸うため、植物は衰弱し、ひどい場合は枯死することもある。

また、すす病やこうやく病を併発し、美観が著しくそこなわれる。

カイガラムシは、雄・雌の違いによっても、また種類の違いによっても、形は著しくかわってくるのが普通である。

たとえば、からだの表面に白い粉をつけたワラジカイガラムシやコナカイガラムシ類、大型で背中に不規則な模様をつけたワタカイガラムシ類、体表にやわらかいロウのような物質をまとったロウムシ類、貝殻に似たかたいカサブタ状の物質をまとったマルカイガラムシ類などがあり（表5）、きわめて変異にとんだグループである。

また、種類によってはただひとつの樹種にしか寄生しないものもあるが、ほとんどが雑食性でいくつかの樹種にわたって寄生する。

多くのカイガラムシは、雌が樹上に寄生したままの状態で越冬し、翌春産卵する。普通、卵は雌のからだの下に産みつけられるが、ワラジカイガラムシやコナカイガラムシ類などでは、雌のからだの後方に白く大きなワタ状の袋やヒモ状の卵のうをつくって、その中に産卵する。

ふ化したばかりの幼虫は、楕円形で平べったく、やっと目にとまる程度の小さなものだが脚をもち、盛んに這いまわって分散する。

成虫になると、多くのカイガラムシの雌は定着したままになり、その状態で一生移動できない。また、雄はいったん定着しても、成熟すれば脚や羽ができて移動できるようになるから、飛び立って雌と交尾できるわけである。

ただし、ワラジカイガラムシやコナカイガラムシ類などでは、雌・雄ともに、一生移動できる性質のものもある。

●防除のポイント

カイガラムシの仲間は、ロウや殻でからだが覆われているため、防除の困難な害虫のひとつだろう。

①休眠期（12月～1月）にマシン油乳剤の所定液を散布し、翌年の発生源を減らす。しかし、樹木の新葉が伸びはじ

表5　庭木などに発生するカイガラムシ類

種　類	カイガラムシ名	被害樹種
ワラジカイガラムシ類	オオワラジカイガラムシ	カシ，シイ，クリなど
	イセリヤカイガラムシ	モチノキ，トベラ，ツバキ，サザンカ，ナンテン，カキなど
コナカイガラムシ類	オオワタコナカイガラムシ	サクラ，アカメガシワ，モクレン，カキなど
	ツツジコナカイガラムシ	ツツジ，サツキ
	クワコナカイガラムシ	サクラ，ウメ，モモ，イチョウなど
ワタコナカイガラムシ類	モミジワタカイガラムシ	カエデ，カシなど
	ツバキワタカイガラムシ	ツバキ，モッコク，モチノキなど
ロウムシ類	ツノロウムシ	ツバキ，モチノキ，マサキ，クロガネモチなど
	カメノコロウムシ	モチノキ，モクセイ，キャラ，ツバキ，ヤナギ，カエデ，ザクロなど
	ルビーロウムシ	モチノキ，モクセイ，ヤナギ，カエデ，ツバキなど
カタカイガラムシ類	トビイロマルカイガラムシ	モクセイ，イヌツゲ，モチノキ，モッコク，ツバキなど
	ヒメナガカキカイガラムシ	キャラ，イヌマキ，イブキ，ビャクシンなど
	クワシロカイガラムシ（クワカイガラムシ）	サクラ，ウメ，モモ，ヤナギなど
シロナガカイガラムシ類	ナシシロナガカイガラムシ	サクラ，ヤナギ，カエデなど

めたあとでは薬害をおこす危険があるので、この方法では散布できない（表1参照）。

②ふ化直後の幼虫に対し、カルホス乳剤、スプラサイド乳剤、スミチオン乳剤などを散布する。

しかし、庭には多くの樹種が栽植され、しかも種々のカイガラムシが発生している場合が多いため、それぞれのカイガラムシのふ化期を的確につかんで防除適期を決めることは、実際上まず不可能であろう。したがって、被害の多い園では春から秋にかけて、定期的に薬剤散布を行なう以外に方法がないわけである。

ハマキムシ類

●害虫の種類と生態

幼虫が葉を巻いたり、とじ合わせたりして、その中にひそみ、葉を食害する害虫をまとめてハマキムシと呼んでいる。このような形で害を与える虫は、庭木類でもかなり見られるが、そのほとんどがハマキガ科に属するものである。

●チャハマキ

この虫には、カナメモチ、シャリンバイ、ゲッケイジュ、モチノキ、イヌツゲ、ヒイラギ、サンゴシュ、ウバメガシなど、きわめて多くの庭木類が被害を受ける。

幼虫で越冬し、年に2～3回発生するといわれるが、これは地域によって違いがある。たとえば暖地では、幼虫が完全な休眠を行なわず、常緑樹の葉をつづり合わせた巣の中で、暖かい日はわずかに活動を続けて食害しながら、早春にはサナギになる。このため、暖地では一世代多くくり返されることが多いのである。

普通、第1回目の成虫は4月から5月中旬にかけて現われ、ダラダラと長期間にわたって産卵されるため、11月ごろまでたえず成虫・卵・幼虫などの各発達段階のものが混在している状態である。したがって、1回の防除だけでは効果が十分にあがらない。

●クロネハイイロハマキ

このハマキムシは、ツゲ、イヌツゲ、モチノキ、イボタ、そのほか多くの庭木類を加害する。

年2～3回の発生で卵で越冬し、4～5月ごろに幼虫が現われる。幼虫は、葉を内側に巻いて葉の裏側の表皮だけを残してほかを食害する。このため、食害された部分が褐変して、美観を著しくそこねてしまう。その後に発生する幼虫は、新しいやわらかい葉を複雑に巻いて、その中で食害を続ける。

●防除のポイント

幼虫の発生期に、スミチオン、ディプテレックスなどの乳剤を散布するのが原則である。

ただし、幼虫の発生回数が多いのが普通で、一度の薬剤散布では十分な効果があがらない。そこで、5月上旬、6月中旬～7月中旬、8月中～下旬の3期を中心に、防除を行なうことが大切である。

ドクガ類・イラガ類

●害虫の種類と生態

ガの仲間には毒針毛や毒針をもったグループがあり（表6）、これに触れたりささったりすると、ひどいかゆみや痛みを感じる。

たとえばドクガ科に属する蛾の一部には、成虫・幼虫ともに毛束の中に毒針毛をもったものがあって、これに触れると激しいかゆみをおぼえ発疹する。これはドクガ、チャドクガ、モンシロドクガなどが代表的なもので、幼虫の背にハブラシ状の毛束があるのが普通である。

イラガ科に属する蛾は、幼虫だけが強い毒のある毒針（トゲ状）をもっていて、これに触れると激しい痛みを感じる。

イラガ、アカイラガ、テングイラガなどが代表的なもので、普通、幼虫の毛は退化して、トゲ状になったものや肉質突起になったものなどが多いようである。

●ドクガ

雑食性の害虫で、サクラ、ウメなどの

表6　庭木などに発生するおもなドクガ類・イラガ類

科　名	害虫名	おもな被害樹種
ドクガ科	ヤナギドクガ	ヤナギ，ポプラ
	モンシロドクガ	ウメ，サクラ，クヌギ，ナラなど
	チャドクガ	チャ，ツバキ，サザンカなど
	ドクガ	サクラ，ウメ，リンゴ，カキ，バラ，クヌギ，ナラなど
イラガ科	イラガ	サクラ，ウメ，ヤナギ，カエデ，ザクロなど
	クロシタアオイラガ	サクラ，ウメ，クヌギ，クリ，カキなど
	アカイラガ	クヌギ，コナラ，カエデ，ウメ，サクラ，モモなど
	テングイラガ	サクラ，ヤナギ，カエデ，サルスベリなど

バラ科の樹木のほか、多くの庭木類につく。発生は年1回で、若齢幼虫で群生したまま越冬する。3月中下旬になれば越冬した幼虫の活動が始まり、群生して糸をはき出し、頭をそろえて葉を食いあらしていく。

幼虫は、体長が4cm程度、頭部は光沢ある黒褐色あるいは黄褐色の長い毛を出しているのが特徴である。

幼虫は老熟すると分散し、5月下旬から7月にかけて、葉の間に体毛を混ぜた灰褐色の薄いマユをつくってサナギになる。約20日間のサナギの期間を過ぎれば幼虫となり、産卵するわけである。

卵は約2週間でかえり、8月中旬ころから幼虫が現われる。これらの幼虫は群生したまま10月ごろまで生育を続け、11月ごろから休眠・越冬にはいる。

●イラガ

雑食性の害虫で、サクラ、ウメ、ヤナギ類、カエデ類、ザクロなどのほか、多くの庭木類に害を与える。年1回発生するものと2回発生するものとがあり、マユの中で幼虫の状態で越冬し、5月ごろからサナギになる。

第1回の成虫は、6月上旬から8月中旬にかけて現われるが、最盛期は6月下旬～7月上旬である。卵は、1枚の葉に1個ずつ産卵される。さらにふ化してから約40日でマユをつくる。マユはかたい卵形で、白褐色の地に、黒色の太いシマ模様のある特異的なものである。

普通は幼虫のままマユの中で越冬するわけだが、早くマユをつくった一部のものは順調にサナギになって、8月中下旬に第2回成虫となる。この第2世代のものも晩秋までにはマユをつくり、幼虫の状態で越冬にはいるのである。

幼虫は2.4cm程度の大きさで幅が広く、太い、鈍重なトゲを多くもっている。からだの色は黄緑色で、背中には大きなヒョウタン状の黒褐色紋があるのが特徴である。

●防除のポイント

ドクガ類は、若齢幼虫の期間は群生しているので、見つけしだい枝ごと切り取って焼き捨てるようにする。

イラガ類は、マユを見つけしだい取り除くことが大切である。

いずれも幼虫の発生期にディプテレックス、トレボン、スミチオン乳剤、またはトアロー水和剤CTなどを散布し、早期に防除する。

アメリカシロヒトリ

●害虫の生態と食性

戦後、日本に侵入した害虫で、昭和20年にはじめて東京都で発見された。その後、急激に増えたため、昭和25年から38年にかけて国庫補助により撲滅とまん延防止対策が広く実施されたが、完全な効果が得られず今日にいたっている。

ヒトリガ科に属する蛾で、幼虫はからだに白色の長い毛をもった毛虫である。老熟した幼虫は、体毛を混ぜた白褐色の薄いマユをつくってサナギになる。

きわめて雑食性で、サクラ、ウメ、モモ、スズカケノキ、ミズキ、ポプラ、ヤナギなどのほか、多くの植物を食いあらす。実験的には、約４００種もの植物を食べることがわかっている。越冬は幹の割れ目、樹皮の下、落葉の中などでサナギの形で行なう。

成虫は、5～6月と8月の2回発生し、交尾後、葉の裏にたくさんの卵をかためて産みつける

幼虫は、6～7月と8～9月とに現われる。ふ化当初から3齢期までの若齢幼虫は葉と葉の間に薄い白色の糸をはって巣をつくり、その中に群生し、葉脈だけを網目状に残して食っていく。４齢以降の幼虫は分散して、盛んに葉を食いあらいし、多発したときは木を丸坊主に食いつくしてしまうほどである。

●防除のポイント

若齢幼虫は群生して巣をつくっているので、見つけしだい巣ごと取り除くことが大切である。木の高い部分にある巣は、高枝切り器で切り取るか、または火災の危険のない場所では、長い棒の先に油布をつけて巣ごと幼虫を焼きはらうようにする。

また、幼虫の発生期にオルトラン、カルホス、スミチオン、ディプテレックス、トアローCT、トレボンなどの乳剤のいずれかを散布する。幼虫が巣の中に群生しているときには薬剤がかかりにくいので、高圧で薬剤噴霧を行なうことが必要である。

カミキリムシ類

●害虫の生態と被害の様子

庭木を食いあらすカミキリムシには、非常にたくさんの種類が含まれている。成虫の大きさも、体長が2.5㎜程度のきわめて小さいものから5.5㎝ほどの大きなものまで、千差万別である。

成虫・幼虫ともに庭木に害を与えるが、特にはなはだしいのは幼虫（テッポウムシ）による被害である。この幼虫は樹皮の下や材部に侵入して、庭木類を衰弱させ、ひどいときには枯死させる。

成虫の発生は、普通は3月ごろから、ヒノキ、スギなどを食害するカミキリムシ類の発生に始まり、遅くとも10月までに終わる。各種のカミキリムシの成虫が最も多く現われる期間は5～7月ころであるが、一般に、暖地で早く冷涼地では遅い傾向がある。

成虫は樹液を吸ったり、花粉・樹皮・葉などを食べたのち交尾し、幼虫のエサになる植物（食樹・食草）に産卵する。その卵は7～10日でふ化する。

ふ化した幼虫は、樹皮や材部に食い入って、そこで生育し、6～9カ月の幼虫期間を過ぎてサナギになる。

●防除のポイント

①樹木の発芽前（休眠期）にトラサイドまたはスミチオン乳剤を樹幹、主枝に散布する。

②成虫の発生期（普通は5～7月）にスミチオン乳剤を、10日おきに2～3回散布してふ化幼虫を退治する。

③幼虫発生期（6～8月）にはスミチオンまたはスプラサイドなどの乳剤を散布する。

④肥培管理につとめ、樹勢を旺盛に保つことが大切である。これは、樹勢の衰えた老木や生育の悪いものが加害されやすいからである。

⑤枯れ枝や剪定枝などは、遅くとも4月末までには処分する。これらを放置しておくと、カミキリムシの生息場所となるからである。

⑥幹や枝に食い入った幼虫は駆除する。これは、食入口からノコクズ状のフンをだしているのでわかる。

まず、これらのフンを取り除き、穴の中へ少量のスミチオン、ＤＤＶＰなどの乳剤をスポイトで注入したのち、粘土などでふたをし密封しておく。また、針金などを穴の中にさし込んで、幼虫を刺し殺してもよい。

樹種名	病害名・害虫名	被害の様子	防除時期	防除，薬剤など
イヌマキ	マキシンハアブラムシ	春から秋にかけ，体が赤紫色，白い粉で覆われたアブラムシが，新梢，若葉に群生する	３～４月，生育期	アクリテック，スミチオン乳剤，オルトラン水和剤
ラカンマキ	アキアカマルカイガラムシ	丸い赤褐色のカイガラムシで，葉の裏に多く寄生する。寄生部の葉表は黄化するため，葉に黄色の汚斑ができ美観をそこなう	１２～１月	マツグリーン液剤２ モスピラン液剤
			３～４月	アクリテック，スミチオン乳剤，オルトラン水和剤
マツ類	マツカレハ	春～初夏と秋に新梢が食いあらされる。黒藍色の剛毛をもった灰白色の大きな毛虫である。ヒマラヤシーダにも発生する	晩春～秋期	スミチオン粉剤，スミパイン乳剤，マツグリーン液剤２
	マツカキカイガラムシ	葉の基部，葉梢内に寄生する。被害葉は葉緑素を失って黄変する。すす病を併発することが多い。適度に剪定して通風をよくする	夏期・冬期	カダンK(噴射)，カルホスエアゾール（噴射）
	マツノマダラカミキリ	年に１回発生。幹の中で幼虫が越冬する。５～７月と丸い孔をあけて成虫が脱出する。体内にマツノザイセンチュウが生存していて，それが食害のときにマツに移動してマツを枯らす	５～７月	ベニカマツケア
	モモノガマダラノメイガ（モモノメイガ）	４月ごろ，新葉をフンとともにつづって葉を食害する。この中には長さ２～３㎝で褐色紋をもった赤紫色の毛虫が集団をなしている。ゴヨウマツに多く発生する	４～５月，９～１０月	ディプテレックス乳剤
	シンクイムシ	幼虫が新梢の先端から侵入し，芯を加害する。新梢の先端部は褐変し枯死する	５～９月（幼虫期）	スミパイン乳剤
	ハバチ類	幼虫が葉を食害する。ハバチ類の幼虫は体にシワが多く，腹脚も多いので蛾類の幼虫と区別できる	４～１０月	ディプテレックス乳剤，カルホス乳剤
	アブラムシ類	数種のアブラムシが新梢に寄生し，すす病を併発して美観をそこなう	春，秋期	アクリテック乳剤，ダイシストン粒剤（土壌施用）
	ハダニ類	赤いダニが葉に寄生する。被害樹は葉は緑色を失い灰色となる	６～９月	アクリテック乳剤
	葉ふるい病	３～４月ごろ葉が激しく褐変落葉する。病葉には楕円形で縦に割れ目のある黒色の病斑ができる	３～９月	キノンドール水和剤，ドウグリン水和剤
	こぶ病	本文の項参照		
ビャクシン（イブキ，カイズカイブキなど）	赤星病	２～３月ころ葉緑部に舌状のチョコレート色をした突起ができる。この突起は４～５月降雨にあうと寒天状にふくらみ，その表面に黄色い粉をつける。この粉がナシなどに飛散して赤星病をおこす	冬胞子堆がふくらむ前	バシタック水和剤，石灰硫黄合剤
ヤナギ類	ヤナギシントメバエ	幼虫が芽の中心部に侵入し，球状の虫えいをつくる。ひどいときには枝がジュズ状になる	４～５月	スミチオン乳剤
	ヤナギルリハムシ	５～８月，成虫，幼虫によって葉が食害される。成虫は体長４㎜ほどの光沢のある黒緑色の甲虫である	５～８月	ディプテレックス乳剤，スミチオン乳剤
	うどんこ病	７月ごろから秋にかけて発生する。葉に不整形の白色粉状の病斑をつくり，のちに葉全体が白い粉で覆われる。早期落葉をする	７～１０月	マネージ乳剤，モレスタン水和剤

樹種名	病害名・害虫名	被害の様子	防除時期	防除，薬剤など
ヤナギ類	葉さび病	春，葉にはじめ橙黄色のやや隆起した小斑点を生じ，のちにその部分から黄色い粉をふく。早期落葉をする	5～7月	アンビルフロアグル，ストロビードライフロアブル，マネージ乳剤
カシ類	うどんこ病	若い葉裏に不整形の白色粉状の斑点をつくる。白色部はのちに灰色・淡褐色・黒色ビロード状へとかわっていく	6～9月	トリフミン水和剤，トップジンM水和剤
ブナ科（カシ，クスノキ，シイノキ，ナラなど）	クリオオアブラムシ	体長 4㎜くらいの黒い大きなアブラムシで枝や幹に集団して寄生する。すす病を併発する	5～10月	スミチオン乳剤
クヌギ ナラ	ドクガ	秋と春の２期に葉が食害される。卵塊・幼虫・成虫とも毒毛をもち，これに触れるとかぶれる	9～10月，3～4月	ディプテレックス乳剤，幼虫が群牛している枝を切り取る
	マイマイガ	４～６月に幼虫が発生する。大きな毛虫で，成長すると６㎝ほどになる。胴の各節にコブ状の突起があり，そこから長い毛を多数生ずる	4～6月	ディプテレックス乳剤
ケヤキ	ヒオドシチョウ	４～５月，黄色の条のある黒い毛虫が群生する。背部には枝状の突起があり，葉を食害する。ヤナギ類にも発生する	4～5月	デイプテレックス乳剤
サクラ類 ウメ モモ	オビカレハ（ウメケムシ，テンコクケムシ）	春，幼虫が枝のまたに天幕状の巣をつくり群生する。夜間に葉が食害される。ヤナギ類にも発生する	4～5月	幼虫を巣ごと取り除いて捕殺する ディプテレックス乳剤，トレボン乳剤
	コスカシバ	幼虫が幹や枝の樹皮下に食い入り，木を弱らせたり枯死させたりする。食入孔からヤニを出す	4～8月	ヤニの出ているところを開いて幼虫を殺す
			8～9月	サッチュウコートS，スミパイン乳剤，トラサイドA剤
	アメリカシロヒトリ	幼虫は白い毛をつけた毛虫で，はじめ巣をつくって群生し，葉脈だけを残して葉を網目状に食害する。大きくなると分散し，葉を片端から食いあらす	6～7月，8～9月	若令期の幼虫は巣の中で群生しているので枝ごと切り取って捕殺する
			6～9月	スミチオン乳剤，トアロー水和剤 CT，ダイアジノン水和剤，オルチオン乳剤，オルトラン水和剤，ノーモルト乳剤，ジェネレート水溶剤など
	アブラムシ類	展葉後，葉のふちに黄赤色の袋状の虫えいをつくったり，葉をちぢれさせる	4～6月	スミチオン乳剤，アセフェート乳剤
	クワコナカイガラムシ	枝，幹，芽に体長４～５㎜の白い粉に覆われたカイガラムシがつく。すす病を併発する。年２～３回発生する。第１回の幼虫は４月下旬ごろからである	12～1月または幼虫発生期	アクリテック乳剤，スプレーオイル，スミチオン乳剤
	せん孔褐斑病	５～６月よりサクラの葉に１～５㎜の丸い褐色の病斑をつくり，のちこの部分がぬけて丸い穴があく。病葉は早期に落葉する	5～7月	落葉を集めて焼却する，Zボルドー，コサイドDF
	てんぐ巣病	枝の基部にコブをつくり，そこから多数の小枝をホウキ状に出す。葉は他の部分より早く開くが小型，花はほとんど咲かない	12～2月	病枝の基部の下から切り取って焼却する。切り口にはトップジンペーストを塗って保護する
	がんしゅ病	枝や幹の樹皮の間から小さな隆起物が多数生じ，サメ肌状となる。患部が枝や幹を一周すると，そこから上が枯死する	3月中旬（ウメは1月）	病患部をけずりとってトップジンMペースト剤を塗る
	こうやく病	枝に膏薬またはラシャを貼りつけたような膜状のものが付着している。多発すると生育が悪くなる	発病初期～後期	カイガラムシをけずりとり，その跡にトップジンMペースト剤を塗る

樹種名	病害名・害虫名	被害の様子	防除時期	防除，薬剤など
サクラ類 ウメ モモ	縮葉病	4～5月，新葉がちぢみ，その一部が火ぶくれ状にふくらむ。ふくらんだ部分の先端は紅変するが，のち白い粉をつけ，しまいには黒変して落葉する	3～4月	オキシラン水和剤，キノンドー水和剤
カナメモチ	チャハマキ	幼虫が葉を2～3枚つづり合わせて巣をつくり，葉肉を食害する。幼虫は体長2cmくらいで，黄緑～暗緑色である	4～8月下旬	ディプテレックス乳剤，スミチオン乳剤
	アオキシロカイガラムシ	小さな雪白色のカイガラムシで，寄生が多いとクモの巣状となる	4～7月	マシン油乳剤，デナポン水和剤，スプラサイド水和剤
	ごま色斑点病	春から新葉に紅色の斑点ができ，激しく落葉する	梅雨期，秋雨期	花セラピー100，ベニカXスプレー（噴射），トップジンM水和剤，ベンレート水和剤
モチノキ	チャハマキ	年に3～4回発生する。葉をつづり合わせて加葉部や落葉の中で幼虫が越冬する。春～秋に不規則に発生して7～8月の発生が多い	4～9月	スミチオン乳剤
	クロネハイイロハマキ	幼虫は新葉をつづり合わせて巣をつくり，その中にいて葉や新梢を食害する。幼虫は体長1.4cmほどで，緑褐色をしている	4～9月	スミチオン乳剤
	カイガラムシ	数種類のカイガラムシが寄生する，アオヤシロカイガラムシ，ツバキワタカイガラムシ，トビイロマルカイガラムシ，ルビーロウムシなど	幼虫発生期	サクラ類のクワコナカイガラムシに準じる
ツゲ	ツゲノメイガ	6月ごろ幼虫が葉をつづって食害する。はなはだしいときは枯死する。幼虫は体長2cmほどで，黄緑色で背中の両側に暗緑色の線をもち2つの黒点がある	5～6月	オルトラン水和剤，スミチオン乳剤，ディプテレックス粉剤
カエデ類	マイマイガ	クヌギ，ナラの項参照		
	カミキリムシ類	多種類のカミキリムシの幼虫が枝，幹に食入し加害する。成虫の発生は5～9月の期間にわたる		マツ類のマツノマダラカミキリに準じる，園芸用キンチョールE（食入部へ噴射する）
	カイガラムシ類	モミジワタカイガラムシ，チャクロホシカイガラムシ，ナシロナガカイガラムシ		サクラ類のクワコナカイガラムシに準じる
	モミジニタイケアブラムシ	早春，新葉が展葉すると同時に葉裏に寄生して加害する。多発の際には葉が萎縮し，のち落葉する	4～5月	アクリテック乳剤，オルトラン水和剤
モッコク	モッコクハマキ	幼虫は成長点の葉をつづり合わせて巣をつくり，芽を食害するので生長がまったく止まってしまう。多発すると古葉も加害される	6月下旬～秋	ディプテレックス乳剤，カルホス乳剤，スミチオン乳剤，ダイアジノン水和剤
	ロウムシ類（カイガラムシ）	枝に白い大きなカイガラムシがつき，すす病を併発して美観をそこなう	6月中旬～7月下旬	カルオス乳剤，カダンK（噴射）
サルスベリ	サルスベリヒゲマダラアブラムシ	新芽，葉裏，花に寄生し吸汁する。多発すると葉はちぢれ，黄変，落葉する。すす病を併発することが多い	生育期	ベニカX乳剤，ヒットゴールド液剤AL，ベニカスプレー（噴射）
	サルスベリフクロカイガラムシ	枝や幹に体長2～3mmの白い綿状のカイガラムシがつく。すす病を併発する	5月中～下旬	ベニカX乳剤，サンヨール乳剤AL，ベニカJスプレー（噴射）
	うどんこ病	若葉の両面に白い粉状のカビを生じる	発生初期	花セラピー100，ポリベリンTF顆粒水和剤，ポリベリン水和剤，マネージ乳剤，花ラピー（噴射），サンヨール乳剤AL

樹種名	病害名・害虫名	被害の様子	防除時期	防除，薬剤など
サツキ（ツツジ）	ツツジグンバイ	体長 3㎜くらいのぐんばい形をした虫で5月から秋まで５～６回発生する。葉裏から吸汁するため，葉は無数の白点をカスリ状に生じる	5月～秋	アクリテック乳剤，アディオンフロアブル，アルバリンフロアブル，オルトラン水和剤，バイスロイド（噴射），花セラピー（噴射）
	ルリチュウレンジ	5月中旬ころから秋にかけて，2㎝くらいの体色緑色で頭部の黒い幼虫が集団で現われ葉の中肋を残して食害する	5～中旬～6月中旬 7月下旬～8月下旬 9月中旬～11月上旬	アクリテック乳剤，スミチオン乳剤，バイスロイド（噴射），オルトラン水和剤
	ベニモンアオリンガ（ツボミムシ）	幼虫が芽の側面に孔をあけて食害する。花芽が食害されると翌年の開花がほとんど見られない	5～8月	オルトラン液剤，チューリサイド水和剤
	もち病	5月ごろ葉の一部が肥大し奇形となる。のち白い粉をつけ，しまいには黒くなってくさる	3～4月	Z ボルドー，バシタック水和剤
	花腐菌核病	開花中の花びらに斑点を生じ，急激に腐敗してしまう。しおれた花びらの中に，黒い扁平な菌核が形成される	開花前（4～5月）	トップジン M 水和剤，ベンレート水和剤
	斑点性病害	生育中，葉にいろいろな斑点性の病気が発生する	4～9月	トップジン M 水和剤，バシタック水和剤，サンヨール，Z ボルドー
モクセイ	イボタガ	若齢幼虫は青白色であるが老齢になると橙黄色となる。大型でイモムシと同じように毛がほとんどない。集団的に発生し，葉を食いつくし丸坊主にすることもある	4～5月	スミチオン乳剤，ディプテレックス乳剤

著者紹介

石田宵三（いしだ　しょうぞう）

昭和7年、東京に生まれる
昭和30年、東京教育大学農学科卒業、茨城県真壁高校・笠間高校を経て、東京都立農芸高校教諭、国土建設学院造園緑地工学科講師など歴任。1997年逝去。

【著書】
『庭の花つくり』(農文協)、『詳解 庭のつくり方』(農文協)、『詳解 庭木の仕立て方』(農文協)、他多数

カラー図解　詳解 庭木の仕立て方

2015年2月10日　第1刷発行

著者　石田宵三

発行所　一般社団法人　農山漁村文化協会
郵便番号　107-8668　東京都港区赤坂7丁目6-1
電話　03（3585）1141（営業）　03（3585）1147（編集）
FAX　03（3585）3668　振替　00120-3-144478
URL http：//www. ruralnet. or. jp/

ISBN978-4-540-14256-7　製作／條克己
〈検印廃止〉　印刷・製本／凸版印刷㈱